TEORIA GERAL DOS CASOS REPETITIVOS

JOSÉ ROBERTO SOTERO DE MELLO PORTO
Defensor Público do Estado do Rio de Janeiro. Doutorando e mestre em Direito Processual (UERJ). Membro do Instituto Brasileiro de Direito Processual (IBDP).

TEORIA GERAL DOS CASOS REPETITIVOS

GZ
EDITORA

Rio de Janeiro
2018

1ª edição – 2018

Presidente do Conselho Editorial
Nelson Nery Costa

Diagramação
Olga Martins

CIP – Brasil. Catalogação-na-fonte.
Sindicato Nacional dos Editores de Livros, RJ.

P881t

Porto, José Roberto Sotero de Mello
Teoria geral dos casos repetitivos / José Roberto Sotero de Mello Porto. - 1. ed. - Rio de Janeiro : LMJ Mundo Jurídico, 2018.
254 p.; 24 cm.

Inclui bibliografia e índice
ISBN 978-85-9524-051-3

1. Direito processual - Brasil. 2. Recurso Repetitivo. 3. Incidente de resolução de demandas repetitivas - IRDR. I. Título.

18-52366
CDU: 347.9(81)

contato@editoragz.com.br
www.editoragz.com.br
Av. Erasmo Braga, 299 – Sala 202 – 2º andar – Centro
CEP: 20020-000 – Rio de Janeiro – RJ
Tels.: (0XX21) 2240-1406 / 2240-1416 – Fax: (0XX21) 2240-1511

Impresso no Brasil
Printed in Brazil

"Qual é a grande nação que tem mandamentos e preceitos tão justos como esta lei que vos apresento hoje?"

Deuteronômio 4, 8

Ao José Maria e seus netos, José Fernando e José Vicente.

AGRADECIMENTOS

Como a gratidão é virtude e, assim sendo, deve e precisa ser exercida, aproveito a singular ocasião para externar um pouco do que motivou minha alma na construção desta obra.

Inicialmente, agradeço à minha preciosa esposa, Maria Carolina, e ao meu primeiro filho (hoje, já irmão mais velho) José Fernando, sem os quais este livro não existiria. Admito, a propósito, que sempre considerei algo brega os agradecimentos às esposas e aos filhos no início dos livros. Ironicamente, eu abriria mão do resto do conteúdo, mas não desse singelo agradecimento.

Explico: embora fruto de pesquisas durante todo o curso de mestrado no Programa de Pós-graduação em Direito da Universidade do Estado do Rio de Janeiro (nossa amada UERJ), a dissertação – semente da versão comercial que o leitor ora tem em mãos – tinha meras 40 páginas escritas e data para ser apresentada (cinco semanas depois) quando nasceu o pequeno José Fernando. Somada às fraldas, ao choro e às noites em claro, a administração da situação beirava o impossível. Fato é que essa mulher, vocacionada a ser mãe e esposa e cumprindo a missão de maneira exemplar – não me canso de me surpreender quanto a isso -, cuidou de tudo com capacidade e facilidade impressionantes, o que me permitiu estar (quase que) completamente debruçado na escrita.

Por sua vez, o José ajudou de duas maneiras. A primeira, sobrenatural: esperava encerrar o trabalho com a qualidade que eu gostaria que, um dia, meu filho pudesse reconhecer nele. A segunda, bem natural: a licença paternidade foi um ingrediente fundamental.

Passando ao lado acadêmico da obra, preciso agradecer, com especial destaque, ao professor e ministro Luiz Fux, meu orientador ao longo de toda a caminhada. Como pude manifestar na banca de defesa da dissertação, ser orientado pelo jurista que dá o nome ao Código de Processo Civil é um privilégio de dimensão outrora inimaginável. Além de toda a contribuição técnica, a certeza de que o que eu pensasse e escrevesse seria lido por um processualista de tal envergadura foi fator de motivação permanente, como o foram a receptividade e a atenção que sempre me dedicou – algo espantoso em se tratando de pessoa pública que desempenha múltiplas funções, todas de maneira absolutamente admirável.

Privilegiado que sou, gozei, também, da coorientação do professor Humberto Dalla Bernardina de Pinho. Se eu não tivesse tido aulas com o professor Humberto Dalla na graduação, seguramente, hoje, não estaria publicando este livro. Quiçá, sequer gostaria do Direito Processual. Quem o conhece sabe da relevância que tem na vida acadêmica de seus alunos, sempre os puxando para cima e apontando os próximos passos. Todo agradecimento será insuficiente, em comparação com o tanto que aprendi e aprendo consigo, pessoal e juridicamente.

Igualmente, agradeço pela honra que foi ser avaliado por professores de destaque nacional e internacional, verdadeiros especialistas na temática que abordei. Ao professor Aluisio Gonçalves de Castro Mendes, aproveito para expor minha admiração pela seriedade e disposição com que encara a atividade judicante e o ensino, com especial atenção aos alunos. Inúmeras foram suas contribuições, desde o exame de qualificação até as várias reflexões atuais. É sempre engrandecedor e inspirador tê-lo por perto.

Ao professor Osmar Mendes Paixão Côrtes, exímio estudioso da temática da objetivação da função jurisdicional, notadamente por meio dos recursos repetitivos, agradeço por, prontamente, aceitar o convite para participar da avaliação, encontrando improvável espaço entre os compromissos do notório advogado que é, bem como por contribuir, imensamente, para a versão final do trabalho, inclusive, a exemplo dos anteriores professores, dedicando generosas palavras, que enriqueceram a obra, trazendo-a para patamar no qual eu jamais poderia colocá-la.

Também externo agradecimento ao distinto professor e ministro Bruno Dantas, cujo conhecimento sobre a tutela pluri-individual se afigura paradigmático na doutrina nacional e, mesmo à distância, quando dedicava período de aprofundamento acadêmico no Max Planck Institute Luxembourg, acolheu, generosamente, o convite para integrar a banca de exame da dissertação que originou a presente obra, assinalando um sem número de aspectos, em insubstituível colaboração intelectual.

A título pessoal, aproveito a oportunidade para agradecer ao ministro Marco Aurélio Mello e ao desembargador Cláudio de Mello Tavares, verdadeiras luzes a inspirar meu trajeto pessoal e profissional, pelos quais nutro filial admiração, e que foram, são e serão, sempre, fonte de motivação para meu engrandecimento. Do mesmo modo, sou grato à minha família, pelos esforços que vão valendo tanto a pena.

Por fim, expresso gratidão à Editora GZ, na pessoa do amigo Guilherme Zincone, por me abrir as portas, apostando neste jovem autor, e ao competentíssimo Angelo Marsili, pela detalhada revisão empreendida nas linhas que seguem.

APRESENTAÇÃO

O livro *TEORIA GERAL DOS CASOS REPETITIVOS*, de JOSÉ ROBERTO SOTERO DE MELLO PORTO, por certo, é um pioneiro e excelente trabalho sobre o importante tema dos pronunciamentos sobre questões comuns e dos julgamentos de casos repetitivos, especialmente em torno dos Recursos Repetitivos (RRs) e do Incidente de Resolução de Demandas Repetitivas (IRDR), com pronunciamentos vinculativos que compõem um microssistema que representa uma das maiores apostas do Código de Processo Civil (CPC) de 2015.

No cenário mundial e nacional, pode-se constatar a busca incessante do desenvolvimento e fortalecimento de novos instrumentos processuais, dentro de uma perspectiva de modernização e aperfeiçoamento dos instrumentos de acesso à Justiça e de efetividade do processo. Busca-se celeridade, isonomia, segurança jurídica e eficiência nos julgamentos, especialmente de questões comuns, pois estas acabam obstruindo as vias de circulação do Judiciário, encontram soluções judiciais muitas vezes díspares para questões jurídicas idênticas ou semelhantes, desnorteando os profissionais do direito e o cidadão. Clama-se, incessantemente, pela racionalização da Justiça, tanto no que diz respeito à sua gestão processual, como no seu sentido material. Caminha-se para o fortalecimento dos precedentes, exigindo-se coerência e estabilidade, bem como a sua observância, em termos verticais e horizontais, pelos órgãos judiciais. Dentro deste cenário, o Incidente de Resolução Demandas Repetitivas, ou de Questões Comuns, para expressar melhor o seu alcance, representa uma tentativa e uma enorme esperança para o aprimoramento da prestação jurisdicional no Brasil, inspirado principalmente no *Musterverfahren* (procedimento modelo) alemão e na experiência nacional dos recursos repetitivos, embora tenha vindo com as suas peculiaridades.

JOSÉ ROBERTO SOTERO DE MELLO PORTO, graduado em Direito pela Universidade do Estado do Rio de Janeiro (UERJ), em 2013, vem exercendo desde 2016 o cargo de Defensor Público no Estado do Rio de Janeiro e adquiriu com brilhantismo o título de Mestre em Direito Processual pela Faculdade de Direito da Universidade do Estado do Rio de Janeiro (UERJ), na qual está agora, com o mesmo talento, cursando o doutorado. Tratou com a devida seriedade o seu curso de pós-graduação *stricto sensu*. Nas disciplinas, destacou-se na participação, no estudo e na apresentação de seminários e trabalhos. Por fim, a dissertação, que enseja o presente livro, foi submetida à conceituada banca presidida pelo Professor e Ministro LUIZ FUX e composta pelos Professores HUMBERTO DALLA BERNARDINA DE PINHO, OSMAR PAIXÃO e por mim, na qual se obteve o conceito máximo, com a aprovação contendo a menção de distinção, louvor e indicação para a publicação.

Neste trabalho, o jovem e brilhante autor levou adiante o enorme desafio de pesquisar, analisar e escrever sobre um tema importantíssimo e atual não apenas para o Direito Processual brasileiro, mas também para o direito estrangeiro, pois vários países, como Alemanha, Inglaterra, Portugal, Espanha e Estados Unidos, têm experimentado soluções semelhantes. O resultado foi esta belíssima obra, que foi forjada de modo pioneiro e inovador, pois escrita em momento no qual o novel microssistema se encontra em vigor há pouco tempo e a produção doutrinária ainda extremamente incipiente e tímida. Mas, JOSÉ ROBERTO não esmoreceu. Pelo contrário, ousou refletir as novas normas nas suas diversas nuances, leu tudo o que havia e guardava relação com o novo sistema. Não desconsiderou as opiniões e ensaios já lançados. Mas, por outro lado, não se curvou diante do que já havia sido dito. Questionou os fundamentos de posições lançadas. Explorou questões e aspectos não desbravados. Efetuou, portanto, o que se espera de um pesquisador, de um estudioso, de um membro da academia: procurou analisar tudo com rigor científico, não se contentando em trilhar caminhos já percorridos e ousando deixar a sua indelével contribuição para o aprofundamento do conhecimento teórico do tema e da utilização prática dos instrumentos voltados para as causas repetitivas. Por certo, a presente obra oferece uma enorme contribuição para o entendimento e a aplicação das normas do novo Código de Processo Civil em relação aos Recursos Repetitivos e ao Incidente de Resolução de Demandas Repetitivas.

O livro se encontra estruturado com uma introdução, quatro capítulos e as referências bibliográficas. A obra prima por uma construção lógica e científica, partindo de questionamentos mais gerais para os mais específicos, perpassando e enfrentando, assim, aspectos teóricos e práticos fundamentais.

No primeiro capítulo, o JOSÉ ROBERTO PORTO procurou desenvolver a base da nova construção: o contexto fático e jurídico motivador do microssistema de instrumentos voltados para a solução de litígios decorrentes da massificação de relações jurídicas na realidade contemporânea. Trouxe à baila, entre outros, ensinamentos do nosso saudoso, querido e inesquecível Professor JOSÉ CARLOS BARBOSA MOREIRA, dentro de um panorama de desafios atuais da ciência processual e de conceitos fundamentais da Teoria Geral do Processo, o que é naturalmente importante, sob o prisma acadêmico e prático.

No capítulo seguinte, o autor discorreu sobre os alicerces ou pilares do novo microssistema, ou seja, sobre os princípios fundamentadores deste novo agrupamento de instrumentos para a solução de demandas ou casos repetitivos. Nesse sentido, a isonomia e a segurança jurídica, esta última no sentido da previsibilidade e da estabilidade, representam verdadeiro escopo a ser perseguido. Não se pode conceber que o Poder Judiciário tenha um sentido apenas de solucionador de casos, sem que possa oferecer um referencial interpretativo e de regras para a sociedade. Tenho dito, de longa data, que a função jurisdicional possui, de certo modo, este novo ou fortalecido aspecto. A definição e uniformização de questões jurídicas, com a formulação das respectivas teses, propicia o atendimento do princípio da economia processual, que contribui para a consecução do princípio da duração razoável do processo, também tratados por JOSÉ ROBERTO. São entrelaçados e discutidos, neste capítulo, ao todo, quatorze princípios, considerados fundamentais e relacionados com o microssistema.

No terceiro capítulo, efetuou o estudo do microssistema de casos repetitivos, especificando as suas finalidades, a dinâmica do seu funcionamento, do seu histórico e da sua relação com as ações coletivas, tratando, assim, de maneira ampla, profunda e comparada a sistemática de julgamentos de casos repetitivos. É de se ressaltar que o objetivo deste microssistema composto pelos Recursos Repetitivos e pelo Incidente de Resolução de Demandas Repetitivas possui enorme relevância para o Direito Processual Coletivo, especialmente no que diz respeito aos direitos individuais homogêneos, ainda que a sua utilização não se limite a estas pretensões.

No quarto capítulo, ELEMENTOS DA TEORIA GERAL DOS CASOS REPETITIVOS, o autor procurou dissecar os principais aspectos do microssistema, em torno de temas fundamentais, subdivididos em dez itens. Iniciou com a natureza jurídica, que reflete o escopo e a natureza concentrada dos instrumentos, voltados principalmente para a solução da questão jurídica e a formulação da respectiva tese, a ser aplicada posteriormente nos múltiplos processos ou recursos suspensos ou sobrestados, concluindo pela natureza incidental tanto para os recursos repetitivos quanto para o IRDR. Em seguida, abordou o tema da competência, enfrentando dois assuntos difíceis: a possibilidade de IRDR nos tribunais superiores e a competência para a apreciação dos IRDRs nos Juizados Especiais. O terceiro tópico foi destinado à legitimidade e o quarto ao cabimento. JOSÉ ROBERTO aponta na direção correta. Os profissionais do direito precisam estar comprometidos com o sistema, para que os instrumentos possam alcançar a sua finalidade. Os legitimados devem fazer uso do IRDR sempre que ele for cabível. A análise deve estar relacionada aos requisitos e não apenas a uma escolha decorrente de opções pessoais ou íntimas. Abordou ainda o procedimento e a eficácia das teses firmadas. Outro tema pouco explorado na doutrina brasileira é o da consensualidade nos recursos repetitivos e no IRDR. Já tivemos a oportunidade de indicar que este foi um dos motivos para a reforma do *Musterverfahren* (procedimento modelo) no mercado de capitais do direito alemão, ensejando a versão de 2012 da KapMug (*Gesetz über Musterverfahren in kapitalmarktrechtlichen Streitigkeiten*), ou Lei sobre o Procedimento nos conflitos do mercado de capitais, com a introdução de normas expressas para a realização de acordos no âmbito do procedimento modelo. No Brasil, a questão tem vindo à tona, em casos práticos como o dos expurgos da poupança ou do auxílio moradia, no Supremo Tribunal Federal, mas precisam ser balizados os parâmetros para que as soluções consensuais possam se fortalecer dentro do microssistema de casos repetitivos. Por fim, o autor enfrentou ainda os temas da recorribilidade, da rescindibilidade e da revisibilidade.

Sinto-me honrado e distinguido com o convite formulado para apresentar o presente livro. Devo, contudo, conter-me na tarefa, pois não há comentário que se faça suficiente para substituir o bom vinho ou a boa obra. Recomendo, assim, em benefício do próprio leitor, que se passe, imediatamente, a sorver o resultado desta excelente e rara colheita, indispensável para os estudiosos do Direito Processual.

Aluisio Gonçalves de Castro Mendes
Professor Titular de Direito Processual Civil
da Universidade do Estado do Rio de Janeiro (UERJ)
Professor Titular de Direito Processual
da Universidade Estácio de Sá (UNESA)
Desembargador Federal do
Tribunal Regional Federal da 2ª Região
Especialista, Mestre, Doutor e Pós-Doutor em Direito
Diretor do Instituto Carioca de Processo Civil (ICPC)
Diretor do Instituto Brasileiro de Direito Processual (IBDP)
Diretor do Instituto Iberoamericano de Direito Processual (IIDP)
Membro da Associação Brasil-Alemanha de Juristas (DBJV)
Membro da *International Association of Procedural Law* (IAPL)

PREFÁCIO

O Código de Processo Civil de 1973, obra monumental de Alfredo Buzaid, inspirado nos ensinamentos do jurista italiano radicado no Brasil Enrico Tullio Liebman[1], vigorou por mais de quatro décadas, sofrendo, nesse período, inúmeras alterações legislativas. Sua matriz essencialmente individualista, com o passar do tempo, tornou-se cada vez mais incapaz de lidar de forma adequada com o aumento da litigiosidade decorrente da ampliação progressiva do acesso à justiça.

Com efeito, novos diplomas legais como a Lei da Ação Civil Pública e o Código de Defesa do Consumidor buscaram coletivizar a resolução de controvérsias, no contexto daquilo que Mauro Cappelletti denominou de "segunda onda renovatória" do acesso à justiça[2], enquanto outras leis tentaram desjudicializar a solução de conflitos (Lei de Arbitragem e Lei de Mediação, dentre outras) ou simplificar procedimentos (Lei dos Juizados Especiais, por exemplo). Mas um problema persistia: a incapacidade do sistema processual civil brasileiro de proporcionar decisões uniformes para lides repetitivas dentro de um prazo razoável, tudo a contribuir para um cenário em que a atividade jurisdicional era marcada pela insegurança jurídica e pela morosidade.

O advento da Reforma do Judiciário e, posteriormente, do Novo Código de Processo Civil, implementaram no direito processual brasileiro profundas transformações, objetivando, essencialmente, garantir maior eficiência na prestação jurisdicional. Merece destaque, nesse ponto, o intuito do legislador de fortalecer o precedente no direito brasileiro, ao criar instrumentos que permitem a identificação dos processos que versem sobre as mesmas temáticas e a consolidação do entendimento das cortes sobre as respectivas controvérsias, assegurando-se maior isonomia e segurança jurídica aos jurisdicionados, bem como desafogando o sistema de justiça nacional. Nessa toada, uma das principais inovações proporcionadas pelos mencionados diplomas legais consiste na inserção e no fortalecimento de mecanismos que visam a tornar a jurisprudência das cortes estável, íntegra e coerente, a exemplo do incidente de resolução de demandas repetitivas (IRDR), do julgamento dos recursos repetitivos e da repercussão geral.

Percebe-se, claramente, portanto, uma crescente aproximação entre o direito processual brasileiro e os ordenamentos jurídicos existentes no âmbito da *common law*, como antevisto com argúcia pelo inigualável e saudoso mestre José Carlos Barbosa Moreira[3]. Não é por acaso que vocábulos da língua inglesa como *leading case, overruling* e *distinguish*, dentre muitos outros oriundos do sistema de precedentes de perfil anglo-saxônico, convolaram-se em expressões de uso corrente entre os processualistas brasileiros, sendo indispensável a perfeita compreensão do seu significado jurídico para a utilização dos instrumentos inovadores introduzidos pelo novo Código de Processo Civil no sistema dos precedentes.

Os resultados decorrentes dessas inovações já foram percebidos em diversas esferas do Judiciário. No Supremo Tribunal Federal, por exemplo, houve a redução do acervo processual em mais de dois terços entre 2006 e 2018, passando de 150 mil processos em estoque para

---

1 BUZAID, Alfredo. *A influência de Liebman no direito processual civil brasileiro.* https://www.revistas.usp.br/rfdusp/article/download/66795/69405. Acesso em 10/08/2018.

2 CAPPELLETTI, Mauro; GARTH, Bryant. *Acesso à Justiça.* Porto Alegre: Sergio Antonio Fabris Editor, 1988, tradução de Ellen Gracie Northfleet.

3 MOREIRA, José Carlos Barbosa. *O processo civil brasileiro entre dois mundos, in Temas de direito processual: oitava série.* São Paulo: Saraiva, 2004, p. 41-52.

menos de 50 mil em 2018[4]. Outro considerável avanço percebido no âmbito da Suprema Corte consistiu na utilização do Plenário Virtual, tanto para deliberação sobre a existência de repercussão geral nos casos que chegam à corte, quanto para o julgamento de feitos agrupados em listas de julgamento[5], possibilitando a resolução de milhares de processos anualmente.

Ainda tratando dos impactos dos julgamentos de casos repetitivos, mais um ponto a ser realçado, agora sob a ótica da análise econômica do Direito, é que a redução da insegurança jurídica proporcionada pela estabilidade da jurisprudência reduz custos das transações econômicas, na medida em que os *players* atuantes em determinado segmento econômico passam a vislumbrar com mais clareza quais são os riscos inerentes a cada empreendimento, podendo calcular com mais precisão a equação econômico-financeira dos contratos firmados[6].

Considerado o quadro exposto, a substanciosa obra do Defensor Público do Estado do Rio de Janeiro José Roberto Sotero de Mello Porto inegavelmente se apresenta como leitura obrigatória ao estudioso dos temas relacionados às demandas repetitivas e ao sistema de precedentes instituído pela legislação processual em vigor. Ao aliar sua vasta experiência profissional na Defensoria Pública aos profundos conhecimentos teóricos hauridos junto ao programa de pós-graduação *stricto sensu* da Universidade do Estado do Rio de Janeiro, o autor lança novas luzes sobre as discussões doutrinárias em torno de uma teoria geral dos casos repetitivos, inspirando importantes reflexões no leitor.

Sua obra é estruturada em quatro partes. Primeiramente, o capítulo introdutório traz elementos fáticos e jurídicos que explicam o contexto motivador da adoção de técnicas processuais especiais para o julgamento de casos repetitivos. O segundo capítulo, por sua vez, expõe uma longa lista de princípios processuais fundamentadores da resolução de questões repetitivas, privilegiando sempre a melhor técnica jurídica. Passa o autor, no terceiro capítulo, a delinear o microssistema dos casos repetitivos, partindo de um histórico de ferramentas legais integradas gradualmente ao ordenamento jurídico brasileiro e chegando à disposição do artigo 928 do novo Código de Processo Civil. Por fim, no quarto, último e mais extenso capítulo, o autor examina conjuntamente os institutos do incidente de demandas repetitivas (IRDR) e dos recursos repetitivos, a fim de definir de modo uniforme todos os pontos cardeais do sistema de casos repetitivos. Eis aí o grande diferencial desta obra, juntamente com o enfrentamento de outras questões controversas relacionadas à mesma temática, como a rescindibilidade dos julgamentos e a possibilidade de acordo nesses processos.

Durante a leitura de sua obra, nota-se como o autor primorosamente parte de sólidas premissas teóricas para posteriormente adentrar nas questões mais delicadas que estão em voga nos tribunais brasileiros. Desde 2016, José Roberto Sotero de Mello Porto é meu orientando, inicialmente no mestrado e atualmente no doutorado, e tenho acompanhado de perto o desenvolvimento do seu rigor acadêmico e da sua densidade teórica, características marcantes do autor e facilmente perceptíveis em sua obra. Assim, é uma honra prefaciar este livro, que certamente será o primeiro de muitos outros que contribuirão de forma significativa para o desenvolvimento e refinamento da teoria geral dos casos repetitivos.

Brasília, 10 de agosto de 2018.

Luiz Fux
Ministro do Supremo Tribunal Federal

4 Fonte: http://portal.stf.jus.br/textos/verTexto.asp?servico=estatistica&pagina=acervoatual. Acesso em 10/08/2018.

5 Inovação introduzida pela Resolução/STF n° 587, de 29 de julho de 2016.

6 Nesse sentido, **COOTER, Robert; ULEN, Thomas.** *Direito & Economia.* Porto Alegre: Bookman, 2010, 5ª Edição, tradução de Luis Marcos Sander e Francisco Araújo da Costa, p. 436.

ÍNDICE SISTEMÁTICO

INTRODUÇÃO

Com o advento do Código de Processo Civil de 2015, o sistema processual pátrio recebeu contornos novos. Diversos institutos chamaram a atenção da doutrina, notadamente o estímulo à solução consensual do litígio[1], a cooperação esperada dos sujeitos processuais, o apelo principiológico e a valorização dos precedentes.

Nesse último campo, possivelmente o que mais repercutiu, surgiu o instrumento denominado Incidente de Resolução de Demandas Repetitivas (IRDR – artigos 976 a 987). Esse valioso mecanismo de esclarecimento da jurisprudência, a qual se busca tornar uniforme, estável, coerente e íntegra, recebeu enfoque acadêmico considerável, natural consequência das indagações que acompanharam seu surgimento no cenário jurídico brasileiro.

A legislação processual, no entanto, foi além da mera criação do referido instituto, inserindo-o em um panorama maior, a incluir o julgamento dos recursos repetitivos, cuja sistemática restou bastante melhorada pelo CPC/15, a começar pela unificação do regramento dos recursos especiais e dos recursos extraordinários com repercussão geral[2] (artigos 1.036 a 1.041).

---

1 "O novo Código de Processo Civil desperta justificadas esperanças nos advogados, juízes e doutrinadores, pois oferece uma resposta inovadora à crise do sistema de justiça e ao desvirtuamento do Código Buzaid por sucessivas reformas parciais. Dentre suas principais inovações está a ideia de uma justiça coexistencial ou multiportas. A função do Poder Judiciário deixa de ser somente a de pôr fim, formalmente, aos conflitos trazidos à sua apreciação, para voltar-se primordialmente à solução efetiva desses conflitos; deixa de se orientar à produção de sentenças para voltar-se à resolução da controvérsia pelo melhor meio possível. A solução consensual dos conflitos passa a ser política de Estado, como determinado no § 2º do art. 3º, e os métodos alternativos de solução de conflitos devem ser estimulados por todos os atores do processo, como previsto no § 3º do mesmo dispositivo. A audiência de conciliação e mediação, que deve ocorrer previamente à citação, procura induzir as partes à autocomposição". (CUEVA, Ricardo Villas Bôas Cueva. Técnica de julgamento dos recursos repetitivos e a constitucionalidade das decisões vinculativas e outras novidades do NCPC. *Revista de Processo*, v. 257, jul. 2016, p. 313-316.).

2 No novo Código, a repercussão geral recebe tratamento separado do dos recursos repetitivos. Passa a ser apenas um requisito de admissibilidade recursal, sendo certo que o diploma continua a atribuir eficácia expansiva para o julgamento do RE com repercussão geral (art. 1.035 e parágrafos). A previsão é curiosa, interessando, para as análises que serão feitas, apenas a presunção de que, nos recursos extraordinários repetitivos, haverá sempre, por imposição constitucional, repercussão geral, mas a recíproca não é verdadeira.

A esse gênero, formado pelas duas espécies mencionadas, o código chamou "julgamento de casos repetitivos" (artigo 928).

Evidentemente, a destinação de um dispositivo específico apenas para a definição terminológica se mostraria autêntico luxo em meio a um processo legislativo tão rico como o da codificação vigente, contando com a participação dos mais diversos setores da comunidade jurídica. A lei quis dizer mais, provocando a interpretação conjunta dos dois institutos e a sua sistematização una, ressalvados pontuais elementos diferenciadores insuperáveis.

Cabe à doutrina, portanto, delinear uma Teoria Geral dos Casos Repetitivos, objetivo ao qual se propõe a presente obra. A intenção é, longe de esgotar as polêmicas e os questionamentos suscitados até então, promover uma leitura centralizada dos dois instrumentos de fixação de teses jurídicas em razão de questões repetitivas, identificando os muitos aspectos que os aproximam.

Partindo dessa premissa de que o código quis promover uma aproximação, é possível chegar à conclusão de que existe um microssistema de julgamento de casos[3] repetitivos, formado pelas normas atinentes ao IRDR e aos recursos repetitivos (inclusive, o recurso de revista repetitivo), que, como tal, permite a integração hermenêutica recíproca. Essa constatação, por sua vez, confere maior efetividade aos institutos, tendo em vista que, em sua essência, coincidem, permitindo o empréstimo de elementos comuns, mas que, por razões diversas, apenas foram explicitados no tratamento legal de um ou outro.

Como meio de sustentar o método de interpretação conjunta, será trazido, no primeiro momento e em linhas bem gerais, o contexto fático e jurídico que motivou a criação da técnica de tutela pluri-individual (capítulo 1). Na etapa seguinte, é exposta longa lista de princípios, que tanto fundamentam os institutos como servem como lentes para sua leitura e compreensão (capítulo 2).

Depois, é trabalhado o microssistema (de julgamento) de casos repetitivos, indicando-se suas finalidades, seu funcionamento, seu histórico legislativo e seu intercâmbio com as ações coletivas (capítulo 3).

Por fim, ingressa-se no apontamento dos elementos da Teoria Geral dos Casos Repetitivos, revisitando-se variados institutos estruturais do direito processual (legitimidade, competência, cabimento, procedimento), bem como aspectos próprios das técnicas, como a eficácia da tese delas oriunda, sempre se buscando alinhar o incidente de julgamento de recursos repetitivos com o IRDR (capítulo 4).

A ideia da obra é sistematizar as duas espécies de tratamento de questões jurídicas repetitivas, problematizando aspectos controvertidos na doutrina e propondo elementos capazes de garantir concretude ao aclamado microssistema dos casos repetitivos.

---

3 Por mais que o objeto dos incidentes não sejam propriamente casos, mas questões repetitivas, opta-se por utilizar, ao longo do texto, a expressão consagrada em lei (artigo 928 do CPC/15).

Capítulo 1

CONTEXTO MOTIVADOR DO MICROSSISTEMA

1.1. Contexto fático

O cenário social influencia, de forma decisiva, no panorama jurídico. Diversos fatores extrajurídicos contribuíram para a propagação de processos mais do que similares[1] (não raro, apenas uma das partes muda – o autor – e, logicamente, a causa de pedir[2] próxima[3]), a corrente realidade da massifica-

1 "Daí – muito mais do que em outras épocas – surgem situações em que uma imensa quantidade de pessoas titulariza, individualmente, um direito que é na essência idêntico ao dos demais. E surgem situações em que estas pessoas têm, ao mesmo tempo, esses seus respectivos direitos ameaçados ou violados por uma conduta ou conjunto de condutas provenientes de um mesmo sujeito ou conjunto de sujeitos. Pensemos em consumidores que compraram todos um mesmo produto defeituoso; ou contribuintes numa mesma situação em face do Fisco; servidores públicos ou empregados privados numa idêntica posição jurídica em face de seus empregadores etc." (TALAMINI, Eduardo. Direitos individuais homogêneos e seu substrato coletivo: ação coletiva e os mecanismos previstos no código de processo civil de 2015. *Revista de Processo*. v. 241, mar./2015. Acesso eletrônico.).

2 José Carlos Barbosa Moreira exclui o aspecto jurídico do referido nexo causal, ensinando que "constitui-se a *causa petendi* do fato ou do conjunto de fatos a que o autor atribui a produção do efeito jurídico por ele visado. (...) Não integram a *causa petendi*: a) a qualificação jurídica dada pelo autor ao fato em que apoia a sua pretensão (v.g., a referência a 'erro' ou a 'dolo', na petição inicial, para designar o vício do consentimento invocado como causa da pretendida anulação do ato jurídico); b) a norma jurídica aplicável à espécie." (BARBOSA MOREIRA, José Carlos. *O novo processo civil brasileiro*. 25ª ed. Rio de Janeiro: Forense, 2007, p. 17.). Também assim, Liebman (LIEBMAN, Enrico Tullio. *Manual de direito processual civil*. 3ª ed. v. 1. Trad. Cândido Rangel Dinamarco. São Paulo: Malheiros, 2005, p. 259).

3 Existe alguma divergência doutrinária no tocante à classificação do conteúdo da causa de pedir. Adotamos, aqui, a classificação de Luiz Fux, segundo o qual a causa de pedir próxima se refere aos fatos, e a remota, aos fundamentos jurídicos (FUX, Luiz. *Teoria geral do processo civil*. 2ª ed. Rio de Janeiro: Forense, 2016, p. 161). No mesmo sentido, Daniel Assumpção Neves: "em minha concepção pessoal a causa de pedir próxima são os fatos e a causa de pedir remota é o fundamento jurídico, porque é dos fatos que decorrem os fundamentos jurídicos." (NEVES, Daniel Amorim Assumpção. *Manual de direito processual civil*. 8ª ed. Salvador: JusPodivm, 2016, p. 95). Em sentido contrário, compreendendo a causa de pedir próxima como o aspecto jurídico: NUNES, Dierle. Comentários acerca da súmula impeditiva de recursos (Lei 11.276/2006) e do julgamen-

ção de demandas, que se busca racionalizar por meio da técnica dos casos repetitivos.

O primeiro deles é a *massificação das relações*. Ao comentar a Constituição Federal recém promulgada, em 1991, José Carlos Barbosa Moreira já averiguava a ocorrência de fenômenos de massa (produção de massa, distribuição de massa, cultura de massa), os quais desaguariam, inevitavelmente, em um processo de massa[4]. À época, comemorou-se o advento das ações coletivas como meio para a resolução de tais demandas replicadas – uma esperança que não se confirmou totalmente.

Outro aspecto de relevo foi a *redemocratização*, ao cabo da década de 1980[5]. A passagem para o Estado Democrático de Direito implica, necessariamente, a abertura das portas do Judiciário[6], como garantia do cidadão que se veja em situação de injusta violação de direitos. A operação, evidentemen-

---

to liminar de ações repetitivas (Lei 11.277/2006): duplo grau de jurisdição e do direito constitucional ao recurso (contraditório sucessivo) – aspectos normativos e pragmáticos. *Revista de Processo*, v. 137, jul. 2006, p. 184.

---

4 "Realmente, as características da vida contemporânea produzem a emersão de uma série de situações em que, longe de achar-se em jogo o direito ou o interesse de uma única pessoa, ou de algumas pessoas individualmente consideradas, o que sobreleva, o que assume proporções mais imponentes, é precisamente o fato de que se formam conflitos nos quais grandes massas estão envolvidas, e um dos aspectos pelos quais o processo recebe o impacto desta propensão do mundo contemporâneo para os fenômenos de massa: produção de massa, distribuição de massa, cultura de massa, comunicação de massa, e porque não, processo de massa?" (BARBOSA MOREIRA, José Carlos. Ações coletivas na Constituição Federal de 1988. *Revista de* Processo. v. 61, jan./mar. 1991. Acesso eletrônico.).

5 "De fato, a explosão do contencioso civil deixou de ser uma tendência, para se consubstanciar em realidade mundial, embora com peculiaridades nacionais. No Brasil e nos países da América Latina, o incremento do número de ações ajuizadas passou a ser extremamente significativo a partir do final da década de 80, com a democratização dos regimes políticos e o fortalecimento dos órgãos judiciários. No âmbito global, o aumento do número de processos judiciais cíveis pode ser considerado como resultado da chamada onda renovatória do acesso à Justiça, tendo em vista que várias medidas foram adotadas para facilitar o exercício do direito de ação, removendo ou atenuando várias barreiras existentes." (MENDES, Aluisio Gonçalves de Castro. *Ações coletivas e meios de resolução coletiva de conflitos no direito comparado e nacional*. 4ª ed. São Paulo: Revista dos Tribunais, 2014, p. 41)

6 "Com efeito, o acesso à justiça é um princípio essencial ao funcionamento do Estado de direito. Isso porque um Estado que se organiza sob esse postulado deve assegurar, em todas as suas funções, isonomia substancial aos cidadãos. No campo da jurisdição, esse dever de igualdade se demonstra, exatamente, pela garantia de acesso à justiça." (PINHO, Humberto Dalla Bernardina de; STANCATI, Maria Maria Martins Silva. A *ressignificação do princípio do acesso à justiça à luz do art. 3° do código de processo civil de 2015*. Disponível em: < https://www.academia.edu/32200932/A_RESSIGNIFICAÇÃO_DO_PRINCÍPIO_DO_ACESSO_À_JUSTIÇA_À_LUZ_DO_ART._3_DO_CÓDIGO_DE_PROCESSO_CIVIL_DE_2015>. Acesso em 30/06/2017.).

te, é sempre uma soma, gerando o aumento de processos submetidos à análise dos magistrados[7].

A *evolução tecnológica* também é elemento de peso a ser considerado. Não se desconhece a maneira como a internet possibilita o amplo acesso aos mais diversos produtos, o que se traduz, aos montes, em relações jurídicas. Alinhando-se essa realidade ao amplo acesso ao crédito[8] e ao advento, querido pelo constituinte, da protetiva *legislação consumerista*, é vislumbrável o aumento de reclamações judiciais oriundas dos entraves cotidianos do mercado.

Não se pode ignorar, outrossim, o *amplo acesso à informação e à educação*, notadamente a jurídica[9], e aos serviços públicos (prestados, comumente, de maneira privada[10]). A população, também ela crescente, passa a conhecer seus direitos e a exigi-los, efetivando-os. A consequência é, como notado por Eduardo Talimini, que "no mundo, sempre existiu muita gente. Mas só recentemente – e essa é uma conquista fundamental – toda essa gente passou a ser verdadeiro sujeito de direito e a ter alguma consciência disso"[11].

---

7 Embora tentadora, a proposta do aumento de juízes não é a saída única e mágica para o congestionamento do Judiciário: "É o que ocorre, por exemplo, nas comparações com a Alemanha, que possui, de fato, um número elevado de juízes (exatos 20.999 no dia 31 de dezembro de 1999), mas esse fato também ocorre porque os Landgerichte, que exercem ora a função de primeiro grau de jurisdição, ora a de revisor dos pronunciamentos dos Amtsgerichte, são órgãos colegiados, fazendo com que haja o incremento do número de juízes em proporção não coincidente com a de órgãos julgadores. Sob o argumento de que os julgamentos realizados por juízes singulares são mais céleres, mas, também, com o objetivo de economizar, pretende-se, com a reforma em curso, o fortalecimento dos Amtsgerichte, que são juízos singulares." (MENDES, Aluisio Gonçalves de Castro. *Ações coletivas e meios de resolução coletiva de conflitos no direito comparado e nacional.* 4ª ed. São Paulo: Revista dos Tribunais, 2014, p. 40, n. 18).

8 AMARAL, Guilherme Rizzo do. Efetividade, segurança, massificação e a proposta de um "Incidente de Resolução de Demandas Repetitivas". *Revista de Processo.* v. 196, jun./2011. Acesso eletrônico.

9 MENDES, Aluisio Gonçalves de Castro; TEMER, Sofia Orberg. Comentário ao artigo 976. In: STRECK, Lenio Luiz *et al.* (orgs.). *Comentários ao Código de Processo Civil.* São Paulo: Saraiva, 2016, p. 1272.

10 "Um caso paradigmático desses equívocos da atualidade, que vem causando enormes embaraços em nossa Justiça, é o pertinente às tarifas de assinatura telefônica. Num só Juizado Especial Cível da Capital de São Paulo foram distribuídas mais de 30.000 demandas individuais dessa espécie (...). Em todo o Estado de São Paulo, há mais de 130.000 feitos dessa natureza, que são idênticos aos ajuizados, aos milhares, em vários outros Estados da Federação" (WATANABE, Kazuo. Relação entre demanda coletiva e demandas individuais. In: GRINOVER, Ada Pellegrini et al [coords.]. *Direito processual coletivo e o anteprojeto de Código Brasileiro de Processos Coletivos.* São Paulo: Revista dos Tribunais, 2007, p. 158-159).

11 TALAMINI, Eduardo. Direitos individuais homogêneos e seu substrato coletivo: ação coletiva e os mecanismos previstos no código de processo civil de 2015. *Revista de Processo.* v. 241, mar./2015. Acesso eletrônico.

Nessas duas etapas, é fulcral o papel da *Defensoria Pública*[12], instituição constitucionalmente voltada ao atendimento dos necessitados, a qual igualmente se fortaleceu e ampliou, oferecendo atendimento em patamares antes inimagináveis[13]. A chegada da Defensoria a vasto número de comarcas e seções judiciárias significa um aumento de demandas necessariamente, por mais que o estímulo prioritário seja à consensualidade[14].

Some-se a isso a implantação dos Juizados Especiais, onde se outorga capacidade postulatória para a parte, de maneira gratuita, demandar, densificando o acesso à justiça de maneira delicada[15]. Na prática, pedidos redigidos por servidores do Judiciário e decididos por "juízes" leigos simplificam em demasia a atividade jurisdicional, comprometendo a qualidade de sua prestação e quase que estimulando pedidos frívolos.

Tempero que jamais pode ser esquecido, nessa lista sempre exemplificativa, é o presente cenário de *crise econômica*, em que a população se encontra mais fragilizada. O desemprego afigura-se impactante, seja na potencialização da informalidade, seja na acentuação de demandas em face do Estado.

Aspectos culturais também contribuem para a multiplicidade de ações[16]. A experiência demonstra que se deposita, ainda hoje, a esperança no magis-

---

12 "Por possuir o objetivo de viabilizar aos necessitados o amplo acesso à ordem jurídica justa, o dispositivo deve ser interpretado de forma ampla, abrangendo toda e qualquer atividade de orientação jurídica e de defesa dos interesses dos necessitados, tanto na esfera judicial quanto na esfera administrativa.
Em linhas gerais, a orientação jurídica consiste em 'subministrar atividades de consultoria, compreendendo o aconselhamento, a informação e a orientação em assuntos jurídicos'. O exercício dessa atividade jurídico-assistencial independe de instauração de qualquer processo judicial ou administrativo, podendo ser prestada apenas para esclarecer dúvidas, para elaborar contratos ou para auxiliar na conclusão de negócios jurídicos em geral." (ESTEVES, Diogo; SILVA, Franklyn Roger Alves. *Princípios institucionais da Defensoria Pública*. 2ª ed. Rio de Janeiro: Forense, 2017, p. 366).

13 Para um panorama global da expansão da Defensoria Pública para o interior, em todos os Estados da Federação, veja-se o IV Diagnóstico da Defensoria Pública no Brasil (2015), disponível em < https://www.anadep.org.br/wtksite/downloads/iv-diagnostico-da-defensoria-publica-no-brasil.pdf>.

14 "Nesse sentido, para além da mera via alternativa para o desafogo do Poder Judiciário, a solução extrajudicial de conflitos revela-se como instrumento que vivifica os processos de educação em direitos e difusão da cidadania." (COSTA, Domingos Barroso; GODOY, Arion Escorsin de. *Educação em Direitos e Defensoria Pública*. Curitiba: Juruá, 2014, p. 97).

15 Para uma analise teórica e prática dos Juizados, ver: CARNEIRO, Paulo Cezar Pinheiro. *Acesso à justiça*: juizados especiais cíveis e ação civil pública: uma nova sistematização da teoria geral do processo. Rio de Janeiro: Forense, 1999.

16 FUX, Luiz. O novo processo civil. In: ______ (coord.), *O Novo Processo Civil Brasileiro – direito em expectativa*. Rio de Janeiro: Forense, 2011, p. 8.

trado de maneira, às vezes, irracional (basta imaginar a clássica audiência em ações de família, em que o juiz acena em que sentido julgará, se inexistir acordo, e, mesmo assim, uma das partes prefere submeter a questão à sentença, embora saiba que a solução consensual lhe seria mais favorável, em seu conteúdo).

Justamente por isso, soa utópico o anúncio do princípio da cooperação no artigo 6º do novo código, havendo necessidade de sistematizar os reais deveres dele decorrentes, sob pena de transformá-lo em mero recurso retórico.

A preocupação com a efetividade da novel sistemática processual, quando confrontada com o traço cultural do litigante pátrio, é de se considerar. O desestímulo à litigância e aos recursos, finalidades mediatas dos casos repetitivos, dependerá da maneira como a comunidade jurídica brasileira irá se portar[17].

O *acesso à justiça*, conquista irrevogável, pode acarretar, como ônus (se é que se pode considerá-lo assim), o assoberbamento do Poder Judiciário. O julgamento dos casos repetitivos é uma resposta específica do legislador para essa questão[18], revelando-se ferramenta de enorme potencialidade, a ser confirmada na prática[19].

---

17 "Daí concluir que a grande contribuição do IRDR ao sistema processual não guarda relação com o ideal de celeridade do processo e sim com a eficiência e racionalidade do sistema, tornando-o estável e previsível frente a questões de direito repetitivas. Dentre seus principais benefícios, destaque-se ainda o pretendido desestimulo à litigância e esperada redução do número de recursos, diante da previsibilidade gerada pelo precedente. Nosso otimismo não nos impede de relativizar este último fator (redução do número de recursos), considerando que processo também é cultura, e a práxis estabelecida pelas partes e seus procuradores aponta para o esgotamento das possibilidades de reforma." (TEIXEIRA, Guilherme Puchalski. Incidente de resolução de demandas repetitivas: projeções em torno de sua eficiência. *Revista Eletrônica de Direito Processual*. v. 16, jul./dez. 2015, p. 234)

18 "Criaram-se figuras, no novo CPC, para evitar a dispersão excessiva da jurisprudência. Com isso, haverá condições de se atenuar o assoberbamento de trabalho no Poder Judiciário, sem comprometer a qualidade da prestação jurisdicional.
Dentre esses instrumentos, está a complementação e o reforço da eficiência do regime de julgamento de recursos repetitivos, que agora abrange a possibilidade de suspensão do procedimento das demais ações, tanto no juízo de primeiro grau, quanto dos demais recursos extraordinários ou especiais, que estejam tramitando nos tribunais superiores, aguardando julgamento, desatreladamente dos afetados.
Com os mesmos objetivos, criou-se, com inspiração no direito alemão, o já referido incidente de Resolução de Demandas Repetitivas, que consiste na identificação de processos que contenham a mesma questão de direito, que estejam ainda no primeiro grau de jurisdição, para decisão conjunta". (Exposição de Motivos do Código de Processo Civil – Lei 13.150/15. Disponível em: https://www2.senado.leg.br/bdsf/bitstream/handle/id/512422/001041135.pdf?sequence=1).

19 "O incidente é uma das formas pensadas no Projeto para buscar garantir uma tranquilidade para os cidadãos, que terão ciência prévia dos seus direitos e poderão reclamá-los na Justiça, indo ao encontro também dos interesses das próprias empresas e do Judiciá-

Efetivamente, a cultura do demandismo exacerbado, motivada pela produção legislativa aguda e aliada a uma visão restrita do acesso à justiça como acesso ao Judiciário, desencadeou o aumento do número de processos em patamar asfixiante. A sedutora saída-fácil é um autêntico "*fast-track* processual"[20], em que metas de julgamento são delineadas tão somente com base em números, relegando a qualidade prestacional a um patamar de indesejada coadjuvante.

Verifica-se, portanto, um panorama "de visível incompatibilidade entre litigiosidade e a capacidade do Poder Judiciário em absorver tal demanda" [21],

---

rio, que esperam, todos, uma ferramenta eficaz para a solução rápida e justa dos conflitos. Espero que o incidente de resolução de demandas repetitivas realmente funcione na prática. Todavia, é inegável que a sua plena concretização dependerá, e muito, da sua compreensão e do seu manejo pelos aplicadores e demais operadores do direito." (CARNEIRO, Paulo Cezar Pinheiro. Breves Notas sobre o Incidente de Resolução de Demandas Repetitivas, in Revista Eletrônica de Direito Processual, vol. XIV, Ano 8, jul-dez/2014, p. 489.).

---

20 "Dentre as concausas da dispersão excessiva da jurisprudência, sobrelevada na Exposição de Motivos do novo CPC, deve ser contado, de um lado, o demandismo judiciário exacerbado, à sua vez insuflado por fatores diversos, tais a produção legislativa desenfreada, que desnorteia os destinatários da norma e desorienta os operadores do Direito incumbidos de aplicá-la, e, de outro lado, a leitura – que em outra sede chamamos ufanista e irrealista – da garantia do acesso à Justiça, levando a se extrair do art. 5.º, XXXV da CF mais do que nele se contém, resultando num estímulo à judicialização massiva, praticamente convertendo o direito de ação em dever de ação, em detrimento de outros meios auto e heterocompositivos de solução de conflitos, como agora vem enfatizado no novo CPC – art. 3.º e parágrafos – e, já antes, vinha afirmado na Res. CNJ 125 (DJe 01.12.2010, republicada no DJe 01.03.2011), estabelecendo as bases da Política Judiciária Nacional.
A cultura demandista, instalada ao longo das últimas décadas, foi impactando o afluxo crescente de processos, em número muito superior à capacidade instalada do Judiciário, com isso projetando externalidades negativas, dentre as quais a tendencial oferta de resposta rápida e massificada (fast track processual), ambiente que desfavorece o exame detido e criterioso das lides judicializadas e propicia a ocorrência de injustiças, dando azo a uma produção judiciária igualmente massiva e de conteúdo dispersivo, sem compromisso com um momento ou etapa de unidade exegética, necessária à segurança jurídica e ao tratamento isonômico dos jurisdicionados." (MANCUSO, Rodolfo de Camargo. *Incidente de Resolução de Demandas Repetitivas*: a luta contra a dispersão jurisprudencial excessiva. São Paulo: Revista dos Tribunais, 2016, p. 13-14).

21 "As causas deste abarrotamento de processos são as mais diversas. Razões de ordem social, cultural e econômica explicam o fenômeno. (...) O Conselho Nacional de Justiça revela que a quantidade de casos pendentes de solução definitiva (estoque de processos) nos tribunais brasileiros tem crescido, em média, 3,4% por ano desde 2009. Em 2013, o número de processos acumulados e que aguardavam uma decisão final no Judiciário chegou a 66,8 milhões.
O panorama atual é de visível incompatibilidade entre litigiosidade e a capacidade do Poder Judiciário em absorver tal demanda. Mais do que um problema de natureza processual, trata-se de um problema de Estado, que presta jurisdição morosa, descumprindo

por todas as causas até aqui expostas (sociais, econômicas, jurídicas, culturais). A crítica situação, não podendo se manter, demandava solução urgente, motivada, ainda, pela insuficiência de ferramentas jurídicas aptas ao ideal tratamento das demandas repetitivas.

1.2. Contexto jurídico

O processo civil de feição individual, clássico, é a base do sistema processual. No entanto, contemporaneamente, recebeu a complementação de outras formas de tratamento de litígios. A principal razão para tanto foi o advento de novas espécies de direitos, cuja tutela escapava à lógica credor-devedor, alcançando uma coletividade mais ou menos ampla de pessoas[22].

---

direito fundamental do cidadão. Trata-se, ainda, de um problema de governo, vez que parte da solução deveria advir de um melhor aparelhamento do Judiciário, em nível federal e especialmente estadual." (TEIXEIRA, Guilherme Puchalski. Incidente de resolução de demandas repetitivas: projeções em torno de sua eficiência. *Revista Eletrônica de Direito Processual*. v. 16. jul./dez. 2015, p. 213)

22 "Ora, as relações interindividuais continuam sem dúvida a revestir grande importância na vida contemporânea, pelo menos em alguns setores da atividade humana. Ao lado delas, porém, vai crescendo incessantemente o número e o relevo de situações de diferente corte, em que se acham envolvidas coletividades mais ou menos amplas de pessoas. Essas situações também podem e costumam servir de nascedouro a conflitos de interesses, cuja frequência e gravidade aumentam dia a dia. Mas, para dar-lhes solução adequada, não raro parecem pouco eficazes as armas do arsenal jurídico herdado de outros tempos. Toma-se indispensável um trabalho de adaptação, que afeiçoe às realidades atuais o instrumental forjado nos antigos moldes; ou antes, em casos extremos, um esforço de imaginação criadora, que invente novas técnicas para a tutela efetiva de interesses cujas dimensões extravasam do quadro bem definido das relações interindividuais.
As dificuldades naturalmente se acentuam à medida que as situações da vida se vão distanciando, na sua estrutura, do modelo dualístico identificável na contraposição entre credor e devedor. Quando a peculiaridade reside apenas na existência de mais de um titular, ativo ou passivo, da relação jurídica, as receitas clássicas ainda se mostram idôneas, no comum dos casos, a remediar os inevitáveis inconvenientes. Essas relações plurissubjetivas, mesmo quando resistam, do ponto de vista estritamente dogmático, a uma pura e simples decomposição em feixes de relações 'simples', em geral comportam, porém, no plano da tutela jurisdicional, semelhante gênero de tratamento. Suscitarão, na pior hipótese, a manifestação de fenômenos como o do litisconsórcio ou o da intervenção de terceiros (sob modalidades variadas), que, se nunca deixam de provocar complicações práticas, já se podem considerar, em substância, até certo ponto 'domesticados' pela técnica legislativa, e apresentam aos olhos dos cientistas do direito processual feição tranquilizadoramente familiar. Em tal faixa cabe inserir figuras como a das obrigações com pluralidade de sujeitos, a do condomínio pro indiviso e outras que o leitor identificará sem grande esforço." (BARBOSA MOREIRA, José Carlos. A ação popular do direito brasileiro como instrumento de tutela jurisdicional dos chamados "interesses difusos". *Revista de Processo*, n. 28, out./dez.1982, p. 8)

A novidade não se referia, a rigor, aos direitos coletivos *lato sensu* (difusos, coletivos em sentido estrito e individuais homogêneos), que já existiam (o direito difuso ao meio ambiente equilibrado, por exemplo, desde a criação do mundo), mas sim ao seu tratamento estruturado, antes de forma pontual (Lei da Ação Popular[23], Lei da Ação Civil Pública), e, mais recentemente, prenunciado na Constituição Federal e consolidado com o Código de Defesa do Consumidor.

A evolução normativa é interessantíssima. Barbosa Moreira, acompanhando todo o desenrolar, esclarece como a disciplina constitucional ampliou o tratamento legal[24], e como mesmo a Carta Magna deixou espaço para o aperfeiçoamento posterior, pela legislação.

---

23 "Trata-se da ação popular, arrolada entre as garantias constitucionais, desde 1934, por todas as Constituições do país (com a única exceção da Carta de 1937) e hoje contemplada no art. 153, § 31, do texto vigente (Constituição da República de 1967, com a redação dada pela EC 1, de 17.10.69), verbis 'Qualquer cidadão será parte legítima para propor ação popular que vise a anular atos lesivos ao patrimônio de entidades públicas'." (BARBOSA MOREIRA, José Carlos. A ação popular do direito brasileiro como instrumento de tutela jurisdicional dos chamados "interesses difusos". *Revista de Processo*, n. 28, out./dez.1982, p. 10).

24 Desde o advento da CF/88, o ilustre processualista defendia o cabimento da ação civil pública para qualquer direito coletivo em sentido amplo: "Talvez saibam que essa expressão 'interesses difusos e coletivos' aparecia no texto votado pelo Congresso Nacional quando da aprovação da Lei 7.347. O art. 1° tinha quatro itens, e o último deles falava de interesses difusos e coletivos, em termos genéricos. Esse dispositivo foi vetado pelo Presidente da República, que talvez se tenha sentido um tanto perplexo diante de expressão que, embora já bastante usada naquela época, possivelmente ainda despertaria certa inquietação. Pois bem. Veio a Constituição de 1988 e selou a matéria, incluindo expressamente essa cláusula genérica que, a rigor, até dispensaria tudo mais, porque, na verdade, os interesses relacionados com o meio-ambiente, os interesses relacionados com o patrimônio público e social e os próprios interesses relacionados com a proteção ao consumidor, desde que não digam respeito a lesões patrimoniais individualmente consideradas, mas sim aos fenômenos que abranjam ou que envolvam um número grande de pessoas, consideradas no seu conjunto, tudo isso entra no conceito de interesses difusos ou coletivos. Na verdade, convém observar que a terminologia nessa matéria, a despeito de várias propostas doutrinárias, não chegou a uma cristalização definitiva. Ora se tem usado as expressões 'interesses coletivos' e 'interesses difusos' promiscuamente, no mesmo sentido, mais geral, ora se tem proposto este ou aquele critério para extremar, de um lado, os interesses coletivos e, de outro lado, os interesses difusos; mas no assunto não há ainda uniformidade que nos possa levar a adotar tranquilamente determinado critério de distinção. O melhor é, talvez, falarmos em interesses coletivos e difusos, porque assim estamos certos de abranger todas as figuras possíveis e imagináveis desse universo. Pois bem, aqui também me parece que a Constituição amplia, na medida em que adota aquela expressão geral que foi expurgada do texto da Lei 7.347. Sendo assim, a ação civil pública, a despeito daquele veto, passa agora a cobrir todo o terreno que o projeto tinha em vista, por força de norma constitucional, que já não pode ser desprezada nem modificada, a não ser por uma emenda à própria Constituição." (BARBOSA MOREIRA, José Carlos. Ações coletivas na Constituição Federal de 1988. *Revista de Processo*, n. 61, jan./mar.1991, p. 192).

As ações coletivas, por sua vez, também não conseguiram sepultar consideravelmente o problema da multiplicidade de demandas análogas e o conseguinte sobrepeso do Judiciário. Por um lado, especificamente quanto aos direitos batizados de essencialmente coletivos[25], houve inegável ganho – até porque seu trato, anteriormente, restava quase que impossibilitado.

Nesse primeiro grupo, a opção legislativa pela legitimação extraordinária se revelou instrumento *sine qua non* para o alcance do acesso à justiça[26], assegurando pronta possibilidade de atuação para os eleitos[27].

---

25 "A primeira espécie concerne a direitos e interesses que se caracterizam, a meu ver, por dois traços fundamentais: um subjetivo e outro objetivo. Do ponto de vista subjetivo, trata-se de litígios que concernem a um número indeterminado e, pelo menos para efeitos práticos, indeterminável de sujeitos: não um grupo definido e sim uma série que comporta extensão em princípio indefinida. Do ponto de vista objetivo, esses litígios a que eu chamei essencialmente coletivos distinguem-se porque o seu objeto é indivisível. Não se trata de uma justaposição de litígios menores, que se reúnem para formar um litígio maior. Não. O seu objeto é por natureza indivisível, como acontece, por exemplo, em matéria de proteção do meio ambiente matéria de defesa da flora e da una, em matéria de tutela dos interesses na preservação do patrimônio histórico, artístico, cultural, espiritual da sociedade; e como acontece também, numerosas vezes, no terreno da proteção do consumidor, por exemplo, quando se trata de proibir a venda, a exploração de um produto considerado perigoso ou nocivo à saúde. Não se está focalizando, nessa perspectiva, o problema isolado de cada pessoa, e sim algo que necessariamente assume dimensão coletiva e incindível, do que resulta uma consequência muito importante, que tem, inclusive, reflexos notáveis sobre a disciplina processual a ser adotada. Em que consiste esta consequência? Consiste em que é impossível satisfazer o direito ou o interesse de um dos membros da coletividade sem ao mesmo tempo satisfazer o direito ou o interesse de toda a coletividade, e vice-versa: não é possível rejeitar a proteção sem que essa rejeição afete necessariamente a coletividade como tal. (...)" (BARBOSA MOREIRA, José Carlos. Ações coletivas na Constituição Federal de 1988. *Revista de Processo*, n. 61, jan./mar.1991, p. 187)

26 "A existência de várias pessoas integrando a relação processual, ainda que em número elevado, não qualifica o caráter coletivo da ação. O fenômeno, conhecido como litisconsórcio, seja ativo, passivo ou misto, é típico do processo individual, na medida em que significa a mera cumulação de demandas singulares. Diante de fatos com repercussão sobre grupos pequenos, o litisconsórcio pode, por certo, representar um meio viável e econômico para a resolução da lide. Mas diante da massificação moderna, na qual os conflitos e as questões jurídicas e fáticas envolvem milhares ou milhões de pessoas, clara é a incapacidade do fenômeno litisconsorcial para a efetivação da prestação jurisdicional no âmbito coletivo." (MENDES, Aluisio Gonçalves de Castro. *Ações coletivas e meios de resolução coletiva de conflitos no direito comparado e nacional*. 4ª ed. São Paulo: Revista dos Tribunais, 2014, p. 29-30).

27 Nem por isso a doutrina se aquietou. Edilson Vitorelli, por exemplo, construiu paradigmática tese a respeito da legitimidade nas ações coletivas (VITORELLI, Edilson. O *devido processo legal coletivo*: dos direitos aos litígios coletivos. São Paulo: Revista dos Tribunais, 2016).

Por outro lado, quanto aos direitos acidentalmente coletivos[28] (tutela coletiva de direitos), o que se constatou foi sua insuficiência para o atingimento dos fins pretendidos. Evidentemente, um sem número de ilícitos, insignificantes se considerados individualmente, passaram a ser tutelados coletivamente. Ocorre, porém, que, aqui, existe, antes, uma permissão legislativa para seu tratamento conjunto do que uma via exclusiva para levar tais direitos à jurisdição[29]. É dizer: os sujeitos de tais direitos individuais podiam e continuam a poder provocar o Judiciário, independentemente do mecanismo do processo coletivo.

O acesso à justiça, portanto, não é o único mote da tutela coletiva dos direitos individuais homogêneos. Sua vocação também está no prestígio da economia processual macroscópica (economia judicial), resolvendo elevado número de problemas de uma só vez e de maneira mais perfeita. Diminui-se a quantidade com elevada qualidade.

Ciente dessa inegável constatação, reconhece-se que as ações coletivas não são capazes de esgotar o tratamento dos direitos individuais coletivamen-

28 "Que são litígios acidentalmente coletivos? Estes não apresentam as mesmas características daqueles, sobretudo a característica da indivisibilidade do objeto. Vamos a outro exemplo, que creio eu, tornará clara essa distinção. Suponham que, por meio de uma fraude financeira, se cause prejuízo a número elevado de pessoas, que foram iludidas e caíram vítimas da manobra ilícita. Pois bem. É claro que nada impede que os conflitos de interesses relacionados com cada uma das pessoas prejudicadas possam ser objeto de apreciação isolada, individual, em princípio, nada obsta a isso; mas, por vezes, acontece que o fenômeno tem dimensões diferentes' quando olhado pelo prisma individual e quando olhado por um prisma global. Curiosamente, aquela proposição aritmética relativa às parcelas e à soma falha. Aqui, na verdade, há casos em que a soma é algo mais do que simplesmente o conjunto das parcelas, exatamente porque o fenômeno assume, no contexto da vida social, um impacto de massa. Então, é possível, sim, repito, nós nos limitarmos à consideração individual, examinar, caso por caso, qual foi o prejuízo causado a cada uma das pessoas que se tornaram vítima do embuste. Por vezes, contudo, essa solução não é satisfatória, porque o vulto do prejuízo individual não se torna bastante para justificar a ida a Juízo de cada um dos prejudicados isoladamente. (...) A solução é perfeitamente cindível, nada tem de unitária, ao contrário do que se dá na outra espécie, em que não se conceberia que alguém pudesse ter interesse, por exemplo, numa fração da paisagem. Isso não faria absolutamente sentido; o interesse de cada um refere-se ao todo." (BARBOSA MOREIRA, José Carlos. Ações coletivas na Constituição Federal de 1988. *Revista de Processo*, n. 61, jan./mar.1991, p. 188-189).

29 "Quando se fala, pois, em 'defesa coletiva' ou em 'tutela coletiva' de direitos homogêneos, o que se está qualificando como coletivo não é o direito material tutelado, mas sim o modo de tutelá-lo, o instrumento de sua defesa." (ZAVASCKI, Teori Albino. *Processo coletivo: tutela de direitos coletivos e tutela coletiva de direitos*. 7ª ed. São Paulo: Revista dos Tribunais, 2017. p. 40).

te considerados[30-31]. Diversas causas são apontadas: (i) a legitimidade extraordinária, que eventualmente afasta os titulares do direito do seu substituto em juízo, (ii) a natureza genérica da sentença proferida, a demandar ulterior liquidação individual; (iii) a fictícia comunicação do ajuizamento da ação coletiva por meio dos editais referidos no art. 94 do CDC; (iv) a incógnita em torno da coexistência com as ações individuais[3233] (em parte, solucionada

30 "(...) a sistemática atual das ações coletivas fracassou no intento de conter a enxurrada de ações que são ajuizadas em prol da tutela de direitos originados de um mesmo contexto fático-jurídico. Com isso, a solução de grande parte dos problemas de massa é buscada com demandas individuais repetitivas. Todavia, esses litígios exigem soluções rápidas e eficazes, não se justificando mais a adoção dos instrumentos tradicionais de condução de processos judiciais. Daí a necessidade de encontrar tipos alternativos de solução desses conflitos." (CAMBI, Eduardo. FOGAÇA, Mateus Varga. Incidente de resolução de demandas repetitivas no novo Código de Processo Civil. Revista de Processo. v. 243, mai./2015, p. 336-337.)

31 "O processo civil clássico, de bases essencialmente individuais, demonstrou-se incapaz de contingenciar essa explosão de demandas isomórficas. Por outro lado, as ações coletivas, embora constituam importante evolução na tutela de direitos coletivos, não se mostraram, por si sós, ainda, na prática e dentro da realidade brasileira, suficientes em conferir à litigiosidade repetitiva exaustiva tutela, especialmente em razão do sistema brasileiro de extensão dos efeitos da coisa julgada *secundum eventum litis*, da possibilidade de ajuizamento concomitante de ações individuais e da restrita legitimação ativa." (MENDES, Aluisio Gonçalves de Castro; TEMER, Sofia Orberg. Comentário ao artigo 976. In: STRECK, Lenio Luiz *et al.* [orgs.]. *Comentários ao Código de Processo Civil.* São Paulo: Saraiva, 2016, p. 1272.).

32 "Ao instituir a coisa julgada erga omnes secundum eventum probationis para os demais legitimados (art. 16 da LACP, art. 103, I e II, do CDC) ou mesmo secundum eventum litis para os indivíduos substituídos (art. 103, III e § 1.º do CDC), permitiu o legislador que convivessem com ações coletivas centenas de milhares de ações individuais tratando de questões comuns a todos os interessados, em grave prejuízo do funcionamento da máquina judiciária". (AMARAL, Guilherme Rizzo do. Efetividade, segurança, massificação e a proposta de um "Incidente de Resolução de Demandas Repetitivas". Revista de Processo. v. 196, jun./2011. Acesso eletrônico.).

33 Rodolfo Mancuso propõe solução para a coexistência de coisas julgadas sobre o mesmo tema: "flagrante discrepância entre as respostas judiciárias sobre um mesmo tema, impende evitar o mal maior, que seria o desbordamento da contradição entre coisas julgadas, do plano lógico para o plano prático. Como proposta de trabalho, pode-se pensar no transporte da coisa julgada mais benéfica, para aplicação aos casos porventura julgados de forma diversa, tendo em vista a insustentabilidade de que, num mesmo espaço-tempo, e num mesmo ambiente judiciário, uma coisa possa ser e não ser (v.g., uma coisa julgada coletiva, mandando ressarcir os danos à saúde causados pelo tabagismo, e outra, individual, negando tal ressarcimento): aplicar-se-ia, então, a parêmia odiosa restringenda, benigna amplianda"." (MANCUSO, Rodolfo de Camargo. A concomitância de ações coletivas, entre si e em face das ações individuais. In: GRINOVER, Ada Pellegrini et al. [coords.]. *Processo coletivo – do surgimento à atualidade.* São Paulo: Revista dos Tribunais, 2014, p. 169.).

de lege ferenda pelo Superior Tribunal de Justiça[34]); (v) o complexo sistema delineado para a coisa julgada; (vi) entre outros[35].

Em casos outros, a própria natureza coletiva da demanda não se mostrava evidente. Certas ações ocupam autêntica zona cinzenta entre o processo individual (ainda que com uma pluralidade de sujeitos) e o coletivo.

É o caso das ações pseudocoletivas[36], nas quais prepondera o interesse individual dos sujeitos de direito, tornando-se, no mínimo, improdutivo o manejo da ação coletiva[37]. Desse modo, ao cabo de um tormentoso processo

---

34 "Recurso repetitivo – Processual civil – Recurso especial – Ação coletiva – Macrolide – Correção de saldos de cadernetas de poupança – Sustação de andamento de ações individuais – Possibilidade. – 1. Ajuizada ação coletiva atinente a macrolide geradora de processos multitudinários, suspendem-se as ações individuais, no aguardo do julgamento da ação coletiva. – 2. Entendimento que não nega vigência aos arts. 51, IV e § 1.º, 103 e 104 do CDC; arts. 122 e 166 do CC/2002; e arts. 2.º e 6.º do CPC, com os quais se harmoniza, atualizando-lhes a interpretação extraída da potencialidade desses dispositivos legais ante a diretriz legal resultante do disposto no art. 543-C do CPC, com a redação dada pela Lei dos Recursos Repetitivos (Lei 11.672, de 08.05.2008). – Recurso Especial provido" (Resp 1.110.549/RS, 2.ª Seção, j. 28.10.2009, rel. Min. Sidnei Beneti, DJe 14.12.2009).

35 "(a) a substituição processual traz inconveniente como o de permitir que alguns sujeitos, legitimados pela lei, postulem em prol de interesse de uma coletividade geograficamente dispersa, cujos indivíduos não são conhecidos na sua totalidade, e que, muitas vezes, não possuem sequer notícia da demanda coletiva e dos seus efeitos; (b) a existência de conflitos internos na classe representada que não são considerados na propositura e no julgamento do conflito coletivo; (c) a falta de opção dos indivíduos substituídos em manifestar em juízo a vontade de não serem atingidos pelos efeitos da demanda coletiva; (d) a inexistência de comprometimento dos substituídos com questão debatida; e (e) de que alguns órgãos do Estado ou mesmo entidades representativas, legitimados em caráter geral e abstrato, não estejam tão próximos dos fatos" (ADONIAS, Antonio. Situações jurídicas homogêneas: um conceito necessário para o processamento das demandas de massa. Revista de Processo. v. 186, ago./2010, p. 93-94.)

36 "Nas ações pseudocoletivas, em realidade, conquanto tenha sido proposta a ação por um único legitimado extraordinário, na verdade estão sendo pleiteados, específica e concretamente, os direitos individuais de inúmeros substituídos, caracterizando-se uma pluralidade de pretensões que, em tudo e por tudo, é equiparável à do litisconsórcio multitudinário (...)." (ARAÚJO FILHO, Luiz Paulo da Silva. *Ações coletivas:* a tutela jurisdicional dos direitos individuais homogêneos. Rio de Janeiro: Forense, 2000, p. 200.).

37 "Se as questões individuais forem predominantes, a sentença condenatória genérica não terá nenhuma utilidade, pois nas liquidações cada interessado deverá fazer a prova completa do nexo causal, que dará tanto trabalho quanto uma ação individual de conhecimento. É por isso que surgem inúmeros problemas na liquidação de certas sentenças condenatórias genéricas, em ações coletivas em defesa de interesses individuais que não são homogêneos. Trata-se aqui das ações pseudocoletivas." (GRINOVER, Ada Pellegrini. O Projeto do novo CPC e sua influência no minissistema de processos coletivos: a coletivização dos processos individuais. In: PELLEGRINI, Ada; BENJAMIN, Antonio Herman; WAMBIER, Teresa Arruda Alvim; VIGORITI, Vicenzo [orgs.]. *Processo Coletivo – Do surgimento à atualidade.* São Paulo: Ed. Revista dos Tribunais. 2014, p. 1434.)

judicial coletivo – portanto, de instrução normalmente complexa e de ampla participação –, a sentença genérica teria que passar por uma execução individual tão ou quase tão delicada quanto o procedimento de conhecimento.

Outra hipótese é a das ações individuais com alcance coletivo, nas quais o autor é titular de um direito subjetivo que, reconhecido pelo Judiciário, gerará inevitáveis reflexos em terceiros e na coletividade[38]. São casos realmente limítrofes, capazes de deixar uma interrogação, como quando um sujeito quer exercer um direito que possui (não fechamento da rua em que mora, por exemplo), e que atinge a esfera jurídica dos demais.

Em terceiro lugar, aponta Kazuo Watanabe as ações pseudoindividuais, em que, do ponto de vista prático, não existiria empecilho para o ajuizamento individual, porém a relação de direito material, globalmente considerada, recomenda a solução coletiva[39]. Uma tarifa abusiva inserida em contrato de adesão por empresa concessionária de serviço público, por mais que possa ser afastada caso a caso, apenas permite a pacificação a seu respeito quando tutelada em definitivo, globalmente[40].

Restou clamorosa, portanto, a necessidade de se abrir uma outra janela para ventilar o sistema processual. Seguindo a tendência também do direito

38 "Mas existe um plano intermediário, com duas hipóteses distintas; a) a ação é ajuizada como sendo individual, mas na verdade, em função do pedido, os efeitos da sentença acabam atingindo a coletividade. Assim se um indivíduo, invocando seu direito subjetivo, pretendendo o fechamento de uma casa noturna, em virtude do ruído que o perturba, ou de uma fábrica poluente, que o atinge, a sentença, favorável, ou desfavorável, atingirá todos os membros da comunidade que sofriam os efeitos da casa noturna ou da fábrica poluente. Neste caso, teremos uma ação individual com efeitos coletivos. De nada adiante afirmar que a coisa julgada atua *inter partes*, por se tratar de ação individual, porque (ainda que reflexamente) atingirá a todos.". (GRINOVER, Ada Pellegrini. O Projeto do novo CPC e sua influência no minissistema de processos coletivos: a coletivização dos processos individuais. In: GRINOVER, Ada Pellegrini; BENJAMIN, Antonio Herman; WAMBIER, Teresa Arruda Alvim; VIGORITI, Vicenzo [orgs.]. *Processo Coletivo – Do surgimento à atualidade*. São Paulo: Revista dos Tribunais, 2014. p. 1436.).

39 Para o autor, o empecilho lógico levaria à conclusão da impossibilidade de ajuizamento de ações individuais (WATANABE, Kazuo. Relação entre demanda coletiva e demandas individuais. In: GRINOVER, Ada Pellegrini; BENJAMIN, Antonio Herman; WAMBIER, Teresa Arruda Alvim; VIGORITI, Vicenzo [coords.]. *Processo Coletivo – Do surgimento à atualidade*. São Paulo: RT. 2014. p. 237).

40 Quanto a essa última espécie, soa instigante a proposta doutrinária. O novo código, tímido quanto à tutela coletiva, previa, em seu artigo 333, o instrumento da conversão da ação individual em coletiva, o qual acabou por ser vetado.

comparado[41], desenhou-se, por reformas legais, uma terceira via, entre o processo individual e o coletivo: a tutela pluri-individual[42], objeto desta obra.

A dinâmica é a seguinte: em havendo uma multiplicidade de processos (ou recursos) nos quais se discute a mesma questão jurídica, elegem-se alguns que bem representem a controvérsia[43], instala-se procedimento incidental com ampla participação e debate, enquanto os feitos originários ficam suspensos, ao cabo do qual se fixa uma tese jurídica, externando o posicionamento (tendencialmente) definitivo daquele tribunal acerca do tema, vinculando juízos a ele subordinados e a sociedade civil.

Com efeito, as causas em bloco demandam o delineio de um devido processo legal que lhes seja próprio[44], não bastando simplesmente a incidência

---

41 "A tendência há encontrado origem na França, em 1992, quando foram introduzidas as actions de representation conjuinte para regulamentar o caso de sujeitos que sofreram algum dano pelo mesmo sujeito ou pela mesma causa. Tal demanda era reservada apenas às associações autorizadas, cujo associado confere o mandato de representação. Em 1995, Portugal adotou uma nova e moderna legislação em tema de demanda coletiva. No início do terceiro milênio, o Reino Unido passa a adotar o Group Litigation Orders, e, em 2001, foi a vez da Espanha adotar uma normativa que previa a possibilidade das associações dos consumidores de recorrer ao 'group actions', seguida da Suíça em 2003. Em novembro de 2005, a Alemanha introduziu uma especial demanda coletiva ressarcitória em tema de particular ilícito financeiro (Kapitalanleger-Musterverfahrensgesetz-KapMug). Todas as normativas europeias previram de um modo ou de outro a necessidade da parte individual estar inserida num grupo específico e conferir, de um modo mais ou menos explícito, o mandato à própria representação (assim denominada opting-in solution), diversamente do que acontece nos Estados Unidos da América onde prevalece o princípio de que a decisão proferida na class action é obrigatória a todos os sujeitos abstratamente inseridos na classe que não tenham expressamente se dissociado da mesma (opting-out solution)". (SOUZA, Arthur César de. Conversão da demanda individual em demanda coletiva no novo CPC. *Revista de Processo*. v. 236, out./2014, p. 214.)

42 "A tendencial e crescente tutela judicial plurindividual pode ser apreendida como uma terceira via, postada num ponto equidistante entre a jurisdição singular (legitimação ativa radicada na afirmada titularidade do direito; interesse individual afrontado ou insatisfeito; coisa julgada de eficácia inter partes) e a jurisdição coletiva (legitimação ativa concorrente-disjuntiva, fundada na representatividade adequada do portador judicial; interesse metaindividual – difuso, coletivo em sentido estrito ou individual homogêneo; coisa julgada de eficácia expandida – ultra partes ou erga omnes)". (MANCUSO, Rodolfo de Camargo. *Incidente de Resolução de Demandas Repetitivas*: a luta contra a dispersão jurisprudencial excessiva. São Paulo: Revista dos Tribunais, 2016, p.42)

43 Diversas expressões são utilizadas para fazer menção aos processos paradigmas, afetados: processo-quadro, causa-piloto, processo-teste, processo-modelo, entre outras.

44 "Às causas em bloco não se pode aplicar o due process of law com o mesmo delineamento que incide sobre as demandas puramente individuais, com idêntica definição das partes, dos ônus, deveres e direitos processuais, com as mesmas construções doutrinária e legal sobre as regras de estabilização da demanda e de distribuição dos ônus da defesa

das regras atinentes ao processo subjetivo de caráter individual[45]. As muitas vicissitudes presentes no procedimento superficialmente referido exigem a compreensão dos institutos processuais que lhe são inerentes, desde os mais tradicionais (legitimidade, competência) até aqueles de feição moderna (a ampla participação e o exauriente dever de fundamentação). Assim, de bom grado a sistematização das técnicas de tutela desses microprocessos[46] que se multiplicam às dezenas ou milhares.

Cumpre, desde já, reconhecer que a tendência de objetivação processual nem sempre é aplaudida, existindo autorizadas vozes preocupadas com seu protagonismo no cenário processual, relegando as partes dos processos subjetivos ao segundo plano, inclusive com a relativização de suas garantias[47].

---

e da prova, por exemplo, bem como a regulamentação dos limites objetivos e subjetivos da coisa julgada, tais quais dispostos no vigente CPC". (BASTOS, Antonio Adonias Aguiar. O devido processo legal nas causas repetitivas. p. 4950. Disponível em: <http://www.publicadireito.com.br/conpedi/manaus/arquivos/anais/salvador/antonio_adonias_aguiar_bastos.pdf>. Acesso em 31/07/2017).

---

45 "O excesso de demandas é fruto de cultura exorbitante do fenômeno processual e encartável no aspecto filosófico e cultural que marca a tendência à beligerância judicial do povo brasileiro. Acresce a esses fatores o direito inafastável de acesso à justiça, garantido pelo princípio constitucional de que nenhum direito ou ameaça a direito deve escapar à apreciação do Poder Judiciário. Esses possíveis entraves não impediram à Comissão observar, por meio de dados empíricos, que o volume das demandas estava intimamente vinculado ao contencioso de massa. Isto é, milhares de ações em trâmite no território nacional versavam a mesma questão jurídica. Revelavam-se ações homogêneas, mas que não podiam ser tratadas como a litigiosidade de varejo nos dizeres de Sergio Mencini, ao doutrinar sobre pretensões isomórficas no cognominado Encontro de Pisa em 2007." (FUX, Luiz. O novo processo civil. In: ______ et al. [coords.]. *O novo Processo Civil brasileiro – direito em expectativa [reflexões acerca do novo Código de Processo Civil]*. Rio de Janeiro: Forense, 2011, p. 9-10).

46 DINAMARCO, Cândido Rangel; LOPES, Bruno Vasconcelos Carrilho. *Teoria geral do novo processo civil*. 2ª ed. São Paulo: Malheiros, 2017, p. 215-216.

47 "Nesse processo civil, que é o do nosso tempo, não colhe falar-se de processo objetivo, de recurso no interesse da lei ou de jurisdição de tutela da ordem jurídica. Toda vez que esses conceitos são invocados para reduzir o alcance da tutela dos interesses dos destinatários, a jurisdição civil está sendo deturpada, desvirtuada, afastando-se do paradigma que a justifica no Estado de Direito, assentado na primazia e na eficácia concreta dos direitos dos cidadãos. Nenhum processo civil tutela o direito objetivo, por mais abstrata e geral que seja a eficácia da decisão por ele preconizada. O processo civil tutela as situações subjetivas agasalhadas pelo direito objetivo, ainda que indeterminadas ou indetermináveis sejam essas situações. O direito objetivo é meio e não fim da jurisdição civil. Esta perspectiva garantística do processo civil contemporâneo vem sendo profundamente ameaçada ultimamente pelos movimentos de reformas processuais desencadeados em vários países, entre os quais o Brasil, ditados preponderantemente pela necessidade justificável de debelar a crise do Judiciário resultante do excesso de

Não parece, contudo, inconciliável a tutela pluri-individual (tutela coletiva pela via incidental) com os direitos públicos subjetivos dos litigantes, se bem utilizada. Antes de um retrocesso, mostra-se como uma complementar via, também visando ao aperfeiçoamento da tutela de direitos e da prestação jurisdicional. O modelo do novo Código de Processo Civil avança, ainda que timidamente, na direção de uma visão global da economia processual[48].

---

processos e de recursos, mas que relegam a segundo plano a função tutelar dos interesses dos jurisdicionados e dos direitos subjetivos agasalhados pelo ordenamento jurídico, de que decorrem a inafastabilidade do contraditório participativo e da mais ampla defesa, e sufocam essas garantias e a preocupação com a qualidade das decisões, em benefício da produção em massa de decisões padronizadas, pouco refletidas, pouco debatidas e com reduzida probabilidade de serem acertadas, tanto do ponto de vista da justiça processual, quanto da justiça substantiva, ou seja, tanto do ponto de vista do respeito às garantias fundamentais do processo, entre as quais avultam o contraditório, a ampla defesa e o devido processo legal, quanto do ponto de vista do resultado, a correta reconstituição dos fatos e a adequada tutela dos direitos subjetivos das partes, através da aplicação da lei ao caso concreto." (GRECO, Leonardo. Publicismo e Privatismo no Processo Civil. *Revista de Processo*. v. 164, out./2008. Acesso eletrônico.).

48 "O modelo subjetivo, dispositivo, típico do CPC de 1973, mostrou-se insuficiente para atender à crescente demanda e à real necessidade dos jurisdicionados de ter uma resposta efetiva e em tempo hábil.
Uma sociedade consciente dos seus direitos, com entidades associativas fortes, órgãos estruturados como o próprio Ministério Público, ganhou na segunda metade da década de 80 e no início dos anos 90 um microssistema de demandas coletivas.
Imaginou-se que a coletivização resolveria os problemas de então, o que não ocorreu. Liquidações e execuções das demandas coletivas, a não diminuição esperada do volume de ações individuais que fossem absorvidas pelas coletivas etc., mantiveram o Poder Judiciário abalroado e as microreformas na legislação processual (desde 1994 em especial) foram importantes mas não conseguiram (talvez até por não terem essa intenção), da mesma forma, resolver o problema crônico da demora e da racionalização da prestação jurisdicional.
Era preciso algo mais. A jurisprudência avançou e o novo Código de Processo Civil incorporou os avanços já alcançados e foi além, atingindo o fundamento da prestação jurisdicional, a base da decidibilidade." (CÔRTES, Osmar Mendes Paixão. A consolidação da "objetivação" no novo Código de Processo Civil. *Revista de Processo*, v. 265, mar. 2017, p. 187)

Capítulo 2

PRINCÍPIOS FUNDAMENTADORES DO MICROSSISTEMA

Os princípios jurídicos[1], fontes do direito, orientam todos os seus ramos e, portanto, também o processo civil. Atualmente, a constatação da constitucionalização do processo civil[2] (teoria do direito processual constitucional[3]) impede a compreensão da ciência de maneira divorciada dos mandamentos constitucionais, em especial as garantias fundamentais largamente estampadas.

O legislador de 2015, tomado pelo atual estado principiológico do direito[4], foi didático ao enunciar, na proa da nova lei adjetiva, extenso rol

---

1 Nelson Nery Junior sintetiza a visão de Robert Alexy sobre o conceito de princípio: "Os princípios são normas que ordenam que algo seja realizado na maior medida possível, dentro das possibilidades jurídicas e reais existentes. Assim, os princípios são *mandamentos de otimização*, caracterizados pelo fato de que podem ser cumpridos em diferentes graus, e de que seu cumprimento não somente depende das possibilidades reais, mas também das jurídicas. O âmbito das possibilidades jurídicas é determinado pelos princípios e regras opostas." (NERY JUNIOR, Nelson. *Princípios do processo na Constituição Federal.* 12ª ed. São Paulo: Revista dos Tribunais, 2016. Acesso eletrônico.).

2 "Outro fenômeno mais atual é a *Constitucionalização do direito*, que insere a carta maior como *centro de gravidade de toda a ordem jurídica*, estabelecendo premissas metodológicas inafastáveis na aplicação da legislação infraconstitucional.
A *supremacia da Constituição Federal na atividade hermenêutica* é tônica da moderna constitucionalização do processo, tanto que a proposta de criação do novel Código de Processo Civil estrutura-se com uma parte geral na qual se inserem os princípios que devem nortear a atividade judicante.
Deveras, considerando os processos objetivos cuja finalidade mediata é a confrontação de leis e sua exegese em face da Constituição, como 'sói' ocorrer com as Ações de Declaração de Inconstitucionalidade, Ação Declaratória de Constitucionalidade e Ação de Descumprimento de Preceito Fundamental, tem-se nesses casos inequívoca demonstração do fenômeno da *constitucionalização do processo civil.*" (FUX, Luiz. Processo e Constituição. In: ______(coord). *Processo Constitucional.* Rio de Janeiro: Forense, 2013, p. 8-9.).

3 CARNEIRO, Paulo Cezar Pinheiro. Comentário ao artigo 1º. In: WAMBIER, Teresa Arruda Alvim *et al.* (coords). *Breves comentários ao novo código de processo civil.* São Paulo: Revista dos Tribunais, 2015. Acesso eletrônico.

4 "No estudo de qualquer ramo do direito, é importante pesquisar os seus princípios, visto serem eles o caminho para alcançar o estado de coisas ideal visado na aplicação do conjunto de normas analisado. Antes, porém, de enfocar os princípios específicos do

(exemplificativo[5]) de valores a serem perquiridos no desenrolar da relação processual. O diálogo com a Lei Maior traz, no ensinamento de Paulo Cezar Pinheiro Carneiro[6], duas consequências centrais: (i) a de garantia contra qualquer dispositivo ou atitude processual que viole a Constituição e (ii) a de fator de interpretação do Código de Processo Civil.

Se todo regramento deverá ser analisado à luz da teoria constitucional do processo civil, com especial razão faz-se necessário identificar como a técnica objeto desta obra se identifica com essas linhas gerais, e em que medida as homenageia.

Evidentemente, existem valores especialmente prestigiados, claramente evidenciados pela fixação de teses, especialmente a isonomia, a segurança jurídica e a duração razoável dos processos, como assenta Humberto Dalla Bernardina de Pinho[7]. No entanto, parece ser possível estender consideravel-

---

direito processual civil, é bom lembrar que, sendo ramo de um organismo maior, que é o direito em sua configuração total, as leis que regem o processo se apoiam, antes de tudo, nos princípios gerais observáveis em todo o ordenamento jurídico. (...) Pelo novo Código de Processo Civil, por outro lado, adquiriram o caráter de normas fundamentais vários princípios consagrados como inerentes ao processo democrático de nosso tempo, entre eles, o inquisitivo e o dispositivo, a demanda, o contraditório, a boa-fé objetiva, a legalidade, o acesso à justiça, a publicidade, a isonomia, a duração razoável do processo, bem como todos os que a Constituição manda aplicar aos serviços públicos em geral." (THEODORO JÚNIOR, Humberto. *Curso de direito processual civil*. v. 1. Rio de Janeiro: Forense, 2017, p. 43-47).

---

5 "Para alcançar este desiderato, o novo Código de Processo Civil, logo no Livro I, criou uma Parte Geral com um título único, 'Das Normas Fundamentais e da Aplicação das Normas Processuais', contendo dois capítulos. O primeiro trata das normas fundamentais do processo civil e o segundo da aplicação das normas processuais.
Esta importante inovação trouxe para a parte inicial do Código as principais garantias constitucionais que balizam o sistema processual, as quais passam a retratar a principiologia do novo Código de Processo Civil – ressalva merece ser dada para o caráter não taxativo deste rol. Todos os demais livros, com seus respectivos títulos e capítulos, foram desenvolvidos a partir destes vetores normativos, podendo-se afirmar que existe uma relação direta entre eles." (CARNEIRO, Paulo Cezar Pinheiro. Comentário ao artigo 1°. In: WAMBIER, Teresa Arruda Alvim *et al.* [coords]. *Breves comentários ao novo código de processo civil*. São Paulo: Revista dos Tribunais, 2015. Acesso eletrônico.).

6 CARNEIRO, Paulo Cezar Pinheiro. Comentário ao artigo 1°. In: WAMBIER, Teresa Arruda Alvim *et al.* (coords). *Breves comentários ao novo código de processo civil*. São Paulo: Revista dos Tribunais, 2015. Acesso eletrônico.

7 "A lógica, como já ressaltado ao longo destas páginas, baseia-se no papel, assumido pelo novo Código, de buscar uma uniformização jurisprudencial cada vez mais intensificada, de forma, inclusive, a dar maior concretude a princípios constitucionais basilares, tais como a isonomia entre jurisdicionados que se encontrem em situação jurídica semelhante, a segurança jurídica e a duração razoável dos processos cujos recursos excepcionais versem sobre a mesma questão de direito." (PINHO, Humberto Dalla Bernardina

mente a lista, encontrando relação entre a tutela coletiva pela via incidental e um maior número de garantias processuais[8].

Todos os princípios elencados adiante cumprem dupla função no microssistema de julgamento de casos repetitivos: o fundamentam, motivando e justificando a criação da técnica, e o iluminam, servindo de chave de leitura.

2.1. Isonomia

Princípio dos mais destacados pela carta constitucional é o da igualdade. O *caput* do art. 5° abre o segundo título da Constituição ("Dos Direitos e das Garantias Fundamentais") estatuindo que "todos são iguais perante a lei, sem distinção de qualquer natureza", para, em seu primeiro inciso, recordar que "homens e mulheres são iguais em direitos e obrigações".

Especificamente na quadra processual, o princípio da igualdade ostenta dois papéis primordiais. O primeiro diz respeito ao *equilíbrio* da relação processual, devendo ser analisado em seu próprio interior (igualdade endoprocessual[9]).

de. *Direito Processual Civil Contemporâneo*. v. 2. 4ª ed. São Paulo: Saraiva, 2017, p. 966). Na mesma linha, destacando a isonomia, a segurança jurídica e a duração razoável do processo como a tríade principiológica do IRDR: TEMER, Sofia. *Incidente de Resolução de Demandas Repetitivas*. Salvador: Juspodivm, 2016, p. 39.

8 Dinamarco, por exemplo, ao examinar a força vinculante dos precedentes, enxerga quatro vantagens ao sistema jurídico: atendimento à igualdade, à segurança, à economia e à respeitabilidade (DINAMARCO, Cândido Rangel. *Fundamentos do Processo Civil moderno*. t. 1. 6ª ed. São Paulo: Malheiros, 2010, p. 216-217), sendo certo que esta última não é tratada individualmente neste trabalho.

9 "Igualdade *no* processo, entendida aqui como *equilíbrio* das posições jurídicas dos sujeitos processuais. Quando se tratou do perfil conceitual da igualdade, foi possível demonstrar que não basta a garantia de simetria de meios e paridade de armas se o processo não promove *equilíbrio* nas posições jurídicas de todos os sujeitos processuais. Tratar do perfil estrutural da igualdade processual (na sua perspectiva interna) é tratar (i) das *técnicas processuais* adequadas para a conformação de um processo *equilibrado* e (ii) da *atividade do juiz* e *das partes* no desenrolar do processo. Isso significa dizer que a busca do *equilíbrio* processual é uma tarefa *complexa*: legislador e julgador devem atuar de forma *complementar*." (ABREU, Rafael Sirangelo de. *Igualdade e processo*: posições processuais equilibradas e unidade do direito. São Paulo: Revista dos Tribunais, 2015. Acesso eletrônico.)

A obrigação primordial onera o magistrado do caso sob julgamento, que deverá[10] atentar para eventuais fatores[11] de justa discriminação[12], assegurando "às partes igualdade de tratamento" (art. 139, I do CPC). Esse encargo não é inédito, tendo sido expressamente previsto pelo art. 125, I do CPC/73, de forma genérica, e em diversos dispositivos específicos, gerando facilidades processuais das mais diversas, como benefícios de prazo estendidos (art. 180, 183, 186 e 229 do CPC), a remessa necessária (art. 496), as prerrogativas institucionais (por exemplo, intimação pessoal e manifestação por cota dos membros da Defensoria Pública[13], art. 128 da LC 80/94) e regras de competência (v.g. art. 53, II).

---

10 "A igualdade formal, plasmada como letra morta no papel, ganha vida no processo na sua versão autêntica e aristotélica, transmudando-se em instrumento por meio do qual o juiz trata desigualmente os desiguais, na medida em que se desigualam. Ele, o juiz, tem o dever de manter a igualdade das partes no processo." (FUX, Luiz. Processo e Constituição. In: ______ (coord). *Processo Constitucional*. Rio de Janeiro: Forense, 2013, p. 11.).

11 "Esclarecendo melhor: tem-se que investigar, de um lado, aquilo que é adotado como critério discriminatório; de outro lado, cumpre verificar se há justificativa racional, isto é, fundamento lógico, para, à vista do traço desigualador acolhido, atribuir o específico tratamento jurídico construído em função da desigualdade proclamada. Finalmente, impende analisar se a correlação ou fundamento racional abstratamente existente é, *in concreto*, com os valores prestigiados no sistema normativo constitucional. A dizer: se guarda ou não harmonia com ele.
Em suma: importa que exista mais que uma correlação lógica *abstrata* entre o fator diferencial e a diferenciação consequente. Exige-se, ainda, haja uma correlação lógica *concreta*, ou seja, aferida em função dos interesses abrigados no direito positivo constitucional. E isto se traduz na consonância ou dissonância dela com as finalidades reconhecidas como valiosas na Constituição." (MELLO, Celso Antônio Bandeira de. *O conteúdo jurídico do princípio da igualdade*. 3ª ed. São Paulo: Malheiros, 2014, p. 21-22.)

12 "Por isso é que são constitucionais dispositivos legais discriminadores, quando desigualam corretamente os desiguais, dando-lhes tratamentos distintos; e são inconstitucionais os dispositivos legais discriminadores, quando desigualam incorretamente os iguais, dando-lhes tratamentos distintos. Deve buscar-se na norma ou no texto legal a razão da discriminação: se justa, o dispositivo é constitucional; se injusta, é inconstitucional." (NERY JUNIOR, Nelson. *Princípios do processo na Constituição Federal*. 12ª ed. São Paulo: Revista dos Tribunais, 2016. Acesso eletrônico.).

13 "Ao contrário do que se possa imaginar, as prerrogativas conferidas pelo legislador aos membros da Defensoria Pública não representam qualquer espécie de violação do princípio da isonomia. Afinal, já se encontra definitivamente superada a visão de isonomia sob a ótica estritamente formal, como tratamento igual a todas as pessoas; atualmente, a isonomia tem sido encarada sob a ótica material, pressupondo o tratamento igualitário na medida da igualdade e o tratamento desigual na medida da desigualdade de seus destinatários." (ESTEVES, Diogo; SILVA, Franklyn Roger Alves. *Princípios institucionais da Defensoria Pública*. 2ª ed. Rio de Janeiro: Forense, 2017, p. 627).

Humberto Theodoro Júnior enxerga consagração específica do princípio em questão no art. 12 do CPC, que estatui a ordem de julgamento[14]. Embora fragilizado sobremaneira pela Lei 13.256/16, o *link* é interessante porque expressamente menciona como hipóteses de exceção à regra o julgamento de processos em bloco para aplicação de tese jurídica firmada em julgamento de casos repetitivos e o julgamento de recursos repetitivos ou de incidente de resolução de demandas repetitivas.

As ações coletivas (tutela coletiva pela via principal) prestigiaram consideravelmente a isonomia endoprocessual, funcionando como mecanismo de reequilíbrio[15]. Afinal, em geral o que sucede é uma disputa de um litigante acidental[16] contra um *repeat player*[17], habituado ao litígio, gozando de uma

14 "(...) é óbvio que a garantia da isonomia restará quebrada se a escolha do processo a ser julgado, dentre os diversos pendentes de decisão, pudesse ser feita sem respeitar a ordem cronológica de conclusão. A garantia constitucional não pode conviver com o privilégio desse tipo." (THEODORO JÚNIOR, Humberto. *Curso de direito processual civil*. v. 1. Rio de Janeiro: Forense, 2017, p. 95).

15 "Embora haja formalmente a igualdade das partes no processo, no plano material e prático acabam os litigantes, por vezes, dispondo de gritante diferença se comparados os meios disponíveis para o embate judicial. É o que ocorre com frequência nas causas potencialmente coletivas, quando consumidores, aposentados, funcionários públicos, contribuintes e moradores, dentre outros, isoladamente, encontram-se em posição de fraqueza diante do porte de adversários como grandes comerciantes ou produtores, de empreendedores imobiliários ou do próprio Estado.

Na verdade, a parte contrária aos interesses coletivos possui sempre a dimensão global dos atos por ela praticados, tendo, portanto, uma ideia exata do alcance de outras eventuais ações ajuizadas, bem como das possibilidades das perdas delas decorrentes.

A possibilidade de os interesses e direitos lesados serem defendidos concomitantemente faz com que a correlação de forças entre os litigantes seja redimensionada em benefício da parte individualmente fraca, mas razoavelmente forte quando agrupada, levando por terra, assim, a política maquiavélica da divisão para reinar." (MENDES, Aluisio Gonçalves de Castro. *Ações coletivas e meios de resolução coletiva de conflitos no direito comparado e nacional*. 4ª ed. São Paulo: Revista dos Tribunais, 2014, p. 42)

16 "Todos nós sabemos que o litigante individual sofre certas desvantagens, sobretudo quando luta contra adversário de grande poder político ou de grande poder econômico. Além disso, o litigante individual, em regra, é um litigante que eu chamaria de acidental; ele em geral litiga uma ou duas vezes na vida, ao passo que uma pessoa jurídica de direito público ou uma grande empresa são, em regra, litigantes habituais." (BARBOSA MOREIRA, José Carlos. Ações coletivas na Constituição Federal de 1988. *Revista de Processo*, n. 61, jan./mar.1991. Acesso eletrônico.).

17 Marc Galanter se refere aos "repeat players" (litigantes repetitivos) e aos "one-shotters" (litigantes ocasionais), para designar aqueles que recorrem reiteradamente ou ocasionalmente ao sistema de justiça (GALANTER, Marc. Why the haves come out ahead? Speculations on the limits of legal change. Law and Society Review, v. 9, n. 1, p. 95-160, 1974).

visão macro do problema, capaz de vislumbrar os reais custos do processo, para além de maior formação jurídica, por vezes[18].

Noutras vezes, como notou Barbosa Moreira, a cumulação subjetiva torna-se um empecilho administrativo para a evolução do processo, de modo que as ações coletivas, em razão da técnica da legitimação extraordinária, "limpam" o caminho judicial e a "praga" da multiplicidade de feitos[19].

Embora o procedimento para a fixação de teses (e a posterior resolução de casos repetitivos) não esteja tão intimamente relacionado com esse primeiro aspecto da igualdade processual, é inegável que o homenageia[20]. Isso porque, no bojo da discussão dessubjetivada da questão jurídica comum, o contraditório ganha feições peculiares, sendo estimulada a ampla participação através de audiências públicas e da intervenção de interessados na controvérsia.

O segundo papel do princípio da igualdade, no aspecto processual, é enfocar a *justa resposta jurisdicional*, que se pressupõe idêntica para casos que ostentam o mesmo direito material (aspecto exoprocessual). É incoerente[21] que

---

18 MENDES, Aluisio Gonçalves de Castro; SILVA, Larissa Clare Pochmann da. Ações coletivas e Incidente de Resolução de Demandas Repetitivas: algumas considerações sobre a solução coletiva de conflitos. In: ZANETI JR, Hermes (coord.). *Processo coletivo*. Coleção Repercussões do Novo CPC, v. 8. Salvador: JusPodivm, 2016, p. 547.

19 "A despeito de eventuais perigos, isso apresenta vantagens do ponto de vista prático; por exemplo: o processo litisconsorcial é sempre um processo mais tumultuado. Reunir no mesmo feito dezenas, centenas de litigantes, geralmente não é uma boa solução. Quem está acostumado a Mandados de Segurança por vezes impetrados por duzentas, trezentas pessoas, sabe que isso dificulta a marcha do processo. Alguns prazos têm de ser contados em dobro, há uma série de requisitos que têm de ser apurados um a um para todas aquelas pessoas. Há mais gente a criar incidentes. Se um litigante falece, é preciso habilitação incidente, caso o direito seja transmissível. Por outro lado, processos separados também podem constituir uma praga. Dezenas, centenas de processos, onde se discutem as mesmíssimas questões, para a Justiça constituem um fator de sobrecarga, e portanto, de retardamento da prestação jurisdicional; para os próprios litigantes, sobretudo para aquele que se vê colocado, ao mesmo tempo, como réu, em centenas de processos, uma situação desconfortável. É algo que incomoda, que perturba, que cria até dificuldades administrativas muito grandes, por vezes. Tanto de um lado como de outro, tanto do lado ativo como do lado passivo, há evidentes vantagens práticas nas ações coletivas: o processo fica mais limpo, corre com maior tranquilidade." (BARBOSA MOREIRA, José Carlos. Ações coletivas na Constituição Federal de 1988. *Revista de Processo*, n. 61, jan./mar.1991. Acesso eletrônico.).

20 MENDES, Aluisio Gonçalves de Castro; SILVA, Larissa Clare Pochmann da. Ações coletivas e Incidente de Resolução de Demandas Repetitivas: algumas considerações sobre a solução coletiva de conflitos. In: ZANETI JR, Hermes (coord.). *Processo coletivo*. Coleção Repercussões do Novo CPC, v. 8. Salvador: JusPodivm, 2016, p. 548.

21 A atuação anti-isonômica viola, ainda, o princípio da coerência: "In secondo luogo viene l'argomento desumibile dal principio d uguaglianza, quale si esprime nello stringente

dois usuários do serviço de justiça[22] recebam soluções díspares do mesmo Judiciário (que é uno[23]), quando o provoquem em razão de lides iguais.

Por vezes, a dispersão jurisprudencial é aceitável. Causas análogas podem não ser idênticas, e elementos diferenciadores são capazes de, legítima e pontualmente, justificar soluções díspares.

A igualdade de todos perante a lei não mais se resume à sua enunciação formal e abstrata, consistindo na precisa interpretação que lhe é dada, no caso a caso. A liberdade do magistrado para decidir não é uma autorização genérica para a atuação divorciada do sistema organicamente enxergado.

---

enunciato 'tratta le situazioni uguali in modo uguale'. Secondo questo punto di vista, decisioni successivamente contrastanti contravvengono al principio di uguaglianza nel contravvenire al principio di coerenza, cosicché sembra doversi consentire con l'osservazione di recente avanzata che 'uguaglianza e (ossequio del) precedente rappresentano, rispettivamente, il profilo spaziale e il profilo temporale del più largo principio normativo della coerenza'". (CHIARLONI, Sergio, efficacia del precedente giudiziario e tipologia dei contrasti di giurisprudenza. *Revista de Processo*, v. 229, mar. 2014, p. 404.).

---

22 Veja-se, como demonstração da visão exposta pelo documento, a regra 1ª das 100 Regras de Brasília, documento assinado por representantes de todos os atores do sistema de justiça: "Seção 1a.- Finalidade (1) As presentes Regras têm como objetivo garantir as condições de acesso efetivo à justiça das pessoas em condição de vulnerabilidade, sem discriminação alguma, englobando o conjunto de políticas, medidas, facilidades e apoios que *permitam que as referidas pessoas usufruam do pleno gozo dos serviços do sistema judicial*". Disponível em: <https://www.anadep.org.br/wtksite/100-Regras-de-Brasilia-versao-reduzida.pdf>.

23 "A Justiça (conceito amplo aqui utilizado para abranger não só as atividades do Poder Judiciário, mas de todos os demais atores envolvidos) deve ser vista como um serviço público. Tal concepção, não à toa, foi consagrada nas 100 Regras de Brasília, documento internacional assinado por representantes de todos os órgãos responsáveis por uma prestação jurisdicional justa, tempestiva e efetiva. (...)
Sabidamente, a jurisdição é una e qualquer magistrado regularmente investido na função jurisdicional (princípio da investidura) exerce poder estatal. É o que se chama de *princípio da unidade da jurisdição*: a atividade do Estado de aplicar o direito ao caso concreto é una, não se divide." (MELLO PORTO, José Roberto Sotero de.; SCHENK, Leonardo Faria. Competência. In: GAIO JÚNIOR, Antônio Pereira; PINHO, Humberto Dalla Bernardina de. *Teoria geral do processo civil*: novos paradigmas frente ao CPC/2015. Rio de Janeiro: GZ, 2018, p. 121.).

Mesmo no *civil law*[24], a igualdade real pressupõe ser vista também de acordo com a norma judicada. Portanto, em definitivo, decidir não é escolher[25].

O procedimento da tutela pluri-individual, sendo duplo, homenageia a segurança jurídica e a igualdade. A fixação, em abstrato, de uma tese, sepultando polêmicas interpretativas, por si só já é capaz de diminuir a insegurança jurídica. A isonomia, no entanto, é efetivada quando o entendimento, dotado de eficácia vinculativa, é aplicado nos casos pendentes.

A função isonômica ora analisada, portanto, afasta a máxima segundo a qual "cada juiz, uma sentença". Aquelas questões jurídicas sobre as quais se pacificou o posicionamento jurisprudencial devem ser tratadas de maneira idêntica pelos órgãos judiciais inferiores[26], bem como por demais órgãos estatais. Trata-se, no dizer de Luiz Fux, de reflexo da função popular da jurisdição[27].

---

24 "Não há dúvida de que o papel do atual juiz do civil law, e especialmente o do juiz brasileiro, a quem é deferido o dever-poder de controlar a constitucionalidade da lei no caso concreto, muito se aproxima da função exercida pelo juiz do common law, especialmente a realizada pelo juiz estadunidense. Acontece que, apesar da aproximação dos papéis dos magistrados de ambos os sistemas, apenas o common law devota respeito aos precedentes." (MARINONI, Luiz Guilherme. *Precedentes obrigatórios*. 4ª ed. São Paulo: Revista dos Tribunais, 2016. Acesso eletrônico.).

25 "(...) não podem ser elevadas ao nível de liberdade para escolha da decisão do caso concreto, pois decidir não é sinônimo de escolher, já que isso representaria a admissibilidade da discricionariedade judicial, dando margem, até mesmo, para arbitrariedades. Ademais, o poder da magistratura está limitado pelo dever de respeito não apenas à lei, mas a todo o direito, de onde se pode concluir que o respeito aos precedentes não constitui restrição à sua independência" (CAMBI, Eduardo Cambi; FOGAÇA, Mateus Varga. Incidente de resolução de demandas repetitivas no novo Código de Processo Civil. *Revista de Processo*. v. 243, mai./2015, p. 339.)

26 "Quando, em decorrência da própria estrutura homogeneizante da relação jurídica, a individualidade dos litígios cede à massificação, o respeito à igualdade passa de recomendável para imperativo, pena de abalo na credibilidade do próprio Poder Judiciário e de estímulo à litigiosidade e à recorribilidade.
A concretização da isonomia no processo de realização do direito no caso concreto importa em assumir como verdadeiro que a mesma regra jurídica, incidente sobre suportes fáticos suficientemente idênticos, no mesmo momento histórico, deve ensejar a produção dos mesmos efeitos jurídicos." (DANTAS, Bruno. Comentário ao artigo 976. In: WAMBIER, Teresa Arruda Alvim *et al.* [coords.]. *Breves comentários ao novo Código de Processo Civil*. São Paulo: Revista dos Tribunais, 2015. Acesso eletrônico.).

27 "Destarte, é inegável a função popular da jurisdição, uma vez que, em nome do povo, essa parcela da soberania é exercida. Ora, não ressoa coerente que cidadãos residentes na mesma localidade e sujeitos à mesma ordem jurídica recebam tratamento diverso das fontes encarregadas da aplicação e interpretação das leis. Assim, a *uniformização* cumpre, obliquamente, a promessa constitucional de que 'todos são iguais perante a lei', além de exercer notável papel pedagógico, em relação à primeira instância, devido à sua força informativa." (FUX, Luiz. *Curso de direito processual civil*. v. 1. 4 ed. Rio de Janeiro: Forense, 2008.).

Essa é, aliás, a chave para que a igualdade não seja afetada pela objetivação da tutela pelas técnicas de julgamento dos casos repetitivos. Não pode haver prejuízo ao litigante individual quando o que resulta é a mera uniformização interpretativa de certa questão jurídica (as fáticas, em nosso sistema, conquanto sejam levadas em conta, o são apenas como base sobre a qual se discutirá o direito), isto é, a certeza de que todos os julgadores submetidos à tese fixada a adotarão, ainda que dela discordem.

Uma brecha, no entanto, deve ser sempre deixada, sob pena de a bandeira da isonomia ganhar traços paradoxais. Diante do elevadíssimo número de processos que venham a ser suspensos pela admissão do julgamento da causa piloto, não é inviável que algum reste paralisado sem justa causa, ou seja, mesmo que não esteja versando sobre questão idêntica ao paradigma. Necessário será alertar o Judiciário desta distinção (*distinguishing*), permitindo seu regular trâmite, sem o injusto prejuízo inerente à equivocada suspensão.

2.2. Segurança jurídica

Intrinsicamente ligada à isonomia no aspecto exoprocessual está a segurança jurídica[28], como resultado mediato apto a permitir a autodeterminação dos cidadãos[29]. De fato, sabendo qual é a interpretação definitiva do tribunal acerca do direito, pode-se garantir tratamento igual a todos, obedecendo a esse entendimento fixado. Por outro lado, a aplicação coerente da norma permite que os sujeitos se considerem seguros.

Elementos intrínsecos a essa garantia são (i) a previsibilidade e (ii) a estabilidade, cuja análise ora se propõe.

---

28 "(...) a proteção da igualdade conduz à garantia da segurança jurídica como segurança do Direito e dos direitos, de qualquer cidadão frente ao Estado, a ser realizada pelo Estado por meio da aplicação coerente e consistente do ordenamento jurídico para todos aqueles que se encontram em situação equivalente." (ÁVILA, Humberto. *Segurança Jurídica*: entre permanência, mudança e realização no direito tributário. 2ª ed. São Paulo: Malheiros, 2012, p. 231.).

29 "Mediatamente, a *igualdade no tratamento diante das decisões judiciais*, cujo resultado direto é a outorga de *unidade ao direito*, tem por efeito secundário a *promoção da segurança jurídica*, porque possibilita aos cidadãos *confiar* no direito e *calcular* o espectro de consequências atribuídas aos seus atos. Funciona a *igualdade como um componente inafastável* do direito fundamental ao processo justo na perspectiva de seu resultado, pois o processo, como *instrumento* de efetivação de direitos (e do direito), deve outorgar *igualdade de tratamento* e possibilitar a *autodeterminação dos cidadãos*, conferindo, assim, *juridicidade* ao ordenamento." (ABREU, Rafael Sirangelo de. *Igualdade e processo*: posições processuais equilibradas e unidade do direito. São Paulo: Revista dos Tribunais, 2015. Acesso eletrônico.)

2.2.1. Segurança-previsibilidade

A primeira face do princípio da segurança diz respeito à possibilidade de se prever as consequências de um determinado fato ou ato jurídico, isto é, de um comportamento (*calculabilidade*). O Direito existe, aliás, primordialmente para tanto. A pacificação social começa muito antes do final do processo, o qual, a propósito, é indesejável e dispensável – a rigor, cumpridas as prescrições legais e costumeiras, não sucederia ofensa a direito material qualquer, e, por isso, sequer se falaria em jurisdição. O perfeito respeito às normas, então, garantiria o estado de paz social, prévio e anterior à pacificação que se busca uma vez instaurado um conflito.

Para que possa haver essa paz, porém, é condição *sine qua non* que haja clareza a respeito das normas[30]. Eis um ponto chave: a pretensão dos países de sistema do *civil law*, oriunda da Revolução Francesa, de que a lei bastaria[31] para responder a todas as indagações sociais (o que "escravizou os juízes ao Parlamento"[32]), mostrou-se completamente utópica. A própria atividade

30 "Ainda quanto à segurança jurídica, é evidente que um sistema ideal deve proporcionar aos jurisdicionados a maior margem possível de segurança quanto à decisão a ser prolatada. A estabilidade e a previsibilidade da ordem jurídica, assim, são elementos do Estado de Direito. Nesse sentido, a variação injustificada da interpretação judicial acaba violadora da paz social pretendida." (PINHO, Humberto Dalla Bernardina de. *Jurisdição e pacificação*: limites e possibilidades do uso dos meios consensuais de resolução de conflitos na tutela dos direitos transindividuais e pluri-individuais. Curitiba: CRV, 2017, p. 166-167).

31 "A certeza do direito estaria na aplicação estrita da lei ou, bem vistas as coisas, na própria lei. O ponto tem enorme relevância. Note-se que o civil law não apenas imaginou, utopicamente, que o juiz apenas atuaria a vontade da lei, como ainda supôs que, em virtude da certeza jurídica que daí decorreria, o cidadão teria segurança e previsibilidade no trato das relações sociais. Mais, imaginou que a lei seria o suficiente para garantir a igualdade dos cidadãos." (MARINONI, Luiz Guilherme. *Precedentes obrigatórios*. 4ª ed. São Paulo: Revista dos Tribunais, 2016, p. 51).

32 "Assim, enquanto no civil law o declínio do jusnaturalismo racionalista deu origem à Era da Codificação e à concepção da função judicial como meramente declaratória da lei, no common law, observou-se o surgimento da ideia de criação judicial do direito. Na tradição de *civil law*, diante da estrita separação entre o legislativo e o judiciário, a vontade apenas poderia estar no Parlamento, ao passo que no common law, em virtude de circunstâncias políticas completamente diferentes, nunca se cogitou de um juiz destituído de vontade. Portanto, é importante perceber que, a partir de uma visão estritamente marcada pela teoria positivista, a suposição de que o direito estaria no Parlamento (no *civil law*) é coerente com a de criação do direito (no *common law*).
Note-se que isso não apenas demonstra que o common law confiou e apostou no Judiciário, enquanto o civil law escravizou os juízes ao Parlamento, mas também que a superação do jusnaturalismo racionalista pelo positivismo teve efeitos completamente diversos nos dois sistemas, tendo colaborado – certamente que em termos essencialmente teóricos – para a formação das concepções antagônicas de juge bouche de la loi (juiz boca-de-lei) e de judge make law (juiz que cria o direito)." (MARINONI, Luiz Guilherme. *Precedentes obrigatórios*. 4ª ed. São Paulo: Revista dos Tribunais, 2016, p. 42-43).

legiferante atual se volta para técnicas abertas (cláusulas gerais, conceitos jurídicos indeterminados)[33], de forma a não se anacronizar.

A nova feição dos textos oriundos do Legislativo dificulta, então, o processo de extração da norma por parte do intérprete. Esse pequeno drama ocorre, no momento inicial, fora do Judiciário, no dia a dia corrente, nos diversos contratos (massificados, em sua maioria) praticados. A incerteza em relação à certeira interpretação tem como herdeira a aceitação de qualquer visão.

Passo seguinte, nem sempre necessário, é o do conflito, em que a pretensão (interpretativa) de uma parte será resistida por outra parte. A interrogação, diante do princípio da inafastabilidade de jurisdição, deverá ser desfeita pelo Judiciário, em um processo que, não produzindo interpretação autêntica, oferece, ao menos, a interpretação definitiva.

Portanto, com a adoção da teoria lógico-argumentativa da interpretação, o Judiciário passa a escolher entre vários significados possíveis[34], realizando autêntica *interpretazione-attivitá*[35]. A conclusão inevitável é que a nomofilaquia interpretativa, isto é, unidade do Direito por meio da adequada interpretação, não é um evento acidental para as cortes, mas sua própria razão de ser[36].

---

33 "Em seguida, não menos relevante se revela a constatação de que frequentemente o tecido legislativo apresenta margens de abertura. Com a finalidade de tornar a disposição adaptável às situações concretas ou para mantê-la atual, nada obstante o passar do tempo e as mudanças sociais, o legislador é levado com maior frequência a adotar técnicas legislativas elásticas, flexíveis e matizadas. A cultura jurídica, por sua vez, está empenhada, pelo menos há um século, em analisar as diversas formas de abertura da lei e a prospectar sutis, mas nem sempre claras, distinções, como os conceitos-válvula (Ventillbegriffe), os legal standards, as cláusulas gerais (Generalklauseln), os conceitos discricionários (Ermessensbegriffe), os conceitos jurídicos indeterminados (unbestimmten Rechtsbegriffe). Recentemente, também se difundiu a expressão 'vagueza das normas'. Mais adiante se terá ocasião de retornar sobre tais perfis, de momento mostra-se suficiente ressaltar que se trata de um complexo de técnicas legislativas por meio das quais se acaba por delegar ao juiz escolhas que o legislador não pode ou não quer fazer." (PICARDI, Nicola. *Jurisdição e Processo*. Rio de Janeiro: Forense, 2008, p. 7).

34 "Non si trata di 'scoprire' un significato 'esatto' oggettivamente preexistente all'attività interpretativa, bensì ascrivere un significato all'enunciato normativo. In linea di principio questa 'ascrizione di significato' implica una scelta da parte dell'interprete: fra più significati possibili si trata di stabilire quale è il significato 'proprio', ossia 'il più corretto' o 'il più adeguato'". (TARUFFO, Michele. *La corte di cassazione e la legge. Il vertice ambiguo – Saggi sulla cassazione civile*. Bologna: Il Mulino, 1991, p. 88.)

35 TARELLO, Giovanni. *L'interpretazione della legge*. Milano: Giuffrè, 1962, p. 39.

36 "Daí que interpretar adequadamente o Direito não é um evento acidental na vida da Corte Suprema. Pelo contrário: interpretar adequadamente o Direito é a razão pela qual a corte existe, na medida em que sem a sua interpretação não há como viabilizar-se a unidade do Direito. Nesse modelo, a interpretação judicial da corte não é subserviente ao controle da legalidade da decisão recorrida. Sendo a função da Corte Suprema a ou-

Desfaz-se, igualmente, outro lugar comum: o pensamento de que a proliferação de leis, mais própria do *civil law*, é a maior causa para a insegurança jurídica. De fato, certamente não facilita a ampla compreensão do panorama legal, sobretudo pelo cidadão comum, leigo, mas também não justifica a indefinição por si só. Se, por um lado, a abundância legislativa, ao ultrapassar limites razoáveis, reveste-se de inutilidade, a escassez pode conduzir ao mesmo cenário de indefinição. A conclusão é, analisando nossa tradição, que o foco deve estar na homogeneização da interpretação dada aos textos (muitos ou poucos) exarados pelo legislativo – na verdade, existem inúmeros precedentes interpretativos em países de *common law*, conferindo estabilidade[37].

Outra hipótese que ocorre de maneira cada vez mais frequente é a das decisões integrativas ou aditivas, em que o Judiciário é chamado para, diante da falta de regulamentação específica, decidir – o que acabará por ocorrer com base em princípios ou garantias amplamente estatuídas na Constituição[38].

Em suma: o dogma da autossuficiência da lei, que advogava que o mero texto seria suficientemente claro para gerar segurança, mostrou-se utópico,

---

torga de unidade ao Direito, a sua adequada interpretação é ponto de chegada, sendo a decisão recorrida em que se consubstancia o caso concreto apenas seu ponto de partida. Isso quer dizer que a Corte Suprema, como corte de interpretação, é uma verdadeira corte de precedentes, sendo o precedente judicial ao mesmo tempo encarnação da adequada interpretação do Direito e meio para obtenção da sua unidade." (MITIDIERO, Daniel. *Cortes superiores e cortes supremas: do controle à interpretação, da jurisprudência ao precedente*. 2ª ed. São Paulo: Revista dos Tribunais, 2015, p. 70)

37 "A suposição de que a produção legislativa é baixa nos Estados Unidos, o que impõe a criação do direito pelos juízes, não só é falsa como gera vários enganos em termos de direito comparado. A profusão de leis não exclui a necessidade de um sistema de precedentes. No *common law* existem incontáveis precedentes interpretativos, cuja importância é conferir estabilidade às decisões judiciais que afirmam o sentido do direito.
Isso demonstra que o sistema de precedentes é uma técnica destinada a promover a estabilidade do que é afirmado pelos tribunais, não importando se esta afirmação se limita a interpretar a lei. Ora, nestas condições não há como supor que o *civil law* possa ignorar tal técnica. Isso apenas seria possível se as decisões dos tribunais não guardassem autonomia em relação à lei ou se não houvesse qualquer preocupação com a segurança jurídica e com a igualdade." (MARINONI, Luiz Guilherme. *Precedentes obrigatórios*. 4ª ed. São Paulo: Revista dos Tribunais, 2016, p. 33-34)

38 "A disparidade de orientação a respeito de qual seja o sentido da norma jurídica pode dar-se quando a decisão judicial dever se basear em textos legais que, em princípio, não deveriam suscitar dúvidas interpretativas, mas, sobretudo quando a decisão judicial fundamentar-se em princípios jurídicos, regras com conteúdo vago ou indeterminado e cláusulas gerais. Nesse caso, exige-se do juiz um modo peculiar de atuação." (MEDINA, José Miguel Garcia. Integridade, estabilidade e coerência da jurisprudência no Estado Constitucional e Democrático de Direito: o papel do precedente, da jurisprudência e da súmula, à luz do CPC/2015. *Revista dos Tribunais*. v. 974. dez./2016. Acesso eletrônico.).

estando bastante assentada, hoje, a diferença entre texto e norma[39]. Realizar esse percurso (da norma legislada à norma judicada) é função precípua das cortes – não apenas as supremas, também os tribunais de segunda instância, com o advento do IRDR –, sendo natural que, para existir *previsibilidade*[40] jurídica concreta acerca de uma norma, tenha ocorrido *visibilidade prévia* por parte de um órgão qualificado.

2.2.2. Segurança-estabilidade

Segundo aspecto da segurança jurídica reside na estabilidade do posicionamento jurisprudencial. Verdadeiramente, pouco importa que haja externalização do entendimento de um tribunal específico se o mesmo não vem a ser confirmado. Nessa linha, pode-se afirmar que a decisão definidora de tese se aproxima do típico conceito de precedente do *common law*.

Apenas a repetição de decisões – o que demanda tempo – é capaz de consolidar um padrão de conduta por parte da corte. E somente esse fortalecimento pragmático de seu entendimento tranquiliza efetivamente a comunidade jurídica, que pode, também ela, seguir o padrão definido, gerando *confiança* nos particulares.

Nesse ciclo, tem-se notado que a uniformização da jurisprudência (da qual as teses são um pilar) alcança efeitos exoprocessuais. Hipótese exemplar é o próprio estímulo à solução consensual, seja fora do Judiciário, seja no

---

39 "*Norma* é o sentido atribuído a qualquer disposição. *Disposição* é parte de um texto ainda a interpretar. Norma é a parte de um texto interpretado. A normatividade não se relaciona com o texto da norma, é o resultado da interpretação que se apresenta como norma jurídica. O que, diferentemente, caracteriza o 'texto da norma' é a sua *validade*, que consiste, de um lado, na obrigação dirigida aos destinatários da norma de conformarem com esta o seu comportamento e, do outro, na obrigação dirigida ao juiz (ou a autoridade habilitada a interpretar) de utilizar na sua integralidade os textos das normas jurídicas adequados ao caso particular e de trabalhar corretamente de um ponto de vista metódico. (...) Norma seria a interpretação conferida a um texto (enunciado), parte de um texto ou combinação de um texto. Não existe norma antes da interpretação ou independentemente dela. Interpretar é produzir uma norma. A norma é produto do intérprete." (NERY JUNIOR, Nelson. *Princípios do processo na Constituição Federal*. 12ª ed. São Paulo: Revista dos Tribunais, 2016. Acesso eletrônico.).

40 A previsibilidade sustenta, de resto, todo o sistema de precedentes: "In terzo luogo si presenta l'argomento della prevedibilità. Questo argomento, di tutti il più diffuso, sottolinea come sia preferibile una prassi ispirata al rispetto del precedente, perché essa riduce la conflittualità e permette una maggiore sicurezza e programmabilità del traffico giuridico, consentendo ai soggetti di un rapporto di meglio prevedere le future conseguenze delle loro azioni, proprio in base agli indirizzi impartiti dai passati orientamenti giurisprudenziali, meglio se consolidati." (CHIARLONI, Sergio, efficacia del precedente giudiziario e tipologia dei contrasti di giurisprudenza. *Revista de Processo*, v. 229, mar. 2014, p. 404.).

princípio do processo (na audiência de conciliação ou mediação, art. 334), que a maior previsibilidade da decisão a ser proferida (o pretenso perdedor adota postura mais favorável ao acordo) e a estabilidade da interpretação estimulam, em nexo causal diretíssimo[41].

Luiz Fux e Bruno Bodart, em estudo comparativo com o panorama norte-americano[42], concluem que o demandismo pátrio decorre, em grande parte, da impossibilidade de se desenvolver a análise econômica do direito processual. Desconhecendo, em absoluto, a eventual solução meritória jurisdicional, torna-se impossível avaliar o custo-benefício do processo.

Bem notou Paulo Cezar Pinheiro Carneiro, ao comentar o Incidente de Resolução de Demandas Repetitivas, que a fixação do entendimento com ares de definitividade favorece não apenas o cidadão (*one-shotter*), mas também os litigantes habituais[43]. A alta probabilidade de sucumbir pode ser o melhor remédio dissuasivo[44] para o recurso à audiência conciliatória como instrumento procrastinatório[45].

---

41 MAZZOLA, Marcelo. Qual a relação entre mediação extrajudicial, precedentes e negócios jurídicos processuais?. *Migalhas*, 24/05/2016. Disponível em: <http://www.migalhas.com.br/dePeso/16,MI239654,31047-Qual+a+relacao+entre+mediacao+extrajudicial+precedentes+e+negocios>. Acesso em 31/07/2017.

42 "Repise-se que a segurança jurídica quanto ao entendimento dos Tribunais pauta não apenas a atuação dos órgãos hierarquicamente inferiores, mas também o comportamento extraprocessual de pessoas envolvidas em controvérsias cuja solução já foi pacificada pela jurisprudência. A disposição das partes a resolver suas disputas por um acordo, à luz da teoria dos atores racionais, resulta da multiplicação da probabilidade de vitória pelo proveito (ou prejuízo, no caso do potencial réu) esperado com o valor fixado em condenação por eventual sentença judicial, subtraindo-se disso o custo de litigar em juízo. Nos Estados Unidos, onde a higidez dos precedentes é valorizada, apenas 2% (dois por cento) das causas de acidentes automotivos, 4% (quatro por cento) de todas as causas cíveis nas Cortes estaduais e menos de 2% (dois por cento) das causas cíveis federais são resolvidas por ato jurisdicional de mérito." (FUX, Luiz; BODART, Bruno. Notas sobre o princípio da motivação e a uniformização da jurisprudência no novo Código de Processo Civil à luz da análise econômica do Direito. *Revista de Processo*. v. 269, jul./2017. Acesso eletrônico.).

43 CARNEIRO, Paulo Cezar Pinheiro. Breves notas sobre o Incidente de Resolução de Demandas Repetitivas. *Revista Eletrônica de Direito Processual*. v. XIV, ano 8, jul-dez/2014, p. 487.

44 OSNA, Gustavo. *Direitos individuais homogêneos. Pressupostos, fundamentos e aplicação no processo civil.* São Paulo: Revista dos Tribunais, 2014, p. 115.

45 MELLO PORTO, José Roberto Sotero de. Mediação prevista no novo CPC não pode se tornar mecanismo de procrastinação. *Consultor Jurídico*, 27/09/2016. Disponível em: < http://www.conjur.com.br/2016-set-27/tribuna-defensoria-mediacao-prevista-cpc-nao-tornar-mecanismo-procrastinacao>. Acesso em 31/07/2017.

O mote desse segundo aspecto da segurança processual é, então, a necessidade de respeito aos entendimentos fixados em teses pelo Judiciário[46]. A eficácia prospectiva a elas inerente revela-se tão ou mais crucial que a sua aplicabilidade imediata a todos os processos suspensos (e aos que, por alguma falha, deixaram de ser sobrestados, apesar de versarem sobre a questão decidida)[47].

Essa concepção, bastante basilar, de que o posicionamento das cortes não pode mudar de maneira banal, motivou a criação da doutrina do *stare decisis*, nos países de tradição anglo-saxã. Na verdade, o *common law*, cuja essência foi o uso dos costumes como fonte primeira do direito, precisou encontrar uma saída para a instabilidade que poderia lhe ser inerente[48], optando

---

46 "Importante ficar claro que todas as virtudes enunciadas pelo artigo 926 são corolários do princípio da segurança jurídica. Em última análise, se o tribunal não uniformiza seu entendimento, não o mantém de maneira consistente ou não o leva a sério, deixando de observá-lo em casos futuros, inexiste previsibilidade mínima para o cidadão." (MELLO PORTO, José Roberto Sotero de. A ordem dos processos nos tribunais. In: SILVA, Franklyn Roger Alves (ord.). *CPC/2015: Perspectiva da Defensoria Pública.* Salvador: JusPodivm, 2016, p. 386).

47 Lenio Streck e Georges Abboud, no entanto, atentam para o fato de que, mais do que o sistema vinculativo construído pelo código, importará a observância do artigo 926: "Isso porque a principal preocupação na elaboração do NCPC é a segurança jurídica sob o ponto de vista do Judiciário e a crença de que os mecanismos vinculantes forjados para funcionar verticalmente assegurariam a concretização da segurança jurídica e acabariam com o fenômeno daquilo que se convencionou chamar de jurisprudência *lotérica*. Contudo, a existência da jurisprudência *lotérica/aleatória* não se deve à falta de mecanismos vinculantes justamente porque, em nenhum lugar do mundo, são disponibilizados às Cortes Superiores tantos institutos dotados de efeito vinculante, haja vista que somente no Brasil existe a súmula vinculante e a ação declaratória de constitucionalidade. Na realidade, a falta de segurança jurídica em nossa jurisprudência está relacionada ao descompromisso de nosso Judiciário com a legalidade vigente, uma vez que em seu imaginário a lei estaria à disposição do intérprete que poderia deixar de aplica-la por razões de conveniência (*sic*). Nesse quadro é que se torna imprescindível a concretização prática do art. 926 do NCPC que exige coerência e integridade da atividade dos Tribunais bem como a correta compreensão do elemento hermenêutico que deve ser ínsito à aplicação de todo provimento judicial vinculatório." (STRECK, Lenio Luiz; ABBOUD, Georges. *O que é isto – o precedente judicial e as súmulas vinculantes?*. 3ª ed. Porto Alegre: Livraria do Advogado, 2015, p. 116).

48 "Não há como ignorar, tanto no common law como no civil law, que uma mesma norma jurídica pode gerar diversas interpretações e, por consequência, variadas decisões judiciais. Todavia, o common law pôde facilmente vislumbrar que a igualdade e previsibilidade apenas poderiam ser alcançadas mediante o stare decisis, ao passo que no civil law, por ainda se estar encobrindo a realidade, a população confia cada vez menos no direito produzido pelo Estado." (MARINONI, Luiz Guilherme. *Precedentes obrigatórios.* 4ª ed. São Paulo: Revista dos Tribunais, 2016, p. 53).

por não culpar a falta de leis escritas que ostentassem conceitos gerais (como na pandectística alemã[49]).

Os conceitos jurídicos indeterminados e as cláusulas gerais, com efeito, buscam evitar a sede legiferante, estabelecendo textos dos quais se possam extrair normas permanentemente atuais, sem necessidade da contínua expedição de novo material legislativo. O ônus, no entanto, é a inegável margem de discricionariedade deles proveniente, terreno fértil para a insegurança acerca do direito e para o casuísmo. Nicola Picardi, analisando o poder discricionário, entre o poder vinculado e o absoluto, reconhece a corrente preocupação em reduzi-lo e controlá-lo[50].

Parece evidente que os institutos de fixação de teses jurídicas (IAC e julgamento de casos repetitivos) se inserem precisamente nessa função, restringindo a discricionariedade, trazendo-a a patamares aceitáveis, ao sepultar a pluralidade de possibilidades interpretativas (a multiplicidade de opções

49 "Frise-se que o *stare decisis* surgiu muito depois da solidificação do *common law*. Nesse sistema, a partir dos casos surgem regras concretas que se diferenciam a partir de critérios externos, o que inibe a elaboração de conceitos gerais. O *common law*, por não se preocupar com a abstração, não impulsionava a elaboração destes conceitos, os quais, em contrapartida, constituíram a base do positivismo científico e da pandectística alemã, caracterizados pela sistematicidade. Mas se a sistematicidade inerente à tradição de *civil law* era uma garantia de previsibilidade, faltava ao *common law* algo capaz de propiciá-la. Exatamente aí entrou o *stare decisis* como meio destinado a garantir a segurança jurídica. Na verdade, a instituição do *stare decisis* pode ser vista como um elemento de balanceamento da falta de sistematicidade do *common law*. Se a doutrina da tradição do *civil law* supunha que a sua sistematicidade era uma garantia de segurança jurídica, o *common law* adotou o *stare decisis* como meio para atenuar a sua menor racionalidade e pouca previsibilidade." (MARINONI, Luiz Guilherme. *Precedentes obrigatórios*. 4ª ed. São Paulo: Revista dos Tribunais, 2016, p. 51-52).

50 "Com efeito, a margem de discricionariedade concedida aos juízes é relativa, na medida em que opera em um determinado âmbito espacial e temporal e, portanto, pode variar segundo os diversos ordenamentos e épocas. Uma alteração normativa, ou de fato, ou até uma alteração socioeconômica, pode ampliar ou restringir a margem e discricionariedade deixada ao juiz. Na situação atual – caracterizada como se viu por considerável ampliação dos poderes do juiz – torna-se de palpitante atualidade as tentativas de eliminar da discricionariedade do juiz o perigo de abuso e de arbítrio. Com efeito, o poder discricionário termina por se caracterizar como figura intermediária entre poder vinculado e poder absoluto; poderemos talvez qualificá-lo como poder limitado. O poder absoluto, como tal, revela-se tendencialmente arbitrário e, ademais, subtraído de qualquer controle. O poder discricionário, exatamente porque limitado, visa a evitar os perigos do subjetivismo e da degeneração em arbítrio. Por isso, o respeito dos limites por parte do juiz é submetido a um controle externo. O poder discricionário do juiz caracteriza-se, assim, como um poder limitado e controlável." (PICARDI, Nicola. *Jurisdição e Processo*. Rio de Janeiro: Forense, 2008, p. 17.).

é condição essencial para a discricionariedade) e selecionar a interpretação correta, do ponto de vista da racionalização do sistema do judiciário[51].

Se, para os órgãos competentes para o julgamento pluri-individual em sua primeira etapa, interpretar é uma atividade discricionária, para o restante do Judiciário, ao aplicar a tese – seja como questão meritória ou prejudicial do processo posto à sua análise –, torna-se atividade vinculada[52], quanto ao aspecto jurídico previamente pacificado. Em linhas simples, no dizer de Teresa Arruda Alvim e Bruno Dantas, "quando liberdade há, esta é *do Judiciário e não do juiz*"[53], afigurando-se falacioso o argumento da inconstitucionalidade da técnica, por ferir o livre convencimento do magistrado[54].

A intepretação autêntica do Código de Processo Civil, identificável em sua exposição de motivos, reconhece a equivocada, porque abusiva, visão da liberdade do juiz[55]. De fato, soa curioso (ou melhor, absurdo) que o magistra-

---

51 "*A uniformização faz chegar à única solução correta.* A necessidade de uniformização é ínsita à ideia de sistema jurídico, imprescindível à criação de *previsibilidade*, de *segurança jurídica* e ao *tratamento isonômico* dos indivíduos. Evidentemente, mais uma vez, frise-se que não se estará, necessariamente, diante da decisão ontologicamente correta." (WAMBIER, Teresa Arruda Alvim; DANTAS, Bruno. *Recurso especial, recurso extraordinário e a nova função dos tribunais superiores no direito brasileiro.* 3ª ed. São Paulo: Revista dos Tribunais, 2016, p. 175).

52 "Dizer-se que para certo e determinado caso só há uma decisão correta é, também, a ideia que está por trás da necessidade de que os *precedentes sejam seguidos*, principalmente nas hipóteses em que o juiz tenha exercido função visivelmente criativa. Nos países de civil law, havendo reiteradas decisões em determinado sentido, ou até mesmo havendo uma só, de tribunal superior, esta será a tese correta e equivocadamente decidirá o juiz que não considerar essa cláusula abusiva. Assim, em relação ao futuro, esta será a única decisão correta para casos concretos. Idênticos. Por isso é que, nessa dimensão, vê-se que a decisão do juiz não se limita a ser a regra para o caso concreto, mas, vista como *precedente*, assume também a função de ser o direito aplicável a casos futuros." (WAMBIER, Teresa Arruda Alvim; DANTAS, Bruno. *Recurso especial, recurso extraordinário e a nova função dos tribunais superiores no direito brasileiro.* 3ª ed. São Paulo: Revista dos Tribunais, 2016, p. 170).

53 WAMBIER, Teresa Arruda Alvim; DANTAS, Bruno. *Recurso especial, recurso extraordinário e a nova função dos tribunais superiores no direito brasileiro.* 3ª ed. São Paulo: Revista dos Tribunais, 2016, p. 164.

54 "A independência da magistratura, é bem de ver, consubstancia uma tríplice garantia: institucional do regime democrático, individual dos cidadãos e pessoal do magistrado. Esse protovalor constitucional não se coaduna com uma compreensão militarizada das instâncias judiciárias, já que não há qualquer subordinação hierárquica entre os juízes". (GONÇALVES, Marcelo Barbi. O incidente de resolução de demandas repetitivas e a magistratura deitada. *Revista de Processo*. v. 222, ago./2013, p. 234).

55 "Esse fenômeno fragmenta o sistema, gera intranquilidade e, por vezes, verdadeira perplexidade na sociedade. (...) A segurança jurídica fica comprometida com a brusca e integral alteração do entendimento dos tribunais sobre questões de direito. (...) A dis-

do, agente pertencente ao corpo judiciário, atuasse, na prática corrente, de maneira a não só não prestigiar as cortes a que está hierarquicamente submetido, mas contrariando seus posicionamentos. Percebendo esse cenário, a novel legislação processual pretende uma virada completa, de modo que o Judiciário – sob uma ótica global – seja o primeiro a desenvolver a cultura de respeito aos (seus próprios) precedentes.

Isso porque hoje se reconhece que o perfeito entendimento da referida liberdade passa pela noção de persuasão racional[56], devendo ser a atividade de cada magistrado compreendida de maneira integrada ao Judiciário como um todo, revelando unidade exegética do Direito.

Pilares da segurança são, portanto, a cognoscibilidade, a calculabilidade e a confiança[57], vetores da relação desenhada entre os particulares e o Estado, sempre calcada na dignidade da pessoa humana[58]. No plano processual, tra-

---

persão excessiva da jurisprudência produz intranquilidade social e descrédito do Poder Judiciário. Se todos têm que agir em conformidade com a lei, ter-se-ia, ipso facto, respeitada a isonomia. Essa relação de causalidade, todavia, fica comprometida como decorrência do desvirtuamento da liberdade que tem o juiz de decidir com base em seu entendimento sobre o sentido real da norma". (Exposição de Motivos do Código de Processo Civil – Lei 13.150/15. Disponível em: https://www2.senado.leg.br/bdsf/bitstream/handle/id/512422/001041135.pdf?sequence=1).

---

56 "Com efeito, a doutrina contemporânea tem sustentado que a liberdade (rectius: persuasão racional) assegurada aos magistrados para a interpretação dos textos e sequencial aplicação aos casos concretos – para ser justa e efetiva – deve integrar-se no contexto do Judiciário como um todo, enquanto Poder, Função e Atividade, e, não sob o prisma particular e reducionista, de cada um de seus integrantes, o que acaba pondo em risco a unidade exegética do Direito em detrimento de seus corolários: a segurança jurídica e o tratamento isonômico aos jurisdicionados." (MANCUSO, Rodolfo de Camargo. *Incidente de Resolução de Demandas Repetitivas*: a luta contra a dispersão jurisprudencial excessiva. São Paulo: Revista dos Tribunais, 2016, p. 13).

57 "Admitir que o direito não depende apenas da tarefa legislativa e que a ordem jurídica deve ser compreendida como uma *unidade* (para a qual contribui igualmente o Judiciário), significa impor os mesmos padrões decisórios às situações similares ou análogas. É papel das cortes sustentar esse caráter unitário de qualquer sistema jurídico organizado na forma de um Estado Constitucional. Daí por que a exigência de *uniformidade das decisões judiciais* e de respeito às decisões pretéritas está intimamente conectada à noção de igualdade perante o direito, exigência de justiça formal que protege o cidadão contra arbitrariedades no exercício do poder, e às noções de *calculabilidade* e *confiança*, exigências de segurança jurídica para que os indivíduos possam se autodeterminar." (ABREU, Rafael Sirangelo de. *Igualdade e processo*: posições processuais equilibradas e unidade do direito. São Paulo: Revista dos Tribunais, 2015. Acesso eletrônico.)

58 SARLET, Ingo Wolfgang. A eficácia do direito fundamental à segurança jurídica: dignidade da pessoa humana, direitos fundamentais e proibição de retrocesso social no Direito Constitucional brasileiro. In: ROCHA, Cármen Lúcia Antunes (coord). *Constituição e Segurança jurídica: direito adquirido, ato jurídico perfeito e coisa julgada.* 2ª ed. Belo Horizonte: Fórum, 2009, p. 94.

duzem-se na previsibilidade e na estabilidade oriundas, respectivamente, da fixação da tese (enquanto eleição da interpretação mais adequada) e do seu ulterior prestígio, a começar pelo próprio Judiciário que a definiu.

2.3. Liberdade

Um reflexo bastante imediato da efetividade[59] da dupla formada por isonomia e segurança jurídica é o atingimento da autodeterminação dos particulares. Realmente, é inverossímil que o comando constitucional do art. 5º, inciso II ("ninguém será obrigado a fazer ou deixar de fazer alguma coisa senão em virtude de lei") possa sair do plano abstrato para o concreto sem o conhecimento do que a lei, verdadeiramente, reza.

O prestígio do cardeal princípio da liberdade, portanto, está intimamente ligado aos reflexos exoprocessuais da fixação das teses. Como descrito, os particulares podem convencionar, bem longe das fronteiras do Poder Judiciário, se melhor souberem como responderia a função jurisdicional, diante da eventual lide submetida à sua avaliação.

Bem observado, portanto, o precedente é capaz de, em uma face, prestigiar a isonomia (e com ela, a segurança jurídica), e, em outra, de maneira mediata, assegurar a liberdade dos cidadãos[60].

---

59 "Pode-se afirmar, portanto, que o direito processual civil deve atuar buscando atribuir a maior efetividade possível aos direitos fundamentais, tanto aos referentes ao processo como aos protegidos por meio deste, e aos valores constitucionalmente assegurados. Os institutos do direito processual devem, então, ser analisados e interpretados com o objetivo de realização desses direitos e valores, protegendo, assim, o Estado Democrático de Direito consagrado pela Lei maior." (RODRIGUES, Marco Antonio dos Santos. *A modificação do pedido e da causa de pedir no processo civil*. Rio de Janeiro: Mundo Jurídico, 2014, p. 124-125).

60 "O discurso do precedente tem uma dupla direção. De um lado, a observância de precedentes cria imediatamente um tratamento isonômico entre as pessoas. Ou seja, o precedente promove o sentido mais básico de igualdade, que é o de dar tratamento igual a casos iguais. Mas não é só. O discurso do precedente, de outro lado, mostra-se capaz de promover mediatamente a liberdade. Se é verdade que a aplicação concreta do direito reduz o seu âmbito de indeterminabilidade, então a observância para casos futuros das decisões pretéritas a respeito dos sentidos normativos contribui para a elevação de um nível de cognoscibilidade, calculabilidade e confiabilidade, componentes da segurança jurídica. Ao elevar o grau de segurança jurídica por meio da adoção de precedentes, permite-se que as pessoas possam pautar suas condutas no presente com um maior grau de possibilidade de prever quais serão as consequências jurídicas desses atos no futuro. Ao fazê-lo, assegura-se que as pessoas possam se autodeterminar; no fundo, serem livres. A adoção de precedentes, por conseguinte, promove a liberdade ao proporcionar um ambiente mais seguro para o desenvolvimento da vida social." (MOTTA, Otávio. Aspectos da justificação das decisões judiciais em perspectiva comparada. *Revista de Processo Comparado*. v. 2, jul./dez. 2015, p. 201)

2.4. Legalidade

Com efeito, a liberdade, no presente estatuto do Estado de Direito, anda de mãos dadas com a legalidade, antes de tudo uma garantia do particular. Por isso, a nova roupagem deste último princípio implica diretamente aquele. Para saber o que a lei proíbe fazer, o cidadão precisa saber o que a lei verdadeiramente diz, sendo intolerável qualquer margem de dúvida, quando a mesma pode ser desfeita pelo Poder da República cuja função é zelar por sua escorreita aplicação[61].

A rigor, o Judiciário não ostenta o papel de externar interpretações autênticas dos textos legais, o que é exclusivo do Legislativo. Nem por isso, contudo, perde importância ou protagonismo, vez que a interpretação elegida por ele é a *definitiva*, e, como tal, a única capaz de assegurar segurança jurídica e, por reflexo, o livre exercício das faculdades relacionadas àquela norma.

Os instrumentos de fixação de teses, enquanto meios essencialmente interpretativos, estão não só de acordo com a Constituição Federal, inexistindo qualquer hipótese de violação a ela, como também homenageiam o princípio da legalidade hospedado no artigo 5º, inciso II. O processo, mesmo o individual, tem o condão de completar o direito objetivo, pela sentença, funcionando a jurisdição como *longa manus* da legislação[62] – aptidão esta realçada pela tutela pluri-individual em suas duas etapas.

---

61 "Se a decisão da Corte define o sentido *exato da lei* basta um sistema que garanta a correção das decisões que dele discrepem, dirigida ao passado. Entretanto, quando a decisão da Corte *atribui sentido* ao direito – porque se acredita na dissociação entre texto e norma –, outorga-se unidade ao direito com a elaboração do precedente. Proclamar a interpretação mediante precedente e, assim, garantir a unidade do direito, é a função da Corte Suprema, o que quer dizer que a 'uniformidade da interpretação' não pode mais ser meio de controle da legalidade, devendo ser vista como sinônimo de 'unidade do direito'. Melhor explicando: a interpretação uniforme era meio de controle da legalidade e o precedente é meio de tutela da igualdade, na medida em que a interpretação não mais é método para a revelação da norma contida na lei, porém instrumento para a elaboração do seu significado. Portanto, uma corte de vértice só pode ser vista como Corte de Interpretação que, ao atribuir significado ao direito, por mera consequência garante a igualdade perante o direito." (MARINONI, Luiz Guilherme. *A Ética dos Precedentes: justificativa do novo CPC*. 2ª ed. rev., atual e ampl. São Paulo: Editora Revista dos Tribunais, 2016, p. 66-67).

62 "No desempenho de sua *função jurídica* o Estado regula as relações intersubjetivas através de duas ordens de atividades, distintas mas intimamente relacionadas.
Com a primeira, que é a *legislação*, estabelece as normas que, segundo a consciência dominante, devem reger as mais variadas relações, dizendo o que é lícito e o que é ilícito, atribuindo direitos, poderes, faculdades, obrigações; são normas de caráter genérico e abstrato, ditadas aprioristicamente, sem destinação particular a nenhuma pessoa e a nenhuma situação concreta; são verdadeiros *tipos*, ou modelos de conduta (desejada ou reprovada), acompanhados ordinariamente dos efeitos que seguirão à ocorrência de fatos que se adaptem às previsões.

Tal intercâmbio se dá em duas frentes bem delineadas. A primeira ocorre em todos os processos, dizendo respeito à garantia da efetividade das normas legisladas, decorrente da cláusula da inafastabilidade da jurisdição (artigo 5º, XXXV da Constituição Federal). Ocorrida alguma violação de direito, estará o Judiciário de portas abertas para, verificando-a, reverter o quadro de ilicitude. Também assim funciona quando, ainda que não havendo dúvidas quanto à pretensão (algo aferível na atividade cognitiva), coercitivamente impõe o cumprimento de uma obrigação (atividade executiva), a exemplo do que ocorre quando diante de títulos executivos extrajudiciais.

A segunda face da relação Legislativo-Judiciário, mais interessante e específica para o tema tratado, é a recém-mencionada atividade interpretativa, didaticamente esclarecida por Rodolfo Mancuso através da dicotomia norma legislada (aquela oriunda do Legislativo) e norma judicada (a compreensão do Judiciário a respeito do seu significado real)[63]. Em outras palavras, é o que se costumou compreender, há muito, pela diferença entre texto (o que está escrito) e norma (o que se extrai, juridicamente, do que está escrito). É dizer, contrariando Pôncio Pilatos: o que está escrito nem sempre está escrito.

A propósito, a necessidade interpretativa se alastra também para os textos emitidos pelo próprio Judiciário. Mesmo os enunciados de súmulas[64],

---

Com a segunda ordem de atividades jurídicas, consistente na *jurisdição*, cuida o Estado de buscar a realização prática daquelas normas em caso de conflito entre pessoas – declarando, segundo o modelo contido nelas, qual é o preceito pertinente ao caso concreto (processo de conhecimento) e desenvolvendo medidas para que esse preceito seja realmente efetivado (processo de execução). Nesse quadro, a jurisdição é considerada uma *longa manus* da legislação, no sentido de que ela tem, entre outras finalidades, a de assegurar a prevalência do direito positivo do país." (CINTRA, Antonio Carlos de Araújo; GRINOVER, Ada Pellegrini; DINAMARCO, Cândido Rangel. *Teoria geral do processo*. 25ª ed. São Paulo: Malheiros, 2009, p. 44).

---

63 "O antes referido questionamento acerca da constitucionalidade da inserção, no novo CPC, de produtos judiciários otimizados, de eficácia obrigatória, em que pese a relevância do tema, consente uma leitura de viés conciliatório, inspirada pela interpretação sistemática, permitindo entender-se que a palavra lei – referida no art. 5º e inciso II da CF – é de ser tomada em sua máxima latitude, de modo a abranger, assim, o produto final do Parlamento (norma legislada), como ainda a sua interpretação judicial (a norma judicada), quando uma exegese constante ou estratificada num enunciado venha alcançada ao final de certos procedimentos judiciários, tais aqueles listados no item precedente e, à fortiori, quando tal se dê pela intervenção do STF, enquanto guarda da Constituição (art. 102, caput)." (MANCUSO, Rodolfo de Camargo. *Incidente de Resolução de Demandas Repetitivas*: a luta contra a dispersão jurisprudencial excessiva. São Paulo: Revista dos Tribunais, 2016, p. 27)

64 É sempre precioso retomarmos o purismo de análise de José Carlos Barbosa Moreira, que criticava, com razão, o uso do termo "súmula" como é feito hoje: "...a palavra 'súmula' sempre se empregou – em perfeita consonância com a etimologia e os dicionários –

tradicionalmente consistentes em breves afirmações, demandam atividade cognitiva e investigatória[65], seja para (i) verificar a real *ratio* por detrás da sintética conclusão (a qual, aliás, por vezes se divorcia dos casos que motivaram sua edição), seja para (ii) garantir sua correta subsunção e aplicação para a hipótese concreta *sub judice*.

Não se pode ignorar, por fim, que a legalidade está, outrossim, conectada à isonomia[66]. Atualmente, porém, percebemos uma terceira etapa de compreensão da igualdade, não consistente na mera igualdade formal (*na lei*), há muito superada, mas tampouco limitada à igualdade material (*perante a lei*), cabendo ao Judiciário assegurar ao cidadão a paridade real, isto é, diante *do que se entende da lei*[67].

---

para designar o conjunto das proposições em que se resume a jurisprudência firme de cada tribunal, a começar pela Corte Suprema, onde ela foi criada, em 1963, sob a denominação correta de Súmula da Jurisprudência Predominante (no singular), com a qual se incorporou ao Regimento Interno. Agora, ela aparece no texto constitucional emendado com referência a cada uma daquelas proposições, consoante ressaltar o teor do novo art. 103-A e também o art. 8º da Emenda que alude às atuais súmulas do Supremo Tribunal Federal". (BARBOSA MOREIRA, José Carlos. A emenda constitucional nº 45 e o processo. *Revista do Ministério Público*. v. 21. Rio de Janeiro, jan./jun. 2006, p. 170).

65 "O art. 489, § 1º, V, do CPC/2015 confirma esse nosso modo de pensar: ao embasar sua decisão em um enunciado de súmula, deve o juiz identificar a ratio decidendi dos precedentes que levaram à sua formação, ratio essa que, então, encontra-se na base do enunciado sumulado." (MEDINA, José Miguel Garcia. Integridade, estabilidade e coerência da jurisprudência no Estado Constitucional e Democrático de Direito: o papel do precedente, da jurisprudência e da súmula, à luz do CPC/2015. *Revista dos Tribunais*. v. 974. dez./2016. Acesso eletrônico.).

66 "O princípio da legalidade, base do Estado de Direito, só tem sentido prático se concretizado à luz do princípio da isonomia. Se houver várias regras para decidir-se o mesmo caso, como se vai saber de antemão, qual vai ser a aplicada pelo juiz, no caso de José? É inútil a lei ser a mesma para todos, se os tribunais podem interpretá-la de modos diferentes e surpreender os jurisdicionados." (WAMBIER, Luiz Rodrigues; VASCONCELOS, Rita de Cássia Corrêa de; WAMBIER, Teresa Arruda Alvim. Jurisprudência oscilante no STJ – Ofensa à segurança jurídica sob o aspecto da previsibilidade das decisões judiciais. In: GALOTTI, Isabel *et al.* [coords.]. *O papel da jurisprudência do STJ*. São Paulo: Revista dos Tribunais, 2014, p. 223-238).

67 Sobre a função uniformizadora dos recursos extraordinários: "O princípio da legalidade, segundo o qual a conduta dos indivíduos é previamente rejulgada e lhe é dado saber o que pode ou não fazer e as consequências de suas atitudes, deve ser concretizado de modo engrenado com o princípio da igualdade ou da isonomia. Todos são iguais perante a lei – havendo, portanto, previsibilidade e segurança jurídica –, se a lei for compreendida e aplicada da mesma forma para todos. Se assim não for, esvaziam-se por completo o sentido e a razão de ser desses princípios, base do Estado de Direito." (WAMBIER, Teresa Arruda Alvim; DANTAS, Bruno. *Recurso especial, recurso extraordinário e a nova função dos tribunais superiores no direito brasileiro*. 3ª ed. São Paulo: Revista dos Tribunais, 2016, p. 312).

2.5. Motivação

Ante a relevância sistêmica dos casos repetitivos, seu julgamento atrai especialíssimo controle. E o controle principal da atividade jurisdicional é possibilitado pelo dever de motivação que lhe é inerente, o qual, na lição de Michele Taruffo[68], ostenta três funções: controle endoprocessual, controle exoprocessual e controle do sistema de precedentes.

O controle endoprocessual está voltado às partes (decidir se há interesse recursal) e aos julgadores do recurso, possuindo como objeto o controle de fato (valoração e seleção das provas) e o controle de direito (escolha e interpretação das normas aplicadas). Trata-se da função racionalizante da motivação, inexistente nos sistemas onde vige a íntima convicção.

De outra parte, está o controle extraprocessual, relacionado à própria Administração da Justiça, para assegurar a todas as pessoas, em nome de quem a justiça é administrada e prestada, e não apenas às partes, a oportunidade de conhecer e comprovar o fundamento das decisões judiciais, de modo a evitar arbitrariedades no exercício do poder[69]. Seu objeto, assim, é o controle fático e jurídico das decisões, em especial no que se refere ao respeito pelas garantias fundamentais.

A terceira função da motivação está relacionada ao sistema de precedentes, uma vez que é ínsito ao sistema do *stare decisis* o conhecimento da *ratio decidendi* dos casos preteritamente julgados e que, com o decorrer do tempo, passam a gozar do *status* de precedente. Para conhecer *qual* precedente se aplicará nos casos posteriores e *o que* efetivamente constitui precedente,

---

68 "Si se tiene en cuenta el hecho de que –como ya hemos dicho varias veces– una 'buena' motivación debe consistir en un conjunto de argumentos justificativos lógicamente estructurados en grado de formar una justificación racional de la decisión, se puede entonces observar que la motivación también posee una función esencialmente 'racionalizante'. De hecho, esta lleva a que el Juez realice un ejercicio racional y no sólo se base en intuiciones subjetivas no justificables. Como se mencionó anteriormente, si el Juez 'inteligente' sabe que deberá justificar racionalmente su decisión, se puede intuir que para llegar a su fallo haga uso de criterios lógicos y racionales, que finalmente deberá plasmar en la motivación de la sentencia." (TARUFFO, Michele. Apuntes sobre las funciones de la motivación. *Revista Iberoamericana de Derecho Procesal*. v. 4, jul./dez. 2016. Acesso eletrônico.)

69 "Así pues, en un Estado Democrático que se funda sobre la Constitución, la Administración de Justicia se legitima en tanto es posible conocer y evaluar las razones por las cuales vienen adoptadas sus decisiones. Por tanto, la opinión pública tiene el derecho de controlar los fallos judiciales así como la justificación de estos mediante un análisis de la motivación de la sentencias." (TARUFFO, Michele. Apuntes sobre las funciones de la motivación. *Revista Iberoamericana de Derecho Procesal*. v. 4, jul./dez. 2016. Acesso eletrônico.)

dentro de cada decisão, é que não se negocia a importância da motivação das decisões[70].

A sistemática dos casos repetitivos, enquanto instrumento de fixação de teses, garante protagonismo ao ônus de fundamentação atribuído aos julgadores, paralelamente às três frentes de controle acima.

Quanto ao controle endoprocessual, há que se considerar dois pontos. O primeiro diz respeito ao dever expressamente previsto na norma processual para os órgãos colegiados que julgarão o Incidente de Resolução de Demandas Repetitivas ou os recursos repetitivos, que terão de *esgotar* a análise dos argumentos postos.

No inovador tratamento legal comum do tema, o artigo 489, §1º, IV, aponta a necessidade de qualquer sentença ou acórdão se manifestar sobre "todos os argumentos deduzidos no processo capazes de, em tese, infirmar a conclusão adotada", generalizando de maneira clara a fundamentação suficiente[71].

Quando, no entanto, diante de um julgamento do qual se pretende extrair tese de eficácia reforçada, a exigência é trazida para um novo patamar: o da fundamentação exauriente. O artigo 984, §2º, é o mais didático possível: "o conteúdo do acórdão abrangerá a análise de todos os fundamentos suscitados concernentes à tese jurídica discutida, sejam favoráveis ou contrários". A diferença, extraível de uma simples leitura, é que, na regra geral, a decisão deve afastar os argumentos capazes de contrariar a conclusão contida

70 "También la motivación de la decisión 'en derecho', que explica y justifica la 'ratio decidendi' por la cual el Juez del caso anterior ha basado su decisión, es relevante en el panorama del precedente. Es evidente, en efecto, que el Juez del siguiente caso debe considerar las razones jurídicas que justifican la decisión 'en derecho' del caso anterior, y decidirá aplicar el precedente si considera que se basa en 'buenas razones' jurídicas. Sólo en este caso aplicará la misma 'ratio decidendi', y no empleará ninguno de los argumentos que se podría utilizar para no seguir el precedente." (TARUFFO, Michele. Apuntes sobre las funciones de la motivación. *Revista Iberoamericana de Derecho Procesal*. v. 4, jul./dez. 2016. Acesso eletrônico)

71 Surgiram vozes alegando que o referido comando impunha, aos magistrados em geral, o ônus da fundamentação exauriente. Nesse sentido: "Aliás, o art. 489 como um todo, em especial os incisos de seu § 1º, os quais entende-se sejam exemplificativos (Enunciado 303 do Fórum Permanente de Processualistas Civis) representa a mudança de um sistema de motivação de decisões judiciais da fundamentação suficiente para o da fundamentação exauriente." (NETO, José Wellington Bezerra da Costa. O novo Código de Processo Civil e o fortalecimento dos poderes judiciais. *Revista de Processo*. v. 249. nov./2015. Acesso eletrônico.). Por outro lado, concordando com a posição ora defendida – pela manutenção da fundamentação suficiente como regra geral: "Porém, não se exige fundamentação exauriente, admitindo-se a sucinta." (ALVES, Francisco Glauber Pessoa. Fundamentação judicial no Novo Código de Processo Civil. *Revista de Processo*. v. 253. mar./2016. Acesso eletrônico.).

no dispositivo (reflexo da fundamentação, por óbvio), enquanto, nos casos repetitivos, tanto as alegações a favor da tese quanto as contrárias devem ser mencionadas, se posicionando a corte a respeito de cada uma delas.

Além disso, mesmo os argumentos coincidentes com a conclusão adotada devem ser *todos* analisados. Em síntese, tudo que for levado ao conhecimento do órgão colegiado julgador será considerado, de forma expressa, no acórdão prolatado[72].

Não se trata, evidentemente, de um mero luxo legislativo, sem consequências práticas. Como sabido, os julgamentos de casos repetitivos (bem como o do Incidente de Assunção de Competência), ao gerar decisão com forte eficácia prospectiva, merecem revestimento especial quanto à sua aptidão à pacificação social (escopo social, na lição de Cândido Dinamarco[73]) – da qual um dos elementos centrais é a motivação. Tanto maior será a exigência quanto ao poder de convencimento de uma decisão quanto for sua capacidade de gerar efeitos e invadir esferas jurídicas dos sujeitos envolvidos – daí, a dicotomia fundamentação suficiente *versus* fundamentação exauriente.

O regramento dos recursos repetitivos ostentava, no texto originário do código, redação idêntica, no artigo 1.038, §3º ("O conteúdo do acórdão abrangerá a análise de todos os fundamentos da tese jurídica discutida, favoráveis ou contrários"). A Lei 13.256/2016, no entanto, modificou o texto, restringindo significativamente o comando, passando a esperar do acórdão apenas a "análise dos fundamentos relevantes da tese jurídica discutida".

Dois problemas cardeais exsurgem da sutil alteração – nenhum deles capaz de romper com a unidade do microssistema.

72 "A nota negativa fica por conta de uma possível (e equivocada) interpretação restritiva, que enxergue apenas no julgamento de casos-modelo a necessidade de fundamentação da decisão com base em todos os argumentos levantados pelas partes. Ora, a essência do direito ao contraditório está na possibilidade de participar da formação do convencimento judicial. Essa participação não precisa ser pessoal. É possível que ela ocorra mediante representação argumentativa. Mas, para o sucesso desse sistema, é imprescindível que o tribunal forme sua convicção a partir dos elementos trazidos aos autos pelos participantes – seja para acolhê-los, seja para rejeitá-los. Daí a necessidade de consideração de todos os argumentos ventilados no processo." (MARINONI, Luiz Guilherme. Comentário ao artigo. In: WAMBIER, Teresa Arruda Alvim *et al.* [coords.]. *Breves comentários ao novo Código de Processo Civil.* São Paulo: Revista dos Tribunais, 2015, p. 2082).

73 "O primeiro escopo *social*, que é o principal entre todos eles, é a *pacificação de pessoas mediante a eliminação de conflitos com justiça.* É essa em última análise a razão mais profunda pela qual o processo existe e se legitima na sociedade. Outro escopo *social* é o de *educação* das pessoas para o respeito a direitos alheios e para o exercício dos seus – o que, em última análise, é o que hoje de costuma indicar como exercício da *cidadania.*" (DINAMARCO, Cândido Rangel; LOPES, Bruno Vasconcelos Carrilho. *Teoria geral do novo processo civil.* 2ª ed. São Paulo: Malheiros, 2017, p. 20.).

Inicialmente, o que se entende por "fundamentos relevantes"? Sem dúvidas, estamos diante de um conceito jurídico indeterminado, intencionalmente inserido no código, em decorrência de uma circunstância fática que não se pode ignorar: o descomunal volume de processos que desaguam nos tribunais de cúpula, invariavelmente comprometendo a qualidade ou a celeridade da prestação jurisdicional derradeira.

Ocorre, porém, que, ao contrário do que comumente se percebe mesmo em votos ministeriais, o Direito não pode estar submetido a questões fáticas de forma definitiva. Soa como uma inversão de valores completa o abrandamento das exigências qualitativas do serviço judicial tão somente porque o mesmo está asfixiado. Não se quer ser mais real que o rei ou viver (apenas) no mundo do dever-ser, é claro, mas em certas matérias o refino é inegociável: e o poder de convencimento esperado de um acórdão fixador de tese é, seguramente, uma delas.

É bastante questionável, a propósito, que o emagrecimento da fundamentação, em casos tais, se revele, de fato, vantajoso do ponto de vista da carga de trabalho. Uma tese construída brevemente, passando superficialmente pelos argumentos colecionados, é capaz de ser desconstruída de igual maneira[74]. Uma visão de médio prazo basta para perceber que se está diante de um autêntico "tiro no pé": a questão jurídica, precocemente devolvida aos julgadores dos casos concretos, surtirá efeito bumerangue, voltando rapidamente sob a roupagem de um *distinguishing* ou um *overrulling* evitável desde o primeiro momento. É a ideia do lema "julgar bem, desde a primeira vez, para que se evitem rejulgamentos de casos idênticos em face da omissão na análise de argumentos"[75].

Por essas razões, perfunctoriamente perceptíveis, é de se entender que a modificação textual nada mudou: "fundamentos relevantes", em julgamento de caso repetitivo, são todos os trazidos e mais os ventilados pelo órgão julgador ou pelos participantes em geral. Só assim haverá grau de perfeição proporcional ao da eficácia do *decisum*.

O segundo problema se refere à constitucionalidade do comando: o artigo 93, IX, da Carta Constitucional[76], delineando o princípio da motivação das

74 Candido Dinamarco e Bruno Lopes atentam para a grande responsabilidade dos tribunais ao fixar a tese (DINAMARCO, Cândido Rangel; LOPES, Bruno Vasconcelos Carrilho. *Teoria geral do novo processo civil*. 2ª ed. São Paulo: Malheiros, 2017, p. 216), de modo que é possível concluir que uma decisão a que desconsidere os fundamentos seria irresponsável.

75 NUNES, Dierle. Comentário ao artigo 1.038. In: WAMBIER, Teresa Arruda Alvim *et al.* (coords.). *Breves comentários ao novo Código de Processo Civil*. São Paulo: Revista dos Tribunais, 2015. Acesso eletrônico.

76 "Art. 93. Lei complementar, de iniciativa do Supremo Tribunal Federal, disporá sobre o Estatuto da Magistratura, observados os seguintes princípios: IX todos os julgamentos

decisões judiciais, está muito melhor consubstanciado na redação originária do Código de Processo Civil que na vigente. Reitere-se: o dever de fundamentar, enxergado sob a ótica do devido processo legal substancial (viés da proporcionalidade), cresce na exata medida em que o faz a relevância da decisão[77].

Por isso, existir um idêntico tratamento para os casos em geral (artigo 489, §1º, IV) e para julgados qualificados, com reflexos imediatos e futuros sobre milhares de processos subjetivos, em todo o território nacional, é, claramente, desproporcional e nada razoável.

Afinal, o que se convencionou chamar de "por amostragem" foi o julgamento, e não a escolha dos fundamentos. Caso contrário, em se levando a sério o abrandamento verificado, o vilipêndio das garantias constitucionais se verificará em todos os feitos em que se aplicar a tese (mal) fixada, engessando os litigantes sem a contraprestação de sua definição por meio de um procedimento qualificado e plural, não apenas do ponto de vista dos sujeitos intervenientes (pluralidade subjetiva), mas, sobretudo, da argumentação (pluralidade objetiva).

Com efeito, como ensina Marco Antonio Rodrigues, o artigo 1.038, §3º, merece ser lido à luz do artigo 489, §1º, que estatui a necessidade de enfrentamento de todos os fundamentos capazes de infirmar a tese adotada pelo juízo como razão de decidir[78]. Só assim, resta satisfeito o dever de consideração imposto ao órgão julgador[79].

---

dos órgãos do Poder Judiciário serão públicos, e fundamentadas todas as decisões, sob pena de nulidade, podendo a lei limitar a presença, em determinados atos, às próprias partes e a seus advogados, ou somente a estes, em casos nos quais a preservação do direito à intimidade do interessado no sigilo não prejudique o interesse público à informação.".

---

77 Por isso, o projeto da nova lei adjetiva (art. 472) admitia alguma concisão na fundamentação de uma decisão terminativa – corrigível pelo próprio magistrado em sede de retratação (TUCCI, José Rogério Cruz e. Garantias constitucionais da publicidade dos atos processuais e da motivação das decisões no Projeto do CPC – análise e proposta. *Revista de Processo*. v. 190. dez. 2010. Acesso eletrônico).

78 "Importante registrar que tal regra deve ser interpretada sistematicamente com o art. 489, §1º, do CPC. Isso porque não basta o enfrentamento de fundamentos relevantes. Na forma do art. 489, §1º, IV, bem como do direito fundamental à motivação das decisões, é imperativo que o tribunal superior se manifeste sobre todos os fundamentos que, em tese, podem infirmar a conclusão adotada, sob pena de o acórdão proferido não ser considerado fundamentado." (RODRIGUES, Marco Antonio dos Santos. *Manual dos recursos, ação rescisória e reclamação*. São Paulo: Atlas, 2017, p. 275).

79 "Aqui também (como em outras alterações feitas pela referida lei), há um empobrecimento do Novo CPC; busca-se frear avanços que condizem não apenas com os princípios que o próprio CPC elenca (além do citado §1º do art. 489, o art. 10), mas também a Constituição Federal, sob a melhor luz. Ora, entender, pela via do contraditório substantivo, que determinada tese é a correta para o caso implica também, para o juiz, um

O outro aspecto do controle endoprocessual pela motivação, específico dos casos repetitivos, diz respeito à necessária possibilidade de diferenciar a relação jurídica processual subjetiva do padrão decisório paradigmático a ser julgado pelos instrumentos em estudo. É o que a doutrina norte-americana batizou de *distinguishing*, por nós chamado de distinção.

O instrumento fora positivado pelo legislador, que falou em distinção em diversas passagens do código, dentre as quais se pode destacar, pela relevância geral, o artigo 489, §1°, VI, que comina de nulidade a decisão que "deixar de seguir enunciado de súmula, jurisprudência ou precedente invocado pela parte, sem demonstrar a existência de distinção no caso em julgamento".

2.6. Acesso à justiça

A sistemática de fixação de teses, com ulterior aplicação em um sem número de demandas, ainda que não ajuizadas no momento da decisão objetivada do tribunal competente, tem causado inquietude em parcela da doutrina, sob o argumento de que o acesso à justiça, valor primordial, restaria prejudicado[80].

A referida garantia, extraída do artigo 5°, XXXV, da Constituição Federal, assegura a possibilidade de provocação da tutela jurisdicional, em havendo qualquer lesão ou ameaça de lesão ao patrimônio jurídico do cidadão. Atualmente, a rigor, há tendencial ressignificação de seu conteúdo, diante da compreensão de que, nem sempre, a saída ideal é o processo judicial[81], já que há robusto leque de opções alternativas estimuladas pelo próprio legislador.

ônus de deixar claro o desacerto de teses contrárias – art. 489, §1°, IV, pois, no sistema do Novo CPC, é fundamental a análise e a resposta às teses, argumentações e reconstruções (do ordenamento e do caso) feitas pelas partes e pelos demais afetados pelo procedimento (dever de consideração – *Recht auf Berücksichtigung von* Äußerungen). Ora, ainda mais quando se está frente a uma decisão que irá afetar imediatamente vários processos que ficaram sobrestados, e servirá de paradigma para julgamentos futuros, tal norma é fundamental para que a função judicial se dê conforme o modelo constitucional de processo." (THEODORO JÚNIOR, Humberto; NUNES, Dierle; BAHIA, Alexandre Melo Franco; PEDRON, Flávio Quinaud. *Novo CPC – Fundamentos e sistematização*. 3ª ed. Rio de Janeiro: Forense, 2016, p. 440).

80 GRECO, Leonardo. Publicismo e Privatismo no Processo Civil. *Revista de Processo*. v. 164, out./2008.

81 Sobre a ressignificação do acesso à justiça à luz do artigo 3° do CPC/15, ver: PINHO, Humberto Dalla Bernardina de; STANCATI, Maria Maria Martins Silva. *A ressignificação do princípio do acesso à justiça à luz do art. 3° do código de processo civil de 2015*. Disponível em: https://www.academia.edu/32200932/a_ressignificação_do_princípio_do_acesso_à_justiça_à_luz_do_art._3_do_código_de_processo_civil_de_2015. Acesso em 30/06/2017.

A resolução consensual do conflito[82], a propósito, pode ocorrer distante da barreira judiciária[83], mediante acordo referendado por membro do Ministério Público, defensor público, advogado público, por advogados de ambas as partes ou por conciliador ou mediador credenciado por tribunal (artigo 784, IV). Nos processos em geral, aliás, a fase conciliatória concentrada em audiência própria (artigo 334), com conciliador ou mediador. É dizer: o próprio sistema legal não considera inegociável o acesso ao juiz, relevando eventuais déficits de conhecimento técnico de auxiliares do juízo (conciliador, mediador) para que se pacifique a relação jurídica motivadora da disputa e, nesse assunto, tampouco a doutrina externa proporcional preocupação.

Quando lógica menos drástica se apresenta nos casos repetitivos, alega-se vilipêndio de diversas garantias, supostamente porque os litigantes dos casos sobrestados ou ainda não ajuizados não participam do procedimento de fixação da tese. Desse modo, chega-se a alegar a ilegitimidade constitucional dos mecanismos estudados[84].

A situação real, no entanto, é outra: nos instrumentos chamados de "casos repetitivos", o que sucede é um julgamento de debate qualificado no

---

82 "Os profissionais do direito deverão, no futuro, chegar a forjar as mentalidades de maneira a substituir a lógica 'vence/perde' pela busca de um projeto de ação para além do conflito, e na esperança de que cada uma das partes saia dele o menos mal possível, uma e outra com um sentimento 'vencedor' por não ter utilizado uma solução mais radical para a resolução do litígio que as opunha. Em outros termos, uma *ordem jurídica negociada* leva uma vantagem progressiva sobre a tradicional ordem jurídica imposta, tal como conhecem as nossas sociedades. Mas é de uma verdadeira mudança das mentalidades que se trata. Como persuadir os responsáveis pelo ensino do Direito a passar de um realismo limitado a um legalismo renovado, tendo em conta o pluralismo jurídico cada vez mais evidente até nas nossas velhas sociedades ocidentais? Aqui está a verdadeira questão." (ARNAUD, André-Jean. O Direito Contemporâneo entre Regulamentação e Regulação: o exemplo do pluralismo jurídico. In: ARAGÃO, Alexandre Santos de [coord]. *O Poder Normativo das Agências Reguladoras*. 2ª ed. Rio de Janeiro: Forense, 2011, p. 15).

83 Mesmo no curso de um processo, é possível o requerimento de sua suspensão, pelas partes, para que transijam (artigo 313, II).

84 "Quer dizer que os legitimados à tutela dos direitos dos membros do grupo jamais poderiam ter sido afastados do incidente sob pena não só de inconstitucionalidade por falta de participação dos litigantes individuais, mas também de negação da Lei da Ação Civil Pública e do Código de Defesa do Consumidor. (...) [ ]Como é óbvio, a decisão do incidente está muito longe de poder ser vista como precedente que atribui sentido ao direito e, por isso, regula a vida em sociedade e obriga os juízes dos casos futuros. Por esse motivo, o incidente, nos moldes em que regulado pelo Código de Processo Civil de 2015, não detém legitimidade constitucional." (MARINONI, Luiz Guilherme. Incidente de resolução de demandas repetitivas e recursos repetitivos: entre precedente, coisa julgada sobre questão, direito subjetivo ao recurso especial e direito fundamental de participar. *Revista dos Tribunais*, v. 962, p. 131-151, dez. 2015. Acesso eletrônico.).

qual, mediante ampla participação (mas não irrestrita, sob pena de o mesmo se tornar inviável), se elege uma interpretação correta da norma legal, elucidando, com pretensa definitividade, seu real conteúdo. Nos diversos processos individuais em que se discutiria a mesma questão jurídica, sem a segurança de se saber qual é a visão do tribunal respectivo a seu respeito, simplesmente se assume, como premissa indiscutível, o que a corte previamente decidiu. Todo o restante continuará a ser debatido à exaustão.

Para se evitar, contudo, o desrespeito às garantias processuais constitucionais, basta que se as observe em dois momentos: (i) no bojo do próprio procedimento de fixação da tese jurídica; e (ii) nos processos nos quais a referida tese venha a ser aplicada. O debate sobre a flexibilização da participação das partes dos processos subjetivos no julgamento objetivo soa algo exagerado, acaso lhes seja dada possibilidade de manifestação sobre eventual distinção. Pretender nova discussão jurídica da questão em todos os casos individuais é ferir de morte a sistemática delineada pelo legislador.

Na realidade, o alargado debate, ventilando argumentos múltiplos, e a posterior divulgação da tese fixada permitem efeitos exoprocessuais e exojudiciários, viabilizando efetiva segurança jurídica nas relações e mesmo a redução da judicialização desses conflitos. Os precedentes, nessa linha, antes fortalecem do que fragilizam o acesso à justiça[85].

Bem observado o quadro, se, em um sistema de precedentes "puro", a demandar repetidas decisões futuras a utilizar a *ratio decidendi* do caso para que o mesmo seja alçado ao patamar de precedente, assim ocorre, com maior razão quando existe procedimento específico para a construção do posicionamento jurisprudencial, prontamente colocado para a comunidade jurídica como parâmetro.

A bem da verdade, para que haja acesso à justiça, deve haver compreensão do que é a justiça, o que imprescinde do devido entendimento do que seria o direito e, então, de quem tem ou não razão para exigi-lo em juízo –

---

85 "Assim, a vinculação aos precedentes, ao invés de negar, fortalece o direito de acesso à justiça. Ora, não há como admitir decisões várias e contraditórias a um mesmo caso; a previsibilidade e a estabilidade são imprescindíveis. A previsibilidade elimina a litigiosidade, evitando a propositura de demandas em um ambiente aberto a soluções díspares, que, inevitavelmente, desgastam e enfraquecem o Poder Judiciário.
De outro lado, obrigar o respeito aos precedentes elimina as despesas, o tempo e todos os transtornos advindos de uma litigiosidade desnecessária, como é aquela que obriga a parte, cujo direito é respaldado no precedente, a interpor recurso para ter o seu direito efetivamente tutelado. Afinal, se existe algo que viola o direito de acesso à justiça, o seu lugar está na imposição do ônus de a parte, desnecessariamente, litigar para ter o seu direito protegido. Isso viola, de forma inocultável, os direitos fundamentais à tutela jurisdicional efetiva e à duração razoável do processo." (MARINONI, Luiz Guilherme. *Precedentes obrigatórios*. 4ª ed. São Paulo: Revista dos Tribunais, 2016, p. 153).

resposta, até então, dada pela jurisprudência em processo demorado, que se prolongava no tempo até se assentar um posicionamento, mas que, com a decisão das questões repetitivas, se dá de forma abreviada e mais clara.

Nesse ponto, fundamental trazer a paradigmática obra de Paulo Cezar Pinheiro Carneiro como marco teórico, a fim de verificar eventual diálogo dos princípios elencados com os instrumentos em estudo.

O princípio da acessibilidade[86], primeiro esmiuçado pelo insigne professor, pressupõe três elementos: (i) o direito à informação, (ii) a legitimidade adequada, e (iii) os custos condizentes. Percebe-se que todos estão presentes nos julgamentos de questões repetitivas, que, além de ostentar participação de diversos sujeitos e entes e de dispensar pagamento de despesas processuais, surgem como pedagógicos instrumentos informativos de direitos, ao fixar, publicamente, o entendimento do tribunal. Nessa dinâmica, funcionam como "ponto de partida"[87] também para a reclamação de direitos.

No segundo princípio destacado, o da operosidade[88], a ligação com as teses fixadas está tanto no quesito da atuação ética – atualmente, cooperativa e articulada[89] –, na qual os agentes processuais devem elucidar, reciprocamen-

86 "A acessibilidade pressupõe a existência de pessoas, em sentido *lato* (sujeitos de direito), capazes de estar em juízo, sem óbice de natureza financeira, desempenhando adequadamente seu labor (manejando adequadamente os instrumentos legais judiciais e extrajudiciais existentes), de sorte a possibilitar, na prática, a efetivação dos direitos individuais e coletivos, que organizam uma determinada sociedade." (CARNEIRO, Paulo Cezar Pinheiro. *Acesso à justiça*: juizados especiais cíveis e ação civil pública: uma nova sistematização da teoria geral do processo. Rio de Janeiro: Forense, 1999, p. 57).

87 CARNEIRO, Paulo Cezar Pinheiro. *Acesso à justiça*: juizados especiais cíveis e ação civil pública: uma nova sistematização da teoria geral do processo. Rio de Janeiro: Forense, 1999, p. 57.

88 "Esse princípio significa que as pessoas, quaisquer que sejam elas, que participam direta ou indiretamente da atividade judicial ou extrajudicial, devem atuar da forma mais produtiva e laboriosa possível para assegurar o efetivo acesso à justiça. Assim, para atender aos fins preconizados neste trabalho e que garantem, na prática, tal acesso, é indispensável: a) atuação ética de todos quantos participem da atividade judicial ou extrajudicial; b) utilização dos instrumentos e dos institutos processuais de forma a obter a melhor produtividade possível, ou seja, utilização da técnica a serviço dos fins idealizados." (CARNEIRO, Paulo Cezar Pinheiro. *Acesso à justiça*: juizados especiais cíveis e ação civil pública: uma nova sistematização da teoria geral do processo. Rio de Janeiro: Forense, 1999, p. 63).

89 "O processo judicial moderno, para que cumpra sua função social, deve ser estruturado de forma a dar concretude aos valores que transcendem os fins privados inerentes ao modelo clássico e constituem o núcleo da moralidade pública. E a consecução desse desiderato não prescinde do esforço conjunto e articulado de todos os operadores do direito." (FUX, Luiz. *Prefácio*. In: FUX, Luiz *et al.* [orgs.]. Novas tendências do Processo Civil: estudos sobre o projeto do novo Código de Processo Civil. Salvador: JusPodivm, 2013, p. 10).

te, a existência de um posicionamento estabilizado, quanto na utilização das técnicas processuais adequadas. Em tal aspecto, o próprio código ramificou os reflexos endoprocessuais das teses, sendo inegável, de resto, a implicação exoprocessual por via da conciliação[90].

O terceiro princípio é o da utilidade, calcado na constatação de que "a jurisdição ideal seria aquela que pudesse, no momento mesmo da violação, conceder, a quem tem razão, o direito material"[91]. Revelando-se equação complexa entre a segurança e a celeridade, tal valor se coaduna com as eficácias atual e prospectiva do julgamento objetivo da questão jurídica.

Quanto ao último dos princípios apontados pelo autor, o da proporcionalidade, há que se reconhecer que a legislação não o deixou de lado ao elaborar o longo tratamento dos "casos repetitivos", a ser verificado mais à frente.

Por fim, é de se perceber que a pseudo-barreira que uma causa possa encontrar quando versar sobre matéria repetitiva previamente pacificada, antes de consistir em impeditivo de acesso à justiça, o favorece, permitindo que diversos outros processos, versando sobre temas não repetitivos, sejam analisados mais brevemente, de modo a se evitar a intervenção jurisdicional banalizada[92].

2.7. Duração razoável do processo

Valor dos mais perseguidos pelo sistema judiciário é o da duração razoável dos processos. A dicotomia efetividade *versus* tempo, inevitável, já foi so-

---

90 O elemento da conciliação foi destacado, já à época da obra, pelo autor, especialmente no tocante aos juizados especiais cíveis (CARNEIRO, Paulo Cezar Pinheiro. *Acesso à justiça*: juizados especiais cíveis e ação civil pública: uma nova sistematização da teoria geral do processo. Rio de Janeiro: Forense, 1999, p. 76-77).

91 CARNEIRO, Paulo Cezar Pinheiro. *Acesso à justiça*: juizados especiais cíveis e ação civil pública: uma nova sistematização da teoria geral do processo. Rio de Janeiro: Forense, 1999, p. 79.

92 "Não há como negar que, se é verdade que a Constituição Federal garante o acesso à Justiça dos históricos de lesão temida ou sofrida (art. 5.º, XXXV), não é menos verdade que a intervenção jurisdicional – até pelo expressivo custeio da máquina judiciária – deve ocorrer quando se mostre necessária e eficiente, evitando-se sua banalização, de sorte que a almejada solução adjudicada estatal ("decisão integral do mérito", que o novo CPC qualifica como direito das partes – art. 4.º) é de ser buscada para dirimir uma singular quaestio iuris, e, não, para ser replicada tantas vezes quantas venha ela agitada em massivas ações seriais." (MANCUSO, Rodolfo de Camargo. *Incidente de Resolução de Demandas Repetitivas*: a luta contra a dispersão jurisprudencial excessiva. São Paulo: Revista dos Tribunais, 2016, p. 206)

lucionada de maneira a tender para ambos os lados, a depender do período[93] e do sistema jurídico de cada país[94-95].

O tempo do processo está ligado à necessidade de segurança jurídica, consubstanciada, na dinâmica relação jurídica processual, em fenômenos como o da preclusão. O processo, embora seja uma marcha para frente, deve manter ritmo seguro para as partes, que, acompanhando seu desenrolar, devem poder se manifestar paulatinamente – exigência referente, ainda, à garantia do contraditório. Por outro lado, outro postulado está em jogo: a instrumentalidade do processo, cujas exigências formais não podem mascarar sua real função, a de efetivar direitos materiais[96].

É possível, destarte, apontar o benefício à duração razoável do processo por parte das decisões definidoras de teses jurídicas sob dois enfoques.

O primeiro diz respeito à própria relação jurídica processual em que a tese é aplicada – seja após ter ficado suspensa, seja tendo se iniciado após o julgamento dessubjetivado. Em casos tais, o abreviamento da discussão jurídica endoprocessual implica a prática de menos atos e menor debate e, em consequência dessa economia processual, invariavelmente encurta o caminho até a resposta jurisdicional. Afinal, a resolução de qualquer questão jurídica demanda tempo e dedicação, ainda que simples.

---

93 "No passado, a opção do legislador foi a de privilegiar o aspecto da segurança em detrimento da rapidez. Quanto mais longo o procedimento, quanto maior o número de oportunidades, de recursos, que as partes pudessem utilizar, possivelmente mais justa seria a decisão final. Essa opção foi feita com base numa realidade totalmente diversa da atual. Hoje o modo de vida predominante, com a evolução da indústria, da tecnologia, dos meios de comunicação, dos sistemas de troca, da economia, é pautado na celeridade." (CARNEIRO, Paulo Cezar Pinheiro. *Acesso à justiça*: juizados especiais cíveis e ação civil pública: uma nova sistematização da teoria geral do processo. Rio de Janeiro: Forense, 1999, p. 79-80).

94 Para um panorama jurisprudencial da duração razoável do processo (penal) na Corte Europeia de Direitos Humanos, na Europa, nos Estados Unidos e na Argentina, ver: PASTOR, Daniel R. *El plano razonable em el proceso del Estado de Derecho*: una investigación acerca del problema de la excesiva duración del proceso penal y sus posibles soluciones. Buenos Aires: AD-HOC, 2002, p. 109-318.

95 Para um panorama legal e constitucional da duração razoável do processo no direito comparado, ver: CABRAL, Antonio do Passo. A duração razoável do processo e a gestão do tempo no projeto de novo Código de Processo Civil. In: FUX, Luiz *et al.* [orgs.]. Novas tendências do Processo Civil: estudos sobre o projeto do novo Código de Processo Civil. Salvador: JusPodivm, 2013, p. 75-78.

96 "Não se pode olvidar, nesse particular, a existência de dois postulados que, em princípio, são opostos: o da segurança jurídica, exigindo um lapso temporal razoável para a tramitação do processo, e o da efetividade do mesmo, reclamando que o momento da decisão final não se procrastine mais do que o necessário" (TUCCI, José Rogério Cruz e. Garantia da prestação jurisdicional sem dilações indevidas como corolário do devido processo legal. *Revista de Processo*. v. 66, abr./jun. 1992. Acesso eletrônico.).

Por outro lado, em uma perspectiva global do sistema judiciário, a discussão qualificada da questão jurídica controvertida no julgamento fixador da tese permite que os órgãos julgadores ordinários se debrucem, mais demoradamente, sobre casos importantes e complexos, utilizando, para tanto, aquele tempo que seria, quase que inutilmente, utilizado para afastar argumentos já esgotados quanto àquelas matérias jurídicas repetitivas.

Quando previamente assentada tese a seu respeito, pode o juiz meramente replicar o entendimento e demonstrar – se suscitado pela parte tendencialmente prejudicada – a ausência de distinção para o processo *sub judice*. Em outras palavras, os demais processos, não repetitivos, sobretudo os de elevada complexidade (*hard cases*) e os peculiares (*cases of first impression*), receberão otimizada análise por parte do Judiciário[97].

2.8. Celeridade

Tecnicamente, a garantia constitucional da duração razoável dos processos não se confunde com o princípio da celeridade. A primeira se refere a uma espécie de proibição da demora jurisdicional para além do tolerável para o caso. Ostenta, pois, caráter subjetivo, cabendo averiguar qual é o grau de complexidade da relação jurídica de direito material e da conseguinte relação processual.

Portanto, a duração razoável de um processo judicial variará. É razoável, por exemplo, que uma demanda subjetivamente complexa (envolvendo litisconsórcio, cumulação subjetiva, intervenção de terceiros ou legitimidade extraordinária) leve mais tempo para ser julgada, bem como um processo objetivamente complexo (a envolver questões jurídicas variadas ou dotadas de especial especificidade). A rigor, em casos tais, seria irrazoável, e até imprudente, que a solução de mérito surgisse rapidamente.

No sentido diametralmente oposto, encontra-se a injustificável demora na apreciação do processo tão somente pela necessidade de decisões repetitivas acerca da mesma questão[98]. Tampouco o princípio do contraditório

---

97 "Esta, vale insistir, sofre danos múltiplos, toda vez que a vida de um processo se estende mais que o necessário: a lamentar não só o gasto supérfluo de tempo e energias que a procrastinação do desfecho, já por si, representa, mas igualmente as repercussões desfavoráveis sobre a restante atividade do órgão judicial: onerado com essa carga podre, quiçá não tenha o juiz condições de dirigir com mão mais firme e operosa algum outro feito em que, por exemplo, seria oportuna a iniciativa probatória oficial, para melhor esclarecimento dos fatos relevantes." (BARBOSA MOREIRA, José Carlos. Efetividade do processo e técnica processual. In: *Temas de Direito Processual: sexta série*. São Paulo: Saraiva, 1997, p. 24).

98 "Demandas repetitivas constituem uma anomalia no sistema processual. De fato, nada justifica que uma mesma questão deva ser examinada várias vezes pelo Judiciário, apenas porque se refere a pessoas diferentes." (MARINONI, Luiz Guilherme; ARENHART, Sérgio Cruz; MITIDIERO, Daniel. *Novo Curso de Processo Civil*. v. 2. São Paulo: Revista dos Tribunais, 2015, p. 564.).

agasalharia a insistência na discussão já pacificada. Em hipóteses tais, seria ilógico exigir novo debate sobre tema já decidido.

Por sua vez, a celeridade possui caráter objetivo, independendo das particularidades do processo[99]. Trata-se do desejo de aceleração do seu trâmite, o que se dá, grosso modo, em duas frentes: (i) nas atividades administrativas do Judiciário – onde o aumento da velocidade é sempre desejável –, e (ii) na condução processual pelo magistrado e na atuação dos outros sujeitos processuais.

Nessa segunda esfera, a celeridade dialoga com o acesso à justiça, especialmente seu subprincípio da operosidade, supramencionado. De fato, podendo as partes se manifestarem breve e prontamente, não se justifica que tardem em fazê-lo. Do mesmo modo, o juiz, ao decidir – razão pela qual, aliás, o legislador insiste em manter parâmetros de prazo para o magistrado, por mais que ostentem natureza imprópria.

Evidentemente, a ponderação terá a última palavra quanto à oportunidade de acelerar a atividade de todos os participantes em juízo. Se despachos burocráticos podem ser exarados rapidamente, atos decisórios mais complexos demandam mais lapso de tempo[100]. O que o princípio da celeridade pretende é abreviar, sempre dentro do aceitável (por isso, o inevitável diálogo com o valor da duração razoável), esse curso.

Seguindo essa linha, ensinava Barbosa Moreira que a aceleração do processo não pode se dar a qualquer custo, bem como que a efetividade[101], vetor

---

99 "A duração razoável do processo tem por finalidade a garantia ao jurisdicionado que ingressa no Poder Judiciário de que, em determinado tempo, e que este seja razoável, o seu processo tenha sido efetivado, ou pelo menos tenha sua sentença transitada em julgado. Já a celeridade processual é garantia ao jurisdicionado de que os atos processuais sejam realizados no menor espaço de tempo possível, numa linha de economia processual. (...) ter um processo intempestivo não quer dizer que não houve celeridade em várias partes de seu procedimento, não podendo os princípios serem confundidos como o vem sendo." (JOBIM, Marco Félix. O direito fundamental à duração razoável do processo e a responsabilidade civil do Estado em decorrência da intempestividade processual. 2ª ed. Porto Alegre: Livraria do Advogado, 2012.).

100 "Sentenças não podem nem devem ser produzidas na velocidade com que se expedem carteiras de identidade. Julgamentos não são despachos burocráticos que se possam proferir automaticamente, como reflexos pavlovianos. Valorizam-se os magistrados, não pela sabedoria de seus julgamentos, mas pela quantidade de suas decisões. Decisões ruins não geram a desejada paz social; geram novos conflitos." (TSHEINER, José Maria. Celeridade ou tempestividade processuais?. *Processos Coletivos*. Porto Alegre, v. 6, n. 3, jul./set. 2015. Disponível em http://www.processoscoletivos.net/~pcoletiv/ponto-e--contraponto/726-celeridade-ou-tempestividade-processuais).

101 Dinamarco define a efetividade da jurisdição como o "cumprir integralmente toda a sua função sociopolítico-jurídica, atingindo em toda a plenitude todos os seus escopos institucionais" (DINAMARCO, Cândido Rangel. *A instrumentalidade do processo*. 10 ed. São Paulo: Malheiros, 2002, p. 330.).

que ampara a celeridade, é conciliável com a boa técnica. Além disso, o autor aponta que a deficiência dessa última é causa da sobrecarga de trabalho por duas espécies de carência técnica: na formulação da norma e na aplicação da norma[102].

Não é difícil constatar que, em ambas, a fixação de teses desempenha papel fundamental. Quanto ao desacerto na elaboração normativa pelo Legislativo, tem o Judiciário instrumento qualificado e de pronto acesso para desfazer interpretações deficitárias, externando seu entendimento sem margem para indagações. Antes da existência dos instrumentos em estudo, a pacificação hermenêutica demandava consolidação da jurisprudência, exigindo largo período de tempo até que se atingisse patamares mínimos de segurança jurídica[103].

Já no que se refere à deficiência técnica na aplicação da norma, uma vez fixada a tese, será possível abreviar, total ou parcialmente, demandas que versem sobre idêntica questão jurídica, por meio do julgamento liminar de improcedência, por exemplo (artigo 332, II e III). Preenchidos seus requisitos, o prolongamento do processo seria atécnico[104], bem como sua extinção fora dos casos legais ou em havendo elemento de distinção para o caso concreto.

---

102 BARBOSA MOREIRA, José Carlos. Efetividade do processo e técnica processual. In: *Temas de Direito Processual: sexta série*. São Paulo: Saraiva, 1997, p. 23-24.

103 Assim percebia a questão o professor, em 1997: "Deficiências técnicas na formulação da norma acarretam dúvidas e controvérsias hermenêuticas de que costumam alimentar-se incidentes processuais, como o da uniformização de jurisprudência e o da declaração de inconstitucionalidade, e concorrem para multiplicar os recursos destinados à revisão *in iure*, como o especial e o extraordinário. Não é preciso sublinhar a gravidade dos prejuízos que daí decorrem para a causa da efetividade. Não se trata apenas do prolongamento excessivo deste ou daquele pleito: a sobrecarga de trabalho que tudo isso atira sobre os órgãos judiciais, designadamente sobre os tribunais superiores, afeta por força a qualidade do produto, sacrificando a curiosidade intelectual e a reflexão madura à pressão das pautas intermináveis, e afogando no pantanal da rotina quaisquer esperanças de desenvolvimento jurisprudencial." (BARBOSA MOREIRA, José Carlos. Efetividade do processo e técnica processual. In: *Temas de Direito Processual: sexta série*. São Paulo: Saraiva, 1997, p. 23).

104 O CPC atual, ao contrário de seu predecessor, não fala em "poderá", mas em "julgará". Nessa linha, entendendo que se trata de obrigação para o magistrado, quando a hipótese coincidir com aquelas do artigo 927: MENDES, Aluisio Gonçalves de Castro; SILVA, Larissa Clare Pochmann da. O julgamento liminar de improcedência do pedido: a previsão do CPC/2015 comparada à do CPC/1973. *Revista de Processo*, v. 261, ano 41. p. 141-156. São Paulo: Revista dos Tribunais, nov. 2016. Por outro lado, há posicionamento, com o qual se discorda, de que estar-se-ia diante de mera faculdade do juiz (NERY JUNIOR, Nelson; NERY, Rosa Maria de Andrade. *Comentários ao Código de Processo Civil. Novo CPC – Lei 13.105/2015*. São Paulo: Revista dos Tribunais, 2015, p. 910.).

2.9. Economia processual

Outro forte valor que dialoga com os anteriores é o da economia processual. Trata-se de princípio que pode ser visto sob quatro enfoques.

O primeiro deles é o da economia processual macroscópica (economia judicial[105] ou exoprocessual). Essa vertente diz respeito ao panorama global do Judiciário, reduzindo o número de processos. Longe de possuir mero caráter quantitativo, a pretensão somente será admitida, no Estado de Direito, se decorrer de uma visão racional da função jurisdicional, concretizando o princípio da racionalização do Judiciário.

É esse viés fortemente homenageado pelos institutos definidores de teses, por facilitar aos potenciais litigantes e ao julgador conhecerem o entendimento adotado pelos tribunais aos quais está hierarquicamente submetido. O correto sentido do texto passa a ser, do ponto de vista do sistema jurídico como um todo, aquele atribuído pelo tribunal competente, ainda que, ontologicamente, não o seja[106] – de modo que soará absolutamente improdutiva a insistência em fundamentos decisórios a ele contrários.

Outrossim, se verifica efetivação desse subprincípio quando ocorre a suspensão dos processos com matérias repetitivas[107], em todo o território abrangido pelo tribunal, evitando-se gasto de atividade jurisdicional de maneira improdutiva, permitindo aos julgadores dos casos subjetivos se debruçarem sobre outras questões, até que o colegiado eleito pelo código decida a interpretação definitiva da norma.

Complementarmente, há economia global quando demandas frívolas, calcadas na esperança de um provimento isolado e incongruente em relação ao sistema (jurisprudência lotérica), são desestimuladas, a partir do momento em que, ao chegar ao Judiciário, são prontamente extintas, com resolução do mérito.

---

105 A terminologia economia judicial e economia processual foi empregada por MENDES, Aluisio Gonçalves de Castro; SILVA, Larissa Clare Pochmann da. Ações coletivas e incidente de resolução de demandas repetitivas: algumas considerações sobre a solução coletiva de conflitos. In: ZANETI JR., Hermes (org.). *Processo coletivo.* Salvador: JusPodivm, 2016. Coleção Repercussões no Novo CPC, v. 8, p. 546.

106 WAMBIER, Teresa Arruda Alvim; DANTAS, Bruno. *Recurso especial, recurso extraordinário e a nova função dos tribunais superiores no direito brasileiro.* 3ª ed. São Paulo: Revista dos Tribunais, 2016, p. 175.

107 "A suspensão visa a impedir que, concomitantemente à análise e julgamento do IRDR, outros processos – individuais ou coletivos – ou recursos continuem sendo processados. Trata-se de medida relevante tanto pelo aspecto de economia processual quanto também por garantir a concretização da isonomia em todos os casos idênticos já existentes." (DANTAS, Bruno. Comentário ao artigo 976. In: WAMBIER, Teresa Arruda Alvim *et al.* [coords.]. *Breves comentários ao novo Código de Processo Civil.* São Paulo: Revista dos Tribunais, 2015. Acesso eletrônico.).

No entanto, há que se reconhecer a possibilidade de, uma vez construída a tese em um incidente de resolução de demandas repetitivas ou no julgamento de recursos repetitivos, ao invés de se reduzir o número de processos, haver estímulo a novas judicializações[108]. A rigor, parece crível que, sob a ótica da economia processual macroscópica, sucedam as duas coisas: o desestímulo a demandas frívolas e, por outro lado, maior acesso à justiça por parte de sujeitos de direitos violados que, antes, preferiam suportar os prejuízos pessoalmente. Esse último aspecto, aliás, se assemelha ao que sucede nas ações coletivas a tutelar direitos individuais homogêneos.

Segundo substrato do princípio é o da economia processual microscópica (economia processual em sentido estrito ou endoprocessual). Este se refere à diminuição da quantidade de atos no próprio processo, objetivo possibilitado pela menor extensão das demandas que versem sobre questões repetitivas previamente solucionadas.

Homenageiam esse viés principiológico o julgamento liminar de improcedência, quando o pedido autoral contrariar tese fixada em julgamento de casos repetitivos (art. 332, III), e a tutela de evidência concedida com base em tais entendimentos (art. 311, II), ambos desde que suficientes as provas documentais acostadas para comprovação das alegações fáticas. Naquele, o processo é encurtado de tal modo que o réu pode ser apenas intimado do trânsito em julgado a seu favor; neste, a tutela jurisdicional satisfaz os anseios da parte, muito antes do esgotamento dos instrumentos processuais existentes.

108 "Significa dizer que o julgamento da questão de direito repetitiva via IRDR não importará em uma redução no número de ações futuras em torno daquela mesma questão. Ao inverso, em muitos casos, a solução afirmativa de um direito homogêneo provocará um incremento de ações individuais de parte de todos os seus titulares em busca de seu reconhecimento efetivação judicial. Desnecessário esforço de imaginação para projetar-se um IRDR afirmativo de direito de consumidor, de larga escala, para que milhares de demandas repetitivas desaguem no Judiciário, fortemente estimuladas pela classe dos advogados. Não resta dúvida, entretanto, que esta corrida ao Judiciário será por demais salutar à realização de direitos subjetivos, distribuindo-se farta e igualitária jurisdição. O que não se pode imaginar, no entanto, é que a fixação de tese em IRDR irá reduzir a litigiosidade, irá, isso sim, racionalizar e tornar mais igualitária a distribuição da justiça. Em reforço, não se pode olvidar que as demandas suspensas por força do IRDR deverão prosseguir com o seu trâmite regular tão logo cessado o seu sobrestamento, mesmo que somente para aplicar a tese firmada no incidente. Em poucas palavras, a fixação da tese via IRDR não afastará a necessidade de que as ações suspensas sejam julgadas até seu trânsito em julgado, com a apresentação de todos os recursos previstos." (TEIXEIRA, Guilherme Puchalski. Incidente de resolução de demandas repetitivas: projeções em torno de sua eficiência. *Revista Eletrônica de Direito Processual*, v. 16. jul/dez. 2015. Acesso eletrônico.).

O terceiro e o quarto aspectos da economia processual possuem caráter complementar[109]. A economia processual subjetiva (sob o ponto de vista subjetivo) funciona como linha orientadora a ser observada pelo legislador (ao elaborar a norma) e pelo aplicador do direito[110]. As teses fixadas devem orientar ambos, tomando como premissa a interpretação conferida pelo Judiciário à norma, ainda que para afastá-la, em reação legislativa.

Por outro lado, a economia processual objetiva (sob o ponto de vista objetivo) se refere ao dever de escolha da opção mais célere e menos dispendiosa, dentre os variados caminhos que se abrem no desenrolar da relação jurídica processual. Os incidentes objetos de estudo exigem, em atividade econômica, postura proativa dos membros do Judiciário, do Ministério Público e da Defensoria Pública, instaurando-os tão brevemente quanto possível.

2.10. Eficiência

O princípio da eficiência, importado da ciência da Administração e da Economia, passou a ser conceito jurídico inicialmente no direito administrativo, com o advento da EC 45/2004, que o inseriu no caput do artigo 37 da CF, não se confundindo com a eficácia[111] nem com a efetividade[112].

---

109 "Consequentemente, o processo, como um todo, bem como os respectivos atos e procedimentos devem estar inspirados na economia processual. Esse princípio, por sua vez, precisa ser entendido de modo mais amplo, sob o ponto de vista subjetivo, como orientação geral para o legislador e para o aplicador do direito processual, e, objetivamente, como sede para a escolha das opções mais céleres e menos dispendiosas para a solução das lides." (MENDES, Aluisio Gonçalves de Castro. *Ações coletivas e meios de resolução coletiva de conflitos no direito comparado e nacional.* 4ª ed. São Paulo: Revista dos Tribunais, 2014, p. 38)

110 Sobre a obrigação para o magistrado, ensina Luiz Fux que o princípio funciona "impondo ao julgador que dirija o processo, conferindo às partes um máximo de resultado em confronto com um mínimo dispêndio de esforço processual" (FUX, Luiz. *Curso de direito processual civil.* v. 1. 4 ed. Rio de Janeiro: Forense, 2008. Acesso eletrônico.).

111 "O mesmo ocorre com o termo 'eficiência'. Em sentido comum, é sinônimo de eficácia, qualidade de algo que produz bons resultados, que funciona de acordo com o padrão esperado ou aceitável, pelo menos. Em sentido científico, recebe outro significado, deixando de ser tomado como sinônimo de 'eficácia'." (FILHO, Costódio Ubirajara. A emenda constitucional 19/98 e o princípio da eficiência na administração pública. *Revista de Direito Constitucional e Internacional,* v. 27, abr./jun. 1999, p. 210).

112 "A eficiência não se confunde com a eficácia, nem com a efetividade. Numa noção mais elementar, eficácia consiste na aptidão para produzir efeitos, enquanto a eficiência mede a relação entre os meios empregados e os resultados alcançados. Já a efetividade, para Natalino Irti, é suscetível do desenvolvimento histórico, constituindo o atributo empírico das normas jurídicas. (...) Por sua vez, a eficiência, como já registrado, mede a relação entre os meios empregados e os resultados alcançados. Quanto maior o rendimento de produção mais eficiente será a atividade desenvolvida. A eficiência relaciona-se com o

Para a Administração Pública, a eficiência funciona como orientação e como fator de interpretação. Ademais, para além de princípio constitucional, o referido valor tem natureza de direito fundamental. No primeiro momento, foi reconhecido o direito fundamental à boa administração, que, quando desdobrado para a seara processual, passa a ser compreendido como direito fundamental à boa jurisdição[113], isto é, a uma prestação jurisdicional eficiente – como exigido pelo artigo 8º do código vigente.

Esse último conceito, longe de ser meramente retórico, merece contornos palpáveis. Em matéria processual, a eficiência deve ser perseguida em duas frentes: (i) na administração judiciária, manifestação de direito administrativo no bojo do Poder Judiciário (portanto, fora do mérito da relação jurídica processual); e (ii) nos processos judiciais (quanto aos atos processuais propriamente ditos).

Em ambas, o princípio demanda compreensão completa. Explica-se: conquanto, comumente, se pense somente no aspecto quantitativo da eficiência (obter mais resultados com menos custos), existe um segundo pilar igualmente crucial, o elemento qualitativo. Além da economicidade e da produtividade, é elemento da eficiência a qualidade[114].

---

alcance de finalidades pré-estabelecidas, dizendo respeito aos meios empregados para tanto. Haverá eficiência se os meios adotados forem ótimos, gerando pouco esforço ou dispêndio, com o resultado possível. A eficácia é, então, uma noção lógico-normativa, enquanto a efetividade constitui uma noção empírico-normativa, sendo a eficiência uma noção finalístico-normativa." (CUNHA, Leonardo Carneiro da. A previsão do princípio da eficiência no projeto do novo código de processo civil brasileiro. *Revista de Processo*, v. 233, jul. 2014, p. 66-67). Por isso, notamos que é "perfeitamente possível, conquanto não recomendável, que uma atividade seja eficaz, mas ineficiente (atingindo o objetivo de maneira débil, excessivamente custosa ou sem a qualidade esperada). O contrário se afigura inverossímil: uma escolha eficiente (com excelente custo-benefício) sempre demandará a produção de efeitos (eficácia) – afinal de contas, a produtividade é um dos vetores da eficiência." (RODRIGUES, Marco Antonio dos Santos; MELLO PORTO, José Roberto Sotero de. Princípio da eficiência processual e direito à boa jurisdição. *Revista de Processo*, v. 275, 2018. Acesso eletrônico.).

---

113 RODRIGUES, Marco Antonio dos Santos; MELLO PORTO, José Roberto Sotero de. Princípio da eficiência processual e direito à boa jurisdição. *Revista de Processo*, v. 275, 2018. Acesso eletrônico.

114 Pode-se resumir a eficiência em sentido estrito na fórmula produtividade + economicidade + qualidade + celeridade + presteza + desburocratização + flexibilidade. Por *produtividade*, tem-se o real aumento da produção; por *economicidade*, a redução dos custos dos meios; por *qualidade*, a noção de um serviço efetivamente bom, objetivamente; por *celeridade* e *presteza*, a otimização da relação tempo-custo-benefício; por *desburocratização e flexibilização*, o afastamento das estruturas-meios para o foco nos resultados. Para uma análise aprofundada dos vetores, ver: RODRIGUES, Eduardo Azeredo. *O princípio da eficiência à luz da teoria dos princípios: aspectos dogmáticos de sua interpretação e aplicação*. Rio de Janeiro: Lumen Juris, 2012, p. 91-106.

O primeiro, aliás, é associado, por parcela da doutrina, ao princípio da economia processual[115] e ao da duração razoável do processo[116]. Para concretizá-lo, o legislador delineou instrumentos que reduzem custos, demandando menos recursos (*in casu*, atos processuais), com mais eficácia (geração de efeitos).

Dentre eles, excelente exemplo está no tratamento das questões repetitivas[117]: com a redução do debate nos múltiplos processos suspensos, concentrando-o no procedimento dessubjetivado, existe diminuição de esforços, acompanhado do aumento de efeitos, ante a ampla eficácia posteriormente verificada[118].

No entanto, a compreensão da eficiência meramente pelo prisma quantitativo empobrece, sobremaneira, seu sentido. É possível, inclusive, que o distorça, comprometendo garantias fundamentais inegociáveis do cidadão,

---

115 "(...) é de extrema significação a gama dos princípios processuais de que se deve valer o aplicador da norma processual, devendo atentar, no atual estágio do processo, para os princípios da "economia processual", segundo os quais o processo deve gerar um máximo de resultado em confronto com um mínimo de esforço processual das partes" (FUX, Luiz. *Curso de direito processual civil*. v. 1. 4ª ed. Rio de Janeiro: Forense, 2008. Acesso eletrônico.).

116 "A chamada eficiência quantitativa confunde-se, na realidade, com o princípio da duração razoável e com o princípio da economia processual. Talvez por isso, Fredie Didier Jr. defenda que o princípio da eficiência seria um novo nome dado ao princípio da economia processual. Numa perspectiva quantitativa, a eficiência confunde-se, realmente, com a economia processual e com a duração razoável do processo." (CUNHA, Leonardo Carneiro da. A previsão do princípio da eficiência no projeto do novo código de processo civil brasileiro. *Revista de Processo*, v. 233, jul. 2014, p. 71).

117 "Pode-se definir a tutela pluri-individual como a atividade estatal voltada à justa composição das lides concernentes a direitos individuais homogêneos que se multiplicam em diversas demandas judiciais nas quais haja controvérsia, preponderantemente, sobre as mesmas questões de direito, de modo a racionalizar e atribuir eficiência ao funcionamento do Poder Judiciário, por um lado, e, por outro, assegurar a igualdade e a razoável duração do processo." (DANTAS, Bruno. *Teoria dos Recursos Repetitivos: tutela pluri-individual nos recursos dirigidos ao STF e ao STJ [arts. 543-B e 543-C do CPC]*. São Paulo: Revista dos Tribunais, 2015, p. 83).

118 "Daí a importância da padronização decisória – especialmente a promovida nos tribunais de superposição – para o gerenciamento das causas repetitivas, o que pode ter como consequência uma diminuição da litigiosidade e, por conseguinte, do acervo dos processos em curso no país, assegurando que haja mais tempo e melhor estrutura para cuidar de outros processos, instaurados em casos singulares (não repetitivos), o que evidentemente contribui para a melhoria da qualidade dos resultados produzidos através do processo e, pois, para a eficiência do sistema processual." (CÂMARA, Alexandre Freitas. *O novo processo civil brasileiro*. 2ª ed. São Paulo: Atlas, 2016. p. 559)

usuário do serviço público[119] exercido pelo Judiciário, mas, também, sujeito processual a legitimar o processo pela participação[120].

Por essa razão, as decisões definidoras de teses em questões repetitivas, embora *de per si* prestigiem a eficiência quantitativa, apenas serão plenamente eficientes, sob o ponto de vista do sistema, se respeitarem os padrões de qualidade exigidos (especificamente, a amplitude dos argumentos, da participação social e dos fundamentos decisórios). Uma decisão, qualquer que seja, para ser eficiente, deve ser adequada, justa, correta e motivada – quanto mais quando ostentar tamanho potencial de alcance.

Não é difícil notar, portanto, o *link* da eficiência com a celeridade, um de seus componentes[121], e com a duração razoável do processo, relacionada

---

119 "A Justiça (conceito amplo, aqui utilizado para abranger não só o Judiciário, mas todos os demais atores do sistema – onde, evidentemente, ganha cada dia maior protagonismo a Defensoria Pública) deve ser vista, mais modernamente, como um serviço público. Tal concepção, não à toa, foi consagrada nas 100 Regras de Brasília, documento internacional assinado por representantes de todos os órgãos responsáveis pela sua decente prestação. É, dentro dessa perspectiva da eficiência, visando a melhor organização do serviço, que aparecem as regras de competência." (MELLO PORTO, José Roberto Sotero de. Competência no novo Código de Processo Civil. In: SILVA, Franklyn Roger Alves [org.]. *CPC/2015: Perspectiva da Defensoria Pública*. Salvador: Juspodivm, 2016, p. 93).

120 "Tal perspectiva de eficiência quantitativa permite a visualização do sistema processual tão somente sob a ótica da produtividade (art. 93, inc. II, alínea c, CRFB/88 com nova redação dada pela EC/45) e associa a figura pública do cidadão-jurisdicionado à de um mero espectador privado (consumidor) da 'prestação jurisdicional', como se o poder-dever estatal representasse, e fosse, um mero aparato empresarial que devesse fornecer soluções (produtos e serviços) do modo mais rápido, à medida que os insumos (pretensões dos cidadãos) fossem apresentados (propostos). (...) A postura reducionista do papel do cidadão e a visão degenerada da atividade judiciária permitem o surgimento de entendimentos judiciais subjetivistas e particulares acerca da aplicação normativa (com o uso de jargões de fundamentação desprovidos de maior significado quando de sua aplicação, v.g., 'proporcionalidade', 'supremacia do interesse público', 'dignidade da pessoa humana'), como se as decisões pudessem surgir de modo solitário e voluntarístico da cabeça de alguém." (NUNES, Dierle; BAHIA, Alexandre. Processo constitucional: uma abordagem a partir dos desafios do Estado Democrático de Direito. *Revista Eletrônica de Direito Processual*, v. 4, jul./dez. 2009, p. 252-253).

121 "A celeridade é um dos fatores componentes da eficiência em sentido estrito: de pouco adianta a resolução do feito de maneira tardia e lenta. O comprometimento do trinômio tempo-custo-benefício reduz de forma notável o aproveitamento do processo, aumentando os indesejáveis gastos, em sentido amplo (desgastes financeiros e emocionais)." (RODRIGUES, Marco Antonio dos Santos; MELLO PORTO, José Roberto Sotero de. Princípio da eficiência processual e direito à boa jurisdição. *Revista de Processo*, v. 275, 2018. Acesso eletrônico.).

ao andamento intraprocessual, ao passo que a eficiência transborda os limites dos autos, exigindo leitura à luz do Poder Judiciário como um todo[122].

Bem compreendidos os conceitos, há quem sustente que o principal objetivo dos julgamentos fixadores de teses seja a racionalidade do sistema e sua eficiência, mais do que a mera celeridade dos processos e a efetividade jurisdicional[123].

Por fim, merecem destaque uma evidência da eficiência propriamente administrativa decorrente dos casos repetitivos: a aplicação da tese às concessionárias de serviços públicos e às agências reguladoras (arts. 985, §2º, e 1.040, IV), reveladora de uma visão unificada da aplicação do direito pelo Estado.

2.11. Cooperação

O *princípio da cooperação* ganhou protagonismo recente. O modelo cooperativo de processo[124], inaugurado pelo Código de Processo Civil de 2015, desafia os sujeitos processuais a rever o foco da prestação jurisdicional[125], cha-

---

122 "O art. 8.º também previu norma fundamental que impõe grande mudança de postura não só pelo julgador, mas pelo próprio Poder Judiciário como um todo. Trata-se da eficiência, que não se confunde com a duração razoável do processo. Enquanto esta se encontra ligada ao tempo do processo, a eficiência se refere à adequada gestão processual e do Poder Judiciário enquanto Poder, buscando-se o desenvolvimento de um processo que produza resultados qualitativamente bons com o mínimo de dispêndio de tempo, dinheiro e energias. A eficiência impõe a necessidade de que o juiz adote adequada gestão dos processos em que atua, buscando soluções que adaptem o procedimento às necessidades concretas do conflito de interesses, o que dará a melhor performance possível ao processo em curso. Ademais, a eficiência determina ao Poder Judiciário que adote medidas de gestão, enquanto estrutura de Poder estatal, para maximizar a obtenção da prestação jurisdicional nos processos, bem como que extraia de todos os agentes que compõem seus quadros seus melhores potenciais." (CÂMARA, Alexandre Freitas; RODRIGUES, Marco Antonio dos Santos. A reunião de execuções fiscais e o NCPC: por uma filtragem à luz das normas fundamentais. *Revista de Processo*. v. 263, ano 42, pp. 114-115).

123 "A principal contribuição do incidente de resolução de demandas repetitivas ao aprimoramento da prestação da tutela jurisdicional no Brasil será atribuir maior racionalidade e eficiência ao sistema e não, necessariamente, celeridade e efetividade." (TEIXEIRA, Guilherme Puchalski. Incidente de resolução de demandas repetitivas: projeções em torno de sua eficiência. *Revista Eletrônica de Direito Processual*, v. 16, jul/dez. 2015, p. 233)

124 DIDIER JR., Fredie. Os três modelos de direito processual civil: inquisitivo, dispositivo e cooperativo. *Revista de Processo*, v. 196, ago. 2011.

125 "Portanto, como modelo de gestão de processo, a cooperação rejeita a jurisdição como polo metodológico do processo civil, ângulo de visão evidentemente unilateral do fenômeno processual, privilegiando em seu lugar a própria ideia de processo como centro de sua teoria, concepção mais pluralista e consentânea à feição democrática do Estado Constitucional." (CAVACO, Bruno de Sá Barcelos. *Desjudicialização de Conflitos e Democracia Processual*: um Convite à Participação Procedimental e ao Protagonismo do Cidadão na Pós-Modernidade, Dissertação de mestrado. UERJ. Faculdade de Direito: 2016, p. 9.).

mando as partes para, conjuntamente com o magistrado, construir a solução adequada[126].

O estado cooperativo inaugurado no sistema processual, portanto, não admite posturas beligerantes e improdutivas: o processo não é um campo de batalha (embora também não seja, como alerta Liebman, um negócio combinado em família[127]). Daí que, se for colocado em prática, estarão reduzidos os custos inerentes à relação processual.

Em se tratando de norma geral do novel ordenamento processual[128], por força do artigo 6º, o dever de cooperar, fundamentador da comunidade

---

126 "No plano processual, a cooperação pressupõe divisão de tarefas, redistribuição de responsabilidades e um pacto de trabalho, em que todos aqueles que participam do processo, incluindo o juiz, as partes, os advogados, a Defensoria Pública, o Ministério Público, entre outros, devem estar em busca da justa composição do litígio, "com brevidade e eficácia". A atividade cooperativa não retira o juiz de sua posição de centro de poder, mas permite maior influência das partes na construção do provimento jurisdicional. Há, com isso, uma gestão compartilhada do processo. Autor e réu não estão mais à disposição do juiz, como meros atores secundários, mas sim engajados, no mesmo plano, focados na justa resolução do conflito. Alarga-se a latitude do processo, através de interações dialéticas, valorizando-se a intersubjetividade." (MAZZOLA, Marcelo. *Tutela jurisdicional colaborativa*: a cooperação como fundamento autônomo de impugnação. Curitiba: CRV, 2017, p. 47).

127 LIEBMAN, Enrico Tullio. *Eficácia e autoridade da sentença e outros escritos sobre a coisa julgada*. Tradução de Alfredo Buzaid e Benvindo Aires, tradução dos textos posteriores à edição de 1945 com notas relativas ao direito brasileiro vigente de Ada Pellegrini Grinover. 4ª ed. Rio de Janeiro: Forense, 2007.

128 "Enquanto isso, a cada dia que passa, nos deparamos, na rotina forense, com as novidades oriundas do CPC/2015. Sejam elas privatistas ou publicistas, importa notar que algumas inovações inauguram, no Direito Processual como um todo (isto é, também na visão do juiz criminal), uma etapa mais avançada do que aquela em que nos encontrávamos ainda sob a égide do código de 1973. Dentre esses pontos de maior relevo está, sem sombra de dúvida, a noção cooperativa do processo. Não foi à toa, portanto, que o legislador quis, logo na proa da nova lei, elencar princípios básicos para o correto desenrolar da relação entre as partes do feito, e, ainda mais, entre elas e o julgador. O artigo 6º, com destaque, é didático ao afirmar que 'todos os sujeitos do processo devem cooperar entre si para que se obtenha, em tempo razoável, decisão de mérito justa e efetiva', instituindo, de maneira agora expressa, o princípio da cooperação. O processo pós-moderno, dessa forma, 'representa o mini locus para a sempre inacabada construção cotidiana da democracia substancial'. Busca-se, em cada relação processual, uma adequada resposta estatal, o que significa uma prestação jurisdicional moldada às partes, dentro de certos limites mínimos." (PINHO, Humberto Dalla Bernardina de; MELLO PORTO, José Roberto Sotero de. Colaboração premiada: um negócio jurídico processual?. *Revista Magister de Direito Penal e Processual Penal*, n. 73, ago./set. 2016, p. 28-29).

coparticipativa pretendida pelo legislador[129], deve ser verificado, com maior razão, nos julgamentos dessubjetivados para construções de teses jurídicas, por meio de uma definição argumentada, dialogada e racional[130]. Contudo, para que não se torne vetor meramente retórico, deve-se indagar em quais situações concretas incidirá.

Marcelo Mazzola, em obra instigante sobre a colaboração no processo civil, aponta algumas hipóteses de diálogo cooperativo relacionado aos julgamentos pluri-individuais. Por exemplo, reprova, com acerto, que as partes revolvam teses jurídicas já definidas em julgamento de casos repetitivos, sem fazer o *distinguishing*[131].

Parece inadmissível, também, para citar outro exemplo de relação entre o atuar comparticipativo e as decisões fixadoras de teses, que, após pacificação de uma matéria, se continue a litigar contrariando o definido pela corte responsável ou, ainda pior, apontando decisões do tribunal contrárias, porque pretéritas, ao entendimento adotado.

---

129 É tamanha a importância do valor cooperativo, associado ao contraditório real, que Alexandre Câmara o insere como um dos elementos do conceito de processo: "O processo e o instrumento pelo qual a Democracia é exercida e, em um Estado Democrático de Direito, todo e qualquer ato estatal de poder (e não só os estatais, mas aqui apenas estes são objetos de consideração) deve ser construído através de processos, sob pena de não ter legitimidade democrática e, por conseguinte, ser incompatível com o Estado Constitucional. O processo é mecanismo de exercício do poder democrático estatal, e é através dele que são construídos os atos jurisdicionais. Assim, após o exame do processo, impende examinar a jurisdição, uma das funções estatais. Por fim, dada a inércia característica da jurisdição, é preciso examinar a ação, fenômeno que permite provocar sua atuação. (...) Não existe, pois, uma relação processual entre Estado-juiz e partes, com o Estado em posição de superioridade. O que existe é um *procedimento em contraditório destinado à construção dos provimentos estatais*, em que todos os sujeitos interessados participam, em igualdade de condições, na produção do resultado. Este procedimento comparticipativo, policêntrico que se desenvolve em contraditório é, precisamente, o *processo*." (CÂMARA, Alexandre Freitas. *O novo processo civil brasileiro*. 2ª ed. São Paulo: Atlas, 2016. p. 25-27).

130 THEODORO JR., Humberto. Breves considerações sobre a politização do Judiciário e sobre o panorama de aplicação no direito brasileiro – análise da convergência entre o *civil law* e o *common law* e dos problemas da padronização decisória. *Revista de Processo*, v. 189, nov. 2010, p. 9.

131 "Sejam públicos ou privados, não devem os causídicos elaborar petição inicial inepta; apresentar recurso destituído de fundamento; revolver teses jurídicas já definidas em julgamentos de casos repetitivos, sem fazer o *distinguishing* (...)." (MAZZOLA, Marcelo. *Tutela jurisdicional colaborativa*: a cooperação como fundamento autônomo de impugnação. Curitiba: CRV, 2017, p. 126-127.).

2.12. Primazia do mérito

Um dos valores mais prestigiados pelo Código de Processo Civil de 2015 foi o da primazia do mérito. Retomando a concepção de que o direito processual é meio para efetivação do direito material[132], o legislador trouxe um leque de ferramentas de modo a permitir a ultrapassagem de vícios formais, para que se chegue à real solução do litígio – respondendo, inclusive, à dita "jurisprudência defensiva" dos tribunais.

Dentre esses comandos, pode-se citar[133], brevemente, para além do princípio da cooperação (dever de as partes contribuírem para a solução de mérito em tempo razoável, como está claro no artigo 6º), o sistema da *translatio iudicii* (artigos 64, 240, 968, §§5º e 6º), o dever geral de o juiz determinar a correção de vícios de capacidade processual (artigo 76), pressupostos processuais ou outros (artigo 139, IX), a viabilidade de ultrapassar defeitos que aproveitem à parte vencedora quanto ao mérito (artigo 282, §2º), a abertura de prazo para correção de vício antes da extinção processual terminativa (artigo 317), o direito à emenda da inicial (artigo 321), ainda que após a contestação[134], o novo efeito regressivo da apelação contra sentenças que não julguem o mérito (artigo 485, §7º) – as quais, aliás, devem ser a última opção (artigo 488) –, o dever do relator de abrir prazo para correção de vício formal de recurso (artigo 932, parágrafo único), especificado para os recursos extraordinários (artigo 1.029, §3º, similar ao artigo 896, §11, da CLT).

Há toda uma lógica, portanto, de se prestigiar, com todos os esforços, a real resolução do caso, o que deve ser estendido ao acórdão que fixa a tese em julgamento de casos repetitivos. Se, no litígio comum, subjetivo, o legislador quis tirar o foco de formalismos injustificados, com maior razão quando o

132 Nessa linha, lição do Min. Luis Felipe Salomão no julgamento do REsp 1.432.579: "Mostra-se mais razoável e consentâneo com os ditames atuais o entendimento que busca privilegiar a solução do direito material em litígio, afastando o formalismo interpretativo para conferir efetividade aos princípios constitucionais responsáveis pelos valores mais caros à sociedade". O ministro verificou, ainda, uma "onda renovatória" de entendimentos, apta a ultrapassar formalismos em prol da justiça social.

133 Lista inspirada na de DIDIER JR., Fredie; ZANETI JR., Hermes. *Curso de direito processual civil: processo coletivo*. 10ª ed. Salvador: JusPodivm, 2016. v. 4.

134 Entendimento doutrinário (por todos, ver: DIDIER JR., Fredie; PEIXOTO, Ravi. O art. 489, §1º, do CPC e a sua incidência na postulação dos sujeitos processuais – um precedente do STJ. In: ALVIM, Teresa Arruda *et al.* [coords.]. *Novo CPC aplicado visto por processualistas*. São Paulo: Revista dos Tribunais, 2017) já albergado pelo STJ: "Caso o saneamento das imperfeições da peça inicial leve à inovação do pedido ou causa de pedir, caberá ao juiz realizar o necessário controle jurisdicional, garantindo a estabilidade da demanda, promovendo, para tanto, após a emenda da exordial pela ora recorrida, oportunidade de manifestação à recorrente acerca do referido ato, assegurando-se, assim, o contraditório e a ampla defesa, sem qualquer prejuízo às partes, tampouco nulidade do processo" (4ª turma, REsp 1.279.586).

impacto da decisão for ampliado[135]. Portanto, uma vez instaurado e admitido o incidente, caberá ao órgão julgador envidar todos os esforços para que, efetivamente, analise a matéria jurídica de fundo e fixe a tese.

O microssistema concretiza esse princípio de maneira direta, ao determinar a continuidade dos incidentes ainda que o caso afetado seja alvo de desistência ou abandono pela parte interessada (artigo 976, §1º)[136]. Tampouco o recurso prejudicado, de acordo com o Supremo Tribunal Federal[137], impede a apreciação da questão jurídica – o que evidencia a natureza indisponível do interesse na determinação do entendimento pretensamente definitivo do tribunal.

2.13. Ampla participação

O aumento da participação de sujeitos no processo dialoga com o viés democrático do processo. E, quanto maior o aspecto coletivo da tutela, a gerar efeitos para além de uma relação jurídica pontual, maior deve ser o cuidado de se assegurar o debate que legitima o processo, por meio de um contraditório particularmente valorizado.

O aumento da participação se dá em duas frentes: em relação à sociedade (convocação externa) e em relação ao próprio tribunal (convocação interna).

Quanto à primeira, Hermes Zaneti Jr. e Fredie Didier Jr. mencionam, ao analisar a tutela coletiva genericamente, o modelo experimentalista de repa-

---

135 Dando exemplo prático: "Nessa esteira, cabe destacar ainda a desnecessidade de ratificação de recursos interpostos antes do julgamento de embargos de declaração ou de embargos de divergência, quando estes foram rejeitados ou não alterarem o resultado do julgamento anterior (arts. 1.024, § 5º, e 1.044, § 2º).
A lógica também é aplicável aos recursos especiais e extraordinários repetitivos. O artigo 1.040, II, do NCPC estabelece que, publicado o acórdão paradigma, "o órgão que proferiu o acórdão recorrido, na origem, reexaminará o processo de competência originária, a remessa necessária ou o recurso anteriormente julgado, se o acórdão recorrido contrariar a orientação do tribunal superior". Nessa hipótese, se o recurso versar sobre outras questões de direito, caberá ao presidente ou ao vice-presidente do tribunal recorrido, depois do reexame pelo órgão de origem e independentemente de ratificação do recurso, sendo positivo o juízo de admissibilidade, determinar a remessa do recurso ao tribunal superior para julgamento das demais questões (art. 1.041, § 2º)." (MAZZOLA, Marcelo. *Tutela jurisdicional colaborativa*: a cooperação como fundamento autônomo de impugnação. Curitiba: CRV, 2017, p. 155-156).

136 Nesse sentido, o TJ/RJ, quando julga procedente o IRDR, é porque fixou a tese: "Por conseguinte, julga-se procedente o presente Incidente de Resolução de Demandas Repetitivas para fixar entendimento pela impossibilidade de incorporação do adicional de produtividade de trânsito aos vencimentos dos guardas municipais de São Gonçalo." (IRDR 0023484-83.2016.8.19.0000).

137 ARE 1.054.490, Rel. Min. Roberto Barroso, julgado em 16/10/2017.

ração[138], na *public law litigation*, no qual o juiz perde a centralidade, convoca a ampla participação processual e social – por meio de intervenção de terceiros (e *amicus curiae*) e de audiências públicas, respectivamente) –, e, em diálogo plural, constrói-se um programa de resolução de conflitos.

A lógica é, por demais, aplicável ao julgamento de casos repetitivos. A rigor, a própria lei processual esclarece a conveniência da participação, tanto para o microssistema de precedentes (artigo 927, §2º), como para o de gestão de questões repetitivas (artigos 983, §1º, e 1.038, II), para além da autorização genérica para a intervenção de *amici curiae* em todos os processos (artigo 138). Com os argumentos, inclusive os técnicos, trazidos, pode a corte responsável assentar entendimento aperfeiçoado e, sobretudo, consentâneo com a realidade dos muitos sujeitos a serem impactados[139].

Trata-se de uma saída, na avaliação de Cândido Rangel Dinamarco e Bruno Vasconcelos Lopes, para a inerente deficiência de contraditório associada à tutela pluri-individual, associada ao alto grau de responsabilidade do tribunal ao fixar tese de grande eficácia transbordante[140].

Sob o outro aspecto, o da convocação interna, está a preocupação do legislador de garantir debate mais plural e heterogêneo[141] entre os membros

---

138 DIDIER JR., Fredie; ZANETI JR., Hermes. *Curso de direito processual civil: processo coletivo*. v. 4. 10ª ed. Salvador: JusPodivm, 2016, p. 34-36.

139 A título de exemplos, pode-se ver os IRDRs já julgados pelo TJ/RJ: dois a envolver vencimentos e gratificações de servidores públicos, o que sempre impacta no orçamento público, (0023484-83.2016.8.19.0000 e 0018608-85.2016.8.19.0000) e um sobre direito do consumidor contra bancos (0032321-30.2016.8.19.0000).

140 "A superação desses inconvenientes mediante a prolação de decisão que fixa uma tese abrangente e espraia efeitos além do caso concreto efetivamente julgado investe os tribunais de uma grande responsabilidade. Uma decisão equivocada não ficará restrita à esfera de interesses das partes do específico caso selecionado como representativo da controvérsia, pois todos os interessados na tese, que nem sempre terão a oportunidade de se manifestar em contraditório, serão de algum modo afetados pelo precedente que se formará. Essa inerente deficiência de contraditório nesse tipo de procedimento é remediada por normas que (a) tornam obrigatória a intervenção do Ministério Público (CPC, art. 1.038, inc. III), (b) estimulam a participação no procedimento de pessoas, órgãos e entidades que tenham interesse na controvérsia (CPC, art. 1.038, inc. I), (c) oferecem a possibilidade de ser realizada audiência pública para ouvir pessoas com experiência e conhecimento na matéria a ser julgada (CPC, art. 1.038, inc. II) e (d) disciplinam a escolha do caso a ser afetado como representativo da controvérsia e a identificação da questão repetitiva a ser apreciada (CPC, arts. 1.036, §§ 1º, 4º, 5º e 6º, e 1.037, incs. I e III)." (DINAMARCO, Cândido Rangel; LOPES, Bruno Vasconcelos Carrilho. *Teoria geral do novo processo civil*. 2ª ed. São Paulo: Malheiros, 2017, p. 216).

141 "Assim, apreciado por dez (Seção) ou quinze (Corte Especial) ministros, garante-se – ao menos em tese –um debate mais plural e heterogêneo, a partir da formação e histórico de cada julgador, firmadas de acordo com suas trajetórias de vida e experiências profissionais." (DELLORE, Luiz; MARTINS, Ricardo Maffeis. Recurso especial repetitivo:

julgadores da corte. Por essa razão, exige-se decisão colegiada desde a admissibilidade dos incidentes de julgamento de casos repetitivos (artigo 981). Ademais, a própria competência para o IRDR, relegada para especificação dos regimentos internos, tem sido atribuída a órgãos especialistas das matérias a serem pacificadas[142].

2.14. Publicidade

Outro pilar de legitimação dos julgamentos fixadores de tese é a publicidade[143], desde a instauração até a decisão paradigma. Ao lado da ampliação de participação, exerce função primordial no diálogo com a sociedade civil, não tanto ao trazê-la para o processo (como ocorre com audiências públicas e intervenção de terceiros), mas ao levar o processo até ela, complementando o princípio anterior.

A preocupação está externada de maneira didática no artigo 979, que prevê que, desde a instauração (portanto, antes mesmo da decisão de admissibilidade), os incidentes serão sucedidos "da mais ampla e específica divulgação e publicidade, por meio de registro eletrônico no Conselho Nacional de Justiça". Vê-se que o princípio da publicidade, ora analisado, engloba divulgação ampla e específica, quando diante de casos repetitivos, para além do ordinário acesso do público aos processos judiciais (cláusula geral do artigo 11).

Esse específico alerta à comunidade se concretiza de duas maneiras: (i) através de cadastro eletrônico no CNJ e (ii) de "banco eletrônico de dados atualizados com informações específicas sobre questões de direito submetidas ao incidente", no âmbito do tribunal competente (artigo 979, §1º).

Muito válida, nesse aspecto, é a experiência dos tribunais de cúpula, que possuem lista acessível e simples de todos os recursos repetitivos (afetados e já julgados), com o tema e a tese fixada. Também os tribunais locais vêm se-

---

escolha do recurso e (in)efetividade dos julgamentos. In: DIDIER JR., Fredie [coord.]. *Processo nos tribunais e meios de impugnação às decisões judiciais*. Salvador: Juspodivm, 2016, p. 1119).

---

142 No TJRJ, por exemplo, era a Seção Cível do Consumidor, formada pela reunião de desembargadores que julgam matéria consumerista, que decidia temas atinentes ao direito do consumidor, seara de princípios específicos. Com a edição da Res. 1/2017, contudo, o tema foi atraído para a Seção Cível, extinguindo-se o colegiado mencionado.

143 O sistema de precedentes, de fato, pressupõe o redimensionamento do princípio da publicidade, como reconhecido por DIDIER JR., Fredie; BRAGA, Paulo Sarno; OLIVEIRA, Rafael de. *Curso de direito processual civil*, v.2. 11ª ed. Salvador: Juspodivm, 2016, p. 489.

guindo a experiência, garantindo o conhecimento por parte da coletividade, especialmente dos operadores do direito[144].

Isso é fundamental, porque, assim, pode haver orientação quanto à oportunidade do não ajuizamento imediato de uma ação versando sobre tema afetado, evitando sua suspensão e, eventualmente, a vinculação à tese contrária ao interesse individual do potencial litigante. Com efeito, não restaria completa a *ratio* do sistema se apenas sucedesse a suspensão dos processos já existentes, sem se permitir esse discernimento aos particulares, de buscar soluções outras, imediatas, como a via extrajudicial.

Bruno Dantas analisa a importância da publicidade, relacionando-a com outros valores já analisados, como a segurança para o jurisdicionado, mas também para os que exercem a jurisdição – isto é, os julgadores subordinados ao tribunal que fixará a tese[145].

Reside aqui, aliás, outra grande importância do comando, de onde se deve extrair soluções práticas de comunicação da instauração do incidente e, depois, de seu julgamento para os magistrados em geral. Nessa linha, será de grande utilidade, além da expedição de ofícios para os juízos individuais, avisos eletrônicos, via e-mail ou até por mensagens individualizadas pela via telefônica – o meio é o que menos importa, crucial é garantir a ciência dos julgadores e a efetividade da técnica. Desse modo, garantem-se o amplo alcance em tempo razoável e a isonomia[146].

---

144 Sobre o conteúdo dos cadastros, tema não tratado em lei, ver: FARIA, Marcela Kohlbach de. O dever de garantir a publicidade dos precedentes: os cadastros do CNJ e dos tribunais. In: CARNEIRO, Paulo Cezar Pinheiro; GRECO, Leonardo; PINHO, Humberto Dalla Bernardina de (coords.). *Direito intertemporal e o novo Código de Processo Civil.* Rio de Janeiro: GZ, 2017, p. 173-188.

145 "A divulgação e a publicidade concedem ao jurisdicionado segurança, pois serão adequadamente informados sobre o incidente e como este afeta o seu processo; confere, ainda, segurança àqueles que exercem a atividade jurisdicional, maximizando os efeitos decorrentes da instauração do incidente, assim como os efeitos decorrentes de seu julgamento, como a obediência e aplicação do entendimento estabelecido sobre a questão de direito debatida." (DANTAS, Bruno. Comentário ao artigo 976. In: WAMBIER, Teresa Arruda Alvim *et al.* [coords.]. *Breves comentários ao novo Código de Processo Civil.* São Paulo: Revista dos Tribunais, 2015. Acesso eletrônico.).

146 "Noutra perspectiva, esta atenção à publicidade possibilita que o incidente alcance um considerável número de demandas que se ocupem do debate da mesma questão de direito, o que garante a resolução de processos repetitivos em um tempo razoável.

Nota-se, ainda, que a ampla e específica divulgação e publicidade concretizam o princípio da isonomia em vários aspectos, na medida em que: (i) possibilita a identificação e afetação dos processos idênticos existentes; (ii) autoriza que o entendimento estabelecido no incidente seja aplicado aos demais processos afetados no incidente, assim como aplicado a outros processos que também enfrentem aquela questão de direito; (iii) apresenta uma pauta de conduta a ser observada, tanto nas relações externas ao âmbito do Poder Judiciário (minimizando o potencial de massificação de demandas), como no

O não atendimento da exigência de dar publicidade ao julgamento implica enorme risco de fragilizar sua legitimação democrática, deixando de intervir setores da sociedade que agregariam ao debate (ofensa ao princípio da ampla participação) e gerando incongruências internas do próprio Judiciário (sentenças por magistrados sobre a questão suspensa). Por ofenderem límpida orientação legal, maculam de nulidade o procedimento voltado para a fixação da tese jurídica[147] – cuja sanabilidade será aferida *in concreto*.

processo (possibilitando a obediência a um entendimento estável e evitando a utilização exacerbada de meios de impugnação às decisões judiciais consequentes da instabilidade jurisprudencial)." (DANTAS, Bruno. Comentário ao artigo 976. In: WAMBIER, Teresa Arruda Alvim *et al.* [coords.]. *Breves comentários ao novo Código de Processo Civil.* São Paulo: Revista dos Tribunais, 2015. Acesso eletrônico.).

147 "Por esta razão faz-se obrigatória a publicidade do incidente, bem como os fundamentos determinantes de tal decisão e os dispositivos normativos a ela relacionados, sendo que o não atendimento ao requisito da publicidade poderá acarretar em nulidade do acórdão que julgue o incidente." (DANTAS, Bruno. Comentário ao artigo 976. In: WAMBIER, Teresa Arruda Alvim *et al.* [coords.]. *Breves comentários ao novo Código de Processo Civil.* São Paulo: Revista dos Tribunais, 2015. Acesso eletrônico.).

Capítulo 3

O MICROSSISTEMA DE CASOS REPETITIVOS

Visto o panorama genérico acerca do alinhamento jurisprudencial, de que são elementos fundamentais a integridade, a coerência e a estabilidade, passa-se a analisar uma ferramenta chave e específica para sua realização: a pacificação de posicionamentos sobre questões repetitivas.

Como se buscará provar, o prestígio das decisões pretéritas dos tribunais por parte da legislação é fenômeno que evolui há muito, revelando-se tendência a objetivação da jurisdição. Tal função, de atribuir sentido estável e seguro ao ordenamento, se coloca, mais do que nunca, em pé de igualdade com a tradicional resolução do caso concreto, aspecto subjetivo da função jurisdicional.

3.1. Finalidades

A sistemática do julgamento de questões repetitivas, chamada tutela pluri-individual, ostenta duas finalidades centrais. A primeira e principal é firmar interpretação pretensamente definitiva acerca de uma norma legislada. Funciona, aqui, como instrumento de formação concentrada de precedente, permitida por força do procedimento legal e dos reflexos que a normativa traz para o entendimento adotado. Trata-se de manifestação da função nomofilática[1]

1 "A técnica de tutela recursal pluri-individual é mais um capítulo nesse roteiro histórico de fortalecimento da função nomofilática dos recursos dirigidos ao STJ e ao STF, e busca inverter o movimento pendular que conduziu essas cortes à beira da inviabilidade, dado o brutal volume de demandas que analisam a cada ano.

Estou convencido de que a técnica de tutela recursal pluri-individual representa a explicitação do reconhecimento da função nomofilática do recurso-piloto, mediante o fracionamento do exame dos dois interesses que ele veicula, o interesse público, por um lado, e o interesse individual do recorrente, por outro.

Dessa forma, o recurso-piloto, por ser representativo de uma controvérsia jurídica que se repete em múltiplos e idênticos casos, tem a natureza de veículo processual hábil a deflagrar a tutela recursal pluri-individual do STJ e do STF. Por sua vez, a tutela recursal pluri-individual tem natureza jurídica de atividade estatal exercida pelo STF e pelo STJ em atenção à função nomofilática, na qual se busca primariamente dar resposta ao interesse público consistente na definição da questão de direito que subjaz aos múltiplos recursos extraordinários e especiais que repetem idêntica fundamentação dialética[2] dos tribunais de cúpula, mas, com o novo Código de Processo Civil, também das cortes locais.

Como reconhece Humberto Dalla Bernardina de Pinho, a natureza é objetiva, assemelhando-se a função jurisdicional à de criação de norma geral e abstrata[3].

A segunda vocação da técnica é a gestão dos casos envolvendo as questões repetitivas, que inserta na administração judiciária. Nesse acessório aspecto, tem-se racionalização da atividade jurisdicional sob a ótica global, desobstruindo os tribunais e, sobretudo, assegurando ulteriores julgamentos isonômicos[4].

A propósito, deve-se notar que esta finalidade é, em última análise, permitida por aquela: seria impossível a replicação da tese jurídica para um sem número de processos sem que a mesma fosse estabelecida com clareza, após debate qualificado.

Também merece ser sublinhado que a mera gestão de processos prescinde de previsão legal, podendo ser instituída na prática. Prova disso é a forma como surgiu o *Musterverfahren*, na Alemanha, inicialmente sem previsão legal, gerando enorme economia processual e financeira, e sendo considerado

---

jurídica." (DANTAS, Bruno. *Teoria dos Recursos Repetitivos:* tutela pluri-individual nos recursos dirigidos ao STF e ao STJ [arts. 543-B e 543-C do CPC]. São Paulo: Revista dos Tribunais, 2015, p. 121).

---

2 É precisamente o que sucede com a criação de procedimentos objetivos qualificados de fixação de teses: "Isso, pensamos, é o pressuposto teórico das modernas correntes que falam em *nomofilaquia dialética* ou *tendencial*, de modo a significarem essas expressões a persecução da unidade do *direito*, e não mais da *lei*, mediante a utilização de processos hermenêuticos que auxiliem na investigação da solução mais racional e afinada com preceitos constitucionais. Em outras palavras: utiliza-se um processo dialético para possibilitar ao juiz aferir, entre as múltiplas interpretações possíveis, aquela que melhor equacione a lide." (WAMBIER, Teresa Arruda Alvim; DANTAS, Bruno. *Recurso especial, recurso extraordinário e a nova função dos tribunais superiores no direito brasileiro*. 3ª ed. São Paulo: Revista dos Tribunais, 2016, p. 309).

3 "Conclui-se, assim, pela natureza objetiva do procedimento, que transcende o interesse originário das partes e cujo resultado aproxima-se à criação de uma norma jurídica de caráter geral pelo Supremo Tribunal Federal ou pelo Superior Tribunal de Justiça, no que concerne à característica da objetivação." (PINHO, Humberto Dalla Bernardina de. *Direito Processual Civil Contemporâneo*. v. 2. São Paulo, Saraiva, 2017, p. 968.).

4 "Sob uma perspectiva teleológica, o fim colimado pelo art. 543-C, §§ 1.º e 2.º, não é apenas aquele de desobstruir os tribunais superiores, mas, até mesmo acima disso, homogeneizar as decisões, proporcionando, para situações iguais, igual solução. Em outras palavras, visa-se a assegurar prestação jurisdicional homogênea para processos em que se discute idêntica questão de direito." (WAMBIER, Teresa Arruda Alvim; MEDEIROS, Maria Lúcia Lins Conceição de. Recursos repetitivos: realização integral da finalidade do novo sistema impõe mais do que a paralisação dos recursos especiais que estão no 2° grau. *Revista de Processo*, v. 191, jan. 2011, p. 191).

legítimo e constitucional pela Corte Constitucional da República Federativa da Alemanha, em 1979[5].

Enxergando os dois funcionamentos do julgamento de casos repetitivos, Fredie Didier Jr. e Leonardo Carneiro da Cunha os repartem em dois microssistemas: quanto aos casos pendentes, suspensos quando da instauração do incidente de fixação da tese, a técnica estaria inserida no microssistema de gestão e julgamento de casos repetitivos, enquanto, no tocante aos casos futuros, aos quais se aplicará o entendimento adotado, a sistemática faria parte do microssistema de formação concentrada de precedente obrigatório[6].

A lição é didática, tendo os autores buscado estabelecer as regras atinentes a cada um dos microssistemas mencionados. No entanto, é preferível, por ora, seguir a divisão mencionada anteriormente, entre a fixação da tese e a sua posterior aplicação, vez que facilita a compreensão da dinâmica da tutela pluri-individual.

Há quem pense que as duas espécies de julgamento de casos repetitivos possuam finalidades diversas. Para Marinoni, o Incidente de Resolução de Demandas Repetitivas se volta ao discurso do caso concreto, não visando à formação de precedente, o que se daria por meio dos recursos repetitivos, onde havia discurso do caso jurídico[7]. A disparidade, porém, não existe[8], sendo nítida a intenção de se construir um microssistema a abranger também os tribunais locais e as centenas de juízos a eles subordinados, racionalizando a prestação jurisdicional, ao uniformizá-la.

---

5 Para minuciosa descrição histórica do procedimento padrão alemão, imperioso ver: MENDES, Aluisio Gonçalves de Castro. *Incidente de resolução de demandas repetitivas:* sistematização, análise e interpretação do novo instituto processual. Rio de Janeiro, Forense, 2017, p. 30-34.

6 DIDIER JR., Fredie; CUNHA, Leonardo Carneiro da. *Curso de direito processual civil*. v. 3. 14 ed. Salvador: Juspodivm, 2017, p. 674.

7 MARINONI, Luiz Guilherme. O problema do incidente de resolução de demandas repetitivas e dos recursos extraordinário e especial repetitivos. *Revista de Processo*, v. 249, nov. 2015, p. 413. Em outro trabalho, posterior, o mesmo autor parece defender o oposto: "Seria possível imaginar que a técnica dos recursos repetitivos, ao contrário do incidente de resolução de demandas repetitivas, não se destina ao julgamento de questão prejudicial à resolução de demandas repetitivas, mas ao julgamento de questão replicada em diversos recursos, relacionados a demandas idênticas ou a demandas de conteúdos completamente diferentes. Contudo, não é assim. A intenção do legislador foi clara em outorgar ao recurso repetitivo a função de resolução da questão que afeta processos pendentes." (MARINONI, Luiz Guilherme. *Incidente de Resolução de Demandas Repetitivas:* decisão de questão idêntica x precedente. São Paulo: Revista dos Tribunais, 2016. Acesso eletrônico.).

8 Na mesma linha do ora defendido: DIDIER JR., Fredie; CUNHA, Leonardo Carneiro da. *Curso de direito processual civil*. v. 3. 14 ed. Salvador: Juspodivm, 2017, p. 675.

3.2. Dinâmica de funcionamento

A técnica está dividida, em linhas gerais, em duas partes. Na primeira, instaura-se incidente de julgamento da questão repetitiva, em um procedimento objetivado, sem partes, semelhante ao que sucede no controle concentrado de constitucionalidade. A exemplo deste, não se despreza o quadro fático, embora também não se considerem eventuais minúcias de situações subjetivas específicas.

Uma vez fixada a tese, que, aliás, costuma ser sintetizada em texto conciso (a lembrar os enunciados sumulares), o órgão colegiado passa a julgar os casos afetados, aplicando-a. Trata-se de um momento diverso do primeiro, e dele dependente, sendo fundamental para o aperfeiçoamento da dinâmica, vez que os órgãos que posteriormente aplicarão o entendimento terão um parâmetro de incidência da *ratio decidendi* ao caso concreto. Deve o tribunal, portanto, elaborar acórdão didático, bastante analítico[9].

Por fim, havendo tese jurídica estatuída, e já fora da tutela pluri-individual propriamente dita, mas como um reflexo fundamental de sua eficácia, os julgadores dos casos concretos posteriormente ajuizados e que versem sobre a mesma questão jurídica terão um leque de instrumentos para abreviar o curso do processo (eficácia prospectiva ou atemporal da fixação de teses).

9 A título de parâmetro, veja-se a ementa do julgamento do REsp 1389750, Rel. Min. Herman Benjamin, 1ª Seção, DJe 17.4.2017, em que se destaca a resolução da tese e a resolução do caso, em momentos distintos: "Administrativo e processual civil. Recurso representativo de controvérsia. Art. 543-C do CPC/1973 (atual 1.036 do CPC/2015) e resolução STJ 8/2008. Ação de repetição de indébito. Tarifa de energia elétrica. Relação contratual. Consumidor e concessionária do serviço público. Interesse da ANEEL. Não ocorrência, em regra. Controvérsia submetida ao rito do art. 543-C do CPC/1973 (atual 1.036 do CPC/2015). 1. Sob o rito do art. 543-C do CPC (atualmente 1036 e seguintes do CPC/2015), foi admitida a seguinte tese controvertida: "questão atinente ao interesse jurídico da ANEEL (Agência Nacional de Energia Elétrica) para figurar no pólo passivo de ação revisional e de repetição de indébito relativa a contrato de fornecimento de energia elétrica celebrado entre usuário do serviço e concessionária do serviço público". *Resolução da tese controvertida*. 2. O Superior Tribunal de Justiça sedimentou a compreensão de que não há, em regra, interesse jurídico da Aneel (Agência Nacional de Energia Elétrica) para figurar como ré ou assistente simples de Ação de Repetição de Indébito relativa a valores cobrados por força de contrato de fornecimento de energia elétrica celebrado entre usuário do serviço e concessionária do serviço público. Nesse sentido: (...). *Resolução do caso concreto*. 3. Na hipótese dos autos, o Tribunal de origem observou o entendimento jurisprudencial do STJ que aqui se consolida, estabelecendo que, na situação específica dos autos, não vislumbrou interesse jurídico da Aneel. 4. Recurso Especial não provido. Acórdão submetido ao regime dos arts. 1.036 e seguintes do CPC/2015." (grifos nossos).

3.3. Histórico: das menções esparsas ao microssistema

Limitando-nos ao cenário brasileiro, é possível traçar breve retrospectiva histórica acerca dos mais recentes passos em direção à valorização da jurisprudência uniforme enquanto parâmetro decisório, bem como de instrumentos voltados a solucionar pedidos repetitivos.

O código revogado, datado originalmente de 1973, nasceu tímido quanto ao tema, tendo-se optado por não seguir a herança portuguesa dos "assentos" em razão da preocupação com a separação de poderes[10]. Mesmo assim, inicialmente já previa o incidente de uniformização de jurisprudência, em quatro artigos (do 476 ao 479[11]).

Grosso modo, tal instrumento, cuja instauração partia de qualquer juiz (não obstante a parte do processo pudesse requerer, desde que fundamenta-

10 "A herança legislativa portuguesa faz com que a implantação de precedentes vinculantes no Brasil seja discutida quando o tema em pauta é a reforma do Poder Judiciário. Isso porque, até o advento da Constituição de 1891, aplicava-se em território nacional o instituto das *fazanãs y alvedrios*, depois transformados nos assentos da Casa da Suplicação, verdadeiros enunciados com força vinculante, pelos quais era fixada a 'verdadeira' interpretação da lei. O instituto de origem portuguesa por pouco não constou no texto final do atual Código de Processo Civil. Apesar do esforço de Alfredo Buzaid, os juristas da época entenderam que instrumento semelhante não se coadunaria com os postulados constitucionais então em vigor. Por tal razão, houve a supressão de parte do projeto, sobrevivendo apenas o capítulo referente ao incidente de uniformização de jurisprudência até hoje existente." (CAMBI, Eduardo; FOGAÇA, Mateus Vargas. Incidente de resolução de demandas repetitivas no novo Código de Processo Civil. *Revista de Processo*, v. 243, mai. 2015, p. 334).

11 Art. 476. Compete a qualquer juiz, ao dar o voto na turma, câmara, ou grupo de câmaras, solicitar o pronunciamento prévio do tribunal acerca da interpretação do direito quando:
I – verificar que, a seu respeito, ocorre divergência;
II – no julgamento recorrido a interpretação for diversa da que lhe haja dado outra turma, câmara, grupo de câmaras ou câmaras cíveis reunidas.
Parágrafo único. A parte poderá, ao arrazoar o recurso ou em petição avulsa, requerer, fundamentadamente, que o julgamento obedeça ao disposto neste artigo.
Art. 477. Reconhecida a divergência, será lavrado o acórdão, indo os autos ao presidente do tribunal para designar a sessão de julgamento. A secretaria distribuirá a todos os juízes cópia do acórdão.
Art. 478. O tribunal, reconhecendo a divergência, dará a interpretação a ser observada, cabendo a cada juiz emitir o seu voto em exposição fundamentada.
Parágrafo único. Em qualquer caso, será ouvido o chefe do Ministério Público que funciona perante o tribunal.
Art. 479. O julgamento, tomado pelo voto da maioria absoluta dos membros que integram o tribunal, será objeto de súmula e constituirá precedente na uniformização da jurisprudência.
Parágrafo único. Os regimentos internos disporão sobre a publicação no órgão oficial das súmulas de jurisprudência predominante.

damente), que, notando matéria divergente no âmbito do tribunal ou que o julgado contrariasse posição anterior de um colegiado, permitia a anterior fixação de interpretação por parte da corte. O resultado, na letra da lei, deveria constar em súmula, consistindo em "precedente[12] na uniformização da jurisprudência".

Posteriormente[13], na reforma de dezembro de 2001 (lei 10.352/01), foi acrescentado à codificação o incidente de relevante questão de direito, no artigo 555, §1º[14]. Voltava-se, exemplificativamente[15], aos julgamentos de apelações e agravos que envolvessem "relevante questão de direito", permitindo que o relator remetesse o recurso para órgão especificamente indicado pelo regimento interno. Ostentava caráter preventivo – dialogando com o incidente de assunção de competência[16], bem mais extensamente delineado pelo atual código.

Em paralelo ao principal diploma processual, a legislação especial também caminhou em direção à construção de ferramentas para a uniformização da posição das cortes por meio de instrumento específico.

Primeiro exemplo disso é a preocupação externada pelo microssistema dos juizados especiais. Passados alguns anos do advento da lei 9.099/95, criadora dos juizados especiais cíveis, o legislador desenhou diploma voltado para a área federal. Na norma que vige para os juizados especiais federais, há previsão expressa do pedido de uniformização de interpretação de lei federal (artigo 14 da lei 10.259/01[17]).

---

12 Curioso notar, aliás, que se trata da única menção à palavra "precedente" no referido código, no sentido abordado – um parâmetro interessante para se constatar o ganho de protagonismo da questão no CPC/15.

13 Outras reformas valorizaram a jurisprudência, no bojo do CPC revogado. Cite-se, como exemplo, a ampliação dos poderes do relator com base em súmula ou jurisprudência dominante (artigo 557, na redação dada pela lei 9.756/98) e a exceção à remessa necessária quando a sentença coincidisse com jurisprudência do plenário do STF ou súmula de tribunal (artigo 475, §3º, incluído pela lei 10.352/01).

14 "Art. 555. No julgamento de apelação ou de agravo, a decisão será tomada, na câmara ou turma, pelo voto de 3 (três) juízes. § 1º Ocorrendo relevante questão de direito, que faça conveniente prevenir ou compor divergência entre câmaras ou turmas do tribunal, poderá o relator propor seja o recurso julgado pelo órgão colegiado que o regimento indicar; reconhecendo o interesse público na assunção de competência, esse órgão colegiado julgará o recurso."

15 FUX, Luiz. Curso de direito processual civil. v. 1. 4 ed. Rio de Janeiro: Forense, 2008. Acesso eletrônico

16 A propósito, a nomenclatura do referido incidente é herança do seu antecessor, já que o CPC/73 falava em "interesse público na assunção de competência".

17 "Art. 14. Caberá pedido de uniformização de interpretação de lei federal quando houver divergência entre decisões sobre questões de direito material proferidas por Turmas Recursais na interpretação da lei.

Será viável o referido requerimento quando houver divergência interpretativa sobre norma de direito material entre turmas recursais – a ser dirimida por reunião de turmas, se a disparidade se der entre colegiados da mesma região, ou pela Turma Nacional de Uniformização, se resultar de conflito entre turmas de diferentes regiões. Pode, ainda, ser caso de a orientação adotada confrontar com súmula ou jurisprudência dominante do Superior Tribunal de Justiça, sendo igualmente decidida a questão pela TNU.

Nessa dinâmica, aliás, existe previsão para a litigância repetitiva, na medida em que o §6º do dispositivo em análise, atento à possibilidade de requerimentos de uniformização idênticos, prevê que os subsequentes fiquem retidos nos autos. Além disso, o §9º estabelece a viabilidade de juízo de retratação ou de declaração de prejuízo desses pedidos idênticos, após a uniformização.

---

§ 1º O pedido fundado em divergência entre Turmas da mesma Região será julgado em reunião conjunta das Turmas em conflito, sob a presidência do Juiz Coordenador.
§ 2º O pedido fundado em divergência entre decisões de turmas de diferentes regiões ou da proferida em contrariedade a súmula ou jurisprudência dominante do STJ será julgado por Turma de Uniformização, integrada por juízes de Turmas Recursais, sob a presidência do Coordenador da Justiça Federal.
§ 3º A reunião de juízes domiciliados em cidades diversas será feita pela via eletrônica.
§ 4º Quando a orientação acolhida pela Turma de Uniformização, em questões de direito material, contrariar súmula ou jurisprudência dominante no Superior Tribunal de Justiça -STJ, a parte interessada poderá provocar a manifestação deste, que dirimirá a divergência.
§ 5º No caso do § 4º, presente a plausibilidade do direito invocado e havendo fundado receio de dano de difícil reparação, poderá o relator conceder, de ofício ou a requerimento do interessado, medida liminar determinando a suspensão dos processos nos quais a controvérsia esteja estabelecida.
§ 6º Eventuais pedidos de uniformização idênticos, recebidos subsequentemente em quaisquer Turmas Recursais, ficarão retidos nos autos, aguardando-se pronunciamento do Superior Tribunal de Justiça.
§ 7º Se necessário, o relator pedirá informações ao Presidente da Turma Recursal ou Coordenador da Turma de Uniformização e ouvirá o Ministério Público, no prazo de cinco dias. Eventuais interessados, ainda que não sejam partes no processo, poderão se manifestar, no prazo de trinta dias.
§ 8º Decorridos os prazos referidos no § 7º, o relator incluirá o pedido em pauta na Seção, com preferência sobre todos os demais feitos, ressalvados os processos com réus presos, os habeas corpus e os mandados de segurança.
§ 9º Publicado o acórdão respectivo, os pedidos retidos referidos no § 6º serão apreciados pelas Turmas Recursais, que poderão exercer juízo de retratação ou declará-los prejudicados, se veicularem tese não acolhida pelo Superior Tribunal de Justiça.
§ 10. Os Tribunais Regionais, o Superior Tribunal de Justiça e o Supremo Tribunal Federal, no âmbito de suas competências, expedirão normas regulamentando a composição dos órgãos e os procedimentos a serem adotados para o processamento e o julgamento do pedido de uniformização e do recurso extraordinário."

Trata-se de embrião do procedimento posteriormente adotado para a repercussão do julgamento dos recursos paradigmas nos casos repetitivos[18].

Seguindo a mesma linha, a legislação referente aos Juizados Estaduais da Fazenda Pública trouxe outra hipótese de pedido de uniformização da interpretação da lei (lei 12.153/09, artigo 18[19]). São duas, porém, as diferenças: (i) os órgãos julgadores: em caso de disparidade entre turmas do mesmo estado, a pacificação se dará por reunião de turmas, já quando a contrariedade se der entre turmas de diferentes estados ou em relação à súmula do STJ, será a Corte Superior a decidir o tema; e (ii) a ofensa à jurisprudência dominante do Superior Tribunal de Justiça deixa de ser hipótese de cabimento.

Interessante verificar que, acerca desses dois instrumentos uniformizadores, Fredie Didier Jr. e Leonardo Carneiro da Cunha os inserem como espécie de mecanismos para a solução de casos repetitivos[20]. É de se questionar, a propósito, sobretudo quanto à solução dos Juizados Especiais Federais, se o advento do novo Código de Processo Civil não recomenda, diante do sólido e coeso sistema de precedentes estatuído, a releitura da noção de "jurisprudência dominante" como os pronunciamentos vinculativos do artigo 927, III e IV (teses firmadas em recurso especial repetitivo e súmulas em matéria de lei federal) – a exemplo da evolução *de lege lata* ocorrida na improcedência liminar.

Ainda no microssistema dos juizados, cumpre observar duas iniciativas infralegais. Para os Juizados Especiais Cíveis, o Superior Tribunal de Justiça delineou solução por via da reclamação (Resolução 12/2009[21], recentemente

18 DANTAS, Bruno. *Teoria dos Recursos Repetitivos: tutela pluri-individual nos recursos dirigidos ao STF e ao STJ (arts. 543-B e 543-C do CPC)*. São Paulo: Revista dos Tribunais, 2015, p. 55.

19 "Art. 18. Caberá pedido de uniformização de interpretação de lei quando houver divergência entre decisões proferidas por Turmas Recursais sobre questões de direito material.
§ 1º O pedido fundado em divergência entre Turmas do mesmo Estado será julgado em reunião conjunta das Turmas em conflito, sob a presidência de desembargador indicado pelo Tribunal de Justiça.
§ 2º No caso do § 1º, a reunião de juízes domiciliados em cidades diversas poderá ser feita por meio eletrônico.
§ 3º Quando as Turmas de diferentes Estados derem a lei federal interpretações divergentes, ou quando a decisão proferida estiver em contrariedade com súmula do Superior Tribunal de Justiça, o pedido será por este julgado."

20 DIDIER JR., Fredie; CUNHA, Leonardo Carneiro da. *Curso de direito processual civil*. v. 3. 14ª ed. Salvador: Juspodivm, 2017, p. 671.

21 "Também a evolução da jurisprudência do Superior Tribunal de Justiça que passou, a partir de 2009 (Resolução 12/STJ), a admitir o cabimento de reclamação contra o descumprimento por parte de Turmas Recursais dos Juizados Especiais de decisões da Corte Superior. O Tribunal entendeu, a partir da RCL 3.752/GO, que, não sendo cabível recurso especial contra as decisões de Turmas Recursais dos Juizados Especiais Cíveis, deveria haver uma forma de controle da aplicação da legislação federal pelo Tribunal Superior, mais especificamente – uma forma de impor a observância ao que decidido e pacificado.

substituída pela Resolução 3/2016[22]). Por outro lado, o Supremo Tribunal Federal, por meio da Emenda Regimental 12/2003, estabeleceu hipótese de julgamento por amostragem dos recursos extraordinários interpostos no âmbito dos Juizados Especiais Federais. Como percebeu Bruno Dantas[23], con-

---

Inicialmente, admitiu-se a reclamação de uma forma ampla, para fazer com que as Turmas Recursais e Juizados Especiais cumprissem a jurisprudência majoritária do Superior Tribunal de Justiça." (CÔRTES, Osmar Mendes Paixão. A consolidação da "objetivação" no novo Código de Processo Civil. *Revista de Processo*, v. 265, mar. 2017, p. 182).

---

22 "O Superior Tribunal de Justiça, que havia ampliado o cabimento da reclamação para impor o respeito à jurisprudência firmada no âmbito da Corte também às Turmas Recursais dos Juizados Especiais, impôs algumas limitações, como o cabimento restrito ao desrespeito a decisões tomadas em repetitivos ou sumuladas (STJ – RCL 3.812) e a questões de direito material (STJ – RCL 10.134). Ainda, acabou por revogar a Resolução 12/2009 e substituí-la pela Resolução 3/2016, transferindo a competência para os Tribunais de Justiça julgarem a reclamação quando houver o desrespeito a decisões do STJ em repetitivos ou sumuladas.
Ou seja, tendo como justificativa o elevado volume de reclamações em curso na Corte, foi alterada a competência para apreciar a reclamação e impor o respeito às decisões do Tribunal Superior. A medida continua cabível. Alterou-se, apenas, o órgão julgador. O respeito às teses firmadas no STJ, assim, deve continuar existindo, sob pena de os Tribunais Estaduais cassarem as decisões." (CÔRTES, Osmar Mendes Paixão. A consolidação da "objetivação" no novo Código de Processo Civil. *Revista de Processo*, v. 265, mar. 2017, p.184).

23 "Ao expedir as regras necessárias à aplicação da Lei 10.259/2001, o STF houve por bem alterar o seu regimento interno e estabelecer formalmente um mecanismo de julgamento por amostragem.
No que interessa a este estudo, a ER 12/2003 acrescentou ao art. 321 do Regimento Interno do STF o § 5.º, que estatui: 'Art. 321. (...) § 5.º Ao recurso extraordinário interposto no âmbito dos Juizados Especiais Federais, instituídos pela Lei n. 10.259, de 12 de julho de 2001, aplicam-se as seguintes regras: (...)
VI – eventuais recursos extraordinários que versem idêntica controvérsia constitucional, recebidos subseqüentemente em quaisquer Turmas Recursais ou de Uniformização, ficarão sobrestados, aguardando-se o pronunciamento do Supremo Tribunal Federal;
VII – publicado o acórdão respectivo, em lugar especificamente destacado no Diário da Justiça da União, os recursos referidos no inciso anterior serão apreciados pelas Turmas Recursais ou de Uniformização, que poderão exercer o juízo de retratação ou declará-los prejudicados, se cuidarem de tese não acolhida pelo Supremo Tribunal Federal;
VIII – o acórdão que julgar o recurso extraordinário conterá, se for o caso, súmula sobre a questão constitucional controvertida, e dele será enviada cópia ao Superior Tribunal de Justiça e aos Tribunais Regionais Federais, para comunicação a todos os Juizados Especiais Federais e às Turmas Recursais e de Uniformização'.
Decerto, seria possível questionar a constitucionalidade dessa emenda regimental, pois cuida de matéria claramente procedimental, desbordando do leque temático que pode ser disciplinado no regimento interno dos tribunais, em aparente violação do art. 96, I, a, da CF, e invadindo o campo reservado à lei formal, embora em sua defesa se possa dizer que apenas repetiu a regra prevista na Lei 10.259/2001.

quanto de questionável constitucionalidade a inovação, não se pode negar que prestigiou a funcionalidade do sistema.

Outra hipótese recorrentemente apontada pela doutrina[24][25] na esteira evolutiva ora analisada é a faculdade de suspensão da segurança oriunda de várias liminares de idêntico objeto, prevista na lei 8.437/92 (artigo 4º, §8º[26]) e na normativa do mandado de segurança (lei 12.016/09, artigo 15, §5º[27]). Trata-se de medida administrativa do presidente do tribunal tomada "por

---

A perspectiva de minha análise neste momento, todavia, não é a da constitucionalidade formal da regra regimental, mas a da funcionalidade do sistema, e neste campo não se pode negar que a norma consolidou o modelo de julgamento de recursos por amostragem que o tempo mostrou ser bem-sucedido." (DANTAS, Bruno. *Teoria dos Recursos Repetitivos*: tutela pluri-individual nos recursos dirigidos ao STF e ao STJ [arts. 543-B e 543-C do CPC]. São Paulo: Revista dos Tribunais, 2015, p. 57).

---

24 DIDIER JR., Fredie; CUNHA, Leonardo Carneiro da. *Curso de direito processual civil*. v. 3. 14 ed. Salvador: Juspodivm, 2017, p. 671.

25 "No mesmo ano de 2001, a MedProv 2.180-35, acresceu, ao art. 4.º da Lei 8.437/1992, o § 8.º com o seguinte conteúdo: "[a]s liminares cujo objeto seja idêntico poderão ser suspensas em uma única decisão, podendo o Presidente do Tribunal estender os efeitos da suspensão a liminares supervenientes, mediante simples aditamento do pedido original".
A regra diz respeito a casos repetitivos e autoriza o presidente do tribunal competente a suspender, em decisão única, a eficácia de diversas liminares que tenham o mesmo objeto, ainda que sejam concedidas posteriormente. Neste último caso, bastaria o aditamento do pedido e da decisão.(...)
Mais recentemente, em 2009, regra semelhante foi instituída na nova lei do mandado de segurança (Lei 12.016/2009), conforme prevê o § 5.º do seu art. 15." (DANTAS, Bruno. *Teoria dos Recursos Repetitivos*: tutela pluri-individual nos recursos dirigidos ao STF e ao STJ [arts. 543-B e 543-C do CPC]. São Paulo: Revista dos Tribunais, 2015, p. 57).

26 "Art. 4º Compete ao presidente do tribunal, ao qual couber o conhecimento do respectivo recurso, suspender, em despacho fundamentado, a execução da liminar nas ações movidas contra o Poder Público ou seus agentes, a requerimento do Ministério Público ou da pessoa jurídica de direito público interessada, em caso de manifesto interesse público ou de flagrante ilegitimidade, e para evitar grave lesão à ordem, à saúde, à segurança e à economia públicas.
§ 8º As liminares cujo objeto seja idêntico poderão ser suspensas em uma única decisão, podendo o Presidente do Tribunal estender os efeitos da suspensão a liminares supervenientes, mediante simples aditamento do pedido original."

27 "Art. 15. Quando, a requerimento de pessoa jurídica de direito público interessada ou do Ministério Público e para evitar grave lesão à ordem, à saúde, à segurança e à economia públicas, o presidente do tribunal ao qual couber o conhecimento do respectivo recurso suspender, em decisão fundamentada, a execução da liminar e da sentença, dessa decisão caberá agravo, sem efeito suspensivo, no prazo de 5 (cinco) dias, que será levado a julgamento na sessão seguinte à sua interposição.
§ 5º As liminares cujo objeto seja idêntico poderão ser suspensas em uma única decisão, podendo o presidente do tribunal estender os efeitos da suspensão a liminares supervenientes, mediante simples aditamento do pedido original."

amostragem": por meio de decisão única, diversos provimentos provisórios têm sua eficácia suspensa. É mais um precursor legal do moderno panorama de tratamento dos casos repetitivos.

Passo paradigmático na construção de instrumentos aclaradores do posicionamento dos tribunais foi a criação da súmula vinculante, por meio do artigo 103-A da Constituição Federal (inserido pela EC 45/04) e da conseguinte regulamentação pela lei 11.417/06. Como virtudes da nova figura jurídica, pode-se apontar: (i) a existência de procedimento objetivo a resultar em tese jurídica, consubstanciada no enunciado sumular; (ii) o *status* constitucional da eficácia da súmula, a obrigar, inclusive, os demais poderes.

Tem-se, novamente, antecessor relevante do sistema de fixação de teses por via da resolução de questões repetitivas (pelo Incidente de Resolução de Demandas Repetitivas ou pelos Recursos Repetitivos), o qual, como se defende nesta obra, igualmente é procedimento dessubjetivado pacificador que vincula o Estado em sentido amplo.

Seguindo, cronologicamente, encontra-se a inserção do artigo 285-A[28] no CPC/73 (lei 11.277/06), responsável pelo julgamento liminar de improcedência. A importância do comando é dupla, pois, além de prestigiar julgamentos pretéritos, que passam a gozar de eficácia futura, iniciou os debates sobre o que seria "matéria unicamente de direito".

A regra só pecava quanto aos julgados paramétricos para a improcedência, restringindo sua incidência para quando o próprio juízo possuísse decisões análogas. O Superior Tribunal de Justiça, porém, mitigou a literalidade da lei, exigindo que o órgão julgador estivesse em consonância com o entendimento assentado pelos tribunais aos quais se subordina[29].

---

28 "Art. 285-A. Quando a matéria controvertida for unicamente de direito e no juízo já houver sido proferida sentença de total improcedência em outros casos idênticos, poderá ser dispensada a citação e proferida sentença, reproduzindo-se o teor da anteriormente prolatada.
§ 1º Se o autor apelar, é facultado ao juiz decidir, no prazo de 5 (cinco) dias, não manter a sentença e determinar o prosseguimento da ação.
§ 2º Caso seja mantida a sentença, será ordenada a citação do réu para responder ao recurso."

29 "DIREITO PROCESSUAL CIVIL. IMPROCEDÊNCIA PRIMA FACIE. ART. 285-A DO CPC. ENTENDIMENTO DO JUÍZO SENTENCIANTE. DISSIDÊNCIA RELATIVA ÀS INSTÂNCIAS SUPERIORES. APLICAÇÃO DA NOVA TÉCNICA. DESCABIMENTO. EXEGESE TELEOLÓGICA. 1. A aplicação do art. 285-A do CPC, mecanismo de celeridade e economia processual, supõe alinhamento entre o juízo sentenciante, quanto à matéria repetitiva, e o entendimento cristalizado nas instâncias superiores, sobretudo junto ao Superior Tribunal de Justiça e Supremo Tribunal Federal. 2. Recurso especial não provido." (STJ, REsp 1109398/MS, Rel. Ministro Luis Felipe Salomão, Quarta Turma, julgado em 16/06/2011, DJe 01/08/2011)

O atual código (artigo 332)[30], no entanto, aperfeiçoou, consideravelmente, a sistemática da improcedência do pedido autoral antes da citação do réu, não mais falando em "matéria unicamente de direito", mas em "causas que dispensem a fase instrutória"[31]. Ademais, trouxe como critérios decisões tidas como precedentes de tribunais[32], homenageando a organicidade do sistema judiciário.

A reforma mais marcante, porém, se deu com a criação dos recursos extraordinários repetitivos. Com a reforma do Judiciário, através da EC 45/04, o volume de trabalho do Supremo Tribunal Federal finalmente[33] conseguiu ser controlado, com a criação do filtro consistente na aferição de repercussão geral. A regulamentação, acrescida ao Código de Processo Civil (artigos 543-A e 543-B[34]), se deu por meio da lei 11.418/06.

---

30 "Art. 332. Nas causas que dispensem a fase instrutória, o juiz, independentemente da citação do réu, julgará liminarmente improcedente o pedido que contrariar:
I – enunciado de súmula do Supremo Tribunal Federal ou do Superior Tribunal de Justiça;
II – acórdão proferido pelo Supremo Tribunal Federal ou pelo Superior Tribunal de Justiça em julgamento de recursos repetitivos;
III – entendimento firmado em incidente de resolução de demandas repetitivas ou de assunção de competência;
IV – enunciado de súmula de tribunal de justiça sobre direito local."

31 Respeitável parcela da doutrina vem entendendo que não subsiste a limitação para matéria apenas de direito (PINHO, Humberto Dalla Bernardina de. *Direito Processual Civil Contemporâneo*. v. 2. São Paulo, Saraiva, 2017, p. 77; RODRIGUES, Marco Antonio dos Santos. O julgamento liminar de improcedência no CPC de 2015. In: MELLO PORTO, José Roberto Sotero de; RODRIGUES, Roberto de Aragão Ribeiro. *Direito processual contemporâneo:* estudos em homenagem a Humberto Dalla Bernardina de Pinho. Rio de Janeiro, GZ: 2018, p. 385-396.).

32 "Isso significa que, nas hipóteses retratadas no art. 332 do CPC/2015 que também constem no art. 927, ou seja, sejam julgamentos vinculantes, se não houver distinção do caso concreto em relação ao entendimento fixado ou a superação do próprio entendimento, não há mais mera faculdade do juiz de julgar liminarmente improcedente o pedido, mas um dever." (MENDES, Aluisio Gonçalves de Castro; SILVA, Larissa Clare Pochmann da. O julgamento liminar de improcedência do pedido: a previsão do CPC/2015 comparada à do CPC/1973. *Revista de Processo*, v. 261, nov. 2016.).

33 No dizer de Rodolfo Mancuso, a moléstia do STF se tornou crônica por falta de tratamento (MANCUSO. Rodolfo de Camargo. *Recurso extraordinário e recurso especial*. 8 ed. São Paulo: Revista dos tribunais, 2003, p. 60).

34 "Art. 543-A. O Supremo Tribunal Federal, em decisão irrecorrível, não conhecerá do recurso extraordinário, quando a questão constitucional nele versada não oferecer repercussão geral, nos termos deste artigo.
§ 1º Para efeito da repercussão geral, será considerada a existência, ou não, de questões relevantes do ponto de vista econômico, político, social ou jurídico, que ultrapassem os interesses subjetivos da causa.
§ 2º O recorrente deverá demonstrar, em preliminar do recurso, para apreciação exclusiva do Supremo Tribunal Federal, a existência da repercussão geral.

No entanto, o Superior Tribunal de Justiça, desde sua criação, quase que linearmente recebeu, ano a ano, mais processos que no período anterior[35]. Para a Corte Superior, portanto, foram pensadas três soluções: a sistemática dos recursos repetitivos, o filtro através da relevância da questão de lei federal (semelhantemente à repercussão geral do STF), e a súmula impeditiva de recursos (um paralelo à súmula vinculante[36]).

---

§ 3º Haverá repercussão geral sempre que o recurso impugnar decisão contrária a [à] súmula ou jurisprudência dominante do Tribunal.
§ 4º Se a Turma decidir pela existência da repercussão geral por, no mínimo, 4 (quatro) votos, ficará dispensada a remessa do recurso ao Plenário.
§ 5º Negada a existência da repercussão geral, a decisão valerá para todos os recursos sobre matéria idêntica, que serão indeferidos liminarmente, salvo revisão da tese, tudo nos termos do Regimento Interno do Supremo Tribunal Federal.
§ 6º O Relator poderá admitir, na análise da repercussão geral, a manifestação de terceiros, subscrita por procurador habilitado, nos termos do Regimento Interno do Supremo Tribunal Federal.
§ 7º A Súmula da decisão sobre a repercussão geral constará de ata, que será publicada no Diário Oficial e valerá como acórdão.
Art. 543-B. Quando houver multiplicidade de recursos com fundamento em idêntica controvérsia, a análise da repercussão geral será processada nos termos do Regimento Interno do Supremo Tribunal Federal, observado o disposto neste artigo.
§ 1º Caberá ao Tribunal de origem selecionar um ou mais recursos representativos da controvérsia e encaminhá-los ao Supremo Tribunal Federal, sobrestando os demais até o pronunciamento definitivo da Corte.
§ 2º Negada a existência de repercussão geral, os recursos sobrestados considerar-se-ão automaticamente não admitidos.
§ 3º Julgado o mérito do recurso extraordinário, os recursos sobrestados serão apreciados pelos Tribunais, Turmas de Uniformização ou Turmas Recursais, que poderão declará-los prejudicados ou retratar-se.
§ 4º Mantida a decisão e admitido o recurso, poderá o Supremo Tribunal Federal, nos termos do Regimento Interno, cassar ou reformar, liminarmente, o acórdão contrário à orientação firmada.
§ 5º O Regimento Interno do Supremo Tribunal Federal disporá sobre as atribuições dos Ministros, das Turmas e de outros órgãos, na análise da repercussão geral."

---

35 Para verificar, minuciosamente, esse quadro estatístico, é válido consultar o Boletim Estatístico do Superior Tribunal de Justiça, disponível no seu site eletrônico (http://www.stj.jus.br/webstj/Processo/Boletim/?vPortalAreaPai=183&vPortalArea=584).

36 O projeto tramita na Câmara por meio da PEC 358/2005, intentando inserir o seguinte artigo na Carta Constitucional: "Art. 105-A. O Superior Tribunal de Justiça poderá, de ofício ou por provocação, mediante decisão de dois terços dos seus membros, após reiteradas decisões sobre a matéria, aprovar súmula que, a partir de sua publicação, constituir-se-á em impedimento à interposição de quaisquer recursos contra a decisão que a houver aplicado, bem como proceder à sua revisão ou cancelamento, na forma estabelecida em lei.
§ 1o A súmula terá por objetivo a validade, a interpretação e a eficácia de normas determinadas, acerca das quais haja controvérsia atual entre órgãos judiciários ou entre esses

No entanto, embora tramite proposta de emenda à Constituição para que se insira o requisito de admissibilidade da relevância da questão no Senado Federal, após aprovação pela Câmara dos Deputados[37], apenas os recursos especiais repetitivos se tornaram realidade, ampliando a abrangência e a influência das decisões do tribunal[38]. A propósito, como reconheceu o Min. Luiz Fux, à época ainda no Superior Tribunal de Justiça, a técnica veio permitir o cumprimento da finalidade constitucional da corte[39].

O tratamento dos recursos repetitivos, no código anterior, era, então, separado para os recursos dirigidos ao STF (art. 543-B) e ao STJ (art. 543-C), tendo sido, inclusive, criados por leis diferentes. O regramento para os recursos especiais era mais completo, esclarecendo o proceder dos tribunais de origem em relação às insurreições sobrestadas, após a decisão pelo tribunal de cúpula.

---

e a administração pública que acarrete grave insegurança jurídica e relevante multiplicação de processos sobre questão idêntica.
§ 2o Sem prejuízo do que vier a ser estabelecido em lei, a aprovação, revisão ou cancelamento de súmula poderá ser provocada originariamente perante o Superior Tribunal de Justiça por aqueles que podem propor a ação direta de inconstitucionalidade.
§ 3o São insuscetíveis de recurso e de quaisquer meios de impugnação e incidentes as decisões judiciais, em qualquer instância, que deem a tratado ou lei federal a interpretação determinada pela súmula impeditiva de recurso.".

37 Trata-se, no Senado, da PEC 10/2017, referente à aprovada pela Câmara PEC 209/2012, que busca inserir o §1º ao artigo 105 da CF, nestes termos: "§ 1o No recurso especial, o recorrente deverá demonstrar a relevância das questões de direito federal infraconstitucional discutidas no caso, nos termos da lei, a fim de que o Tribunal examine a admissão do recurso, somente podendo recusá-lo pela manifestação de dois terços dos membros do órgão competente para o julgamento.". Para Marco Antonio Rodrigues, se está diante de norma constitucional de eficácia limitada, a demandar ulterior regulamentação legal para que possa ser aplicada, ante a expressão "nos termos da lei" (RODRIGUES, Marco Antonio dos Santos. *Manual dos recursos, ação rescisória e reclamação*. São Paulo: Atlas, 2017, p. 411-412.).

38 MEDINA, José Miguel Garcia. *Prequestionamento e repercussão geral e outras questões relativas aos recursos especial e extraordinário*. 6 ed. São Paulo: Revista dos Tribunais, 2012, p. 59.

39 "O Recurso Especial Repetitivo tem como *ratio essendi* cumprir o desígnio constitucional do Egrégio Superior Tribunal de Justiça, qual o de uniformizar a jurisprudência dos Tribunais do país, e evitar a sobrecarga dos Colegiados com a remessa de impugnações contrárias ao entendimento firmado na impugnação representativa. A submissão dos acórdãos locais ao *decisum* representativo conspira em prol da finalidade constitucional do Recurso Especial, cabível pela alínea *c*, exatamente para pacificar o dissídio jurisprudencial nacional". (Voto do Min. Luiz Fux no julgamento da Questão de Ordem no Agravo de Instrumento n. 1.154.599/SP).

O impacto da técnica foi considerável[40], de modo que, em 2014, o legislador federal (lei 13.015/14) optou por exportá-la para o processo trabalhista, criando a sistemática do recurso de revista repetitivo (artigo 896-C da CLT[41]).

---

40 Em 2007, foram distribuídos 104.219 recursos especiais, enquanto, em 2016, foram 65.330. Para mais números, acessar o Boletim Estatístico do Superior Tribunal de Justiça (Disponível em: http://www.stj.jus.br/webstj/Processo/Boletim/?vPortalAreaPai=183&vPortalArea=584. Acesso em 15 out 2017).

41 "Art. 896-C. Quando houver multiplicidade de recursos de revista fundados em idêntica questão de direito, a questão poderá ser afetada à Seção Especializada em Dissídios Individuais ou ao Tribunal Pleno, por decisão da maioria simples de seus membros, mediante requerimento de um dos Ministros que compõem a Seção Especializada, considerando a relevância da matéria ou a existência de entendimentos divergentes entre os Ministros dessa Seção ou das Turmas do Tribunal.
§ 1º O Presidente da Turma ou da Seção Especializada, por indicação dos relatores, afetará um ou mais recursos representativos da controvérsia para julgamento pela Seção Especializada em Dissídios Individuais ou pelo Tribunal Pleno, sob o rito dos recursos repetitivos.
§ 2º O Presidente da Turma ou da Seção Especializada que afetar processo para julgamento sob o rito dos recursos repetitivos deverá expedir comunicação aos demais Presidentes de Turma ou de Seção Especializada, que poderão afetar outros processos sobre a questão para julgamento conjunto, a fim de conferir ao órgão julgador visão global da questão.
§ 3º O Presidente do Tribunal Superior do Trabalho oficiará os Presidentes dos Tribunais Regionais do Trabalho para que suspendam os recursos interpostos em casos idênticos aos afetados como recursos repetitivos, até o pronunciamento definitivo do Tribunal Superior do Trabalho.
§ 4º Caberá ao Presidente do Tribunal de origem admitir um ou mais recursos representativos da controvérsia, os quais serão encaminhados ao Tribunal Superior do Trabalho, ficando suspensos os demais recursos de revista até o pronunciamento definitivo do Tribunal Superior do Trabalho.
§ 5º O relator no Tribunal Superior do Trabalho poderá determinar a suspensão dos recursos de revista ou de embargos que tenham como objeto controvérsia idêntica à do recurso afetado como repetitivo.
§ 6º O recurso repetitivo será distribuído a um dos Ministros membros da Seção Especializada ou do Tribunal Pleno e a um Ministro revisor.
§ 7º O relator poderá solicitar, aos Tribunais Regionais do Trabalho, informações a respeito da controvérsia, a serem prestadas no prazo de 15 (quinze) dias.
§ 8º O relator poderá admitir manifestação de pessoa, órgão ou entidade com interesse na controvérsia, inclusive como assistente simples, na forma da Lei nº 5.869, de 11 de janeiro de 1973 (Código de Processo Civil).
§ 9º Recebidas as informações e, se for o caso, após cumprido o disposto no § 7º deste artigo, terá vista o Ministério Público pelo prazo de 15 (quinze) dias.
§ 10. Transcorrido o prazo para o Ministério Público e remetida cópia do relatório aos demais Ministros, o processo será incluído em pauta na Seção Especializada ou no Tribunal Pleno, devendo ser julgado com preferência sobre os demais feitos.
§ 11. Publicado o acórdão do Tribunal Superior do Trabalho, os recursos de revista sobrestados na origem:

Existe, como nota Osmar Paixão, inegável tendência à objetivação, isto é, uma mudança de paradigma do processo subjetivo para o objetivo[42]. Passa a existir preocupação difusa, em todos os processos, em se prestigiar a higidez da jurisprudência – fenômeno que principiou pela própria atividade jurisdicional e, em seguida, foi encampado pela legislação, como visto.

A rigor, o procedimento recursal ganhou, como um todo, mas sobretudo nas instâncias superiores, características típicas de processo objetivo. A esse respeito, cabe mencionar o aumento da reclamação, a ventilação da objetivação do controle difuso de constitucionalidade[43], a modulação de efeitos no

---

I – terão seguimento denegado na hipótese de o acórdão recorrido coincidir com a orientação a respeito da matéria no Tribunal Superior do Trabalho; ou
II – serão novamente examinados pelo Tribunal de origem na hipótese de o acórdão recorrido divergir da orientação do Tribunal Superior do Trabalho a respeito da matéria.
§ 12. Na hipótese prevista no inciso II do § 11 deste artigo, mantida a decisão divergente pelo Tribunal de origem, far-se-á o exame de admissibilidade do recurso de revista.
§ 13. Caso a questão afetada e julgada sob o rito dos recursos repetitivos também contenha questão constitucional, a decisão proferida pelo Tribunal Pleno não obstará o conhecimento de eventuais recursos extraordinários sobre a questão constitucional.
§ 14. Aos recursos extraordinários interpostos perante o Tribunal Superior do Trabalho será aplicado o procedimento previsto no art. 543-B da Lei nº 5.869, de 11 de janeiro de 1973 (Código de Processo Civil), cabendo ao Presidente do Tribunal Superior do Trabalho selecionar um ou mais recursos representativos da controvérsia e encaminhá-los ao Supremo Tribunal Federal, sobrestando os demais até o pronunciamento definitivo da Corte, na forma do § 1ºdo art. 543-B da Lei nº 5.869, de 11 de janeiro de 1973 (Código de Processo Civil).
§ 15. O Presidente do Tribunal Superior do Trabalho poderá oficiar os Tribunais Regionais do Trabalho e os Presidentes das Turmas e da Seção Especializada do Tribunal para que suspendam os processos idênticos aos selecionados como recursos representativos da controvérsia e encaminhados ao Supremo Tribunal Federal, até o seu pronunciamento definitivo.
§ 16. A decisão firmada em recurso repetitivo não será aplicada aos casos em que se demonstrar que a situação de fato ou de direito é distinta das presentes no processo julgado sob o rito dos recursos repetitivos.
§ 17. Caberá revisão da decisão firmada em julgamento de recursos repetitivos quando se alterar a situação econômica, social ou jurídica, caso em que será respeitada a segurança jurídica das relações firmadas sob a égide da decisão anterior, podendo o Tribunal Superior do Trabalho modular os efeitos da decisão que a tenha alterado."

---

42 "Há alguns anos já se observa uma mudança de paradigma no processo civil – do subjetivo para o objetivo. Notadamente no procedimento recursal, a objetivação vem se firmando e foi definitivamente consolidada no novo Código de Processo Civil. (...) A jurisprudência, em primeiro lugar, e, depois, a legislação foram alterando características da prestação jurisdicional no sentido de objetivá-la." (CÔRTES, Osmar Mendes Paixão. A consolidação da "objetivação" no novo Código de Processo Civil. *Revista de Processo*, v. 265, mar. 2017, p. 180).

43 MARINONI, Luiz Guilherme. *Precedentes obrigatórios*. 4ª ed. São Paulo: Revista dos Tribunais, 2016. p. 299.

bojo de recurso extraordinário (o qual, pela repercussão geral, passa a sempre implicar milhares de relações jurídicas), a abertura da causa de pedir[44], o advento do Plenário Virtual, a impossibilidade de se desistir do recurso paradigma (aspecto bastante melhorado no novo código, como será visto), a substituição da Res. 12/09 pela Res. 3/16 e a restrição do cabimento da reclamação, após a lei 13.256/16. Entre outras, essas iniciativas, ao transformarem a atividade dos tribunais de cúpula em ainda mais excepcional, reforçam o caráter objetivo de sua jurisdição[45].

O último passo foi dado pelo Código de Processo Civil de 2015, que, em linhas gerais[46], contribuiu com o prestígio dos precedentes e da jurisprudência (i) ao elencar rol de observância compulsória (artigo 927 c/c artigo 489, §1º), (ii) estabelecer regramento alinhado e sistematizado[47] para formação concentrada de precedentes por meio de fixação de teses, tanto ao unificar o tratamento dos recursos extraordinários e especiais repetitivos, como ao de-

44 "Ainda no STF, pode-se mencionar a "abertura da causa de pedir" do recurso extraordinário, a partir do julgamento do RE 298.694 (rel. Min. Sepúlveda Pertence), quando o Tribunal, a despeito da postura tradicional, admitiu ser possível conhecer do recurso por violação (alegada pela parte), mas negar-lhe provimento com base em outro dispositivo da Constituição não trazido no recurso – ou seja, extrapolou os limites do que articulado pela parte nas suas razões recursais para apreciar determinada questão relevante. O princípio dispositivo foi mitigado e foi autorizado o exame de artigos da Constituição Federal não trazido pela parte no seu recurso." (CÔRTES, Osmar Mendes Paixão. A consolidação da "objetivação" no novo Código de Processo Civil. *Revista de Processo*, v. 265, mar. 2017, p. 181).

45 "Mas essas alterações não mudam a realidade da objetivação. Pelo contrário, a reforçam. Isso porque tornam a atuação dos Tribunais Superiores mais selecionada. A reclamação continuará sendo cabível para o Supremo Tribunal Federal quando parecer importante. Da mesma forma, quando necessária a abertura da causa de pedir, o STF adotará o entendimento e a admitirá. Assim também no Superior Tribunal de Justiça. Ao reconhecer que o volume de medidas tornou necessária a alteração de competência para os Tribunais de Justiça, o STJ deu força à reclamação, pois poderia simplesmente ter entendido que a medida não seria mais cabível." (CÔRTES, Osmar Mendes Paixão. A consolidação da "objetivação" no novo Código de Processo Civil. *Revista de Processo*, v. 265, mar. 2017, p. 184).

46 Dierle Nunes aponta dois principais benefícios do CPC/15 para os casos repetitivos: a construção de uma análise panorâmica e o tratamento do *distinguishing* (NUNES, Dierle. Comentário ao artigo 1.036. In: WAMBIER, Teresa Arruda Alvim *et al.* [coords.]. *Breves comentários ao novo Código de Processo Civil*. São Paulo: Revista dos Tribunais, 2015. Acesso eletrônico.).

47 "Observa-se, portanto que, diversamente do CPC de 1973, o NCPC contempla os 'casos repetitivos' com uma disciplina extensa e sistemática, fornecendo ao juiz instrumental para lidar com a litigiosidade de massa." (DANTAS, Bruno. Comentário ao artigo 976. In: WAMBIER, Teresa Arruda Alvim *et al.* [coords.]. *Breves comentários ao novo Código de Processo Civil*. São Paulo: Revista dos Tribunais, 2015. Acesso eletrônico.).

senhar novos institutos voltados, nos tribunais de 2ª instância, para a mesma finalidade (IRDR e IAC), (iii) ao desenhar microssistema de casos repetitivos (artigo 928) e (iv) positivar a técnica de distinção.

3.4. Microssistema de casos repetitivos

Premissa necessária para o estudo dos casos repetitivos como se coloca atualmente é a compreensão do microssistema específico querido pelo legislador de 2015. Antes, porém, cumpre compreender o conceito de microssistema e a relevância do mesmo.

Pode-se conceituar microssistema como um conjunto de normas que, porque fundadas em mesmos valores e voltadas para a consecução de mesmos objetivos, dialogam entre si, aplicando-se recíproca, supletiva e subsidiariamente, de modo a formar um corpo íntegro e coerente.

A partir da referida noção, conclui-se a importância da identificação desse grupo normativo, ao qual o aplicador do direito deverá recorrer, prioritariamente, quando encontrar dificuldade hermenêutica, mas também independentemente da identificação de empecilho interpretativo, vez que os princípios reitores do microssistema são critério de leitura para todo o regramento nesse contido. É dizer: a partir do momento em que há um microssistema, todos os comandos dele extraídos demandam coerência[48].

Inclusive, parece que, a exemplo do que sucede com o sistema processual pátrio, do qual o Código de Processo Civil é diploma central e genérico, aplicável subsidiária e supletivamente para todos os outros campos do direito (artigo 15) – no que for compatível, por óbvio –, os dispositivos que mais prestigiam os princípios reitores do microssistema devem ser estendidos a todo ele.

Cabe, nesse ponto, um breve parêntese acerca do que o legislador quis dizer com a referida aplicação subsidiária e supletiva. Um primeiro grupo de autores, no qual se encontra Teresa Arruda Alvim, compreende que a subsidiariedade se dê independentemente de omissão, como uma maneira de enriquecer a leitura dos dispositivos, extraindo "um sentido diferente, iluminado pelos princípios fundamentais do processo civil"[49], enquanto a supletividade

---

48 A importância da sistematização orgânica do microssistema, coerente com o sistema ao qual se subordina, foi sentida, por exemplo, por Hugo Nigri Mazzili, ao lamentar os problemas que o microssistema de tutela coletiva enfrentou, após "algumas décadas de uso" (MAZZILI, Hugo Nigri. O processo coletivo e o CPC de 2015. In: DANTAS, Bruno *et al.* [coords.]. *Novo Código de Processo Civil – Impactos na Legislação Extravagante e Interdisciplinar.*, v. 2. São Paulo: Saraiva, 2016, p. 77).

49 WAMBIER, Teresa Arruda Alvim; CONCEIÇÃO, Maria Lúcia Lins; RIBEIRO, Leonardo Ferres da Silva; MELLO, Rogério Licastro Torres de. *Primeiros comentários ao novo Código de Processo Civil – artigo por artigo.* São Paulo: Revista dos Tribunais, 2015, p. 75.

estaria relacionada à ausência de norma no regramento específico. Na mesma linha, as lições de Paulo Cezar Pinheiro Carneiro[50].

Outra leitura é a de Bruno Freire, que, revisando a interpretação autêntica do código[51], acena no sentido oposto: "na supletividade, pois, não há omissão da lei especial, mas um tratamento insuficiente que, consequentemente, autoriza a complementação com os institutos do direito processual comum"[52]. Concordam todos os autores, no entanto, em reconhecer que, diferente do que tradicionalmente ocorria na hermenêutica processualista, a novel disposição geral permeia todo o ordenamento, sobretudo no tocante à principiologia.

Tal lógica, expressamente prevista para o diálogo entre ramos da ciência processual, deve se replicar para a relação entre norma geral (CPC) e normas específicas (legislação extravagante), entre sistema e microssistemas, e, ainda, intramicrossistema.

Particularmente quanto ao tratamento dos casos repetitivos, deve ser sustentada a aplicabilidade sempre do comando que mais valorize os fundamentos da sistemática (isonomia, segurança jurídica, economia, eficiência, duração razoável, motivação das decisões, ampla participação, entre outros). Essa será a linha mestra de leitura do regramento, seja quanto aos comandos supostamente inerentes ao Incidente de Resolução de Demandas Repetitivas

---

50 "Etimologicamente, existe uma diferença entre aplicação supletiva e aplicação subsidiária. A primeira se destina a suprir algo que não existe em uma determinada legislação, enquanto a segunda serve de ajuda ou de subsídio para a interpretação de alguma norma ou mesmo um instituto.
Todavia, na prática, tem-se confundido a etimologia destas palavras, aplicando, uma ou outra, nos dois sentidos. A propósito, o art. 769 da CLT afirma que 'nos casos omissos, o direito processual comum será fonte subsidiária do direito processual do trabalho' e, assim tem ocorrido com aplicação de inúmeros institutos previstos no CPC ou em leis específicas. É o caso, por exemplo, e respectivamente, das regras que dispõem sobre a tutela antecipada e da lei que regulamenta o mandado de segurança (Lei 12.016/2009)." (CARNEIRO, Paulo Cezar Pinheiro. Comentário ao artigo 15. In: WAMBIER, Teresa Arruda Alvim *et al.* [coords]. *Breves comentários ao novo código de processo civil.* São Paulo: Revista dos Tribunais, 2015. Acesso eletrônico.).

51 "Tal conclusão pode ser extraída da resposta dada pelo sub-relator da proposta legislativa que incluiu no projeto do novo CPC a expressão 'supletiva'. Segundo o deputado Efraim Filho, 'aplicação subsidiária visa ao preenchimento de lacuna; aplicação supletiva, à complementação normativa'." (SILVA, Bruno Freire e. A Nova Aplicação do Processo Civil ao Processo do Trabalho: Os Principais Institutos, Eficácia, Início de Vigência e Respeito às Situações Jurídicas Consolidadas. In: YARSHELL, Flávio Luiz *et al.* [coord.]. *Direito Intertemporal.* Salvador: Juspodivm, 2016, p. 94).

52 SILVA, Bruno Freire e. A Nova Aplicação do Processo Civil ao Processo do Trabalho: Os Principais Institutos, Eficácia, Início de Vigência e Respeito às Situações Jurídicas Consolidadas. In: YARSHELL, Flávio Luiz *et al.* (coord.). *Direito Intertemporal.* Salvador: Juspodivm , 2016, p. 94.

(artigos 976 a 987), seja àqueles incidentes nos Recursos Repetitivos (artigos 1.036 a 1.041).

Para que se sustente o raciocínio pretendido, então, coloca-se como requisito que exista um microssistema normativo de tratamento de casos repetitivos, de gestão e julgamento de casos repetitivos[53], de litigiosidade repetitiva, de solução das demandas seriais, de alta intensidade ou de massa[54]. Dois são os argumentos para tanto: o texto legal e o sentimento doutrinário a seu respeito.

Primeiramente, o próprio Código de Processo Civil estatuiu, com alguma clareza, que as duas técnicas são espécies de um gênero. O artigo 928[55] é didático, sendo difícil crer que o legislador tenha empregado palavras inúteis para dizer o óbvio (já que, com facilidade, seria possível concluir, por outros comandos, a similitude entre os institutos).

Some-se a isso a topologia do dispositivo, inserto no Capítulo I ("Disposições Gerais") do Título I ("Da Ordem Dos Processos e Dos Processos De Competência Originária Dos Tribunais") do Livro III ("Dos Processos Nos Tribunais e Dos Meios De Impugnação Das Decisões Judiciais") do código, ao lado dos artigos 926 e 927, alguns dos mais aplaudidos e explorados pela doutrina pátria, que deles extraiu forte viés programático para os órgãos julgadores, e a partir dos quais se tem desenvolvido a teoria acerca dos precedentes em nosso país. Também o artigo 928 merece esforço interpretativo verticalizado e frutífero.

Por conseguinte, ante tamanha relevância, o sentimento doutrinário a respeito do referido dispositivo foi, rapidamente, no sentido de identificar o microssistema (ou regime comum[56]) ora defendido. Como sinal dessa compreensão, pode-se citar o enunciado 345 do Fórum Permanente de Processualistas Civis[57], a indicar complementação recíproca e interpretação

---

53 DIDIER JR., Fredie; CUNHA, Leonardo Carneiro da. *Curso de direito processual civil*. v. 3. 14 ed. Salvador: Juspodivm, 2017, p. 674.

54 NUNES, Dierle. Comentário ao artigo 1.036. In: WAMBIER, Teresa Arruda Alvim *et al.* (coords.). *Breves comentários ao novo Código de Processo Civil*. São Paulo: Revista dos Tribunais, 2015. Acesso eletrônico.

55 "Art. 928. Para os fins deste Código, considera-se julgamento de casos repetitivos a decisão proferida em:
I – incidente de resolução de demandas repetitivas;
II – recursos especial e extraordinário repetitivos."

56 CABRAL, Antonio do Passo. Comentário ao artigo 976. In: CABRAL, Antonio do Passo; CRAMER, Ronaldo (coords.). *Comentários ao novo Código de Processo Civil*. 2ª ed. Rio de Janeiro: Forense, 2016, p. 1.434.

57 "O incidente de resolução de demandas repetitivas e o julgamento dos recursos extraordinários e especiais repetitivos formam um microssistema de solução de casos repetitivos, cujas normas de regência se complementam reciprocamente e devem ser interpretadas conjuntamente.".

conjunta das normas atinentes às duas espécies de técnica de julgamento de casos repetitivos.

Nesse microcosmo normativo, insere-se, ainda, o tratamento dos recursos de revista repetitivos (lei 13.015/14)[58], que enriquece a técnica globalmente enxergada, com interações relevantes (analisadas pontualmente mais à frente), como, a título de exemplo, a primeira menção, no microssistema, à possibilidade de distinção (artigo 896-C, §16, da CLT).

O oposto também é verídico: o regramento do julgamento de casos repetitivos no CPC influi na Justiça do Trabalho, como assume, expressamente, o artigo 896-B da Consolidação, passando a ser possível, inclusive, a instauração de Incidente de Resolução de Demandas Repetitivas[59]. Da mesma forma, na Justiça Eleitoral e no contencioso administrativo[60].

Por fim, ainda sobre a constatação do microssistema de julgamento de casos repetitivos, é importante perceber que o mesmo não se confunde, necessariamente, com outro microssistema trazido pelo código: o de formação concentrada de precedentes obrigatórios[61]. Isso porque, embora haja inegável interseção, existem técnicas exclusivas para o trato dos casos repetitivos. Uma delas é a suspensão do curso dos processos que tratem da questão afetada – algo que não ocorre, por exemplo, na construção de precedente por meio do Incidente de Assunção de Competência, por ostentar caráter preventivo, voltado, primordialmente, para casos futuros.

Há, contudo, inegável e querida complementação entre ambos os instrumentos, tendo estado atento o legislador para a necessidade de, ante a relevância social de certos temas, prontamente fixar entendimento da corte a seu respeito, enquanto, para que a tese restasse definida em julgamento de casos repetitivos, se demandaria maior repetição de demandas.

Outras ferramentas, no entanto, são comuns ao regramento dos precedentes e ao das questões repetidas – sobretudo, por sua solução ser espécie de meio formador de precedente. Cite-se, a esse respeito, a possibilidade de

---

58 É a inteligência do enunciado 346 do FPPC. No mesmo sentido, DIDIER JR., Fredie; CUNHA, Leonardo Carneiro da. *Curso de direito processual civil*. v. 3. 14 ed. Salvador: Juspodivm, 2017, p. 673.

59 Posição externada no enunciado 347 do FPPC e defendida, entre outros, por: DIDIER JR., Fredie; CUNHA, Leonardo Carneiro da. *Curso de direito processual civil*. v. 3. 14 ed. Salvador: Juspodivm, 2017, p. 676.

60 CABRAL, Antonio do Passo. Comentário ao artigo 978. In: CABRAL, Antonio do Passo; CRAMER, Ronaldo (coords.). *Comentários ao novo Código de Processo Civil*. 2 ed. Rio de Janeiro: Forense, 2016, p. 1.446.

61 Falando em "microssistema de formação concentrada de precedentes" ou "microssistema de formação e aplicação de precedentes obrigatórios": DIDIER JR., Fredie; CUNHA, Leonardo Carneiro da. *Curso de direito processual civil*. v. 3. 14 ed. Salvador: Juspodivm, 2017, p. 675.

modulação do entendimento pretensamente definitivo do tribunal (artigo 927, §3º), instrumento calcado em fundamento de ambos os microssistemas: a segurança jurídica.

3.5. Casos repetitivos *versus* ação coletiva

O microssistema de julgamento de casos repetitivos guarda similitudes com o de tutela coletiva. No entanto, para que tracemos breve panorama, de semelhanças e diferenças, entre os dois, urge posicionar o novo diploma processual geral em relação às ações coletivas.

3.5.1. Ações coletivas e o novo Código de Processo Civil

O tratamento das ações coletivas[62] não foi objeto de reforma direta e significativa pelo CPC de 2015[63], que se mostra, primordialmente, como um código de processo individual[64]. O novo diploma, contudo, tangenciava, no texto aprovado pelo Legislativo, o minissistema[65] coletivo em dois pontos: no ofício aos legitimados (artigo 139, X) e na conversão da ação individual em coletiva (artigo 333).

62 Sobre os projetos de Código de Processo Coletivo, resumidamente, ver: ROQUE, Andre Vasconselos. As ações coletivas após o novo Código de Processo Civil: para onde vamos?. In: ZANETI JR., Hermes (org.). *Processo coletivo*. Salvador: JusPodivm, 2016. Coleção Repercussões no Novo CPC, v. 8, p. 173-178.

63 "A escolha política dos redatores e dos parlamentares que se ocuparam do anteprojeto e projetos do novo Código de Processo Civil foi no sentido deste restringir sua disciplina ao processo individual, deixando intacto o minissistema de processos coletivos, constituído principalmente pela Lei de Ação Civil Pública e pelas disposições processuais do Código de Defesa do Consumidor." (GRINOVER, Ada Pellegrini. O Projeto de novo CPC e sua influência no minissistema de processos coletivos: a coletivização dos processos individuais. In: GRINOVER, Ada Pellegrini *et al.* [orgs.]. *Processo coletivo: do surgimento à atualidade*. São Paulo: Revista dos Tribunais, p. 1.431).

64 "Como parte do problema impõe-se reconhecer que o Código vigente (Lei 5.869/73) fora idealizado sob matizes individualistas. Não fora concebido para solucionar e pacificar litígios coletivos, indivisíveis e transindividuais, tampouco demandas repetitivas sobre direitos individuais homogêneos. Os direitos individuais homogêneos, divisíveis por natureza, são aqueles ordinariamente presentes nos processos multiplicados, responsáveis por provocar, em certos casos, verdadeiras avalanches ou tsunamis processuais sobre o Judiciário, todos apresentando idêntica controvérsia (questão de direito). Trata-se, portanto, de um código de processo individual." (TEIXEIRA, Guilherme Puchalski. Incidente de resolução de demandas repetitivas: projeções em torno de sua eficiência. *Revista Eletrônica de Direito Processual*. v. 16. jul/dez. 2015, p. 217).

65 Expressão reiteradamente utilizada em: GRINOVER, Ada Pellegrini. O Projeto de novo CPC e sua influência no minissistema de processos coletivos: a coletivização dos processos individuais. In: GRINOVER, Ada Pellegrini *et al.* (orgs.). *Processo coletivo: do surgimento à atualidade*. São Paulo: Revista dos Tribunais, p. 1.431.

O que acabou por ser o único ponto de ligação direta entre o sistema processual geral e o microssistema das ações coletivas é o comando do artigo 139, inciso X. Inserto em rol de incumbências do magistrado, trata-se do específico dever de o juiz, quando se deparar com diversas demandas individuais repetitivas, oficiar o Ministério Público, a Defensoria Pública[66] e, na medida do possível, outros legitimados (a que se referem o art. 5º da Lei no 7.347, de 24 de julho de 1985, e o art. 82 da Lei no 8.078, de 11 de setembro de 1990), para, se for o caso, promover a propositura da ação coletiva respectiva.

O Código, embora pudesse ter silenciado a respeito – sem que da omissão surgisse qualquer impedimento para o atuar do magistrado –, preferiu robustecer o dever de colaboração do julgador com a tutela efetiva do direito material, retomando o princípio da primazia do mérito (artigo 6º) e o da máxima efetividade e utilidade da tutela coletiva. Não se trata, enfim, de mera benesse do juiz[67], mas de real dever de atuar de maneira proativa[68].

---

66 "Foi feliz o legislador, nesse particular, por duas razões: primeiramente, por especificar a Defensoria Pública como destinatária do ofício em questão, ao lado do órgão ministerial, em igualdade de condições, isto é, sem condicionar o ofício ao fato de o direito ser ou não de hipossuficientes ou necessitados.
E nem se cogite tratar-se de mero efeito redacional: não faria sentido exigir do magistrado, aquele que conhece bem as questões controvertidas da demanda, os direitos discutidos e seus supostos titulares, que oficiasse a Defensoria Pública em qualquer hipótese se não a reconhecesse como legitimado universal na tutela coletiva. O texto é didático: diferente dos 'outros legitimados', não há qualquer condicionante à comunicação à Defensoria: não há um 'na medida do possível'. Será propriamente em todos os casos, cabendo apenas à instituição constitucional determinar, lançando mão de sua independência funcional, ser hipótese ou não de ajuizamento de demanda coletiva." (MELLO PORTO, José Roberto Sotero de. Conversão da ação individual em coletiva no novo CPC: um veto que não se sustenta. *Consultor Jurídico*, 19 de abril de 2016. Disponível em: <http://www.conjur.com.br/2016-abr-19/tribuna-defensoria-conversao-acao-individual-coletiva-cpc>. Acesso em 2 fev. 2017).

67 Pelo fato de a iniciativa, no primeiro momento, partir do juízo, Rodolfo Mancuso empregou a expressão *iussu iudicis*: "Conquanto o IRDR tenha objeto próprio (a emissão da tese jurídica), e radique num processo em trâmite, preordenando-se a uma decisão de notável eficácia expandida (art. 985 e incisos; § 2º do art. 987), tais elementos, ao nosso ver, não bastam para aí se reconhecer uma ação autônoma, nesse sentido de configurar uma nova e distinta relação processual (como por exemplo se dá na ação de embargos de terceiro – CPC/1973, art. 1.046; CPC/2015, art. 674, ou ainda naquela ação coletiva que pode vir a formar-se, iussu iudicis, nos termos do inciso X do art. 139 do novo CPC), até porque no IRDR não se promove citação, condição necessária para a triangularização e configuração de um vero processo (actum trium personarum) que, por sua estrutura dialética, contrapõe os polos ativo e passivo." (MANCUSO, Rodolfo de Camargo. *Incidente de Resolução de Demandas Repetitivas*: a luta contra a dispersão jurisprudencial excessiva. São Paulo: Revista dos Tribunais, 2016, p. 154).

68 É a conclusão do FPPC, externada no enunciado 38. Na mesma linha, como anteriormente dito, "Em segundo lugar, acertou o legislador ao retirar a discricionariedade do

O outro instrumento, esse sim inédito e de grande impacto prático, era a conversão da ação individual em coletiva, uma vez satisfeitos os requisitos legais. A funcionalidade da técnica, prevista no artigo 333 da redação final do Código de Processo Civil[69], era voltada para hipóteses limítrofes entre a tutela individual e a de direitos transindividuais (havia restrição para os

juiz, pois a lei fala que lhe incumbe oficiar. E nem poderia ser de outro modo: pretender que o magistrado realizasse, desde já, qualquer juízo de conveniência é o mesmo que sepultar a inércia da jurisdição" (MELLO PORTO, José Roberto Sotero de. Conversão da ação individual em coletiva no novo CPC: um veto que não se sustenta. *Consultor Jurídico*, 19 de abril de 2016. Disponível em: <http://www.conjur.com.br/2016-abr-19/tribuna-defensoria-conversao-acao-individual-coletiva-cpc>. Acesso em 2 fev. 2017).

69 "Art. 333. Atendidos os pressupostos da relevância social e da dificuldade de formação do litisconsórcio, o juiz, a requerimento do Ministério Público ou da Defensoria Pública, ouvido o autor, poderá converter em coletiva a ação individual que veicule pedido que:
I – tenha alcance coletivo, em razão da tutela de bem jurídico difuso ou coletivo, assim entendidos aqueles definidos pelo art. 81, parágrafo único, incisos I e II, da Lei nº 8.078, de 11 de setembro de 1990 (Código de Defesa do Consumidor), e cuja ofensa afete, a um só tempo, as esferas jurídicas do indivíduo e da coletividade;
II – tenha por objetivo a solução de conflito de interesse relativo a uma mesma relação jurídica plurilateral, cuja solução, por sua natureza ou por disposição de lei, deva ser necessariamente uniforme, assegurando-se tratamento isonômico para todos os membros do grupo.
§ 1º Além do Ministério Público e da Defensoria Pública, podem requerer a conversão os legitimados referidos no art. 5º da Lei nº 7.347, de 24 de julho de 1985, e no art. 82 da Lei nº 8.078, de 11 de setembro de 1990 (Código de Defesa do Consumidor).
§ 2º A conversão não pode implicar a formação de processo coletivo para a tutela de direitos individuais homogêneos.
§ 3º Não se admite a conversão, ainda, se:
I – já iniciada, no processo individual, a audiência de instrução e julgamento; ou
II – houver processo coletivo pendente com o mesmo objeto; ou
III – o juízo não tiver competência para o processo coletivo que seria formado.
§ 4º Determinada a conversão, o juiz intimará o autor do requerimento para que, no prazo fixado, adite ou emende a petição inicial, para adaptá-la à tutela coletiva.
§ 5º Havendo aditamento ou emenda da petição inicial, o juiz determinará a intimação do réu para, querendo, manifestar-se no prazo de 15 (quinze) dias.
§ 6º O autor originário da ação individual atuará na condição de litisconsorte unitário do legitimado para condução do processo coletivo.
§ 7º O autor originário não é responsável por nenhuma despesa processual decorrente da conversão do processo individual em coletivo.
§ 8º Após a conversão, observar-se-ão as regras do processo coletivo.
§ 9º A conversão poderá ocorrer mesmo que o autor tenha cumulado pedido de natureza estritamente individual, hipótese em que o processamento desse pedido dar-se-á em autos apartados.
§ 10. O Ministério Público deverá ser ouvido sobre o requerimento previsto no caput, salvo quando ele próprio o houver formulado."

direitos individuais homogêneos) – como nas ações individuais com efeitos coletivos ou nas pseudoindividuais[70]. O dispositivo, porém, restou vetado[71] pela Presidência da República[72].

3.5.2. Casos repetitivos são técnica de tutela coletiva? Tutela coletiva pela via principal e tutela coletiva pela via incidental

A doutrina[73] tem comparado os instrumentos de julgamento de questão repetitiva (em especial, o IRDR, por ser uma maior novidade do CPC/15) com as ações coletivas. Nessa dinâmica, costuma-se apontar um conjunto de

---

70 GRINOVER, Ada Pellegrini. O Projeto de novo CPC e sua influência no minissistema de processos coletivos: a coletivização dos processos individuais. In: GRINOVER, Ada Pellegrini *et al.* (orgs.). *Processo coletivo: do surgimento à atualidade*. São Paulo: Revista dos Tribunais, p. 1.434.

71 Consta nas razões do veto: "Da forma como foi redigido, o dispositivo poderia levar à conversão de ação individual em ação coletiva de maneira pouco criteriosa, inclusive em detrimento do interesse das partes. O tema exige disciplina própria para garantir a plena eficácia do instituto. Além disso, o novo Código já contempla mecanismos para tratar demandas repetitivas. No sentido do veto manifestou-se também a Ordem dos Advogados do Brasil – OAB.".

72 Para aprofundamento no tema, recomenda-se: MELLO PORTO, José Roberto Sotero de. Conversão da ação individual em coletiva no novo CPC: um veto que não se sustenta. *Consultor Jurídico*, 19 de abril de 2016. Disponível em: <http://www.conjur.com.br/2016-abr-19/tribuna-defensoria-conversao-acao-individual-coletiva-cpc>. Acesso em 2 fev. 2017; COSTA, Suzana Henriques da. Morte e Vida da Conversão da Ação Individual em Coletiva. In: *O Novo Código de Processo Civil – Questões controvertidas*. São Paulo: Atlas, 2015, p. 421-438; CRUZ E TUCCI, José Rogério. Um Veto providencial ao novo Código de Processo Civil!. Consultor Jurídico, 17 mar. 2015. Disponível em: <http://www.conjur.com.br/2015-mar-17/paradoxo-corte-veto-providencial-cpc>. Acesso em: 14 out. 2016; GRINOVER, Ada Pellegrini. A coletivização de ações individuais após o veto. In: CIANCI, Mirna; DELFINO, Lúcio; DANTAS, Bruno; DIDIER JUNIOR, Fredie; CUNHA, Leonardo Carneiro da; CAMARGO, Luiz Henrique Volpe; REDONDO, Bruno Garcia (coords.) *Novo* Código de Processo Civil – Impactos na Legislação Extravagante e Interdisciplinar, Volume 1. São Paulo: Saraiva, 2016, p.15-23; SOUZA, Artur Cesar de. Conversão da demanda individual em demanda coletiva no novo CPC. In: *Revista de Processo*, v. 236, out/2014. São Paulo: Revista dos Tribunais; PINHO, Humberto Dalla Bernardina de. Considerações sobre o incidente de conversão da ação individual em ação coletiva no projeto do novo CPC. *Revista Eletrônica de Direito Processual*, v. XIV, ano 8, jul.-dez. 2014, p. 209.

73 A respeito, confira-se: MENDES, Aluisio Gonçalves de Castro; SILVA, Larissa Clare Pochmann da. Ações coletivas e incidente de resolução de demandas repetitivas: algumas considerações sobre a solução coletiva de conflitos. In: ZANETI JR., Hermes (org.). *Processo coletivo*. Salvador: JusPodivm, 2016. Coleção Repercussões no Novo CPC, v. 8; DIDIER JR., Fredie; CUNHA, Leonardo Carneiro da. *Curso de direito processual civil*. v. 3. 14 ed. Salvador: Juspodivm, 2017, p. 667-670.

debilidades do processo coletivo pátrio, às quais não está subordinada a tutela pluri-individual.

Um primeiro grupo de limitações decorre de opções legislativas. É o que sucede em razão da restrição das ações coletivas a certas matérias (notadamente, as constantes do parágrafo único do artigo 1° da Lei da Ação Civil Pública[74], inserido pela Medida provisória 2.180-35/01) e do sistema de formação da coisa julgada, supostamente a impedir a solução definitiva da matéria, além de se subordinar, ao menos *ex lege*[75], à abrangência territorial (artigo 16 da lei 7.437/85[76] e artigo 2°-A da lei 9.494/97[77]).

---

74 "Art. 1°. Parágrafo único. Não será cabível ação civil pública para veicular pretensões que envolvam tributos, contribuições previdenciárias, o Fundo de Garantia do Tempo de Serviço – FGTS ou outros fundos de natureza institucional cujos beneficiários podem ser individualmente determinados."

75 A Corte Especial do Superior Tribunal de Justiça ultrapassou a limitação territorial do artigo 16 da Lei da ACP, no julgamento do EREsp 1134957/SP, Rel. Min. Laurita Vaz, julgado em 24/10/2016. Anteriormente, o Min. Luis Felipe Salomão já havia assentado o desacerto do texto legal, em voto proferido no Resp 1243887/PR, julgado pela Corte Especial em 19/10/2011: "A bem da verdade, o art. 16 da LACP baralha conceitos heterogêneos – como coisa julgada e competência territorial – e induz a interpretação, para os mais apressados, no sentido de que os 'efeitos' ou a 'eficácia' da sentença podem ser limitados territorialmente, quando se sabe, a mais não poder, que coisa julgada – a despeito da atecnia do art. 467 do CPC – não é 'efeito' ou 'eficácia' da sentença, mas qualidade que a ela se agrega de modo a torná-la 'imutável e indiscutível'. É certo também que a competência territorial limita o exercício da jurisdição e não os efeitos ou a eficácia da sentença, os quais, como é de conhecimento comum, correlacionam-se com os 'limites da lide e das questões decididas' (art. 468, CPC) e com as que o poderiam ter sido (art. 474, CPC) – *tantum judicatum, quantum disputatum vel disputari debebat*. A apontada limitação territorial dos efeitos da sentença não ocorre nem no processo singular, e também, como mais razão, não pode ocorrer no processo coletivo, sob pena de desnaturação desse salutar mecanismo de solução plural das lides. A prosperar tese contrária, um contrato declarado nulo pela justiça estadual de São Paulo, por exemplo, poderia ser considerado válido no Paraná; a sentença que determina a reintegração de posse de um imóvel que se estende a território de mais de uma unidade federativa (art. 107, CPC) não teria eficácia em relação a parte dele; ou uma sentença de divórcio proferida em Brasília poderia não valer para o judiciário mineiro, de modo que ali as partes pudessem ser consideradas ainda casadas, soluções, todas elas, teratológicas. A questão principal, portanto, é de alcance objetivo ('o que' se decidiu) e subjetivo (em relação 'a quem' se decidiu), mas não de competência territorial.".

76 "Art. 16. A sentença civil fará coisa julgada erga omnes, nos limites da competência territorial do órgão prolator, exceto se o pedido for julgado improcedente por insuficiência de provas, hipótese em que qualquer legitimado poderá intentar outra ação com idêntico fundamento, valendo-se de nova prova."

77 "Art. 2º-A. A sentença civil prolatada em ação de caráter coletivo proposta por entidade associativa, na defesa dos interesses e direitos dos seus associados, abrangerá apenas os substituídos que tenham, na data da propositura da ação, domicílio no âmbito da competência territorial do órgão prolator."

Segunda espécie de empecilhos nasceu da prática. Aqui se insere, entre outros, o problema da insuficiente quantidade de ações coletivas propostas por associações[78], constando no polo ativo da maior parte dos processos o Ministério Público e a Defensoria Pública – o que, por vezes, impede a representação mais próxima e autêntica dos interesses em disputa[79].

De todo modo, as ações coletivas, desde sua criação, representam forte mecanismo de acesso à justiça, economia processual e judicial, preservação da igualdade e da isonomia[80], equilíbrio entre as partes[81] e cumprimento

---

78 Também a jurisprudência restringiu, pontualmente, a eficácia da ação coletiva proposta por associação, exigindo autorização expressa do indivíduo para que se beneficie (STF, Pleno, RE 573232, Rel. Min. Ricardo Lewandowski, rel. p/ acórdão Min. Marco Aurélio, julgado em 14/05/2014).

79 Buscando revisitar as questões da legitimidade e da representatividade adequada em casos tais, ver: VITORELLI, Edilson. *O devido processo legal coletivo: dos direitos aos litígios coletivos*. São Paulo: Revista dos Tribunais, 2016.

80 "Quanto à preservação da igualdade e da isonomia, é preciso afirmar, ainda, que essa multiplicação de causas idênticas pode gerar decisões contraditórias, e, às vezes, até mesmo antagônicas. Demandantes com situações idênticas do ponto de vista do direito material podem acabar recebendo respostas jurisdicionais diferenciadas, decorrente apenas da relação processual. O direito processual acaba por assumir, nessas situações, um papel determinante, e não meramente instrumental, o que gera desigualdade e grande insegurança jurídica. As ações coletivas podem contribuir para a atenuação desse problema, com a resolução da questão em um único processo." (MENDES, Aluisio Gonçalves de Castro; SILVA, Larissa Clare Pochmann da. Ações coletivas e incidente de resolução de demandas repetitivas: algumas considerações sobre a solução coletiva de conflitos. In: ZANETI JR., Hermes (org.). *Processo coletivo*. Salvador: JusPodivm, 2016. Coleção Repercussões no Novo CPC, v. 8. p. 547).

81 "Em relação ao equilíbrio entre as partes, o causador da lesão, em tese, possui mais recursos materiais e humanos, estará mais bem preparado para o embate do que os que buscam amparo no Poder Judiciário, ocasionando o desequilíbrio na relação processual. Esse desequilíbrio pode ser agravado pela falta de formação e informação jurídica. O legitimado coletivo terá uma posição mais equilibrada no litígio, e sua representatividade adequada será presumida por disposição legal ou aferida no caso concreto, dependendo do modelo adequado. O sistema também acabará por definir seu potencial econômico para atuação. Além disso, a ação coletiva poderá assegurar a importância política de algumas causas, como direitos das minorias, direitos civis e do meio ambiente." (MENDES, Aluisio Gonçalves de Castro; SILVA, Larissa Clare Pochmann da. Ações coletivas e incidente de resolução de demandas repetitivas: algumas considerações sobre a solução coletiva de conflitos. In: ZANETI JR., Hermes (org.). *Processo coletivo*. Salvador: JusPodivm, 2016. Coleção Repercussões no Novo CPC, v. 8. p. 547-548).

do direito material[82], como reconhecido por Aluisio Gonçalves de Castro Mendes.

Por outro lado, como visto anteriormente, a massificação das relações jurídicas de direito material desaguou, naturalmente, em proporcional surgimento de relações processuais, o que estimulou o legislador a delinear soluções para os pleitos repetitivos. Nasceu, assim, a chamada tutela pluri-individual[83], centro deste estudo.

Nela, tem-se uma oportunidade qualificada de fixação de entendimento por especial colegiado do tribunal competente. Em seguida, aplica-se a tese jurídica, a ser replicada, potencialmente aos milhares, pelos órgãos subordinados à corte. Por essa razão, antes de representar tutela de direitos materialmente transindividuais, trata de uma pluralidade de direitos individuais, dispersos por todas as relações processuais subjetivas postas à análise daquela parcela do Judiciário.

Existe, portanto, nesta espécie, uma primordial tutela do direito objetivo, foco primário dos incidentes em que se elege a tese pretensamente definitiva, bem como do direito subjetivo, no passo seguinte, por via reflexa. Há, então, inegável atividade jurisdicional[84] em ambas as etapas, de qual resultará tutela jurisdicional.

---

82 "Nessa perspectiva, se poucas pessoas buscam a satisfação do direito, as condenações impostas poderão ser insuficientes para coibir o ato ilícito. O papel das ações coletivas vai além de assegurar a reparação dos danos para todos os lesados, ou, pelo menos de uma quantidade significativa de vítimas, pretendendo fazer cessar o dano e alterar a postura nociva à sociedade. Permite, ainda, um ganho pela correção na postura das empresas, que, considerando os impactos de uma condenação em um processo coletivo em seu balanço, de terem de indenizar essa quantidade significativa de vítimas, acabarão compelidas a uma correção na sua atuação, de forma que passe a respeitar as normas de direito material." (MENDES, Aluisio Gonçalves de Castro; SILVA, Larissa Clare Pochmann da. Ações coletivas e incidente de resolução de demandas repetitivas: algumas considerações sobre a solução coletiva de conflitos. In: ZANETI JR., Hermes (org.). *Processo coletivo*. Salvador: JusPodivm, 2016. Coleção Repercussões no Novo CPC, v. 8. p. 548).

83 Nomenclatura utilizada por: PINHO, Humberto Dalla Bernardina de. *Jurisdição e pacificação:* limites e possibilidades do uso dos meios consensuais de resolução de conflitos na tutela dos direitos transindividuais e pluri-individuais. Curitiba: CRV, 2017; e DANTAS, Bruno. *Teoria dos Recursos Repetitivos: tutela pluri-individual nos recursos dirigidos ao STF e ao STJ (arts. 543-B e 543-C do CPC)*. São Paulo: Revista dos Tribunais, 2015.

84 Conquanto haja, como dito, respeitáveis entendimentos apontando para a abertura do conceito de jurisdição, preferimos nos filiar à parcela doutrinária que reserva a função jurisdicional ao Estado, enquanto garantidor da paz social: "O Estado, como garantidor da paz social, avocou para si a solução monopolizada dos conflitos inter-

Essa tutela, produto pretendido pelo litigante que busca o Judiciário, em seu prisma central não é exclusivamente individual, subjetiva, "coisa das partes". A sentença, ato autoritativo estatal[85], não é, no dizer de Liebmann, um "negócio combinado em família"[86], que resulte somente *inter partes*. Também a jurisdição não pode se subordinar a limites irrazoáveis, sob pena de uma mesma questão ter de ser (falsamente) debatida em todos os processos em que surgir.

---

subjetivos pela transgressão à ordem jurídica, limitando o âmbito da autotutela. Em consequência, dotou um de seus Poderes, o Judiciário, da atribuição de solucionar os referidos conflitos mediante a aplicação do direito objetivo, abstratamente concebido, ao caso concreto. A supremacia dessa solução revelou-se pelo fato incontestável de a mesma provir da autoridade estatal, cuja palavra, além de coativa, torna-se a última manifestação do Estado soberano acerca da contenda, de tal sorte que os jurisdicionados devem-na respeito absoluto, porque haurida de um trabalho de reconstituição dos antecedentes do litígio, com a participação dos interessados, cercados, isonomicamente, das mais comezinhas garantias. Essa função denomina-se *jurisdicional* e tem o caráter tutelar da ordem e da pessoa, distinguindo-se das demais soluções do Estado pela sua imodificabilidade por qualquer outro poder, em face de adquirir o que se denomina em sede anglo-saxônica de '*final enforcing power*', consubstanciado na 'coisa julgada'. (...) A jurisdição encerra, em suma, a restauração da legalidade e da justiça como instrumento eficaz da paz social e da preservação da garantia dos direitos do homem." (FUX, Luiz. *Curso de direito processual civil*. 2ª ed. Rio de Janeiro: Forense, 2004. p. 41-42).

85 "A sentença, como ato autoritativo ditado por um órgão do Estado, reivindica naturalmente, perante todos, seu ofício de formular qual seja o comando concreto da lei ou, mais genericamente, a vontade do Estado, para um caso determinado. As partes, como sujeitos da relação a que se refere a decisão, são certamente as primeiras que sofrem a sua eficácia, mas não há motivo que exima os terceiros de sofrê-la igualmente. Uma vez que o juiz é o órgão ao qual atribui o Estado o mister de fazer atuar a vontade da lei no caso concreto, apresenta-se a sua sentença como eficaz exercício dessa função perante todo o ordenamento jurídico e todos os sujeitos que nele operam." (LIEBMAN, Enrico Tullio. *Eficácia e autoridade da sentença e outros escritos sobre a coisa julgada*. Tradução de Alfredo Buzaid e Benvindo Aires, tradução dos textos posteriores à edição de 1945 com notas relativas ao direito brasileiro vigente de Ada Pellegrini Grinover. 4ª ed. Rio de Janeiro: Forense, 2007, p. 123.).

86 LIEBMAN, Enrico Tullio. *Eficácia e autoridade da sentença e outros escritos sobre a coisa julgada*. Tradução de Alfredo Buzaid e Benvindo Aires, tradução dos textos posteriores à edição de 1945 com notas relativas ao direito brasileiro vigente de Ada Pellegrini Grinover. 4ª ed. Rio de Janeiro: Forense, 2007, p. 124.

A moderna feição dessa atividade estatal, portanto, não negocia a valorização da eficiência processual. Para homenagear os diversos princípios que a fundamentam, ganha protagonismo a técnica da fixação de teses, em que se prima pelo direito objetivo, sem, contudo, ignorar as garantias individuais dos litigantes em cada processo suspenso ou no qual posteriormente se vá aplicar o entendimento vinculativo. Se todo juiz, ao decidir, resguarda o direito posto[87], o colegiado que define tese jurídica o faz em perspectiva ainda mais destacada.

Tudo isso fundamenta a leitura de que a tutela pluri-individual, especialmente em sua primeira etapa de fixação da interpretação correta da norma legislada, é espécie do gênero tutela coletiva, sem, no entanto, ser ação

87 "O juiz que, na plenitude de seus poderes e com todas as garantias outorgadas pela lei, cumpre sua função, declarando, resolvendo ou modificando uma relação jurídica, exerce essa atividade (e não é possível pensar diversamente) para um escopo que outra coisa não é senão a rigorosa e imparcial aplicação e atuação da lei; e não se compreenderia que esse resultado todo objetivo e de interesse geral pudesse ser válido e eficaz só para determinados destinatários e limitado a eles. Concepção assim restrita dos efeitos da sentença podia ser lógica quando tinha o processo caráter de atividade privada, e o fundamento da eficácia da sentença era um contrato ou quase-contrato pelo qual se submetiam as partes, mais ou menos voluntária e livremente, ao *iudicium* e à sentença que se devia prolatar. Mas, desde que recebe a sentença a sua eficácia do poder soberano da autoridade em cujo nome é pronunciada, da qualidade pública e estatal do órgão que a prolata (visto que já se logrou a plena consciência desta verdade), seria de todo em todo inexplicável que valesse ela só para um e não para todos como formulação da vontade do Estado no caso concreto. Por outro lado, não é o processo uma tutela do direito subjetivo, concedida pessoalmente ao seu titular, mas tutela, atuação e garantia do direito objetivo, exercida para satisfazer um interesse público e geral; e desenvolve-se nos modos e com as providências que mais se afigurem oportunas para assegurar o descobrimento da verdade e o triunfo da justiça." (LIEBMAN, Enrico Tullio. *Eficácia e autoridade da sentença e outros escritos sobre a coisa julgada*. Tradução de Alfredo Buzaid e Benvindo Aires, tradução dos textos posteriores à edição de 1945 com notas relativas ao direito brasileiro vigente de Ada Pellegrini Grinover. 4ª ed. Rio de Janeiro: Forense, 2007, p. 123-124.).

coletiva[88-89]. Pode-se determinar o julgamento de questão repetitiva como tutela coletiva pela via incidental, enquanto as ações coletivas como tutela coletiva pela via principal.

A denominação "tutela coletiva pela via incidental" pressupõe a compreensão do termo "coletiva" em sentido amplo. A rigor, a tutela é tendencialmente difusa, vez que a integração do ordenamento se aplica a todos aqueles a ele sujeitos. Na etapa seguinte, com a aplicação da tese aos casos concretos, é possível que a prestação jurisdicional se assemelhe à tutela de uma coletividade em sentido estrito (pode ser o caso de uma matéria de direito de interesse restrito de certo grupo ou categoria, como uma gratificação específica).

---

88 Essa compreensão já era, por sinal, a de respeitável parcela da doutrina, mesmo antes do advento do microssistema de julgamento de casos repetitivos: "O procedimento para a fixação da tese jurídica (arts. 543-B e 543-C do CPC), no julgamento dos recursos especiais ou extraordinários repetitivos, possui como objeto litigioso uma situação jurídica coletiva (situações jurídicas individuais homogêneas). É, assim, espécie de processo coletivo. Por isso, a ele devem ser aplicadas, subsidiariamente, as regras do processo coletivo. Exatamente em razão disso, a desistência do recurso pelo recorrente somente pode ser eficaz em relação ao processo para o julgamento do objeto litigioso do seu recurso, que é individual; em relação ao processo para a fixação da tese, a desistência é inócua, exatamente como é inócua, de regra, no direito brasileiro, a desistência em processos coletivos (art. 9° da Lei 4.717/1965; art. 5°, § 3.o, da Lei 7.347/1985; arts. 5° e 16 da Lei 9.868/1999)." (DIDIER JR., Fredie; ZANETI JR., Hermes. Conceito de processo jurisdicional coletivo. *Revista de Processo*, v. 229, mar. 2014, p. 278). Na mesma linha, atentando para a disposição legal atinente à conversão da ação individual em coletiva: "Labora em prol da exegese exposta sub (ii), supra, a consideração de que, na (vetada) "conversão da ação individual em ação coletiva" (art. 333 e parágrafos), o § 2.º dispunha que tal providência não seria viável se a conversão implicasse a "formação de processo coletivo para a tutela de interesses individuais homogêneos", com isso pondo à calva a preocupação do legislador em não baralhar os instrumentos de tutela plurindividual – gênero a que pertence o IRDR – com os que compõem a jurisdição coletiva, na qual a legitimação é deferida, em modo concorrente-disjuntivo, a quem detenha representação adequada, tendo por objeto a tutela de interesses metaindividuais – difusos, coletivos em sentido estrito, individuais homogêneos – pretendendo-se com isso alcançar uma resposta unitária, capaz de coartar a pulverização da macro-lide em plúrimas demandas individuais, tudo ao final estabilizado por uma coisa julgada de eficácia expandida – erga omnes ou ultra partes, conforme o caso – (Lei 8.078/1990, arts. 81, parágrafo único e incisos; 95 e 103 e incisos; Lei 7.347/1985, arts. 5.º e 16)." (MANCUSO, Rodolfo de Camargo. *Incidente de Resolução de Demandas Repetitivas*: a luta contra a dispersão jurisprudencial excessiva. São Paulo: Revista dos Tribunais, 2016, p. 204).

89 Em sentido contrário, está o posicionamento de Sofia Temer, para quem o Incidente de Resolução de Demandas Repetitivas não seria técnica processual coletiva, já que a lógica seria de agregação, e não de coletivização. Apesar disso, a autora admite que há finalidade semelhante, com resultado semelhante a dimensão coletiva (TEMER, Sofia. *Incidente de Resolução de Demandas Repetitivas*. Salvador: Juspodivm, 2016, p. 91-93).

Aluisio Mendes e Larissa Clare, em outros termos, consideram que a solução coletiva de conflitos, gênero, reúne as ações coletivas, os processos modelo e os meios de solução extrajudicial de conflitos[90].

Crucial é perceber que, nas ações coletivas, o foco é na tutela do direito material coletivo em sentido amplo (difuso, coletivo em sentido estrito ou individual homogêneo[91]): existe uma ilicitude a ser desfeita pelo Judiciário. Decidida a questão, haverá comando para que se declare, constitua ou execute algo, satisfazendo a pretensão resistida. A ação coletiva, então, replica o padrão do processo individual, alterando, na essência, o direito objeto do litígio (e daí, evidentemente, aspectos processuais[92], por conseguinte).

---

90 "A solução coletiva de conflitos não é uma preocupação recente na história do direito processual no cenário internacional e decorre de uma modificação no cenário das relações jurídicas, que não se restringem mais a relações estritamente individuais, entre Caio e Tício, ou entre Caio em face de Tício e de Mévio. O seu objeto inclui: (a) as ações coletivas, que se caracterizam pelas demandas nas quais um legitimado extraordinário poderia defender, em juízo, os interesses de toda uma coletividade, grupo ou pessoas, sem que todos os interessados tivessem de ingressar pessoalmente no Poder Judiciário; (b) os processos incidentes ou modelo, que seriam decididos a partir de casos individuais, mas com aplicação da decisão a todos os litigantes e (c) os meios de solução extrajudicial de conflitos coletivos." (MENDES, Aluisio Gonçalves de Castro; SILVA, Larissa Clare Pochmann da. Ações coletivas e incidente de resolução de demandas repetitivas: algumas considerações sobre a solução coletiva de conflitos. In: ZANETI JR., Hermes (org.). *Processo coletivo*. Salvador: JusPodivm, 2016. Coleção Repercussões no Novo CPC, v. 8. p. 536).

91 Não se desconhece a polêmica acerca da real natureza jurídica do direito individual homogêneo: se materialmente coletivo ou processualmente coletivo. Existe acerto na concepção de que se trata, em realidade, de tutela coletiva de direitos, acidentalmente coletivos (PINHO, Humberto Dalla Bernardina de. *A natureza jurídica do direito individual homogêneo e sua tutela pelo Ministério Público como forma de acesso à justiça*. Rio de Janeiro: Forense, 2002; MENDES, Aluisio Gonçalves de Castro. *Ações coletivas e meios de resolução coletiva de conflitos no direito comparado e nacional*. 4ª ed. São Paulo: Revista dos Tribunais, 2014, p. 240; ZAVASCKI, Teori Albino. *Processo coletivo: tutela de direitos coletivos e tutela coletiva de direitos*. 7ª ed. São Paulo: Revista dos Tribunais, 2017). No entanto, pelos limites deste trabalho, opta-se por não polemizar densamente neste aspecto.

92 Uma consequência necessária é a legitimação extraordinária, sob pena de se comprometer a viabilidade da tutela. A relevância do aspecto processual é tamanha que Aluisio Mendes chega a inseri-la como elemento do conceito de ação coletiva: "A ação coletiva pode, portanto, ser definida, sob o prisma do direito brasileiro, como o direito apto a ser legítima e autonomamente exercido por pessoas naturais, jurídicas ou formais, conforme previsão legal, de modo extraordinário, a fim de exigir a prestação jurisdicional, com o objetivo de tutelar interesses coletivos, assim entendidos os difusos, os coletivos em sentido estrito e os individuais homogêneos." (MENDES, Aluisio Gonçalves de Castro. *Ações coletivas e meios de resolução coletiva de conflitos no direito comparado e nacional*. 4ª ed. São Paulo: Revista dos tribunais, 2014. p. 32).

No outro meio de resolução coletiva, o julgamento de casos repetitivos, a eficácia difusa da decisão decorre do incidente objetivo instaurado a partir de uma pluralidade de litígios subjetivos, sejam individuais ou coletivos. O incidente não tem vida própria, *ab initio*, capaz de, por si só, justificar o abandono da inércia jurisdicional[93].

Não se ignora que esses mecanismos foram motivados, na origem, por sua função gerencial, otimizando o tempo do Judiciário, que, ao decidir certa questão após debate plural, enquanto os processos ficam, total ou parcialmente, suspensos, pode analisar outros litígios em nada repetitivos. No entanto, sob a ótica da função estatal de formação do direito judicado, muito mais importante é a segurança jurídica resultante da tese fixada.

Essa finalidade, ainda que não permitisse a automática aplicação atual e futura[94], já justificaria a imprescindibilidade[95] da técnica, revelando-se tutela abstrata e, portanto, coletiva do direito, por mais que baseada em quadro fático típico. Vem, porém, aperfeiçoada pela imediata resolução de todos os casos suspensos, o que, a rigor, não seria tutela coletiva, visto que ocorre no âmbito de cada processo subjetivo sobrestado, pelo seu julgador natural. Esse segundo momento, de impacto em uma multiplicidade de demandas, é que leva à denominação da técnica como agregação ou condensação de litígios.

Outro aspecto comparativo interessante reside no sistema de inclusão/exclusão. Enquanto, nas ações coletivas, o mecanismo de interação entre a demanda do indivíduo e o processo coletivo é de *opt out*, por expressa pre-

---

93 "Nesse contexto se enquadra o IRDR, regulado nos arts. 976-987 do CPC/2015, o qual não configura ação coletiva já que, como o próprio nome indica, não é ação autônoma, nem se preordena a resolver uma macrolide, mas um procedimento incidental, voltado a fixar entendimento paradigmático (tese jurídica) sobre a questão de direito replicada em muitos processos (CPC/2015, art. 985, caput). Tampouco por aí se instaura um típico incidente de coletivização – configuração cogitada ao início dos trabalhos da Comissão de Juristas incumbida de elaborar o novo CPC – notando-se na redação final a intenção do legislador em preservar uma natureza diferenciada para o IRDR, enquanto instrumento voltado à padronização decisória de uma dada quaestio iuris repercutida massivamente em múltiplas ações." (MANCUSO, Rodolfo de Camargo. *Incidente de Resolução de Demandas Repetitivas*: a luta contra a dispersão jurisprudencial excessiva. São Paulo: Revista dos Tribunais, 2016, p. 43).

94 Como ocorre no Incidente de Assunção de Competência, por exemplo.

95 "Ainda assim, à vista da pletora crescente de processos que assombra o Judiciário (...) é razoável intuir que a tendência à tutela plurindividual, por sua aptidão para promover o desate (ou o descarte) massivo de processos repetitivos, parece se afigurar irreversível, ao menos enquanto perdurar o exacerbado input de processos replicados, em proporção muito excedente à capacidade instalada dos órgãos judiciais". (MANCUSO, Rodolfo de Camargo. Da jurisdição coletiva à tutela judicial plurindividual. Evolução da experiência brasileira com as demandas seriais. *Revista de Processo*, v. 237, nov/2014, p. 315).

visão legal (artigo 104 do CDC[96] e artigo 22, §1°, da Lei do Mandado de Segurança[97]), nos casos repetitivos diz-se que seria de *opt in*, havendo necessidade de postura ativa do sujeito para que se obrigasse ao entendimento fixado, consistente na provocação do Judiciário, isto é, no ajuizamento de ação[98].

Último ponto diferenciador entre as duas técnicas[99] é a maneira de individualização da decisão. Na ação coletiva de tutela de direitos individuais homogêneos[100], se dá na fase de execução, onde serão contempladas as peculiaridades de cada indivíduo, ao passo que, na tutela pluri-individual, tais particularidades serão tomadas, se realmente existirem, apenas para fins de distinção ou, se fixada a tese sob circunstâncias já modificadas, de superação da mesma.

Em suma, é correto afirmar que, nas ações coletivas, há (i) tutela coletiva pela via principal, já que (ii) baseada em direito subjetivo coletivo[101], logo (iii) possuindo sempre matéria coletiva, (iv) interagindo com os litígios coletivos através de mecanismo de *opt out*, (v) havendo individualização, para os

---

96 "Art. 104. As ações coletivas, previstas nos incisos I e II e do parágrafo único do art. 81, não induzem litispendência para as ações individuais, mas os efeitos da coisa julgada erga omnes ou ultra partes a que aludem os incisos II e III do artigo anterior não beneficiarão os autores das ações individuais, se não for requerida sua suspensão no prazo de trinta dias, a contar da ciência nos autos do ajuizamento da ação coletiva."

97 "Art. 22. § 1º O mandado de segurança coletivo não induz litispendência para as ações individuais, mas os efeitos da coisa julgada não beneficiarão o impetrante a título individual se não requerer a desistência de seu mandado de segurança no prazo de 30 (trinta) dias a contar da ciência comprovada da impetração da segurança coletiva."

98 ZANETI JR., Hermes. Comentário ao artigo 928. In: CABRAL, Antonio do Passo; CRAMER, Ronaldo (coords.). *Comentários ao novo Código de Processo Civil*. 2 ed. Rio de Janeiro: Forense, 2016, p. 1344. O raciocínio, conquanto interessante para fins comparativos, é questionável, pela eficácia normativa defendida adiante, nesta obra.

99 Para Hermes Zaneti Jr., são duas técnicas de processo coletivo (ZANETI JR., Hermes. Comentário ao artigo 928. In: CABRAL, Antonio do Passo; CRAMER, Ronaldo [coords.]. *Comentários ao novo Código de Processo Civil*. 2 ed. Rio de Janeiro: Forense, 2016, p. 1344.). Evita-se, por ora, considerar o julgamento de casos repetitivos como processo coletivo, para não o confundir com as ações coletivas. De todo modo, são duas técnicas de tutela coletiva (LEAL, Márcio Flávio Mafra. *Ações coletivas*. São Paulo: Revista dos Tribunais, 2014).

100 Quando o objeto for direito difuso ou coletivo em sentido estrito, sequer se coloca a questão, vez que a execução será coletiva, independendo de qualquer individualização.

101 Para Hermes Zaneti Jr. e Fredie Didier Jr., a ação coletiva tutela, mais do que direitos subjetivos coletivos, situações jurídicas coletivas, inserindo a possibilidade da ação coletiva passiva: "Assim, processo coletivo é aquele em que se postula um direito coletivo lato sensu (situação jurídica coletiva ativa) ou se afirme a existência de uma situação jurídica coletiva passiva (deveres individuais homogêneos, p. ex.) de titularidade de um grupo de pessoas." (DIDIER JR., Fredie; ZANETI JR., Hermes. *Curso de direito processual civil: processo coletivo*. 10ª ed. Salvador: JusPodivm, 2016. v. 4, p. 30).

direitos individuais homogêneos, na fase de liquidação e execução, enquanto, na fixação de tese acerca de questão repetitiva, existe (i) tutela coletiva pela via incidental, pois (ii) centrada no direito objetivo e, portanto, coletivo, (iii) versando sobre matéria coletiva ou não, (iv) funcionando em sistema de *opt in*, (v) cuja individualização só será relevante em caso de distinção ou superação da tese.

3.5.3. Existe prioridade entre as técnicas?

As duas técnicas, portanto, convivem perfeitamente, cada qual com espaço bem delineado. Cabe, no entanto, uma indagação: deve ser priorizada alguma delas? A doutrina tem debatido a respeito.

3.5.3.1. Teoria exclusivista ou unitária

Para uma primeira linha de pensamento, os instrumentos de julgamento por agregação de causas repetitivas não são capazes de resolver o conflito de maneira tão satisfativa quanto as ações coletivas.

Fernando Gajardoni, por exemplo, aponta como um problema central da técnica de casos repetitivos a necessidade do ajuizamento de um processo individual para que se resolva a questão[102]. Hermes Zaneti Jr., por sua vez, elege uma série de vantagens das ações coletivas, como a coisa julgada *secundum eventum probationis* e *secundum eventum litis*, o controle da representatividade adequada *ope legis* e, para o autor, também *ope iudicis*, além da intervenção do Ministério Público também na fase pré-processual, no inquérito civil.

Já Marcelo Abelha traça interessante distinção entre as técnicas individuais de repercussão coletiva e as técnicas coletivas de repercussão individual[103]: enquanto as primeiras tratam de situações coletivas, garantindo tratamento coletivo de direitos subjetivos, as segundas estão inseridas na dinâmica da solução de demandas repetitivas.

102 "Mesmo o NCPC (Lei 13.105/2015) não parece ser capaz de reverter esse quadro, posto que os institutos relativos ao tratamento das demandas repetidas (v.g. o IRDR do art. 976 e ss) não soluciona de modo coletivo o conflito, ainda dependente de uma decisão para cada um dos processos individuais, a fim de ser aplicado o entendimento do caso paradigma (art. 985)." (GAJARDONI, Fernando da Fonseca. O processo coletivo refém do individualismo. In: ZANETI JR, Hermes [coord.]. *Processo coletivo.* Coleção Repercussões do Novo CPC, v. 8. Salvador: JusPodivm, 2016, p. 156).

103 RODRIGUES, Marcelo Abelha. Técnicas individuais de repercussão coletiva X técnicas coletivas de repercussão individual. Por que estão extinguindo a ação civil pública para a defesa de direitos individuais homogêneos?. In: DIDIER JUNIOR, Fredie; ZANETI JUNIOR, Hermes (coords.). *Repercussões do Novo CPC – Vol. 8 – Processo Coletivo.* Salvador: Juspodivm, 2015, p. 623 – 639.

Naquelas, há o requisito da legitimidade adequada, a coisa julgada se dá *secundum eventum litis in utilibus* e as demandas individuais, ao menos *ex lege*, não ficam suspensas, enquanto, nestas, os legitimados nem sempre seriam os mais aptos (a princípio, qualquer autor poderia ver sua ação afetada ao julgamento-amostra), o contraditório restaria prejudicado (tantos outros autores não poderiam participar na fixação da tese em abstrato, restando-lhes o posterior *distinguishing*) e o sobrestamento se dá por força da lei. Diante desse quadro comparativo, conclui pela preferência pelas técnicas coletivas de repercussão individual, as ações coletivas.

3.5.3.2. Teoria complementadora ou dualista

A segunda maneira de enxergar a questão, mais acertada, consiste em compreender a complementariedade entre as duas técnicas, de modo que a estratégia processual do legitimado, à qual se chega após estudar o melhor meio de efetivar o direito material, poderá variar[104].

Algumas vantagens são apontadas pela doutrina em favor da instauração do incidente de julgamento de casos repetitivos, em comparação com as ações coletivas. Paulo Cezar Pinheiro Carneiro alerta que os incidentes objetivados de fixação de teses podem ser mais convenientes que uma ação civil pública, pela rapidez e pela abrangência que lhes caracteriza[105].

---

104 "De outro lado, a escolha da técnica a ser utilizada deverá observar o princípio da adequação. É também uma questão de estratégia processual do grupo. Há situações jurídicas coletivas insuscetíveis de solução pela técnica da ação coletiva – é inconcebível a instauração de uma ação coletiva cujo propósito seja definir se uma pessoa jurídica (em tese) pode ser beneficiária da gratuidade da justiça ou para definir se um determinado bem pode ser penhorado ou não. Do mesmo modo, há situações jurídicas coletivas insuscetíveis de solução por meio do julgamento de casos repetitivos. É inconcebível a instauração de um incidente de resolução de demandas repetitivas para definir se há o dever de uma indústria de colocar um filtro antipoluente em suas chaminés. Esse é um tipo de situação jurídica coletiva que somente pode ser veiculada por meio de ação coletiva. Pode haver, no entanto, coincidência entre os objetos de uma ação coletiva e um incidente de julgamento de casos repetitivos. Ou seja: uma mesma situação jurídica coletiva pode ser objeto de ação coletiva e de incidente de julgamento de casos repetitivos." (DIDIER JR., Fredie; ZANETI JR., Hermes. Ações coletivas e o incidente de julgamento de casos repetitivos – espécies de processo coletivo no direito brasileiro: aproximações e distinções. *Revista de Processo*, v. 256, jun./2016, p. 214.).

105 "Pelos motivos até então destacados pode-se afirmar que o incidente, em determinadas situações, poderá alcançar um resultado até mais eficaz do que a própria ação civil pública, seja em virtude de sua rapidez, seja em decorrência da abrangência de seus efeitos." (CARNEIRO, Paulo Cezar Pinheiro. Breves notas sobre o Incidente de Resolução de Demandas Repetitivas. *Revista Eletrônica de Direito Processual*. v. XIV, ano 8, jul-dez/2014, p. 486.).

Além disso, aponta-se[106]: a sistemática das custas, que acaba por onerar em demasia os réus nos litígios transindividuais[107], enquanto, nos processos sobre matéria replicada, se dá no âmbito de cada relação processual subjetiva (pelas regras gerais[108]); a simplicidade na vinculação à decisão; o afastamento do "ente exponencial" a decorrer da legitimidade extraordinária; a orientação de acordo com a estrutura jurisdicional (sem concentrar a formação apenas no Supremo Tribunal Federal, como no caso da edição de súmula vinculante).

Em alguns casos, no entanto, a dupla via não estará aberta. Pode ser hipótese de carecer legitimidade para a deflagração de incidente para julgamento de questão repetitiva: uma associação, se não for parte em processo versando sobre a matéria, não poderá requerer a instauração de Incidente de Resolução de Demandas Repetitivas, por exemplo. O contrário também é verdade: um particular pode requerer a instauração do incidente, mas não é capaz de ajuizar demanda coletiva[109]. A propósito, conquanto tenha sido cogitado coincidir os legitimados para ambas as técnicas[110], a redação final do código preferiu róis distintos.

---

106 Essa lista foi elaborada por: CABRAL, Antonio do Passo. Comentário ao artigo 976. In: CABRAL, Antonio do Passo; CRAMER, Ronaldo (coords.). *Comentários ao novo Código de Processo Civil*. 2 ed. Rio de Janeiro: Forense, 2016, p. 1.435-1.436.

107 É o regramento do microssistema constante na Lei da Ação Civil Pública: "Art. 18. Nas ações de que trata esta lei, não haverá adiantamento de custas, emolumentos, honorários periciais e quaisquer outras despesas, nem condenação da associação autora, salvo comprovada má-fé, em honorários de advogado, custas e despesas processuais.".

108 Artigos 82 e seguintes do Código de Processo Civil.

109 Sobre a legitimidade do indivíduo para a ação coletiva, ver: MENDES, Aluisio Gonçalves de Castro; SILVA, Larissa Clare Pochmann da. A legitimidade do indivíduo nas ações coletivas. In: GRINOVER, Ada Pellegrini et al. [coords.]. *Processo coletivo – do surgimento à atualidade*. São Paulo: Revista dos Tribunais, 2014, p. 1243-1254.

110 Há quem faça interpretação à luz do processo legislativo, visando a restringir a legitimidade da Defensoria Pública e do Ministério Público com base na necessidade de pertinência temática, com o que não se pode concordar, como será visto em tópico próprio: "No projeto de lei aprovado na Câmara havia a previsão de legitimidade ativa de pessoa jurídica de direito público ou da associação civil, cuja finalidade institucional inclua a defesa de interesse ou direito objeto do incidente. A legitimidade, portanto, exigia a pertinência temática, a exemplo do que ocorre na propositura da ação civil pública, e, embora omisso o texto legal, também a necessidade de existência jurídica da associação civil por ao menos um ano.
Conforme observado pela melhor doutrina, essa legitimidade era inspirada na legitimidade para a propositura da ação civil pública, que a exemplo do incidente tem como objetivo a economia processual e a harmonização de julgados. A redação final do art. 977 do Novo CPC, entretanto, não conta com tal legitimidade, o que, apesar de limitar o rol de legitimados, não elimina a conclusão que justifica a legitimação para o Ministério Público e para a Defensoria Pública." (NEVES, Daniel Amorim Assumpção. *Novo Código de Processo Civil – Lei 13.105/2015*. 2ª ed. Rio de Janeiro: Forense, 2015, p. 525-526.).

Portanto, a possibilidade de escolha entre as duas técnicas complementares[111] constitui um sistema pluralista de soluções através da tutela coletiva[112], havendo, como regra, faculdade de seleção, por estratégia processual ou conveniência, e, pontualmente, a existência de algum impedimento para uma das vias. Não se pode ignorar, de resto, que ambas se intercomunicam, sendo recomendável eleger como causa piloto uma ação coletiva[113].

Fica clara, portanto, a não coincidência do processo coletivo com o IRDR ou qualquer outro instituto de fixação de teses, os quais, de resto, possuem como objetivo precípuo a diminuição do número de processos, embora não dispensem o ajuizamento de uma nova demanda para que se aplique o precedente criado. Pode até vir a existir uma interseção entre os dois gêneros, bastando imaginar uma tese fixada tendo como base uma ação coletiva. Não se trata de uma coletivização[114] no sentido tradicional, mas de julgamento dessubjetivado nomofilático.

111 ROQUE, Andre Vasconselos. As ações coletivas após o novo Código de Processo Civil: para onde vamos?. In: ZANETI JR., Hermes (org.). *Processo coletivo*. Salvador: JusPodivm, 2016. Coleção Repercussões no Novo CPC, v. 8, p. 180.

112 "Ter-se-á um, portanto, desejado sistema pluralista, porque, em primeiro lugar, nem sempre se está diante de uma ação coletiva, independente das razões para o seu não ajuizamento. Por outro lado, a realidade demonstra que nem sempre as ações coletivas ajuizadas foram capazes de conter uma grande quantidade de litígios, tendo em vista, por exemplo, a limitação do próprio pedido ou a legitimidade do autor. Do mesmo modo, a questão comum poderá advir não de direitos individuais homogêneos propriamente ditos, mas de pretensões variadas." (MENDES, Aluisio Gonçalves de Castro; SILVA, Larissa Clare Pochmann da. Ações coletivas e incidente de resolução de demandas repetitivas: algumas considerações sobre a solução coletiva de conflitos. In: ZANETI JR., Hermes (org.). *Processo coletivo*. Salvador: JusPodivm, 2016. Coleção Repercussões no Novo CPC, v. 8. p. 566).

113 ZANETI JR., Hermes. Comentário ao artigo 928. In: CABRAL, Antonio do Passo; CRAMER, Ronaldo (coords.). *Comentários ao novo Código de Processo Civil*. 2 ed. Rio de Janeiro: Forense, 2016, p. 1.345; CABRAL, Antonio do Passo. Comentário ao artigo 982. In: CABRAL, Antonio do Passo; CRAMER, Ronaldo (coords.). *Comentários ao novo Código de Processo Civil*. 2 ed. Rio de Janeiro: Forense, 2016, p. 1.457.

114 GRINOVER, Ada Pellegrini. A coletivização de ações individuais após o veto. In: CIANCI, Mirna; DELFINO, Lúcio; DANTAS, Bruno; DIDIER JUNIOR, Fredie; CUNHA, Leonardo Carneiro da; CAMARGO, Luiz Henrique Volpe; REDONDO, Bruno Garcia (coords.). *Novo Código de Processo Civil – Impactos na Legislação Extravagante e Interdisciplinar*. v. 1. São Paulo: Saraiva, 2016, p. 15-23.

Capítulo 4

ELEMENTOS DA TEORIA GERAL DOS CASOS REPETITIVOS

4.1. Natureza jurídica

4.1.1. Critério formal: incidente processual ou processo incidental?

Compreendida a dinâmica de funcionamento da tutela pluri-individual, há de se indagar qual é a natureza jurídica do procedimento previsto para o IRDR e para o julgamento de recursos repetitivos, sob o prisma formal, isto é, a que título se insere no curso processual.

Diferenciam-se[1] o incidente processual e o processo incidental, sendo verificável que, embora ambos dependam da existência de um processo em curso para que possam ser instaurados, naquele, não é criada nova relação jurídica processual, enquanto, neste, sucede a inovação.

Humberto Dalla, por sua vez, conceitua incidente processual como "manifestações que impugnam uma decisão dentro do próprio processo e durante seu curso, para que sobre ela se manifeste um órgão colegiado", diferenciando-o de ações autônomas, que instauram outro processo[2].

Cândido Rangel Dinamarco e Bruno Vasconcelos Lopes conceituam incidente processual como o "conjunto de atos formalmente coordenados a serem realizados no curso do processo. É um pequeno procedimento inserido no contexto do procedimento maior"[3], do qual são exemplos os in-

---

1 TESHEINER, José Maria Rosa. Sobre o assim chamado incidente de resolução de demandas repetitivas. Revista Páginas de Direito, Porto Alegre, ano 16, nº 1327, 10 de agosto de 2016. Disponível em: http://www.tex.pro.br/index.php/artigos/340-artigos-ago-2016/7699-sobre-o-assim-chamado-incidente-de-resolucao-de-demandas-repetitivas.

2 "Os incidentes processuais são manifestações que impugnam uma decisão dentro do próprio processo e durante seu curso, para que sobre ela se manifeste um órgão colegiado. Já as ações autônomas são manifestações mais profundas e radicais, que dão lugar à instauração de outro processo, isto é, de uma nova relação jurídica processual, pressupondo a irrecorribilidade da decisão nela questionada. A nova relação jurídica processual formada possuirá petição inicial, citação do réu, contestação, produção de provas e sentença.". (PINHO, Humberto Dalla Bernardina de. *Direito Processual Civil Contemporâneo*. v. 2. São Paulo, Saraiva, 2017, p. 807.).

3 DINAMARCO, Cândido Rangel; LOPES, Bruno Vasconcelos Carrilho. *Teoria geral do novo processo civil*. 2ª ed. São Paulo: Malheiros, 2017, p. 241.

cidentes de desconsideração da personalidade jurídica e de arguição de inconstitucionalidade[4].

Marcos Cavalcanti de Araújo traz quatro elementos caracterizadores de um incidente processual: a acessoriedade (depender de outro processo), a acidentalidade (um desvio no curso regular do processo que o origina), a incidentalidade (incidir sobre outros processos) e o procedimento incidental (existência de procedimento específico)[5], todos presentes no IRDR e, pela

---

4 "A arguição de inconstitucionalidade constitui incidente processual por meio do qual se cinde a competência funcional do tribunal para a apreciação de questão prejudicial de inconstitucionalidade. Acolhida a arguição, o recurso ou a causa em que suscitado o incidente será julgado por dois órgãos diversos. Em primeiro lugar, caberá ao plenário ou ao órgão especial do tribunal, onde houver, pronunciar-se exclusivamente sobre a alegação de inconstitucionalidade. Em seguida, devolvido o processo ao órgão fracionário competente, este julgará o mérito da causa ou do recurso, respeitando a decisão do pleno ou do órgão especial." (PANTOJA, Fernanda Medina. Comentário ao artigo 948. In: WAMBIER, Teresa Arruda Alvim *et al.* [coords.]. *Breves comentários ao novo Código de Processo Civil*. São Paulo: Revista dos Tribunais, 2015. Acesso eletrônico.)

5 "Não sendo ação, tampouco recurso, o IRDR tem natureza jurídica de *incidente processual coletivo*, suscitado perante o tribunal onde se encontra o processo paradigma pendente com a finalidade de fixar previamente uma tese jurídica a ser aplicada aos casos concretos e abrangidos pela eficácia vinculante da decisão. Todas as principais características de um *incidente processual* são preenchidas pelo instituto estudado, quais sejam: (a) acessoriedade: o IRDR tem *acessoriedade múltipla,* uma vez que sua instauração depende da existência de diversos processos repetitivos sobre a mesma questão unicamente de direito, assim como necessita da pendência de um desses processos repetitivos no tribunal competente (art. 978, parágrafo único, do NCPC); (b) *acidentalidade*: representa um desvio ao desenvolvimento normal dos processos repetitivos, visto que, dentre outros aspectos, estes serão suspensos até a fixação da tese jurídica sobre as questões comuns do direito discutidas no IRDR, a qual, em seguida, deverá ser aplicada em cada um desses processos repetitivos; (c) incidentalidade: o IRDR 'cai', 'incide', 'surge' não apenas sobre os processos repetitivos preexistentes, mas também sobre as causas futuras; e (d) *procedimento incidental*: o NCPC cria um *procedimento específico* para o exame das questões comuns de direito, estabelecendo, especialmente nos arts. 976 ao 987, o tratamento legal do IRDR.

Daí porque o IRDR deve obedecer ao regime jurídico dos incidentes processuais, de modo que: (a) a decisão proferida em seu bojo tem natureza jurídica de *decisão interlocutória* e não fica sujeita à coisa julgada, mas apenas à preclusão; (b) A comunicação da instauração do IRDR não interrompe a prescrição das pretensões individuais; (c) o requerimento de instauração do incidente não precisa obedecer aos requisitos próprios de uma petição inicial (valor da causa, por exemplo). Deve apenas ser endereçado ao Presidente do tribunal competente e demonstrar o preenchimento dos pressupostos para sua instauração, como, por exemplo, a comprovação da efetiva repetição de processos sobre a mesma questão de direito; (d) as partes deverão ser intimadas e não citadas; (e) não haverá, em regra, condenação em honorários advocatícios; (f) não é cabível a ação rescisória contra a decisão firmada no incidente etc." (CAVALCANTI, Marcos de Araújo. *Incidente de Resolução de Demandas Repetitivas [IRDR]*. São Paulo: Revista dos Tribunais, 2016. Acesso eletrônico.).

simetria aqui defendida, também no incidente de julgamento dos recursos repetitivos.

Este último elemento (procedimento incidental) é tido, inclusive, por uma parcela de autores, como a própria natureza jurídica do Incidente de Resolução de Demandas Repetitivas e, por conseguinte, também do Incidente de Resolução de Recursos Repetitivos. Nessa linha, Sofia Temer reputa o IRDR um procedimento incidental autônomo de caráter objetivo (meio processual objetivo[6]) somente, já que se restringe a questões jurídicas (artigo 976, I), não fica comprometido pela desistência da causa (artigo 976, §1º) e, na sua percepção, não julga a causa piloto.

Rodolfo de Camargo Mancuso também enxerga um procedimento incidental, vez que não se trata de ação, por ser instaurado por meio de um pedido, e não de petição inicial, e que dispensa pagamento de custas, inexistindo sucumbência. Conclui o autor tratar-se de incidente de caráter objetivo[7].

O incidente processual em estudo, no entanto, guarda particularidade, apontada por Aluisio Gonçalves de Castro Mendes: a ruptura com o fato de o incidente processual se basear em relação processual de duas partes (autor e réu), aproximando-se do inovador modelo de procedimentos paralelos[8].

Com efeito, a dessubjetivação intrínseca à primeira etapa do procedimento incidental, na qual se fixa a tese sem relação direta com os casos afetados para posterior julgamento, aproxima sua natureza jurídica do processo incidental, instaurando espécie de nova relação jurídica. Essa quase vida própria motiva José Maria Tesheiner a classificar o IRDR como um processo incidental[9].

---

6 TEMER, Sofia. *Incidente de Resolução de Demandas Repetitivas*. Salvador: Juspodivm, 2016, p. 87.

7 "A deflagração do IRDR se inicia, ou por ofício, no caso de ser provocado por juiz ou relator, ou através de uma petição, no caso de se tratar das partes, Ministério Público ou Defensoria Pública (art. 977 e incisos), não incidindo, em qualquer dos casos, as exigências formais de uma petição inicial (CPC/2.015, art. 319), até porque não se trata de uma ação judicial, nem por aí se instaura uma vera relação processual (actum trium personarum), cuidando-se antes de um procedimento incidental, como, aliás, deflui do nomen iuris do instituto e conforme já antes exposto nos comentários ao art. 977 e incisos." (MANCUSO, Rodolfo de Camargo. *Incidente de Resolução de Demandas Repetitivas*: a luta contra a dispersão jurisprudencial excessiva. São Paulo: Revista dos Tribunais, 2016, p. 221)

8 MENDES, Aluisio Gonçalves de Castro. *Incidente de resolução de demandas repetitivas:* sistematização, análise e interpretação do novo instituto processual. Rio de Janeiro, Forense, 2017, p. 104-105.

9 TESHEINER, José Maria Rosa. Sobre o assim chamado incidente de resolução de demandas repetitivas. Revista Páginas de Direito, Porto Alegre, ano 16, nº 1327, 10 de agosto de 2016. Disponível em: http://www.tex.pro.br/index.php/artigos/340-artigos-ago-2016/7699-sobre-o-assim-chamado-incidente-de-resolucao-de-demandas-repetitivas.

No entanto, os incidentes de julgamento de questões repetitivas não constituem processo autônomo, não se lhes aplicando o rompimento da inércia da jurisdição por meio de uma petição inicial[10], sempre a exigir prévio processo judicial para que seja instaurado. Este elemento – a acessoriedade – é decisivo para a classificação. Como observa Bruno Dantas, tampouco há avocação de competência ou nova relação processual[11].

Os incidentes de julgamento de casos repetitivos, no entanto, guardam certa autonomia[12] quanto aos processos nos quais se discute a questão objeto do incidente, vez que se trata de procedimento objetivo, dessubjetivado, desvinculado das relações processuais subjacentes. Volta a se relacionar com estas, porém, após a fixação da tese: a sistemática de sua aplicação aos processos suspensos ocorre incidentalmente em cada um dos processos.

---

10 CAVALCANTI, Marcos de Araújo. *Incidente de Resolução de Demandas Repetitivas [IRDR]*. São Paulo: Revista dos Tribunais, 2016. Acesso eletrônico.

11 "O IRDR, como o próprio nome sugere, possui natureza jurídica de incidente processual *sui generis*. Não dá azo, portanto, à instauração de uma nova relação processual, com todas as consequências que disso advém. Tampouco o IRDR significa a avocação da competência para conhecer as demandas repetitivas.
Em termos práticos, o IRDR funciona como fracionamento na cognição e no julgamento da causa. Ao tribunal compete a fixação da tese em abstrato, e ao juízo originário a sua aplicação ao caso concreto. É importante observar que a fixação da tese contém não apenas cognição da *quaestio iuris*, mas também decisão, o que todavia *não significa julgamento da lide subjacente*.
É possível conceituar o IRDR como o incidente processual instaurado para, mediante julgamento único e vinculante, assegurar interpretação isonômica à questão jurídica controvertida em demandas repetitivas que busquem tutela jurisdicional a interesses individuais homogêneos." (DANTAS, Bruno. Comentário ao artigo 976. In: WAMBIER, Teresa Arruda Alvim *et al.* [coords.]. *Breves comentários ao novo Código de Processo Civil*. São Paulo: Revista dos Tribunais, 2015. Acesso eletrônico.).

12 "*Incidentes processuais*, de modo geral, são fenômenos jurídicos-processuais que ocorrem em momento diferenciado na marcha do processo, designados a auxiliar o seu devido trânsito, aprimorando o resultado final na aplicação do método.
Quanto ao IRDR, especificamente, dada a complexidade existente no contexto de multiplicação de litígios e na forma de resolver esta situação por meio do processo, o legislador optou por disciplinar um *procedimento separado* e *autônomo*. A separação e autonomia do procedimento incidental restringe-se à sua estrutura, pois sua funcionalidade (resultado obtido ao final) acarretará efeitos no processo principal.
Portanto, observando a autonomia estrutural existente no incidente processual, mas devido à sua vinculação funcional ao processo principal, deve-se afirmar que no IRDR não serão devidas custas processuais ou honorários advocatícios, na medida em que este pagamento deverá ser exigido em cada um dos processos individuais." (DANTAS, Bruno. Comentário ao artigo 976. In: WAMBIER, Teresa Arruda Alvim *et al.* [coords.]. *Breves comentários ao novo Código de Processo Civil*. São Paulo: Revista dos Tribunais, 2015. Acesso eletrônico.).

Resta clara, portanto, a existência de dois procedimentos[13]: aquele do processo suspenso (e, eventualmente, afetado) – de índole subjetiva – e aquele do incidente, voltado à fixação da tese e à criação do "precedente" – de natureza objetiva.

Tal raciocínio se aplica às duas espécies de julgamento de casos repetitivos: ao incidente de resolução de demandas repetitivas e ao incidente de julgamento de recursos repetitivos[14].

4.1.2. Critério material: caso-piloto ou procedimento modelo?

Vista a classificação formal dos incidentes, em relação aos processos a partir dos quais são instaurados, resta a verificação da matéria desses incidentes, isto é, do conteúdo. São duas as possíveis interpretações: de que se julga o caso concreto submetido ao colegiado qualificado, aplicando-lhe a tese previamente fixada, ou de que somente se sedimenta o entendimento, abstratamente.

---

13 "Quando se seleciona um dos recursos para julgamento, instaura-se um novo procedimento. Esse procedimento incidental é instaurado por provocação oficial e não se confunde com o procedimento principal recursal, instaurado por provocação do recorrente. Passa, então, a haver, ao lado do recurso, um procedimento específico para julgamento e fixação da tese que irá repercutir relativamente a vários outros casos repetitivos. Quer isso dizer que surgem, paralelamente, dois procedimentos: (a) o procedimento recursal, principal, destinado a resolver a questão individual do recorrente; e, (b) o procedimento incidental de definição do precedente ou da tese a ser adotada pelo tribunal superior, que haverá de ser seguida pelos demais tribunais e que repercutirá na análise dos demais recursos que estão sobrestados para julgamento. Esse último procedimento tem uma feição coletiva, não devendo ser objeto de desistência, da mesma forma que não se admite a desistência de ações coletivas (ação civil pública e ação direta de inconstitucionalidade, por exemplo). O objeto desse incidente é a fixação de uma tese jurídica geral, semelhante ao de um processo coletivo em que se discutam direitos individuais homogêneos. Trata-se de um incidente com objeto litigioso coletivo". (CUNHA, Leonardo Carneiro da. O regime processual das causas repetitivas. *Revista de processo*, v. 179, jan. 2010. Acesso eletrônico.).

14 Nomenclatura já adotada pela doutrina (DINAMARCO, Cândido Rangel; LOPES, Bruno Vasconcelos Carrilho. *Teoria geral do novo processo civil*. 2ª ed. São Paulo: Malheiros, 2017, p. 241) e pelo Superior Tribunal de Justiça ("Processo civil. Questão de ordem. Incidente de Recurso Especial Repetitivo. Formulação de pedido de desistência no Recurso Especial representativo de controvérsia (art. 543-C, § 1o, do CPC). Indeferimento do pedido de desistência recursal. É inviável o acolhimento de pedido de desistência recursal formulado quando já iniciado o procedimento de julgamento do Recurso Especial representativo da controvérsia, na forma do art. 543-C do CPC c/c Resolução n.o 08/08 do STJ. Questão de ordem acolhida para indeferir o pedido de desistência formulado em Recurso Especial processado na forma do art. 543-C do CPC c/c Resolução n.o 08/08 do STJ" QO no Resp 1.063.343/RS).

Essas duas vias são delineadas pela doutrina como técnicas de causa piloto ou de causa modelo. Nas causas piloto (caso-piloto), haveria unidade de processo e julgamento, das questões comuns e das não comuns, do caso afetado e, posteriormente, replicação da *ratio decidendi* (grosso modo, a tese jurídica adotada como fundamento) nos demais processos similares. Há, portanto, julgamento do processo afetado como um todo pelo órgão destacado, e não apenas da questão jurídica que motivou o incidente[15].

Por outro lado, no modelo de julgamento de causa modelo (ou procedimento modelo), há cisão cognitiva (cognição judicial segmentada[16]), havendo julgamento apenas de questões comuns, com posterior incorporação em casos particulares. O órgão destacado decide apenas a questão comum, repetitiva, com fixação de tese jurídica, e os demais órgãos, juízes naturais de cada processo versando sobre o tema, a tomam como premissa (questão prejudicial), e finalizam o julgamento[17].

A doutrina tem dado bastante importância à discussão ora proposta. Com relação ao IRDR, por exemplo, é possível apontar a existência de correntes nos dois sentidos. Há quem sustente[18] ser o incidente espécie de causa piloto, em virtude da inserção do parágrafo único do artigo 978, no término

15 "(...) de forma que eles não serão julgados isolada e repetitivamente, mas reunidos para que, a partir do julgamento de dois (ou mais) deles, todos sejam resolvidos – técnica das 'causas-piloto'." (THEODORO JÚNIOR, Humberto; NUNES, Dierle; BAHIA, Alexandre Melo Franco; PEDRON, Flávio Quinaud. *Novo CPC – Fundamentos e sistematização*. 3ª ed. Rio de Janeiro: Forense, 2016, p. 435).

16 "Seja nos modelos de direito comparado ora analisados ou no incidente previsto na legislação brasileira projetada, a nota característica das ações-teste consiste na cisão da cognição judicial (também chamada de cognição judicial seguimentada) entre o julgamento das questões comuns a todas as ações repetitivas num primeiro momento e, após a definição destas, a remessa para outro órgão julgador, ao qual competirá o julgamento das demais questões jurídicas e fáticas de cada ação individualmente considerada". (RODRIGUES, Roberto de Aragão Ribeiro. As Ações-Teste na Alemanha, Inglaterra e Legislação Brasileira Projetada. *Revista Eletrônica de Direito Processual*, v. VIII, disponível em http://www.e-publicacoes.uerj.br/index.php/redp).

17 "(...) trata-se de uma técnica introduzida com a finalidade de auxiliar no dimensionamento da litigiosidade repetitiva mediante uma cisão de cognição por meio do 'procedimento-modelo'ou 'procedimento-padrão", ou seja, um incidente no qual 'são apreciadas somente questões comuns a todos os casos similares, deixando a decisão de cada caso concreto para o juízo do processo originário', que aplicará o padrão decisório em consonância com as peculiaridades fático-probatórias de cada caso (...)."(THEODORO JÚNIOR, Humberto; NUNES, Dierle; BAHIA, Alexandre Melo Franco; PEDRON, Flávio Quinaud. *Novo CPC – Fundamentos e sistematização*. 3ª ed. Rio de Janeiro: Forense, 2016, p. 443).

18 CABRAL, Antonio do Passo. Comentário ao artigo 976. In: CABRAL, Antonio do Passo; CRAMER, Ronaldo (coords.). *Comentários ao novo Código de Processo Civil*. 2 ed. Rio de Janeiro: Forense, 2016, p. 1.437.

do processo legislativo pelo Senado Federal, e quem entenda[19] que a classificação independa do referido dispositivo, vez que seria necessária a existência de processo em trâmite no tribunal para que se instaure o Incidente de Resolução de Demandas Repetitivas.

Por outro lado, Aluisio Gonçalves de Castro Mendes considera que o incidente tem por objeto somente a formulação da tese jurídica, utilizando como argumento o mesmo processo legislativo, reconhecendo que as mudanças propostas na Câmara dos Deputados (que visavam a exigir processo no tribunal como requisito de instauração – indicativo da adoção da técnica do caso piloto) não foram prestigiadas pelo Senado Federal, bem como os dispositivos legais, especialmente o artigo 987, que prevê cabimento de recurso extraordinário ou especial contra "o mérito do incidente, e não do posterior julgamento de processos ou recursos"[20].

Bruno Dantas, em linha similar, ao analisar o instituto, define existir cisão cognitiva, na qual "ao tribunal compete a fixação da tese em abstrato, e ao juízo originário a sua aplicação ao caso concreto"[21]. Complementarmente, ao estudar os recursos repetitivos, concluiu o autor pelo fracionamento da atuação do tribunal: primeiro, fixa a tese jurídica e, depois, somente para os recursos afetados, a aplica, em exercício de revisão – o que não ocorre com os demais casos sobrestados, em que se aplica a técnica de cassação pura e posterior reenvio[22].

---

19 DIDIER JR., Fredie; CUNHA, Leonardo Carneiro da. *Curso de direito processual civil*. v. 3. 14 ed. Salvador: Juspodivm, 2017, p. 678-679.

20 MENDES, Aluisio Gonçalves de Castro. *Incidente de Resolução de Demandas Repetitivas*: sistematização, análise e interpretação do novo instituto processual. Rio de Janeiro: Forense, 2017, p. 106.

21 DANTAS, Bruno. Comentário ao artigo 976. In: WAMBIER, Teresa Arruda Alvim *et al.* (coords.). *Breves comentários ao novo Código de Processo Civil*. São Paulo: Revista dos Tribunais, 2015. Acesso eletrônico.

22 "Embora, ao que parece, não haja na doutrina nacional quem se tenha pronunciado a respeito, estou convencido de que na técnica dos arts. 543-B e 543-C do CPC há uma forte tendência de mitigação do tradicional juízo de revisão e a consequente adoção de modelo algo assemelhado ao de cassação pura, com posterior reenvio. Explico.
Partindo-se da premissa de que o recurso-piloto transporta à corte superior o interesse público, consistente na definição da questão de direito que se repete em uma multiplicidade de casos idênticos, e também o interesse estritamente individual do recorrente, consistente em reformar o acórdão recorrido e aplicar o direito à espécie, entendo que o enquadramento teórico mais adequado é o que reconhece essa realidade, ou seja, a existência do fracionamento. Segue-se a necessária distinção entre o julgamento da questão de direito e sua aplicação posterior ao caso concreto." (DANTAS, Bruno. *Teoria dos Recursos Repetitivos:* tutela pluri-individual nos recursos dirigidos ao STF e ao STJ (arts. 543-B e 543-C do CPC). São Paulo: Revista dos Tribunais, 2015, p.123)

Pode-se perceber, então, a existência de uma segunda visão, em que o IRDR se volta à definição de tese jurídica – o que, a propósito, torna o *nomen iuris* inadequado[23-24]. No entanto, duas observações merecem ser feitas.

Primeiramente, dentro da lógica que sustenta a presente obra, deve ser buscado um tratamento uno dos incidentes – isto é, do Incidente de Resolução de Demandas Repetitivas e do de julgamento de recursos repetitivos. Embora parcela da doutrina distinga a natureza jurídica quanto ao critério material (de conteúdo ou de atividade) de um em relação ao outro[25], o único fundamento de real diferenciação entre os dois incidentes é a forma de acesso ao órgão julgador (a legitimidade para sua instauração), calcada em opção legislativa, não condicionada pela atividade a ser desenvolvida no seu bojo.

Isso porque – e aqui está a segunda observação – em ambos, como se mostrará analiticamente adiante, existe técnica que se centra na fixação de entendimento interpretativo consubstanciado em tese sobre questão de direito. Essa é a primordial função, como já defendido, dos incidentes de julgamento de casos repetitivos.

A legislação, contudo, abre inegável margem para o julgamento dos casos afetados pelo órgão colegiado que define a tese. No entanto, essa atividade não se confunde com a primeira, de modo que se deva afastar a compreensão dos incidentes como causa piloto, mas, ainda assim, compreender que essa posterior etapa – de aplicação do entendimento a casos concretos

23 "Afinal, é sempre relevante ter presente que malgré le nom, o IRDR não se vocaciona a 'resolver demandas repetitivas' e sim, modestamente, a fixar a tese jurídica que naquelas ações aparece massivamente repercutida; é dizer: a atividade judicante, propriamente dita, no que tange ao efetivo desfecho daquelas ações remanesce com o juiz natural, ou seja, aquele ao qual cada uma daquelas ações isomórficas fora regularmente distribuída, ao passo que ao tribunal cabe o labor paradigmático de firmar a tese jurídica acerca da questão de direito agitada naquelas ações, registrando-se aí, pois, uma cisão de competência." (MANCUSO, Rodolfo de Camargo. *Incidente de Resolução de Demandas Repetitivas*: a luta contra a dispersão jurisprudencial excessiva. São Paulo: Revista dos Tribunais, 2016, p. 161).

24 É, inclusive, a posição da 1ª Seção do STJ (AgInt no CC n. 147.784/PR, relator para acórdão Ministro Napoleão Nunes Maia Filho, DJe de 2/2/2018).

25 "A EC 45 abriu margem à utilização no campo recursal da técnica da 'causa piloto' mediante a qual se afeta(m) caso(s) (recurso(s) representativo(s) da controvérsia) que são usados como amostragem para solução de inúmeros outros idênticos. A técnica permite o julgamento completo da causa pelo Tribunal, diversamente das técnicas de procedimento-modelo nas quais há uma cisão cognitiva (como no Incidente de resolução de demandas repetitivas – IRDR)." (NUNES, Dierle. Comentário ao artigo 1.036. In: WAMBIER, Teresa Arruda Alvim *et al.* [coords.]. *Breves comentários ao novo Código de Processo Civil*. São Paulo: Revista dos Tribunais, 2015. Acesso eletrônico.). Na mesma linha, diferenciando, ao considerar o IRDR tipo de procedimento padrão e os recursos repetitivos causa piloto: THEODORO JÚNIOR, Humberto; NUNES, Dierle; BAHIA, Alexandre Melo Franco; PEDRON, Flávio Quinaud. *Novo CPC – Fundamentos e sistematização*. 3ª ed. Rio de Janeiro: Forense, 2016, p. 435 e 443.

afetados – guarda relevância: como observado por Bruno Dantas, o tribunal tem preciosa oportunidade de ser didático quanto à concretização da questão de direito pacificada, estabelecendo "padrão decisório a ser seguido pelos tribunais inferiores"[26] e, com o surgimento do IRDR, pelos órgãos julgadores subordinados à corte.

Por tudo isso, a denominação "julgamentos por amostragem" não se afigura a mais recomendável, pois atrelada à noção de causa piloto, ou seja, de que se julgam os processos ou recursos pinçados, presumindo reunirem todos os aspectos contidos nos demais, sobrestados. Ademais, há que se reiterar: o que realmente justifica a técnica, seu fundamento e sua finalidade centrais, é a definição de tese.

Seus reflexos, esmiuçados pelas espécies de eficácia delineadas pelo código, são consequência e não essência do instituto. Tanto assim que a desistência do processo paradigma não impede o prosseguimento do procedimento voltado à definição pretensamente definitiva da norma (artigo 976, §1º), chamado pela lei de "mérito do incidente", o que corrobora a noção de que a aplicação da tese a processos afetados é função acessória dos incidentes.

4.2. Competência

Dois elementos da Teoria Geral dos Casos Repetitivos são capazes de indicar diferenciação entre os incidentes (IRDR e RR): a competência para o julgamento e a legitimidade para a sua deflagração.

A competência, a rigor, acaba por variar de uma técnica para outra em razão da própria lógica do sistema, que criou dois instrumentos complementares: um para as instâncias ordinárias (Incidente de Resolução de Demandas Repetitivas) e outro para as extraordinárias (recursos repetitivos).

A bem da verdade, nada impediria que o legislador tivesse unificado o tratamento de maneira plena, consagrando um só instituto aplicável a todas as instâncias, mas não foi o que sucedeu, possivelmente por razões históricas, já que o microssistema se formou gradualmente (primeiro com o recurso extraordinário com repercussão geral, depois com os recursos especiais repetitivos, e, no novo código, com o IRDR e a unificação de tratamento dos recursos repetitivos). O CPC/15 escolheu traçar a dicotomia, em legítima opção legislativa.

Será analisada, então, a competência para ambos os incidentes, tanto sob o plano judiciário global como sob a ótica interna dos tribunais.

26 DANTAS, Bruno. *Teoria dos Recursos Repetitivos:* tutela pluri-individual nos recursos dirigidos ao STF e ao STJ (arts. 543-B e 543-C do CPC). São Paulo: Revista dos Tribunais, 2015, p. 124-125.

4.2.1. Competência para o IRDR

Conquanto não tenha restado expresso no texto final aprovado, o Incidente de Resolução de Demandas Repetitivas foi pensado para ocorrer nos tribunais de segundo grau. Essa conclusão se extrai por interpretação sistemática[27], e pela própria complementariedade da técnica de tutela pluri-individual, importada pelo legislador da experiência dos recursos repetitivos.

A completa leitura dos dispositivos que regem o instituto corrobora o afirmado. Está prevista a suspensão de todos os processos que versem sobre a matéria objeto do incidente "no Estado ou na região" (artigo 982, I), em clara ligação com a competência territorial dos Tribunais de Justiça e dos Tribunais Regionais Federais. Ao tratar da eficácia da tese, o artigo 985, I repete a expressão, confirmando a limitação ao âmbito do tribunal local que a decidiu.

Também o pressuposto de instauração negativo de não haver recurso afetado nos tribunais superiores sobre o tema (artigo 976, §4º) e a possibilidade de recurso especial ou extraordinário contra a decisão que fixa a tese (artigo 987) são elementos textuais que indicam a competência dos tribunais de segundo grau.

Para além dos TJs e dos TRFs, no entanto, a doutrina[28] tem sugerido a extensão do IRDR, por força do diálogo de fontes a envolver o CPC enquanto norma processual geral aplicável subsidiária e supletivamente a outros ramos (artigo 15), para matérias trabalhistas, nos Tribunais Regionais do Trabalho, e eleitoral, nos Tribunais Regionais Eleitorais. Há quem sustente a aplicabilidade do instrumento até mesmo a processos administrativos[29], sendo certo, porém, que, na Justiça Militar Federal, por inexistir tribunal de segundo grau, o mesmo não se mostraria adequado[30].

---

27 MENDES, Aluisio Gonçalves de Castro. *Incidente de Resolução de Demandas Repetitivas*: sistematização, análise e interpretação do novo instituto processual. Rio de Janeiro: Forense, 2017, p. 137.

28 MENDES, Aluisio Gonçalves de Castro. *Incidente de Resolução de Demandas Repetitivas*: sistematização, análise e interpretação do novo instituto processual. Rio de Janeiro: Forense, 2017, p. 138; DIDIER JR., Fredie; CUNHA, Leonardo Carneiro da. *Curso de direito processual civil*. v. 3. 14 ed. Salvador: Juspodivm, 2017, p. 676; CABRAL, Antonio do Passo. Comentário ao artigo 978. In: CABRAL, Antonio do Passo; CRAMER, Ronaldo (coords.). *Comentários ao novo Código de Processo Civil*. 2 ed. Rio de Janeiro: Forense, 2016, p. 1446. Na mesma linha, o enunciado 347 do FPPC.

29 CABRAL, Antonio do Passo. Comentário ao artigo 978. In: CABRAL, Antonio do Passo; CRAMER, Ronaldo (coords.). *Comentários ao novo Código de Processo Civil*. 2 ed. Rio de Janeiro: Forense, 2016, p. 1446.

30 MENDES, Aluisio Gonçalves de Castro. *Incidente de Resolução de Demandas Repetitivas*: sistematização, análise e interpretação do novo instituto processual. Rio de Janeiro: Forense, 2017, p. 138.

Há, ainda, a questão envolvendo a competência dentro do próprio tribunal para apreciação do incidente (competência funcional[31]). O Código de Processo Civil deixou a matéria para definição nos regimentos internos, opção constitucionalmente louvável (não por delegação legislativa, mas por respeito ao artigo 96, I, *a*, da Constituição[32]) e que não havia sido feita previamente, quando do advento dos recursos repetitivos no diploma anterior[33].

Apenas foi posta uma exigência: que o julgamento se desse por órgão indicado no regimento interno dentre aqueles responsáveis pela uniformização da jurisprudência na corte. Aluisio Mendes[34], Humberto Theodoro Júnior, Dierle Nunes e outros autores[35] complementam a condição, no sentido da

---

31 MENDES, Aluisio Gonçalves de Castro. *Incidente de Resolução de Demandas Repetitivas*: sistematização, análise e interpretação do novo instituto processual. Rio de Janeiro: Forense, 2017, p. 138.

32 "O NCPC relegou aos regimentos internos dos tribunais a definição do órgão jurisdicional responsável pelo julgamento do IRDR, e não o fez por delegação legislativa, mas em observância estrita ao disposto no art. 96, I, *a*, da CF/1988, que concede aos tribunais a competência de dispor sobre a competência e o funcionamento de seus respectivos órgãos jurisdicionais.
No entanto, dentro das balizas constitucionalmente fixadas, o *caput* do art. 978 estabeleceu a obrigatoriedade de que os regimentos internos dos tribunais atribuam a competência para conhecer e julgar o IRDR apenas àqueles órgãos que possuam atribuição de uniformização da jurisprudência do respectivo tribunal." (DANTAS, Bruno. Comentário ao artigo 976. In: WAMBIER, Teresa Arruda Alvim *et al.* [coords.]. *Breves comentários ao novo Código de Processo Civil*. São Paulo: Revista dos Tribunais, 2015. Acesso eletrônico.).

33 O artigo 543-C, §9o, até relegava a matéria atinente ao procedimento ao regimento interno do STJ e dos tribunais locais, mas não o fazia quanto à competência de maneira tão clara.

34 MENDES, Aluisio Gonçalves de Castro. *Incidente de Resolução de Demandas Repetitivas*: sistematização, análise e interpretação do novo instituto processual. Rio de Janeiro: Forense, 2017, p. 138-140.

35 "Esse órgão deverá ser aquele competente para produzir súmula e possuir, em sua maioria, desembargadores de órgãos com competência para julgar a matéria (art. 978)." (THEODORO JÚNIOR, Humberto; NUNES, Dierle; BAHIA, Alexandre Melo Franco; PEDRON, Flávio Quinaud. *Novo CPC – Fundamentos e sistematização*. 3ª ed. Rio de Janeiro: Forense, 2016, p. 452-453). Questionando a competência dos órgãos destinados a editar enunciados de súmula, por muitas vezes não serem específicos para uma matéria, mas reconhecendo que "o regimento, sempre que possível, deve indicar, para julgamento do IRDR, órgão que tenha, em sua composição majoritária, desembargadores que componham turmas ou câmaras com competência para o julgamento da matéria discutida no incidente": DIDIER JR., Fredie; CUNHA, Leonardo Carneiro da. *Curso de direito processual civil*. v. 3. 14 ed. Salvador: Juspodivm, 2017, p. 725.

especialização do órgão destacado para as matérias que virá a julgar, opção seguida por alguns tribunais[36].

Não se pode ignorar, ainda, que, em diálogo com o princípio da ampla participação, já tratado, o julgamento deve ser sempre colegiado, desde o exame da admissibilidade do incidente.

Ademais, se o tema versar sobre a constitucionalidade de algum comando, por força do artigo 97 da Constituição Federal, o julgamento caberá ao plenário do tribunal ou ao seu órgão especial (o regimento define entre as duas vias deixadas pelo constituinte)[37], excepcionando, eventualmente, a regra geral para decidir o incidente. Essa visão potencializa o instituto, que, pontualmente, pode guardar semelhança com o incidente de arguição de inconstitucionalidade[38].

4.2.1.1. IRDR nos tribunais superiores

Questão que se coloca é a competência dos tribunais superiores para o Incidente de Resolução de Demandas Repetitivas. Como visto, o instituto foi concebido para ter vez nos tribunais locais (TJs e TRFs), sendo certo, ainda,

---

36 No TJ/RJ, por exemplo, fixou-se a competência interna para o IRDR nas Seções Cível Comum, Cível Consumerista e Criminal, prestigiando a especialização do órgão para as matérias.

37 "Se o tribunal, ao julgar o IRDR, tiver de apreciar a inconstitucionalidade de lei ou tratado, deverá adotar o procedimento previsto nos art. 948 a 950 do CPC e encaminhar a questão ao plenário ou corte especial. Em tal hipótese, deve ser observada a regra de reserva de plenário: somente o plenário ou o órgão especial é que pode decretar, incidentemente, a inconstitucionalidade de lei ou tratado (art. 97, CF)." (DIDIER JR., Fredie; CUNHA, Leonardo Carneiro da. *Curso de direito processual civil*. v. 3. 14 ed. Salvador: Juspodivm, 2017, p. 725.).

38 Em sentido contrário, entendendo que a questão do controle de constitucionalidade deve ser resolvida, sempre, por incidente de arguição de inconstitucionalidade: "Quer dizer que o colegiado competente para o incidente de resolução, ao decidir que a questão é de *controle* de constitucionalidade, deve encaminhá-la ao juízo do plenário ou do órgão especial, nos termos do art. 949, II, do CPC/2015. Aliás, isto também deve ocorrer quando, não obstante a questão de direito não tenha sido delineada no requerimento de instauração do incidente de resolução como 'questão constitucional', decida o colegiado que a questão abre oportunidade para uma provável decisão de inconstitucionalidade. Nestes casos, participam do incidente de constitucionalidade as partes do incidente de resolução de demandas repetitivas, ou seja, aqueles que devem participar do incidente de resolução na qualidade de representantes dos litigantes excluídos e as partes do processo originário, que, igualmente, devem necessariamente participar do incidente de resolução (art. 984, II, *a*, do CPC/2015). É o que acontece, similarmente, quando a questão que requer controle de constitucionalidade, na ação coletiva, é encaminhada à decisão do plenário ou do órgão especial." (MARINONI, Luiz Guilherme. *Incidente de Resolução de Demandas Repetitivas:* decisão de questão idêntica x precedente. São Paulo: Revista dos Tribunais, 2016. Acesso eletrônico.).

que pode chegar até os tribunais superiores, pela via recursal – desenrolar importante, vez que muitas das matérias analisadas têm repercussão nacional[39]. Não se discute, portanto, a competência recursal das cortes de cúpula para o IRDR.

A polêmica, no entanto, está na possibilidade de instauração originária do incidente nesses tribunais. Aluisio Mendes admite a viabilidade quando diante de processos originários[40], com base na cláusula geral de uniformização de jurisprudência (artigo 926), que, dentre outros mecanismos, se concretiza pelo IRDR, bem como no fato de que as técnicas de gestão e de julgamento de questões repetitivas prescindem de determinação legal – como ensina a experiência alemã. De todo modo, em homenagem ao devido processo legal e à segurança jurídica, o autor recomenda a prévia disciplina no regimento interno do STF e do STJ.

Fredie Didier e Leonardo Cunha, na mesma linha, admitem o IRDR em causas originárias e em recursos ordinários no âmbito dos tribunais superiores, assentando inexistir impedimento legal para tanto e que o parágrafo do artigo 978 inserido pela Câmara dizendo expressamente que o incidente só caberia em tribunal de justiça e em tribunal regional federal não foi mantido na redação final pelo Senado Federal[41].

Flávio Yarshell, além de admitir o incidente em processos originários, o sustenta, como instrumento subsidiário, para causas em sede recursal, afastando os empecilhos consistentes nos artigos 976, §4°, 982, §3°, e 979, §3°, além do argumento de política judiciária de que se geraria maior assoberbamento das cortes de cúpula[42].

---

39 "Entretanto, tal como concebido, o IRDR deve ser decidido por cortes regionais (TJ e TRF), sendo que a parcela mais expressiva da legislação brasileira se origina de uma única fonte (a União, por força do art. 22 da CF/1988), o que conduz à necessidade de uniformização nacional, exigindo a inserção do STF e do STJ na dinâmica deste incidente." (DANTAS, Bruno. Comentário ao artigo 976. In: WAMBIER, Teresa Arruda Alvim *et al.* [coords.]. *Breves comentários ao novo Código de Processo Civil.* São Paulo: Revista dos Tribunais, 2015. Acesso eletrônico.).

40 MENDES, Aluisio Gonçalves de Castro. *Incidente de Resolução de Demandas Repetitivas*: sistematização, análise e interpretação do novo instituto processual. Rio de Janeiro: Forense, 2017, p. 140-141.

41 DIDIER JR., Fredie; CUNHA, Leonardo Carneiro da. *Curso de direito processual civil.* v. 3. 14 ed. Salvador: Juspodivm, 2017, p. 724.

42 "Primeiro, a previsão de ser impossível a convivência entre repetitivos e IRDR (art. 976, § 4º) é lógica e se justifica pela prevalência da decisão do tribunal superior, a tornar inclusive inútil o emprego do mecanismo em tribunal local. Mas, isso não exclui que o IRDR surja diretamente perante o tribunal superior. É claro que a instauração do IRDR perante a Corte superior exigirá análoga coordenação interna, para que não sejam praticadas atividades inúteis e até contraditórias. Mas, isso não é óbice, menos ainda intransponível. Segundo, o fato de a lei remeter a apreciação de pleito de suspensão

Não obstante o fato de que a questão será decidida pelos tribunais superiores – a 2ª Seção do Superior Tribunal de Justiça já acenou negativamente[43] –, algumas ponderações são bem-vindas.

A primeira constatação é que o desenho legal do microssistema de julgamento de casos repetitivos deixa clara a função de cada corte: as locais definem seu entendimento no IRDR e as superiores, pela via recursal. Além de opção legislativa, os diferentes meios eleitos dialogam com a atividade específica de cada tribunal, caminhando rumo à função de cortes de precedentes tanto do STF como do STJ.

---

para tribunal superior (art. 982, § 3º) não significa que o incidente não possa surgir no respectivo seio, inclusive porque juízo sobre eventual sobrestamento é próprio das técnicas de uniformização, tal como ocorre no caso de recursos repetitivos. Terceiro, a norma do art. 979, § 3º apenas estende a regra do IRDR para o regime de repetitivos e de repercussão geral, a buscar coerência no que se pretendeu fosse um autêntico sistema de edição de decisões com potencial uniformizador. Vale dizer: não é porque ordinariamente o STJ empregará a técnica dos recursos repetitivos que, só por isso, de sua área de atuação ficará excluído mecanismo subsidiário, que igualmente se afina com os escopos buscados pelo Código.

Finalmente, há o argumento – de política judiciária – de possível assoberbamento dos tribunais superiores. Não se trata de óbice irrelevante: basta ver que atualmente, diante da incapacidade de o STF dar conta de seu estoque de teses com repercussão geral reconhecida, discute-se se não seria o caso de 'limitar a limitação', isto é, de escolher o mais relevante dentro do que já se tenha reconhecido como tal. Disso decorreria um limite de teses para julgamento num certo período de tempo; com um saldo remanescente sem julgamento. A partir desse debate, é judiciosa a preocupação externada pela relatora do processo inicialmente mencionado: antes de se reconhecer (mais um) encargo de uniformizar é mesmo prudente indagar se o órgão terá capacidade de dar adequada e tempestiva resposta à tarefa que se impôs porque, do contrário, o risco de desprestígio é relevante.

Mas, sem embargo da seriedade de propósito que a inspira, a preocupação não parece ser suficiente para justificar a negativa ao IRDR. Basta que ele de fato seja visto como instrumento *subsidiário*, para o qual o interesse processual somente surgirá se demonstrado, no caso concreto, que a uniformização não se afigura possível pela via dos repetitivos (ou em âmbito de repercussão geral). E o papel que o STJ tem até aqui desempenhado no âmbito dos repetitivos, salvo melhor juízo, parece credenciá-lo a assumir a tarefa eventual de processar e decidir um IRDR; repita-se, ainda que apenas em caráter subsidiário." (YARSHELL, Flávio Luiz. Incidente de resolução de demandas repetitivas nos tribunais superiores?. *Carta Forense*, 01/06/2017. Disponível em: http://www.cartaforense.com.br/conteudo/colunas/incidente-de-resolucao-de-demandas-repetitivas-nos-tribunais-superiores/17629. Acesso em: 28/10/2017).

---

43 IUJur no CC 144.433-GO, Rel. Min. Marco Aurélio Bellizze, por unanimidade, julgado em 14/03/2018, DJe 22/03/2018. 2ª Seção. O tribunal deu, ainda, interpretação evolutiva ao incidente de uniformização de jurisprudência, recomendando a instauração de IRDR ou IAC, a depender do caso, em seu lugar.

Em segundo lugar, é questionável a real relevância da admissão da instauração do incidente nesses tribunais, ainda que em caráter subsidiário. Isso porque os pressupostos de instauração são mantidos, notadamente a efetiva repetição de processos e a ausência de recurso repetitivo sobre o tema afetado (artigo 976, I e §4º).

Se se pensar em causas de competência originária – parcela muito diminuta do acervo dos tribunais de cúpula[44] –, é difícil imaginar como um desses temas se mostraria repetitivo em várias dessas ações. Eventualmente, uma questão pulverizada em diversos mandados de segurança ou, no exemplo de Fredie Didier e Leonardo Cunha, em conflitos de competência. Mesmo em tais casos, possivelmente não estaria presente o requisito mencionado.

Por vezes, até existe repetitividade interna ao processo, que é, em sua essência, massificado (basta pensar nas causas de competência originária do Supremo Tribunal Federal por interessarem a todos os membros da magistratura – artigo 102, I, n da CF), mas dificilmente haverá, em concreto, hipótese de instauração de IRDR.

Com isso, quer-se dizer que o microssistema funcionaria muito bem com o IRDR reservado para os tribunais locais e os recursos repetitivos em sede extraordinária. Uma vantagem considerável, certamente querida pelo legislador, é a fixação de entendimento de maneira clara em cada corte, algo que possibilita a insurgência com base em dissídio jurisprudencial (artigo 105, III, c da CF) de forma facilitada.

Não se pode ignorar, contudo, que o Superior Tribunal de Justiça já possui Incidentes de Assunção de Competência admitidos, o que, não necessariamente, quer sinalizar no sentido da possibilidade do Incidente de Resolução de Demandas Repetitivas em seu âmbito. Isso porque (i) o tratamento legal[45] do IAC é bem mais enxuto que aquele destinado ao IRDR,

---

44 Verificando o acervo atual do STF, vê-se que 30.209 processos são recursos (AI, ARE e RE), 2.256 são ações de controle concentrado, 5.796 são feitos criminais e, nas demais originárias (8.200), destacam-se as reclamações (3.256), que já demandam precedente prévio e geralmente atinem ao caso concreto, devendo ser pontualmente desfeita a ilicitude, e os mandados de segurança (1.517).

45 Resume-se ao artigo 947: "Art. 947. É admissível a assunção de competência quando o julgamento de recurso, de remessa necessária ou de processo de competência originária envolver relevante questão de direito, com grande repercussão social, sem repetição em múltiplos processos.
§ 1º Ocorrendo a hipótese de assunção de competência, o relator proporá, de ofício ou a requerimento da parte, do Ministério Público ou da Defensoria Pública, que seja o recurso, a remessa necessária ou o processo de competência originária julgado pelo órgão colegiado que o regimento indicar.
§ 2º O órgão colegiado julgará o recurso, a remessa necessária ou o processo de competência originária se reconhecer interesse público na assunção de competência.
§ 3º O acórdão proferido em assunção de competência vinculará todos os juízes e órgãos fracionários, exceto se houver revisão de tese.

inclusive ao nada dispor sobre a competência de um ou outro tribunal, e (ii) o IAC, ao gozar de caráter preventivo, realmente complementa o sistema de formação concentrada de precedentes de maneira significativa, sendo mais do que justificável sua instauração nos tribunais superiores, cabendo quando não foi caso de repetitividade da matéria.

Por fim, nada impediria que, ainda que havendo repetição sobre mesma questão em causas de competência originária, se instaurasse o IAC, de modo que o IRDR, em sede extraordinária, fica restrito a debate quase que metafísico.

Evidentemente, um intercâmbio interessante pode haver entre o incidente em questão e outras formas de tutela coletiva dessubjetivada, como ações de controle concentrado e súmulas vinculantes[46], esmiuçando o entendimento nelas originalmente construído. A afetação dessas matérias para que se fixe uma tese é de utilidade inegável – o que se questiona, contudo, é o instrumento para tanto.

4.2.1.2. IRDR nos juizados especiais

Aspecto que se revela algo problemático é a instauração do incidente em questão no âmbito do microssistema dos juizados especiais. Embora o tema desperte ampla discussão, havendo quem sustente sua impossibilidade[47], sobretudo nos Juizados Federais e nos Juizados Fazendários (por haver os pedidos de uniformização de jurisprudência[48])[49], cabe reconhecer que seu cabimento é capaz de resolver diversos problemas que até hoje permanecem.

Aluisio Gonçalves de Castro Mendes[50] aponta, acertadamente, três barreiras vencidas com a eficácia, nos processos em curso nos juizados, da tese fixada em IRDR: (i) a viabilidade da uniformização nos Juizados Especiais

---

4º Aplica-se o disposto neste artigo quando ocorrer relevante questão de direito a respeito da qual seja conveniente a prevenção ou a composição de divergência entre câmaras ou turmas do tribunal."

---

46 É o que aconteceu no STF, ao uniformizar, em julgamento de recurso extraordinário com repercussão geral, entendimentos dissidentes sobre a ADC 16 e a SV 37, que surgiram após o julgamento e a edição, respectivamente.

47 Sustentando ser impossível a instauração do IRDR nas Turmas Recursais, porque somente a estrutura de um tribunal poderia absorver tamanha atribuição: ROCHA, Felippe Borring. *Manual dos juizados especiais cíveis estaduais*: teoria e prática. 9ª ed. São Paulo: Atlas, 2017, p. 352.

48 A respeito, ver capítulo referente ao histórico legislativo dos casos repetitivos, *supra*.

49 DIDIER JR., Fredie; CUNHA, Leonardo Carneiro da. *Curso de direito processual civil*. v. 3. 14 ed. Salvador: Juspodivm, 2017, p. 723.

50 MENDES, Aluisio Gonçalves de Castro. *Incidente de Resolução de Demandas Repetitivas*: sistematização, análise e interpretação do novo instituto processual. Rio de Janeiro: Forense, 2017, p. 141-167.

Cíveis, que não gozam de instrumento legal para tanto, (ii) a pacificação de questões processuais, já que os pedidos de uniformização não podem tê-las como objeto, embora estejam amplamente presentes nas causas em trâmite nos juizados em geral, e (iii) a possibilidade de se resolver conflitos interpretativos internos a um mesmo estado ou região, homenageando a isonomia e a segurança jurídica.

É, então, mais do que viável, recomendável a instauração do incidente dentro do próprio microssistema dos juizados especiais. O mesmo terá sede em órgão colegiado do próprio sistema[51], se desenrolando analogamente ao que sucede nos tribunais de segunda instância.

Do mesmo modo, os efeitos de IRDR instaurado em tribunal devem incidir nos processos em curso nos juizados a ele subordinados. Não se ignora a alegação de inconstitucionalidade da proposta, já que a Constituição exige julgamento, inclusive dos recursos, por órgãos de primeiro grau (artigo 98, I[52])[53]. Ocorre, no entanto, que a submissão ao entendimento desenhado em IRDR de competência de tribunal ou em recurso repetitivo não significa julgamento de recurso por órgão de segundo grau ou superior, mas, como se tem sustentado, definição de interpretação legítima da norma – que há de ser a mesma em todo o sistema do Judiciário, sob pena de se prestigiar autêntica esquizofrenia hermenêutica[54].

---

51 Inteligência do Enunciado 44 do ENFAM. Para Aluisio Mendes, o incidente deve ser instaurado (e julgado) "no âmbito das Turmas Recursais" (MENDES, Aluisio Gonçalves de Castro. *Incidente de Resolução de Demandas Repetitivas*: sistematização, análise e interpretação do novo instituto processual. Rio de Janeiro: Forense, 2017, p. 167.).

52 "Art. 98. A União, no Distrito Federal e nos Territórios, e os Estados criarão:
I – juizados especiais, providos por juízes togados, ou togados e leigos, competentes para a conciliação, o julgamento e a execução de causas cíveis de menor complexidade e infrações penais de menor potencial ofensivo, mediante os procedimentos oral e sumaríssimo, permitidos, nas hipóteses previstas em lei, a transação e o julgamento de recursos por turmas de juízes de primeiro grau"

53 BUENO, Cássio Scarpinella. *Manual de Direito Processual Civil*. São Paulo: Saraiva, 2015, p. 589; ABBOUD, Georges; CAVALCANTI, Marcos. Inconstitucionalidades do incidente de resolução de demandas repetitivas e riscos ao sistema decisório. *Revista de Processo*, v. 240, fev. 2015, p. 237-240.

54 Outro argumento interessante é trazido por Fredie Didier Jr. e Leonardo Cunha, que alertam para o fato de que o Superior Tribunal de Justiça julga conflitos de competência entre tribunais de justiças diversas (comum x trabalhista, por exemplo), sem causar espécie: "Se é verdade que há hierarquia jurisdicional entre juízes dos juizados e os tribunais, não é inusitado haver medidas judiciais em tribunais que controlam atos de juízos a eles não vinculados. (...) Os juízes dos juizados não estão hierarquicamente vinculados ao STJ; não cabe recurso especial de decisões proferidas nos juizados (Súmula STJ, n. 203), mas é evidente que devem seguir o entendimento manifestado pelo STJ em recurso repetitivo e em enunciado de súmula em matéria infraconstitucional (art. 927,

Em outras palavras, como reconhecem Felippe Borring[55] e Antônio Gaio Junior[56], há prestígio da uniformidade do sistema de precedentes (artigo 926) e aos provimentos vinculativos (artigo 927)[57]. De todo modo, seria saudável a regulamentação de como deve se dar essa aplicação, dentro do próprio microssistema dos juizados especiais[58].

Em síntese, os processos a correr nos juizados especiais se relacionam com a técnica de tutela pluri-individual ao se submeter à tese fixada, seja em IRDR a correr nos tribunais de segundo grau, seja em incidente julgado no próprio interior do microssistema.

Por fim, um último alerta: caso ocorra IRDR interno aos juizados (provavelmente, julgado por reunião das turmas recursais, a depender do regimento interno) e outro, sobre o mesmo tema, no âmbito do tribunal ao qual o juizado se submete, deve ser prestigiado este entendimento, respeitando o papel nomofilático que as cortes ostentam. Se o STJ é o responsável pela interpretação da lei federal, e a lei federal é uma só para todo o país, não serão os processos a correr nos juizados a exceção legítima a essa lógica[59].

III e IV, CPC)." (DIDIER JR., Fredie; CUNHA, Leonardo Carneiro da. *Curso de direito processual civil*. v. 3. 14 ed. Salvador: Juspodivm, 2017, p. 744.).

55 ROCHA, Felippe Borring. *Manual dos juizados especiais cíveis estaduais*: teoria e prática. 9ª ed. São Paulo: Atlas, 2017, p. 352.

56 "Em verdade, ainda que haja conteúdos vacilantes em sede doutrinária jurisdicional quanto à submissão hierárquica dos juízes dos juizados ao tribunal de Justiça ou regional federal respectivo, dúvidas não há quanto ao necessário respeito à racionalidade de decisões tidas em âmbito de matéria de direito repetitivas. Soa a própria lógica de um sistema que busca a segurança jurídica e previsibilidade das decisões, o que, de certo, estabiliza o próprio ordenamento jurídico vinculado à sua interpretação normativa e daí, o próprio tecido social à [a] ele submetido.
Nesses termos, entendemos a vinculação do microssistema dos Juizados Especiais às decisões em sede de IRDR julgadas pelos tribunais de Justiça estaduais (Juizados Especiais Estaduais e da Fazenda Pública) e regionais federais (Juizados Especiais Federais)." (GAIO JÚNIOR, Antônio Pereira. Breves notas sobre aplicabilidade de IRDR nos juizados especiais. *Consultor Jurídico*, 26/02/2017. Disponível em: https://www.conjur.com.br/2017-fev-26/breves-notas-aplicabilidade-irdr-juizados-especiais. Acesso em: 28/20/2017).

57 A esse respeito, o Enunciado 549 do FPPC reconhece que os juizados devem seguir as orientações da TNU, mas, também, os provimentos elencados no art. 927.

58 KOEHLER, Frederico. O incidente de resolução de demandas repetitivas e os Juizados Especiais. *Revista de Processo*, v. 237, nov. 2014, p. 505.

59 O próprio STJ, a propósito, admitiu a suspensão nacional de processos sobre tema a ser decidido em IRDR instaurado a partir do processo em trâmite em juizado especial federal (Suspensão em IRDR n.9-SC, Rel. Min. Paulo de Tarso Sanseverino, Presidente da Comissão Gestora de Precedentes, decisão de 10/08/2018).

4.2.2. Competência para o incidente de julgamento de recursos repetitivos

Quanto aos recursos repetitivos, a competência é do tribunal superior competente. Seguem-se as regras constitucionais de repartição de competência, cabendo ao STF receber os recursos extraordinários (artigo 102, III da CF) e ao STJ os recursos especiais (artigo 105, III da CF).

A matéria é enriquecida com o advento do microssistema porque se importa do regramento do IRDR a indicação da competência funcional interna do tribunal (artigo 978, *caput*). Como visto, para o incidente que ocorre nos tribunais locais, há indicação de órgão a ser eleito pelo regimento interno dentre aqueles responsáveis pela uniformização de jurisprudência no tribunal.

O artigo 1.036, que enuncia o incidente de julgamento de recursos repetitivos, até faz remissão ao regimento interno do STF e do STJ, de maneira genérica. A intenção, porém, parece se voltar à complementação do procedimento, verdadeiramente esmiuçado nos diplomas internos das cortes.

De todo modo, o preenchimento normativo ensejado pelo microssistema não é de difícil implementação. Antes, se coaduna com o que já ocorre no Superior Tribunal de Justiça, que reserva à Corte Especial ou a uma das Seções o julgamento que fixa tese (artigo 256-N do regimento interno[60]), e no Supremo Tribunal Federal, onde as teses acabam sendo decididas pelo Tribunal Pleno.

4.3. Legitimidade

O segundo ponto de diferenciação entre os dois tipos de incidente é a legitimidade para requerer sua instauração. Seguindo a lógica do que foi dito para a competência, de que o legislador quis manter a distinção de dinâmica, conquanto pudesse ter unificado, totalmente, a forma de julgar os casos repetitivos, percebe-se que o funcionamento sistêmico justifica a disparidade quanto à legitimidade.

Explica-se: enquanto o IRDR é instaurado nas instâncias ordinárias, podendo ser motivado por repetitividade da questão em demandas que correm em primeiro grau, o incidente de julgamento de recursos repetitivos tem morada nos tribunais de cúpula (STF e STJ), pela via recursal. Necessita, então, de processo em sede de recursos extraordinários – e, assim, está condicionado à dupla atuação: da parte (ou de terceiro) no processo, ao recorrer, e do legitimado à instauração.

60 "Art. 256-N. Após a liberação do relator, o processo será incluído na pauta para julgamento na Seção ou na Corte Especial."

4.3.1. Legitimidade para o IRDR

No incidente de competência das vias ordinárias, a legitimidade vem traçada no artigo 977[61], que também traz requisitos de regularidade formal (pressuposto de instauração objetivo).

Inicialmente, cabe um alerta: o comando fala em "pedido de instauração", o que, a rigor, não levaria à conclusão de que *de per si* gozariam de legitimidade para instaurar o incidente. Assim, o rol ganharia traços de exemplificatividade, de modo que, se o relator, ouvindo quem quer que seja, entendesse pela instauração, poderia deflagrar o incidente "de ofício".

No entanto, embora a viabilidade da atuação *ex officio* sempre permita que o magistrado aberto a clamores externos os traga para o debate qualificado, existe uma diferença crucial. Quando um sujeito legitimado faz "pedido de instauração", efetivamente ocorre a instauração de um IRDR, passando pelo presidente do tribunal respectivo apenas como trâmite administrativo. A peça inicial do procedimento do incidente será o ofício ou a petição apresentado(a)[62].

Por outro lado, outros sujeitos, estranhos ao rol do artigo em análise, quando provocarem o juiz ou relator, não necessariamente levarão à deflagração do procedimento incidental objetivo, estando condicionados ao atuar do membro do tribunal.

4.3.1.1. Legitimidade do juiz

O primeiro sujeito que pode pedir a instauração é o *juiz* (artigo 977, I) de algum processo que envolva a questão repetitiva. Trata-se de salutar escolha do código, já que é o magistrado de primeiro grau que tem o primeiro contato, a primeira percepção de que o tema se repete assiduamente. Por essa razão, chega-se a afirmar que seria o legitimado ideal para a instauração[63].

---

61 "Art. 977. O pedido de instauração do incidente será dirigido ao presidente de tribunal:
I – pelo juiz ou relator, por ofício;
II – pelas partes, por petição;
III – pelo Ministério Público ou pela Defensoria Pública, por petição."

62 É o que se depreende da análise dos autos eletrônicos dos IRDRs instaurados no TJ/RJ, por exemplo.

63 TEMER, Sofia. *Incidente de Resolução de Demandas Repetitivas*. Salvador: Juspodivm, 2016, p. 106-107.

Exige-se que, para que possa requerer a instauração, o magistrado possua, no seu acervo de processos, algum a envolver a matéria repetida[64][65]. Afinal, soaria bastante estranho à sua atuação que o juiz atuasse como fiscal dos acervos de seus colegas. Mesmo nessa peculiar hipótese, embora não legitimado apto a instaurar o incidente, poderia oficiar outro magistrado ou relator de processo sobre o tema já em grau recursal para que, sendo estes legitimados na forma do artigo 977, procedessem ao ofício de instauração.

Há quem considere, mesmo nos casos em que o juiz possua processo sobre a questão sob seu julgamento, que haveria discricionariedade entre a deflagração de ofício e o ofício a outro legitimado, quando o processo sobre o qual exerce jurisdição não contiver os melhores argumentos, por exemplo[66]. Parece, no entanto, que a prática não alberga tal raciocínio, já que nada impede que o juiz oficie ao tribunal para a instauração, indique o processo que tem em seu juízo, mas proponha a afetação de outros, já que a instauração e a afetação não precisam ocorrer no mesmo processo.

De resto, a legitimidade outorgada ao juiz permite evitar qualquer tipo de dificuldade em se instaurar o incidente a partir de processo em trâmite nas turmas recursais, já que, sabidamente, se trata de órgão de 1ª instância e 2º grau de jurisdição, composto por juízes.

4.3.1.2. Legitimidade do relator (e do órgão colegiado)

Segundo legitimado destacado pelo código é o *relator* (artigo 977, I), em raciocínio muito próximo daquele aplicado para o juiz, também a demandar que haja processo acerca da matéria controvertida sob sua relatoria.

O que a lei não deixa claro, mas a doutrina dela extrai, é que, se o relator pode, de ofício, deflagrar o incidente, com maior razão o órgão colegiado ao qual pertence goza dessa legitimidade. A *ratio* do comando legal é permitir que o relator se antecipe à análise colegiada dos pressupostos.

---

64 MENDES, Aluisio Gonçalves de Castro. *Incidente de Resolução de Demandas Repetitivas*: sistematização, análise e interpretação do novo instituto processual. Rio de Janeiro: Forense, 2017, p. 131; DIDIER JR., Fredie; CUNHA, Leonardo Carneiro da. *Curso de direito processual civil*. v. 3. 14 ed. Salvador: Juspodivm, 2017, p. 726.

65 A respeito, ver discussão acerca da necessidade de processo no tribunal para que se instaure o IRDR, *infra*. Para os que a sustentam, o juiz apenas poderia oficiar ao tribunal, devendo-se aguardar a chegada do processo em segunda instância, ou se instaurando o IRDR em processo diverso, já em grau recursal (CÂMARA, Alexandre Freitas. *O novo processo civil brasileiro*. 2ª ed. São Paulo: Atlas, 2016, p. 481-482.).

66 CABRAL, Antonio do Passo. Comentário ao artigo 977. In: CABRAL, Antonio do Passo; CRAMER, Ronaldo (coords.). *Comentários ao novo Código de Processo Civil*. 2 ed. Rio de Janeiro: Forense, 2016, p. 1.444.

Aluisio Mendes esclarece, ainda, que, mesmo que o relator vote vencido quanto à instauração do incidente, poderia o colegiado decidir por proceder ao julgamento concentrado sobre a questão jurídica, oficiando o presidente do tribunal[67].

Por fim, a decisão pode partir de qualquer órgão colegiado ou qualquer relator, satisfeita sempre a exigência de possuir processo sobre o tema sob sua competência.

4.3.1.3. Legitimidade das partes

O terceiro legitimado elencado é a parte do processo que verse sobre o tema (artigo 977, II). A propósito, conquanto o código fale em "as partes", no plural, decididamente não há necessidade de que os sujeitos em ambos os polos da relação jurídica peticionem, conjuntamente ou separadamente, suscitando a instauração do incidente[68]: basta a provocação de um dos envolvidos.

Como percebeu Bruno Dantas, trata-se de opção legal na linha de conferir maior efetividade ao incidente, ampliando o leque de legitimados de modo a abranger, também, sujeitos sem comprometimento com o interesse institucional presente na técnica pluri-individual[69]. Com efeito, há mitigação da motivação diretamente calcada na objetivação da atividade jurisdicional, presente na provocação de todos os demais legitimados.

Nem por isso, a intenção de esclarecimento do direito objetivo estará ausente: a parte, por mais que, na essência, se preocupe com seu próprio direito (material), compreende que o dissídio jurisprudencial possa ser um empecilho no trajeto até sua efetivação. Além disso, existirão partes de processos subjetivos que, por litigarem maciçamente ou por possuírem interesses delicados, possuem firme intenção de ver pacificado certo assunto (basta

---

67 MENDES, Aluisio Gonçalves de Castro. *Incidente de Resolução de Demandas Repetitivas*: sistematização, análise e interpretação do novo instituto processual. Rio de Janeiro: Forense, 2017, p. 130.

68 MENDES, Aluisio Gonçalves de Castro. *Incidente de Resolução de Demandas Repetitivas*: sistematização, análise e interpretação do novo instituto processual. Rio de Janeiro: Forense, 2017, p. 131.

69 "O legislador optou por também conferir legitimidade para requerer a instauração do IRDR às partes processuais dos processos repetitivos. Essa opção que, em princípio, poderia parecer contraditória com a natureza do incidente e o interesse institucional que nele se notabiliza, é justificável pela necessidade de conferir máxima efetividade ao instituto e pelo fato de que, muitas vezes, as partes processuais são as primeiras a detectar a multiplicação de casos idênticos." (DANTAS, Bruno. Comentário ao artigo 976. In: WAMBIER, Teresa Arruda Alvim *et al.* [coords.]. *Breves comentários ao novo Código de Processo Civil*. São Paulo: Revista dos Tribunais, 2015. Acesso eletrônico.).

pensar nos entes públicos: a Fazenda tem suscitado diversos incidentes, sempre com base na legitimidade em questão[70]).

A esse respeito, cabe um parêntese: alterando o projeto originário do CPC em vigor, a Câmara dos Deputados incluiu pessoas jurídicas de direito público e associações civis com finalidade institucional de defesa do interesse objeto do incidente no rol de legitimados. A proposta, contudo, não foi aprovada, de modo a evitar o alargamento excessivo da lista e a confusão com a tutela coletiva pela via principal[71]. De todo modo, tais sujeitos, quando parte em processo versando sobre questão repetitiva, podem instaurar o incidente – de modo que a via não restou completamente fechada.

Os sujeitos dos processos futuramente afetados ostentarão papel de relevo no julgamento do incidente, podendo participar de maneira destacada. Por essa razão, a fim de evitar autêntica corrida pela primeira provocação de instauração, deve-se destacar que não há qualquer obrigatoriedade em se selecionar o processo cuja parte provocou o IRDR como paradigma: os critérios serão outros[72], analisados mais à frente.

Quanto ao mais, cabe retomar a polêmica acerca da necessidade ou não de o processo estar em trâmite no tribunal, sendo certo que, para os que assim entendem, somente as partes de demandas em 2ª instância poderiam suscitar o incidente pacificador.

4.3.1.4. Legitimidade do Ministério Público e da Defensoria Pública

Último bloco de legitimados envolve instituições constitucionais permanentes: o Ministério Público e a Defensoria Pública (artigo 977, III).

É crucial ter em mente que a legitimidade de ambas as instituições deve ser analisada em conjunto. Isso porque ambas podem suscitar o incidente sem qualquer limitação pré-definida. Evidentemente, o interesse processual para a deflagração será avaliado na decisão de admissibilidade, sendo possível

---

70 Veja-se, a título de exemplo, o IRDR 0154697-13.2016.8.21.7000 do TJ/RS, suscitado pela Procuradoria Geral do Estado do Rio Grande do Sul.

71 "(...) talvez por uma preocupação em não associar o incidente à ação coletiva, afasta sugestões surgidas durante as reuniões da Comissão, de dotar de legitimidade para o incidente, além das partes, os mesmos legitimados para ação civil pública. Além de eliminar qualquer comparação, a vedação aos legitimados para a ação civil pública evita a profissionalização desses incidentes, a partir de associações que, cada vez mais, veem a sua razão de ser na propositura de demandas que em certos casos, sequer beneficiam os seus membros". (LEVY, Daniel. O incidente de resolução de demandas repetitivas no anteprojeto do novo Código de Processo Civil. *Revista de Processo*, v. 196, jun. 2011, p. 175.).

72 CÂMARA, Alexandre Freitas. *O novo processo civil brasileiro*. 2ª ed. São Paulo: Atlas, 2016, p. 481-482.

antever incongruências em concreto, como a atuação da Defensoria Pública da União em matéria de competência estadual, e vice-versa.

Parte da doutrina propõe como parâmetro para o delineio da legitimidade para o incidente a legitimidade para a tutela coletiva[73]. Com efeito, tanto a Defensoria como o Ministério Público guardam protagonismo de atuação nessa seara, sendo certo que a atuação, como entendida pela jurisprudência hoje, deve ser irrestrita[74].

Particularmente quanto à Defensoria Pública, discute-se a amplitude da função institucional em questão. Um primeiro grupo de autores compreende que a DP só poderá atuar quando for caso de tutela de hipossuficientes, de vulneráveis[75] ou, para adotar o texto constitucional, de necessitados[76] (artigo 134 da CF) – parâmetro adotado para a aferição da pertinência temática[77] e da representatividade adequada.

No entanto, essa compreensão resta empobrecida quando se verifica o panorama global da função institucional. A Defensoria Pública, muito além de tutelar, em juízo, interesses de particulares em condição de hipossuficiência econômica, ostenta respeitável papel extrajudicial – o qual demanda, por motivos de segurança jurídica, a prévia definição da interpretação do ordenamento.

Além do papel de defesa dos necessitados, o artigo 134 da Constituição é claro ao exigir que a Defensoria promova (i) orientação jurídica e (ii) promoção dos direitos humanos. É impossível orientar juridicamente e prestar

---

73 NEVES, Daniel Amorim Assumpção. *Novo Código de Processo Civil – Lei 13.105/2015*. 2ª ed. Rio de Janeiro: Forense, 2015, p. 526.

74 Evidentemente, há limitações, como a tutela, pelo MP, de interesses individuais homogêneos sem repercussão social, e a atuação da DP em execução de direito individual homogêneo, quando a parte não for hipossuficiente econômica.

75 TEMER, Sofia. *Incidente de Resolução de Demandas Repetitivas*. Salvador: Juspodivm, 2016.

76 DIDIER JR., Fredie; CUNHA, Leonardo Carneiro da. *Curso de direito processual civil*. v. 3. 14 ed. Salvador: Juspodivm, 2017, p. 727.

77 "De observar-se que, apesar de a Defensoria Pública ser colegitimada à instauração do IRDR (art. 977, III), o § 2.º do art. 976, em comento, credencia apenas o MP a assumir o procedimento em caso de desistência ou abandono; esse discrímen, ao nosso ver, explica-se pelo fato de a intervenção judicial da Defensoria Pública estar sujeita à pertinência temática, ou seja, que na causa exista interesse de necessitado (CF, arts. 134; 5.º, LXXIV). Saliente-se que esta última expressão passou por uma evolução semântica de perfil extensivo, permitindo aí abranger não só o 'carente de recursos financeiros', mas também outros sujeitos e segmentos vulneráveis, inclusive o carente organizacional, definido por Fernanda Tartuce como aquele que 'não consegue mobilizar recursos e estruturas para sua própria organização pessoal e encontra restrições logísticas para sua atuação'." (MANCUSO, Rodolfo de Camargo. *Incidente de Resolução de Demandas Repetitivas*: a luta contra a dispersão jurisprudencial excessiva. São Paulo: Revista dos Tribunais, 2016, p. 212)

assistência jurídica integral quando não se tem claros os limites jurídicos do ordenamento.

Não bastasse, a Defensoria Pública exerce, mesmo na função mais típica, de assistência judiciária, atividade essencialmente repetitiva. Os núcleos de atendimento são verdadeiras máquinas de resolução de litígios e de deflagração de demandas judiciais, servindo como primeiro termômetro jurídico dos acontecimentos da sociedade de massa. Admitir a instauração do IRDR de maneira ampla é homenagear a economia processual macroscópica e racionalizar o Judiciário.

De se considerar, ainda, o papel de defesa de direitos coletivos e de educação em direitos. É função institucional, nessa linha, "promover a difusão e a conscientização dos direitos humanos, da cidadania e do ordenamento jurídico" (artigo 4º, III da LC 80/94), sempre demandando a prévia compreensão que o Judiciário tem acerca do ordenamento.

Por fim, cabe consignar o duplo papel exercido pela Defensoria Pública na uniformização da jurisprudência e na construção dos precedentes, delineado por Franklyn Roger Alves Silva e Diogo Esteves[78]: sob o prisma objetivo, a instituição atua provocando o Judiciário a fixar teses, lançando mão de sua legitimidade para o IRDR e o IAC, e, sob a ótica subjetiva, nos casos concretos em que atua, busca a flexibilização e a superação, total ou parcial, desses entendimentos. Funciona, pois, como engrenagem chave para evitar o engessamento dos precedentes.

4.3.1.4.1. Intervenção nos incidentes

Para além de legitimados para a deflagração, o Ministério Público e a Defensoria Pública são chamados a intervir nos incidentes.

Quanto ao MP, a legislação foi expressa: a instituição deve intervir, obrigatoriamente (artigo 976, §2º). Em que pese o texto, a independência funcional do membro ministerial é garantia inegociável, de modo que o que se afigura obrigatório é sua intimação[79]. Inexiste, pois, nulidade caso o agente

78 ESTEVES, Diogo; SILVA, Franklyn Roger Alves. *Princípios institucionais da Defensoria Pública*. 2ª ed. Rio de Janeiro: Forense, 2017, p. 423-426.

79 DIDIER JR., Fredie; CUNHA, Leonardo Carneiro da. *Curso de direito processual civil*. v. 3. 14 ed. Salvador: Juspodivm, 2017, p. 697; CABRAL, Antonio do Passo. Comentário ao artigo 976. In: CABRAL, Antonio do Passo; CRAMER, Ronaldo (coords.). *Comentários ao novo Código de Processo Civil*. 2 ed. Rio de Janeiro: Forense, 2016, p. 1.443. Em sentido contrário, entendendo inegociável a intervenção: JEREISSATI, Régis Gurgel do Amaral. Incidentes nos Tribunais. In: SILVA, Franklyn Roger Alves (org.). *CPC/15: Perspectiva da Defensoria Pública*. Salvador: Juspodivm, 2016, p. 441-442; LEONEL, Ricardo de Barros. Intervenção do Ministério Público no Incidente de Resolução de Demandas Repetitivas. *Revista Jurídica da Escola Superior do Ministério Público de São Paulo*, v. 1, 2012, p. 183.

político com atribuição tenha sido intimado, mas opte por não fornecer parecer sobre o tema[80].

A presença da instituição é proposta para que haja ampliação da cognição e maior fiscalização da atividade exercida no procedimento de debate qualificado. Tais finalidades, a rigor, poderiam ser cumpridas, igualmente, pela Defensoria Pública, notadamente o aumento de argumentos, sendo de bom grado a intimação da instituição para que se manifeste.

Ainda que não se albergue essa ideia, poderá a DP intervir a título de *amicus curiae* (artigo 983), contribuindo com a construção de uma visão mais perfeita dos temas com os quais guarde afinidade.

Ao Ministério Público cabe, além da intimação para a intervenção, assumir a titularidade do incidente, caso haja desistência ou abandono do processo afetado (artigo 976, §1º). Discute-se se há[81] ou não obrigatoriedade nesse atuar.

Serve como parâmetro de raciocínio a compreensão da questão na tutela coletiva pela via principal[82]. Nas ações coletivas, em caso de desistência infundada por parte do legitimado, considera-se haver poder-dever de assunção do procedimento por parte do MP, enquanto, quando a desistência ou o abandono se tenha dado de forma fundamentada, inexistirá qualquer obrigação. Além disso, a independência funcional, garantida constitucionalmente, deve prevalecer sobre a regra específica do Código de Processo Civil[83].

De todo modo, em não atuando o Ministério Público, nada impede que o incidente siga seu rumo, pois o tribunal, através de seus membros, é legitimado para tanto e, como sustentado, o julgamento de processo afetado é questão acessória, sendo primordial somente a fixação da tese.

4.3.2. Legitimidade para o incidente de julgamento de recursos repetitivos

Nos recursos repetitivos, o incidente começa de maneira diferente. Os sujeitos elencados no artigo 977 como legitimados para o IRDR não

80 Entendimento tomado pelo STF na ADIN 1936-0.

81 Entendendo diversamente em relação ao regramento das ações coletivas, no sentido de ser obrigatório que o MP conduza o incidente: NEVES, Daniel Amorim Assumpção. *Novo Código de Processo Civil – Lei 13.105/2015*. 2ª ed. Rio de Janeiro: Forense, 2015, p. 526.

82 CABRAL, Antonio do Passo. Comentário ao artigo 976. In: CABRAL, Antonio do Passo; CRAMER, Ronaldo (coords.). *Comentários ao novo Código de Processo Civil*. 2 ed. Rio de Janeiro: Forense, 2016, p. 1.443.

83 JEREISSATI, Régis Gurgel do Amaral. Incidentes nos Tribunais. In: SILVA, Franklyn Roger Alves (org.). *CPC/15: Perspectiva da Defensoria Pública*. Salvador: Juspodivm, 2016, p. 442-443.

podem, eles próprios, determinar a instauração do julgamento de recursos repetitivos[84].

Isso porque o legislador desenhou instâncias complementares para a fixação de teses: os tribunais inferiores e os tribunais superiores (STJ, STF, TST). O acesso a estes é feito pela via recursal, existindo filtros para que as insurgências guardem, cada vez mais, natureza de tutela do direito objetivo.

Para que haja a instauração do incidente de julgamento de recursos repetitivos, portanto, é necessária a conjugação da atuação de duas categorias de sujeitos: (i) as partes, que recorreram até as instâncias extraordinárias, e (ii) membro destacado do tribunal. Nessa última espécie, encontramos tanto a provocação do incidente por parte do presidente ou vice-presidente de tribunal inferior (artigo 1.036, §1º) como a instauração pelo relator no tribunal superior (artigos 1.036, §5º, e 1.037).

Os dispositivos que tratam dessa dinâmica, de maneira consideravelmente detalhada inclusive, mencionam dois momentos: a seleção de alguns recursos paradigmas pelo presidente ou vice-presidente do tribunal local (TJ, TRF) [85] e a posterior afetação (ou não) pelo relator no tribunal superior (STJ, STF). Embora a lei não seja uníssona quanto às decisões proferidas no curso nos incidentes estudados (não é clara a distinção entre a decisão de admissão e a de afetação, como se verá adiante), parece que a decisão de afetação, mencionada no artigo 1.037 e em nada vinculada pela proposição do tribunal *a quo* (artigo 1.036, §4º), não é a primeira do incidente, que nasce pela mera proposição decorrente da escolha de casos paradigmas.

Trata-se de funcionamento muito semelhante àquele que sucede no IRDR: o legitimado suscita o incidente, com base em um processo subjetivo, e, no momento seguinte, o órgão competente o admite ou não, sendo certo que a decisão de admissão é complementada pela de afetação. A esse respeito, mesmo a dita "afetação" (leia-se: instauração) pelo relator será submetida ao colegiado, por força do microssistema (artigo 981 do CPC e artigo 896-C da CLT), como esclarecido pelo regimento interno do STJ (artigo 257-A).

São, desse modo, dois os tipos de legitimados para o incidente de julgamento de recursos repetitivos: os legitimados indiretos (partes dos processos, que deverão recorrer até as instâncias extraordinárias) e os diretos (presidente ou vice-presidente de tribunal inferior ou relator no tribunal superior).

84 Essa seria uma suposta vantagem da instauração de IRDR nos tribunais superiores, o que, na prática, não parece representar impacto relevante, como explicado em tópico específico *supra*.

85 Embora a lei mencione apenas os tribunais de justiça e os tribunais regionais federais, voltando-se para o recurso especial, deve-se atentar que mesmo cortes de cúpula podem ter suas decisões atacadas por recurso extraordinário (CÂMARA, Alexandre Freitas. O *novo processo civil brasileiro*. 2ª ed. São Paulo: Atlas, 2016. p. 552-553).

Os demais legitimados para o microssistema (para o IRDR) não atuam deflagrando essa segunda espécie de incidente, salvo de maneira indireta, em sendo parte no recurso. Parte da doutrina sugere tratar-se de um falso problema, já que a possibilidade de o relator atuar de ofício permitiria que o mesmo agisse por provocação de alguém (inclusos os legitimados do artigo 977)[86]. No entanto, como já explicado, seus pleitos somente conduziriam à criação do incidente se o legitimado direto for sensível, sendo dele a última palavra e a legitimidade real, independente da motivação que o leva a agir.

Por fim, pelo microssistema, o raciocínio atinente à defendida atuação da Defensoria, que deve ser intimada a participar em todos os casos, como regra, e à intimação do Ministério Público e a facultativa intervenção (esclarecida pelo artigo 1.038, §2º, que fala em "transcorrido o prazo") se aplicam, *in totum*, no incidente de julgamento de casos repetitivos.

Do mesmo modo, a sistemática da assunção da condução do incidente pelo MP, com uma complementação: embora o artigo 998 e seu parágrafo único apenas mencionem a desistência, por aplicação do artigo 976, §1º, também o abandono do recurso implicará a intimação da instituição para que assuma o incidente.

4.4. Cabimento

Vistos os legitimados e a competência para a apreciação dos incidentes, elementos com peculiaridades para cada uma das espécies, passa-se à análise dos pressupostos de cabimento ou de instauração dos incidentes de julgamento de questões repetitivas.

Importa, como alerta Bruno Dantas, ler os requisitos de maneira rígida, evitando homogeneização artificial da jurisprudência[87], ao abrandá-los, fugindo do escopo de uniformizar uma mesma questão jurídica.

O microssistema traz dois róis de pressupostos: o dos incisos do artigo 976 (para o Incidente de Resolução de Demandas Repetitivas) e o do *caput* dos artigos 1.036 do CPC e 896-C da CLT (para os recursos repetitivos). Não há, porém, dualidade de exigências: o tratamento do IRDR foi mais extenso, porque precisou explicitar a necessidade de risco de ofensa à isonomia e à segurança jurídica, para além do requisito negativo de não existir recurso afetado sobre idêntico tema.

---

86 DIDIER JR., Fredie; CUNHA, Leonardo Carneiro da. *Curso de direito processual civil*. v. 3. 14 ed. Salvador: Juspodivm, 2017, p. 749.

87 "Deve-se ter presente, porém, que o tratamento processual massificado dos litígios individuais exige a satisfação de requisitos rígidos, sob pena de se promover uma artificial homogeneização das peculiaridades de cada caso. A consequência disso seria a frustração ou a tutela inadequada de direitos substanciais." (DANTAS, Bruno. Comentário ao artigo 976. In: WAMBIER, Teresa Arruda Alvim *et al.* [coords.]. *Breves comentários ao novo Código de Processo Civil*. São Paulo: Revista dos Tribunais, 2015. Acesso eletrônico.).

4.4.1. Poder-dever ou ato discricionário?

Antes do estudo individualizado de cada pressuposto, impõe-se revelar a discussão acerca da natureza jurídica do ato de instauração sob a ótica do elemento volitivo do legitimado, isto é, se se trata de faculdade ou de obrigação.

Dois são os comandos legais a versar sobre o cabimento: o artigo 976, topologicamente voltado ao IRDR, e o artigo 1.036, para os recursos repetitivos. Naquele, se diz que "é cabível" a instauração, ao passo que, neste, fala-se que sempre que presentes os requisitos, "haverá afetação".

Aparentemente, então, existe tratamento diverso para cada um dos incidentes. No entanto, a leitura, à luz do microssistema, deve ser una, e essa interpretação deve prestigiar os valores fundamentadores da técnica, efetivando a uniformização da jurisprudência de maneira pronta, concentrada e eficiente. Por essa razão principiológica, a melhor interpretação é no sentido de constituir poder-dever dos legitimados a instauração, uma vez que detecte os requisitos de cabimento.

Somente essa conclusão é capaz de garantir que os incidentes, notadamente o IRDR (cuja disciplina legal literal apontaria para a discricionariedade), não tenham eficácia diminuta, como o incidente de uniformização de jurisprudência do código anterior[88].

O artigo 976, *caput*, deve, então, ser interpretado em conjunto e na forma do artigo 1.036.

4.4.2. Primeiro requisito positivo: multiplicidade de causas sobre mesma questão de direito

4.4.2.1. Multiplicidade de causas: a efetiva repetição de processos (interesse processual)

Para que haja litigância repetitiva, massificada, deve existir repetitividade de processos. Essa constatação, aparentemente óbvia, constitui a primeira parte do primeiro requisito positivo para instauração dos incidentes de julgamento de casos repetitivos.

No plano concreto, porém, a exigência traz consequências práticas. A questão de direito controvertida deve ser alvo, no momento da instauração, de variados processos. Caso contrário, por mais relevante que seja, justificando, inclusive, que se fixe tese a respeito, o instrumento adequado será outro: eventualmente, o Incidente de Assunção de Competência.

Percebe-se, então, que a efetiva repetição de processos é critério para aferição do interesse de agir na instauração do incidente.

88 MANCUSO, Rodolfo de Camargo. *Incidente de Resolução de Demandas Repetitivas*: a luta contra a dispersão jurisprudencial excessiva. São Paulo: Revista dos Tribunais, 2016, p. 102.

Como ensina Luiz Fux, o interesse substancial diz respeito ao bem da vida pretendido, e o interesse processual, à atividade jurisdicional[89]. Essa dicotomia, presente nos processos em geral, de índole subjetiva, recebe nova roupagem em processos e incidentes objetivos. Parece que o interesse substancial se esfumaça, de modo que o interesse processual será o principal a ser aferido, sempre por meio do binômio necessidade-utilidade.

A necessidade se liga à efetiva repetição de processos, que justificam, em juízo de ponderação previamente realizado pelo legislador e, na decisão de admissibilidade, pelo colegiado, a forte medida de suspender todos os processos em trâmite que versem sobre a matéria alvo de pacificação[90]. Só será necessária e fundamentada a instauração do incidente se houver repetição efetiva, existente, contemporânea, atual, de processos.

Já a utilidade diz respeito à escolha do procedimento adequado, o que se relaciona ao microssistema em análise em dois aspectos, cabendo indagar se há processos em grau de recursos extraordinário ou especial (não haverá interesse para o IRDR) e se, ante o baixo número de demandas, não será caso de instauração de IAC.

De todo modo, não existe, na legislação, parâmetro estático para a determinação do que se considera efetiva repetição de processos. O *quantum* adequado é avaliado em concreto, cabendo ao legitimado, após se convencer da multiplicidade, demonstrá-la em seu requerimento, de forma a ser julgado admissível o incidente pelo colegiado competente.

O critério que se extrai da cláusula geral "multiplicidade de processos" será preenchido em comunhão com o terceiro pressuposto de cabimento, expresso somente para o IRDR: o risco de ofensa à isonomia e à segurança ju-

---

89 "A situação jurídica que reclama a intervenção judicial, sob pena de um dos sujeitos sofrer um prejuízo em razão da impossibilidade de autodefesa é que caracteriza o *interesse de agir*. É que, como já se afirmou em bela sede doutrinária, a 'função jurisdicional não pode ser movimentada sem que haja um motivo'.
Destarte, como de regra, o interesse substancial juridicamente protegido nada tem a ver com o interesse meramente processual de movimentar a máquina judiciária." (FUX, Luiz. *Curso de direito processual civil*. v. 1. 4 ed. Rio de Janeiro: Forense, 2008. Acesso eletrônico.).

90 "Portanto, se a efetiva repetição de processos, que dependam da resolução da questão controversa, não for efetivamente significativa em termos numéricos, o resultado obtido poderá não ser tão relevante, a ponto de compensar as mudanças processuais decorrentes, especialmente a suspensão dos processos e o procedimento especial estabelecido nos tribunais." (MENDES, Aluisio Gonçalves de Castro. *Incidente de Resolução de Demandas Repetitivas*: sistematização, análise e interpretação do novo instituto processual. Rio de Janeiro: Forense, 2017, p. 111).

rídica[91]. Desse modo, pode-se pensar em dezenas[92], centenas[93], em um número considerável[94], ou herdar da experiência estrangeira[95] parâmetros mais objetivos, mas jamais de forma solidificada, pois não foi essa a intenção do legislador.

Com efeito, pode inexistir razoabilidade no uso da técnica, quando a questão, embora se repita, possa ser suficientemente resolvida com a adoção de técnicas ordinárias, por assim dizer, como a conexão – inclusive por afinidade (artigo 55, §3º)[96] –, a continência, o litisconsórcio e a cumulação sub-

91 Na mesma linha, enunciado 87 do FPPC.

92 "(...) para a instauração do incidente, que já se tivesse instalado o caos na jurisprudência de 1.º grau, com milhares de sentenças resolvendo de modos diferentes a mesma questão de direito. Não. Se a lei exige que haja processos 'repetidos' em curso, é razoável que se entenda que bastem duas ou três dezenas, antevendo-se a inexorabilidade de a multiplicação destas ações passarem a ser muito maior". (WAMBIER, Teresa Arruda Alvim; CONCEIÇÃO, Maria Lúcia Lins; RIBEIRO, Leonardo Ferres da Silva; MELLO, Rogério Licastro Torres de. *Primeiros comentários ao novo Código de Processo Civil – artigo por artigo*. São Paulo: Revista dos Tribunais, 2015, p. 1.397-1.398.)

93 CABRAL, Antonio do Passo. Comentário ao artigo 976. In: CABRAL, Antonio do Passo; CRAMER, Ronaldo (coords.). *Comentários ao novo Código de Processo Civil*. 2 ed. Rio de Janeiro: Forense, 2016, p. 1.440.

94 "Saliente-se que a dicção do inc. II do art. 976, falando em 'risco de ofensa à isonomia e à segurança pública', deve, ao nosso ver, ser interpretado no sentido de que a replicação de demandas envolvendo uma mesma questão de direito deve alcançar dimensão importante, não bastando que tal controvérsia se concentre num número pouco expressivo de ações, até porque tal ocorrência, além de se verificar comumente na práxis judiciária, pode ser resolvida mediante outros meios processuais, mormente os recursos fundados em divergência jurisprudencial, tais o recurso especial pela alínea c do art. 105, III da CF, ou os embargos de divergência (novo CPC, art. 1.043), não se justificando, em tais casos, a instauração de um procedimento do porte do IRDR." (MANCUSO, Rodolfo de Camargo. *Incidente de Resolução de Demandas Repetitivas*: a luta contra a dispersão jurisprudencial excessiva. São Paulo: Revista dos Tribunais, 2016, p. 209)

95 Sustentando a adoção, como primeiros parâmetros, do número mínimo de 20 processos ou de 10 requerimentos, como no *Musterverfahren* no processo administrativo ou no do mercado mobiliário, respectivamente, bem como da predominância de questões comuns, como nas *class actions*: MENDES, Aluisio Gonçalves de Castro. *Incidente de Resolução de Demandas Repetitivas*: sistematização, análise e interpretação do novo instituto processual. Rio de Janeiro: Forense, 2017, p. 109 – 111.

96 "Note-se que o CPC/2015, confinado ao plano da jurisdição singular, prevê no § 3º do art. 55: 'Serão reunidos para julgamento conjunto os processos que possam gerar risco de prolação de decisões conflitantes ou contraditórias casos decididos separadamente, mesmo sem conexão entre eles', devendo entender-se, porém, que tal agrupamento é consentido quando não envolva número muito expressivo de processos (do mesmo modo que o cúmulo de co-autores não pode induzir a formação de litisconsórcio multitudinário – CPC/1973, 46, parágrafo único; CPC/2015, § 1º do art. 113)." (MANCUSO, Rodolfo de Camargo. *Incidente de Resolução de Demandas Repetitivas*: a luta contra a dispersão jurisprudencial excessiva. São Paulo: Revista dos Tribunais, 2016, p. 162).

jetiva, evitando qualquer lesão ao contraditório e gastos contornáveis para o Judiciário.

Quanto à natureza dos processos a versar sobre o tema objeto do incidente, não há que se impor limitações: pode ser um processo na fase de conhecimento (pelo procedimento comum ou especial) ou de execução (ou um processo executivo autônomo), ou, ainda, uma medida provisória antecedente. Em suma, qualquer espécie de demanda ou recurso[97] pode ser levada em conta para o cômputo da efetiva repetição.

Última questão interessante, provocada pelo microssistema, é se, para o incidente de julgamento de recursos repetitivos, de fato haveria necessidade de existirem recursos extraordinários múltiplos, como estatui o artigo 1.036 do CPC e o artigo 896-C da CLT.

Em que pese a literalidade dos comandos, a deixar muito pouca margem para dúvidas, uma visão global do Judiciário recomenda que, existindo um ou alguns recursos sobre questão jurídica no âmbito do tribunal de cúpula, mas considerável maior número de processos nas instâncias ordinárias, se proceda à instauração do incidente na corte superior.

Isso porque há clara intenção de que as matérias alvo dos incidentes restem pacificadas, o quanto antes, pelos tribunais superiores, que ostentam a função de dar a palavra pretensamente definitiva, cuja eficácia é consideravelmente maior, atingindo todos os subordinados ao ordenamento. Portanto, essa proposta de leitura dos artigos 1.036 do CPC e 896-C da CLT à luz do inciso I do artigo 976 garante maior efetividade à tutela pluri-individual e economia para o Judiciário.

4.4.2.2. Questão comum de direito

Não basta, contudo, a existência de uma multiplicidade de processos sem vínculo entre si: fundamental é que tratem de idêntica questão de direito. Esse requisito[98], presente em todos os comandos do microssistema que

97 Discute-se se os embargos de declaração também serviriam como parâmetro, especialmente para ser o processo afetado. Enquanto, para fins do IRDR, o TJ/SP (Turma Especial – Público, IRDR n. 2105727-55.2016.8.26.0000, Rel. Des. Coutinho de Arruda, julgado em 26/08/2016) e o TJ/RS (Primeira Turma Cível, IRDR n. 70070178678, julgado em 05/08/2016) decidiram contrariamente, pois já encerrado o julgamento do mérito quando de sua apreciação, a exemplo dos recursos extraordinários, pois já terminada a jurisdição da corte local (TJ/SP, Turma Especial – Público, IRDR n. 2138039-84.2016.8.26.0000, Rel. Des. Leonel Costa, julgado em 26/08/2016), parte da doutrina sustenta a viabilidade, se a questão omissa for repetitiva em vários processos (DIDIER JR., Fredie; CUNHA, Leonardo Carneiro da. *Curso de direito processual civil*. v. 3. 14 ed. Salvador: Juspodivm, 2017).

98 Na mesma linha de classificação aqui defendida: MENDES, Aluisio Gonçalves de Castro. *Incidente de Resolução de Demandas Repetitivas*: sistematização, análise e interpreta-

tratam do cabimento, apenas com algumas diferenças redacionais, sem mudança na essência, esclarece o objeto dos incidentes: a padronização exegética[99] da questão unicamente de direito.

A temática jurídica pode ser de qualquer espécie: de direito material ou processual (artigo 928, parágrafo único), não sendo cabível interpretação que restrinja qualquer matéria de direito[100], como matéria penal ou constitucional, podendo o incidente objetivar temas outrora inimagináveis[101]. Tampouco se exigiu que a matéria fosse o mérito dos processos repetitivos, podendo ser-lhe questão preliminar, prejudicial ou posterior[102]. Sempre, porém, deverá ser a mesma questão jurídica, não bastando a mera afinidade.

Essa percepção recomenda a leitura do pressuposto a partir do artigo 976, I, que fala em "controvérsia sobre a mesma questão de direito", não realizando restrição aos fundamentos da demanda, como erroneamente poderia se extrair do artigo 1.036 do CPC e do artigo 896-C da CLT. Afinal, o fundamento do recurso extraordinário, no qual se instaura o incidente, não necessariamente é o fundamento (causa de pedir) da demanda que o originou.

A única exigência, portanto, é que a questão seja exclusivamente de direito[103]. Por opção, o legislador afastou o tratamento conjunto de maté-

---

ção do novo instituto processual. Rio de Janeiro: Forense, 2017, p. 109. Discordando, alguns autores sequer o consideram como requisito para instauração ou pressuposto de cabimento, apontando tratar-se apenas do objeto do incidente (CABRAL, Antonio do Passo. Comentário ao artigo 976. In: CABRAL, Antonio do Passo; CRAMER, Ronaldo [coords.]. *Comentários ao novo Código de Processo Civil*. 2 ed. Rio de Janeiro: Forense, 2016, p. 1.439-1440.).

---

99 Considerando o IRDR como "instrumento de padronização exegética de questão de direito replicada em demandas seriais": MANCUSO, Rodolfo de Camargo. *Incidente de Resolução de Demandas Repetitivas*: a luta contra a dispersão jurisprudencial excessiva. São Paulo: Revista dos Tribunais, 2016, p. 162.

100 Enunciado 88 do FPPC.

101 "Contudo, com a massificação das relações jurídicas e a ampliação dos direitos fundamentais, estes terrenos só crescem e o fenômeno dos processos repetitivos tem sido observado em ramos antes tidos como improváveis para estes perfis de demanda como o direito de família e o direito comercial." (DANTAS, Bruno. Comentário ao artigo 976. In: WAMBIER, Teresa Arruda Alvim *et al.* [coords.]. *Breves comentários ao novo Código de Processo Civil*. São Paulo: Revista dos Tribunais, 2015. Acesso eletrônico.).

102 Aluisio Mendes cita como exemplo de questão prejudicial a constitucionalidade de um tributo e, de questão posterior ao mérito, divergência sobre regra atinente à fixação de honorários ou a competência para o cumprimento de sentença (MENDES, Aluisio Gonçalves de Castro. *Incidente de Resolução de Demandas Repetitivas*: sistematização, análise e interpretação do novo instituto processual. Rio de Janeiro: Forense, 2017, p. 112).

103 A questão nem sempre é límpida. Bruno Dantas distinguindo, por exemplo, o critério ontológico do técnico-processual para a classificação, conclui que "Os critérios ontoló-

rias fáticas, reservando aos incidentes natureza objetiva de fixação de teses, sepultando debates como a derradeira interpretação do texto, qual a norma aplicável ao caso ou a compatibilidade de uma norma inferior com outra superior.

A possibilidade de divórcio completo entre questões de fato e questões de direito inquieta a doutrina há muito[104], revelando-se tema espinhoso de-

gico e técnico-processual são inconfundíveis, ocorrendo até mesmo situações em que, a despeito de ontologicamente uma questão ser predominantemente 'de direito', por razões técnico-processuais não poder dar ensejo à aplicação de técnicas de tutela pluri-individual ou ser reavaliada pelo tribunal superior, de modo que, 'para efeito de reexame por recurso especial ou recurso extraordinário, estaremos diante de uma questão de fato'.
Há, contudo, situações em que uma mesma questão pode ser considerada 'de direito' sob o critério ontológico, e 'de fato' sob o critério técnico-processual. Essa só constatação, a meu ver, já justificaria a utilização do critério técnico-processual.
Devo destacar, todavia, que, em minha opinião, o inverso não pode ocorrer: uma questão ontologicamente 'de fato' não pode jamais, em hipótese alguma, ser considerada 'de direito' para fins técnico-processuais. Isso porque o âmbito técnico-processual é uma fração, uma perspectiva, do fenômeno jurídico em si considerado, perspectiva essa que pode ser limitada pela lei, ao passo que o inverso não se verifica, pois a lei não pode alterar a essência das coisas. O que pode ocorrer, isso sim, é que o critério técnico-processual seja mitigado (ou mesmo eliminado) pela lei, aproximando (ou igualando) o mundo do direito ao mundo dos fatos. (DANTAS, Bruno. *Teoria dos Recursos Repetitivos*: tutela pluri-individual nos recursos dirigidos ao STF e ao STJ [arts. 543-B e 543-C do CPC]. São Paulo: Revista dos Tribunais, 2015, p. 81). O autor retoma, ainda, o conceito carneluttiano de questão de direito como "o fundamento da ação ou da contestação sobre o qual se instalou uma controvérsia, e que tem em sua essência a análise de um princípio ou de uma regra jurídica.", e a alerta de Barbosa Moreira no sentido de que certos temas, aparentemente de fato, tornam-se questões de direito, como uma discussão sobre o direito à prova testemunhal.

104 "Mas, como separar cirurgicamente questão de fato das questões de direito e eleger somente as últimas como aptas para ingressar no IRDR? Trata-se, mais uma vez, e além de outro indício de reforma processual voltada para o Judiciário, da abstratização da realidade, outrora técnica circunspecta à legislação (por sua necessidade de ser geral) em confronto com a materialidade da Jurisprudência, justamente por esta lidar cotidianamente com os fatos concretos, com as lides concretas. Mas hoje os papéis se confundem por passar a jurisprudência a partir do segundo grau de jurisdição (e não somente o Supremo Tribunal Federal no caso das súmulas vinculantes) a ter também o papel normativo criador e assim, a partir de um único julgamento, legislar abstratamente para os casos presentes sob sua jurisdição e também para os casos futuros (art. 985, I e II, do NCPC). (...)
Quanto à separação entre questões de fato e questões de direito, fazem-se necessárias as palavras de Cambacérès, jurista francês da primeira fase da Escola da Exegese, palavras estas dos anais das sessões legislativas do Code Civil de 1804: 'Observem, cidadãos, que uma das grandes objeções contra a medida que aqui proponho é a impossibilidade de separar o fato do direito(...) Pois bem, respondo que no futuro os processos não apresentarão quase nunca pontos de direito a serem esclarecidos e que a maior parte será

mais para ser resolvido neste trabalho. De toda forma, o crucial é compreender que o pressuposto em tela exige que a controvérsia seja precipuamente de direito, evitando-se a imposição de "fato vinculante"[105].

A moldura fática[106], contudo, estará quase que invariavelmente presente, como premissa a ser adotada pelo tribunal[107], sobre a qual terá vez o debate jurídico. Pode haver, inclusive, disparidade de fatos, ou seja, processos com enquadramentos fáticos diversos, nos quais incidirá a mesma interpretação jurídica, gerando efeitos múltiplos, que, se antevistos pelo tribunal, deverão ser considerados na tese, por meio de sub-teses[108].

Há quem lamente alguma timidez legislativa, por ter realizado a restrição citada, pois, se abrisse a pacificação também para questões de fato, o código

---

concluída pelo relatório de especialistas ou por uma prova que é testemunhal'." (CAMBACÉRÈS apud BOBBIO, 1995, p. 69)." (XAVIER, Felipe Rodrigues. O reavivamento da escola da exegese no direito e jurisprudência nacionais: considerações sobre o (novo) Código de Processo Civil. *Revista de Processo*, v. 261, nov. 2016. Acesso eletrônico.).

---

105 STRECK, Lenio Luiz; ABBOUD, Georges. Comentário ao artigo 928. In: STRECK, Lenio Luiz *et al.* (orgs.). *Comentários ao Código de Processo Civil.* São Paulo: Saraiva, 2016, p. 1210.

106 "O legislador não deixou margem de dúvida a respeito da sua compulsoriedade ('a tese jurídica será aplicada'). Daí porque, caberá aos operadores atentarem com acuidade aos fundamentos determinantes do IRDR e ao suporte fático compreendido na 'moldura' fática do acórdão paradigma. Exemplificativamente, a tese fixada em IRDR poderá ter por pressuposto fático a celebração de determinado tipo de contrato entre o correntista e a instituição bancária, aspecto que deverá ser considerado quando cogitar-se da extensão da mesma tese à julgado que cuide de contrato diverso, ou seja, com suporte fático diverso, em relação ao qual, em princípio, não haverá a necessária vinculação ao precedente."(TEIXEIRA, Guilherme Puchalski. Incidente de resolução de demandas repetitivas: projeções em torno de sua eficiência. *Revista Eletrônica de Direito Processual*, v. 16, jul./dez. 2015, p. 229)

107 Haverá um conjunto de fatos pressupostos, projetados, generalizados pela corte, formando um "fato-tipo" (TEMER, Sofia. *Incidente de Resolução de Demandas Repetitivas*. Salvador: Juspodivm, 2016, p. 74-75).

108 Quanto mais aberto o texto, maior será a atividade do tribunal (TEMER, Sofia. *Incidente de Resolução de Demandas Repetitivas*. Salvador: Juspodivm, 2016, p. 75). Em sentido contrário, sustentando que os fatos devem ser todos incontroversos: "A utilização do incidente de resolução de demandas repetitivas está condicionada à inexistência de discussão sobre fatos. As questões (pontos controvertidos) devem versar unicamente sobre uma tese jurídica. Isso não significa, porém, que os fatos sejam irrelevantes. Significa apenas que eles são incontroversos. Na realidade, a definição da tese jurídica, bem como sua extensão a casos semelhantes, depende diretamente da correta identificação e análise dos fatos subjacentes à discussão de direito." (MARINONI, Luiz Guilherme. Comentário ao artigo 928. In: WAMBIER, Teresa Arruda Alvim *et al.* [coords.]. *Breves comentários ao novo Código de Processo Civil.* São Paulo: Revista dos Tribunais, 2015, p. 2082-2083).

permitiria a resolução de diversas outras questões[109]. No entanto, como reconhecido por Aluisio Mendes, foi uma escolha sóbria da lei, ao dar um passo seguro em direção a "um terreno ainda não conhecido e sedimentado"[110].

Além disso, por mais que se trace paralelo com a experiência alemã e com a inglesa[111], onde as matérias de fato são objeto de trato coletivizado quando pulverizadas em demandas repetitivas, deve ser reconhecido que os sistemas jurídicos não se confundem e, especialmente, são técnicas diferentes.

Como defendido, a prioridade dos incidentes de julgamento de casos repetitivos é a fixação da tese jurídica, sendo também um instrumento gerencial, ao passo que, nesses ordenamentos estrangeiros, a preocupação se volta, em especial se se analisa a origem do *Musterverfahren*, para a resolução conjunta dos litígios, inclusive com fase probatória única. No sistema pátrio, há possibilidade de otimizar a atividade jurisdicional, resolvendo vários litígios de maneira unificada, em outros institutos, como a reunião de causas pela conexão ou pela continência e o litisconsórcio. A tutela pluri-individual vai além, cumprindo central função nomofilática. Focos, portanto, distintos.

De todo modo, a questão muitas das vezes se revela um falso problema. No julgamento de recursos repetitivos, as matérias fáticas são consideradas com frequência, mesmo em temas que se poderia reputar de inviável análise nos incidentes de julgamento de casos repetitivos[112]. O que, em síntese, se proíbe, com o enfoque nas questões unicamente de direito, é a existência de instrução coletiva, o que demandaria estrutura rebuscada[113].

---

109 Sustentando a ampliação pela via jurisprudencial: CABRAL, Antonio do Passo. Comentário ao artigo 976. In: CABRAL, Antonio do Passo; CRAMER, Ronaldo (coords.). *Comentários ao novo Código de Processo Civil*. 2 ed. Rio de Janeiro: Forense, 2016, p. 1.440.

110 MENDES, Aluisio Gonçalves de Castro. *Incidente de Resolução de Demandas Repetitivas*: sistematização, análise e interpretação do novo instituto processual. Rio de Janeiro: Forense, 2017, p. 112.

111 Sobre o tema do Musterverfahren e da Group Litigation Order, ver: MENDES, Aluisio Gonçalves de Castro. *Incidente de Resolução de Demandas Repetitivas*: sistematização, análise e interpretação do novo instituto processual. Rio de Janeiro: Forense, 2017, p. 58; e RODRIGUES, Roberto de Aragão Ribeiro. As ações-teste na Alemanha, Inglaterra e legislação brasileira projetada. *Revista Eletrônica de Direito Processual*, v. VIII, jul./dez. 2011.

112 Veja-se, por exemplo, decisão do STF sobre nível do ruído e direito à aposentadoria especial: "o direito à aposentadoria especial pressupõe a efetiva exposição do trabalhador a agente nocivo a sua saúde, de modo que se o Equipamento de Proteção Individual (EPI) for realmente capaz de neutralizar a nocividade, não haverá respaldo à concessão constitucional de aposentadoria especial" (Plenário. ARE 664335/SC, Rel. Min. Luiz Fux, julgado em 4/12/2014).

113 Em sentido próximo, assentando que questões de fato pedem provas; questões de direito, argumentos: KNIJNIK, Danilo. *O recurso especial e a revisão da questão de fato pelo Superior Tribunal de Justiça*. Rio de Janeiro: Forense, 2005, p. 162.

Tais questões podem estar distribuídas de diversas maneiras entre as ações repetitivas. Pode ser caso de pretensões isomórficas, isto é, análogas, mas com elementos peculiares (a própria mudança de partes processuais já é uma particularidade), ou de pretensões diversas, mas que, em algum momento, versam sobre a mesma questão.

Precoce, portanto, definir a tutela pluri-individual como meio de tratamento de direitos individuais homogêneos, porque não é necessário que assim ocorra. Isso porque, em vez de direitos idênticos de sujeitos diversos (direitos individuais homogêneos, de mesma estrutura), se podem tutelar direitos heterogêneos com estrato comum.

O que se resolve, nos incidentes em estudo, não são "demandas repetitivas", obrigatoriamente, mas sim "questões repetitivas". A controvérsia exigida é a da tese jurídica subjacente[114].

Processualmente, ao analisar os elementos da ação, fica fácil perceber que o pedido de duas demandas não precisa ser o mesmo para que ambas sejam suspensas em razão do mesmo incidente. Várias matérias de direito processual não justificariam o ajuizamento de uma ação coletiva (uma discussão acerca de como se fixar os honorários recursais, por exemplo), embora recomendem a pacificação pela via incidental.

4.4.3. Segundo requisito positivo: risco de ofensa à isonomia e à segurança jurídica

Para além da multiplicidade de causas (não necessariamente recursos) versando sobre a mesma questão (ainda que com relevância processual diversa de uma para outra ação), o microssistema exige a existência de risco de ofensa à isonomia e à segurança jurídica.

Embora o presente requisito de instauração apenas esteja consignado no artigo 976, II, supostamente voltado apenas para o IRDR, é inegável que também se deve fazer presente para o incidente de julgamento de recursos repetitivos.

Na verdade, em havendo o primeiro requisito positivo (a multiplicidade de processos sobre mesma questão), presume-se a presença do segundo. É da realidade prática que diversos agentes, ao decidir o mesmo tema, optem por soluções diversificadas, e é certo que, se existir uma sentença que contrarie

---

114 "Embora a legislação brasileira, em mais de um dispositivo, se refira a 'casos idênticos', o certo é que *a identidade exigida para a instauração do IRDR é a da questão de direito discutida nas demandas*. Vale dizer, basta que coincida *a tese jurídica subjacente*." (DANTAS, Bruno. Comentário ao artigo 976. In: WAMBIER, Teresa Arruda Alvim *et al.* [coords.]. *Breves comentários ao novo Código de Processo Civil*. São Paulo: Revista dos Tribunais, 2015. Acesso eletrônico.).

o entendimento majoritário dos juízos sobre o tema já há ofensa à isonomia e insegurança jurídica.

A título de exceção é que a instauração dos incidentes não terá vez em razão da ausência do presente pressuposto, como no caso de a jurisprudência da corte ser uniforme em um sentido, ainda que em razão de súmula ou outro indicativo persuasivo do entendimento adotado[115]. Se inexistir um desses parâmetros, afigura-se recomendável a instauração do incidente, abreviando a interrogação vigente.

Essa lógica se aplica tanto ao Incidente de Resolução de Demandas Repetitivas quanto ao de julgamento de casos repetitivos, sendo certo que faltará interesse processual na instauração deste último se o tema já estiver tratado em súmula do tribunal superior, e inexistir modificação fática, social, cultural ou normativa.

O risco ventilado deve ser efetivo e atual, não bastando o mero risco potencial. Essa conclusão, extraível do diálogo com o pressuposto anterior, nem por isso exige um autêntico caos na primeira instância[116], sendo possível provar seu preenchimento quando diante de algumas decisões contraditórias.

O código, aliás, não exige, especialmente para o IRDR, a existência de decisões conflitantes, devendo-se concluir que o incidente que corre nas instâncias ordinárias goza de certo caráter preventivo quando não há, ainda,

115 "E esse risco deve ser atual, como por exemplo alguns juízes começam a conceder e outros a negar a concessão de liminares ou de antecipação de tutela. Do mesmo modo, se alguns magistrados estiverem julgando procedente o pedido, enquanto outros improcedente. Entretanto, se a questão já se encontra pacificada, com a observância da tese, mesmo que em razão de eficácia meramente persuasiva, a existência de divergência passada, ainda que este posicionamento continue a ser apensas ressalvado, de modo isolado, por um único ou poucos magistrados, não enseja o IRDR, se estes votos ou manifestações não estiverem produzindo resultados negativos em concreto, por serem quantitativamente insignificantes, isolados ou não estejam sendo reiterados na atualidade. (...) Se a questão jurídica já tiver sido resolvida com a atribuição de efeito vinculativo perante os órgãos judiciais envolvidos, como nas hipóteses previstas no art. 927 do Código de Processo Civil, não haverá também interesse para a provocação do IRDR (...)." (MENDES, Aluisio Gonçalves de Castro. *Incidente de Resolução de Demandas Repetitivas*: sistematização, análise e interpretação do novo instituto processual. Rio de Janeiro: Forense, 2017, p. 113-114).

116 "Parece, todavia, que os objetivos do instituto ficariam inteiramente frustrados, se se exigisse, para a instauração do incidente, que já se tivesse instalado o caos na jurisprudência de 1º grau, com milhares de sentenças resolvendo de modos diferentes a mesma questão de direito." (WAMBIER, Teresa Arruda Alvim; CONCEIÇÃO, Maria Lúcia Lins; RIBEIRO, Leonardo Ferres da Silva; MELLO, Rogério Licastro Torres de. *Primeiros comentários ao novo Código de Processo Civil – artigo por artigo*. São Paulo: Revista dos Tribunais, 2015, p. 1.397.).

causa em trâmite no tribunal, mostrando-se preferível, no ensinamento de Luiz Fux, prevenir do que remediar[117].

Não se ignora que, no processo legislativo, se chegou a cogitar dar ao incidente caráter preventivo absoluto, autorizando sua instauração quando diante de potencial multiplicidade de demandas, mesmo que ainda não ajuizadas. Da forma como foi aprovado o código, contudo, deve haver risco efetivo, o que não afasta, de todo, a natureza preventiva relativa ora defendida, quando a contradição, já existente, não houver atingido, ainda, o segundo grau de jurisdição[118].

É ilegal, inclusive, a exigência de causas em segunda instância para a instauração do IRDR[119]. A lei jamais impôs a exigência de decisões conflitantes, sendo requisito o risco efetivo, e não o dano consumado. A própria legitimidade do juiz de primeiro grau para a instauração corrobora essa noção, sendo ilógico que, sem impedimento legal expresso, se conclua pela necessidade de, embora constatado o quadro por quem está em contato imediato com a litigância cotidiana (juiz e Defensoria Pública, notadamente, para além de uma parte que seja litigante habitual, como certos fornecedores), se aguardar o desfecho anunciado para, após a interposição de recursos, se suscitar incidente para pacificação da matéria, em clamorosa ofensa à economia processual macroscópica e à duração razoável de todos esses processos.

---

117 Ensina o autor, quanto ao incidente de questão relevante do CPC/73: "Forçoso reconhecer que o Judiciário, toda vez que seus órgãos julgadores decidem a mesma questão diferentemente, perde em prestígio junto aos jurisdicionados, máxime porque a sua função é dizer o direito de forma coerente e uníssona. Ademais, os julgamentos díspares acerca da mesma questão jurídica afrontam o princípio da isonomia, gerando decisões desiguais para situações jurídicas idênticas. Essa função uniformizadora, aplicável a todos os tribunais do país, pode ser engendrada não só quando já haja essa deletéria divergência como também para preveni-la. Não é difícil detectar quando uma questão revela tamanha envergadura. Nesse último caso, melhor prevenir do que remediar." (FUX, Luiz. Curso de direito processual civil. v. 1. 4 ed. Rio de Janeiro: Forense, 2008. Acesso eletrônico.).

118 "Pela redação do dispositivo previsto do novo Código, ao se verificar uma repetição de processos, mesmo que em primeiro grau de jurisdição, pode-se, desde logo, suscitar a instauração do incidente que, uma vez julgado, sua solução abrangerá todos aqueles processos que se encontrem naquela mesma situação. E mais, os futuros processos nos quais se discuta a mesma questão de direito decidida no incidente, também poderão vir a receber o mesmo tratamento." (CARNEIRO, Paulo Cezar Pinheiro. Breves notas sobre o Incidente de Resolução de Demandas Repetitivas. *Revista Eletrônica de Direito Processual*. v. XIV, p. 386. Disponível em: http://www.e-publicacoes.uerj.br/index.php/redp/article/download/14551/15871). Na mesma linha, enunciado 22 do ENFAM.

119 Explicando, minuciosamente, as posições acerca do tema e dispensando causa no tribunal para a instauração do IRDR: MENDES, Aluisio Gonçalves de Castro. *Incidente de Resolução de Demandas Repetitivas*: sistematização, análise e interpretação do novo instituto processual. Rio de Janeiro: Forense, 2017, p. 116-124. Na mesma linha: TEMER, Sofia. *Incidente de Resolução de Demandas Repetitivas*. Salvador: Juspodivm, 2016, p. 107.

Na linha defendida, encontra-se o histórico legislativo, tendo em vista que o Parecer 956 do Senado Federal esclareceu a opção, no sentido de se evitar desnecessária demora e juízos de incerteza. Mais uma vez, a brevidade na uniformização, em tempos de construção imediata de relações jurídicas massificadas e por adesão, é o mote.

A jurisprudência tem vacilado sobre a questão: enquanto o Tribunal de Justiça do Estado do Rio de Janeiro entendeu pela desnecessidade de haver causa em trâmite no segundo grau[120], a corte de São Paulo[121] decidiu contrariamente[122], na linha de corrente doutrinária diversa da ora defendida[123].

4.4.4. Requisito negativo: ausência de recurso repetitivo afetado

Para além da presença dos pressupostos enunciados acima, far-se-á necessário que não haja recurso afetado para julgamento de fixação de tese, isto é, incidente de julgamento de recurso repetitivo já admitido. Não basta, en-

---

120 Entendimento externado no IRDR 32321- 30.2016.8.19.0000. Houve, porém, voto vencido do Des. Murilo Kieling, nos seguintes termos: "É preciso que já tramite no tribunal (em que se instalaria o IRDR) processo versando sobre a questão repetitiva. Quando menos, é preciso que esteja em vias de começar a tramitar no Tribunal processo sobre a questão – o que se terá quando, já havendo decisão em primeiro grau, houver recurso interposto. A multiplicidade de processos sobre a mesma questão ainda pendentes de julgamento em primeiro grau é insuficiente para a instauração do incidente.
Primeiro, porque, nessa hipótese, não se poderá aferir se há verdadeiro risco à segurança ou à isonomia. Como dito, isso depende da constatação de que está havendo decisões divergentes para a mesma questão jurídica.
Além disso, o parágrafo único do art. 978 prevê que o órgão incumbido de julgar o IRDR, julgará também "o recurso, a remessa necessária ou o processo de competência originária de onde se originou o incidente". Vale dizer: é imprescindível que o IRDR se origine de uma medida de competência do Tribunal. Não é possível instaurar-se no Tribunal um incidente quando não há nenhum recurso, fase processual ou ação sob a competência do Tribunal. O incidente é ligado sempre a alguma outra medida que compete ao Tribunal julgar. O IRDR não pode autonomamente instaurar-se no Tribunal, enquanto o processo ainda tramita em primeiro grau de jurisdição.".

121 IRDR 20876258220168260000.

122 O TJDFT foi além e assinalou, em seu regimento interno (art. 302), a necessidade.

123 Para Alexandre Câmara, a presença de causa no tribunal seria um requisito implícito para a instauração do IRDR (CÂMARA, Alexandre Freitas. *O novo processo civil brasileiro*. 2ª ed. São Paulo: Atlas, 2016, p. 481). Daniel Assumpção Neves (NEVES, Daniel Amorim Assumpção. *Novo Código de Processo Civil – Lei 13.105/2015*. 2ª ed. Rio de Janeiro: Forense, 2015, p. 524.) e Leonardo Carneiro da Cunha (CUNHA, Leonardo Carneiro da. Anotações sobre o incidente de resolução de demandas repetitivas previsto no projeto do novo Código de Processo Civil. *Revista de Processo*, v. 193, mar. 2011.) também acenaram no sentido da maior adequação do incidente quando diante de sentenças favoráveis e outras contrárias a alguma tese. Na mesma linha, o enunciado 344 do FPPC.

tão, a mera sugestão de afetação por parte do presidente ou vice-presidente de corte inferior[124].

Inicialmente, a regra se aplicaria, *ex lege*, somente para a instauração do Incidente de Resolução de Demandas Repetitivas (artigo 976, §4°). A lógica do comando é a mácula do interesse-utilidade para o incidente[125], já que a decisão no incidente de recurso repetitivo goza de abrangência nacional.

No entanto, também a concomitância de incidentes em tribunal superior não é tolerada pelo microssistema, de modo que se trata de requisito aplicado a todas as técnicas. Uma vez instaurado e admitido incidente de julgamento de recurso repetitivo, aos demais membros da corte e dos tribunais inferiores só caberá propor a afetação de outros processos, ou juntar argumentos novos (cópias e demais informações), possibilitando o delineio da "visão global da questão" (artigo 896-C ,§2°, da CLT).

Evita-se, com essa verificação, a superafetação e decisões fixadoras de teses conflitantes, mantendo-se a coerência do microssistema. O incidente posterior, em sendo verificada a existência de outro, anterior, sobre a mesma questão em tribunal superior, não será admitido ou será descontinuado[126]. Por

---

124 "O marco temporal para a inadmissibilidade do IRDR sob esta justificativa é a afetação do recurso-piloto pelo relator no STJ ou no STF, ou seja, o momento em que o tribunal superior identificar um recurso como paradigma e deflagrar a técnica de julgamento prevista no art. 1.037.
Deve-se distinguir esse momento processual daquele imediatamente anterior (art. 1.036, § 1.º), quando o presidente ou vice-presidente do TJ ou TRF selecionam recursos representativos a fim de submeter à corte superior 'proposta' de afetação, que pode ser acolhida ou rejeitada, conforme se depreende do art. 1.037, § 1.º." (DANTAS, Bruno. Comentário ao artigo 976. In: WAMBIER, Teresa Arruda Alvim *et al.* [coords.]. *Breves comentários ao novo Código de Processo Civil*. São Paulo: Revista dos Tribunais, 2015. Acesso eletrônico.).

125 CÂMARA, Alexandre Freitas. *O novo processo civil brasileiro*. 2ª ed. São Paulo: Atlas, 2016, p. 481.

126 "Ocorrendo a hipótese focada no § 4.º do art. 976 em comento, parece-nos que dois alvitres se apresentam: (i) o IRDR não se inicia ou é descontinuado – em primeiro grau ou no tribunal – à vista da pendência de RE ou REsp já afetado como representativo da controvérsia, envolvendo a vexata quaestio que seria objeto do IRDR; (ii) poderá ser sobrestado, à espera do julgamento por amostragem do RE ou REsp, nos quais se lobrigue a mesma questão de direito. Em princípio, esta última alternativa se apresenta como a mais apropriada, porque, como a decisão-quadro, no REsp afetado só incide sobre a 'questão central discutida' (Res. STJ 08/2008, § 1.º do art. 1.º), parece adequado aguardar-se a definição a respeito, com vistas a saber se, realmente, há uma identificação ou uma sobreposição entre o objeto da decisão-quadro e a questão de direito que seria veiculada no IRDR, inclusive para fins de eventual distinguishing (novo CPC, art. 489, § 1.º, VI; §§ 5.º e 6.º do art. 966, inseridos pela Lei 13.256/2016)." (MANCUSO, Rodolfo de Camargo. *Incidente de Resolução de Demandas Repetitivas*: a luta contra a dispersão jurisprudencial excessiva. São Paulo: Revista dos Tribunais, 2016, p. 215).

outro lado, quando o IRDR for anterior, soa razoável que fique suspenso, até que se confirme a fixação de tese no incidente superior[127].

Questão interessante é averiguar se o comando comporta interpretação ampliativa, condicionando a instauração à inexistência de outras técnicas. A principal possibilidade interpretativa seria a inserção das ações de controle concentrado de constitucionalidade como impedimento.

Isso porque tais instrumentos, modalidades de tutela coletiva de direitos[128][129], possuem dupla função similar à tutela pluri-individual: a tutela direta da ordem jurídica e a tutela indireta de direitos subjetivos. Por outro lado, se diferenciam pelo objeto (compatibilidade da norma com a Constituição *versus* interpretação definitiva da norma) e pelo interesse de agir (que, no controle de constitucionalidade, geralmente depende da vigência da norma[130][131], enquanto, nos casos repetitivos, a faceta de gestão processual pode exigir o prosseguimento da técnica mesmo que já revogada a norma cujo sentido se controverte).

A interseção, portanto, pode, perfeitamente, suceder, quando a questão jurídica debatida no incidente fixador de tese jurídica for, justamente, a com-

---

127 TEMER, Sofia. *Incidente de Resolução de Demandas Repetitivas*. Salvador: Juspodivm, 2016, p. 116.

128 ALMEIDA, Gregório Assagra de. *Direito Processual Coletivo Brasileiro* – um novo ramo do Direito Processual. São Paulo: Saraiva, 2003, p. 26.

129 "É inegável a tendência, verificada em nosso sistema, de privilegiar o método de controle concentrado de constitucionalidade das normas, e as decisões de mérito proferidas nas correspondentes ações têm não apenas a eficácia direta de tutelar a ordem jurídica, mas também, indiretamente, a de autorizar ou desautorizar a incidência da norma, objeto da ação, sobre os fatos jurídicos, confirmando ou negando a existência dos direitos subjetivos individuais. Considerando essa circunstância, e, ainda mais, que as mesmas sentenças têm eficácia *ex tunc*, do ponto de vista material, e *erga omnes*, na sua dimensão subjetiva, não há como negar que o sistema de controle concentrado de constitucionalidade constitui, mais que modo de tutelar a ordem jurídica, um poderoso instrumento para tutelar, ainda que indiretamente, direitos subjetivos individuais, tutela que acaba sendo potencializada em elevado grau, na sua dimensão instrumental, pela eficácia vinculante das decisões. É, em outras palavras, um especial modo de prestar tutela coletiva." (ZAVASCKI, Teoria Albino. *Processo coletivo: tutela de direitos coletivos e tutela coletiva de direitos*. 7ª ed. São Paulo: Revista dos Tribunais, 2017. Acesso eletrônico.).

130 "O interesse de agir só existe se e enquanto estiver em vigor o preceito normativo cuja legitimidade estiver sendo questionada, pelo que restará prejudicada a ação por perda de objeto se, antes do seu julgamento, ocorrer a sua revogação. (...) O controle abstrato dessas normas pré-constitucionais somente será cabível por ADPF, para evitar ou reparar lesão a preceito fundamental (Lei 9.882/1999, art. 1.º, parágrafo único, I)." (ZAVASCKI, Teori Albino. *Eficácia das sentenças na jurisdição constitucional*. 4ª ed. São Paulo: Revista dos Tribunais, 2017, p. 58).

131 Veja-se, por exemplo: STF, Pleno, ADI 709-2, Rel. Min. Paulo Brossard.

patibilidade ou não de determinada norma com a Constituição – Federal[132] ou Estadual[133]. Resta averiguar se, em casos tais, haverá prejudicialidade, em interpretação extensiva do art. 976, §4º.

Parece que, se a questão objeto do incidente for, exatamente, a constitucionalidade da norma, o tribunal pode[134] considerar a suspensão do incidente como a medida mais prudente[135], aguardando o resultado da ação direta de constitucionalidade. Sob essa ótica, prevalece a fixação da tese, elemento objetivo do microssistema.

Todavia, se pende ação direta sobre a norma cuja interpretação é objeto do incidente, inexiste prejudicialidade. A confusão não é total, sendo viável o julgamento e, caso se reconheça a inconstitucionalidade, posteriormente, abre-se a via da impugnação, pela alegação da inexigibilidade do título ou da rescisória (arts. 525, §§12 a 15, e 535, §§5º a 8º. Prevalece, aqui, a faceta de gestão do microssistema.

4.5. Procedimento

Analisados aspectos estruturais dos incidentes, passa-se ao estudo dos demais elementos do microssistema, através das etapas do procedimento, desde a instauração até a definitiva fixação da tese.

4.5.1. Instauração

Os legitimados, previamente vistos, ao verificarem a presença dos pressupostos de cabimento, estão chamados a deflagrar os incidentes. Nesse ponto, retoma-se dois alertas feitos oportunamente: por mais que se fale em "pedido de instauração" (artigo 977), a mera provocação já inicia o incidente (ainda que, logo depois, venha a ser inadmitido – em raciocínio análogo ao

132 Não faltam exemplos, nas tese fixadas pelo Supremo Tribunal Federal quando do julgamento de recursos extraordinários com repercussão geral. Para exemplificar, veja-se a tese fixada no tema 1 ("É inconstitucional a parte do art. 7º, I, da Lei 10.865/2004 que acresce à base de cálculo da denominada PIS/COFINS-Importação o valor do ICMS incidente no desembaraço aduaneiro e o valor das próprias contribuições.") e no tema 21 ("É constitucional a fixação de alíquota progressiva para o Imposto sobre Transmissão Causa Mortis e Doação — ITCD."), entre vários outros.

133 É o que já ocorreu, em julgamento do TJ/RS (IRDR 0154697-13.2016.8.21.7000, Rel. Des. Ivan Leomar Bruxel, Tema 1, DJe 9.5.2017. e IRDR 0137884-08.2016.8.21.7000, Rel. Des. Ivan Leomar Bruxel, Tema 1, DJe 9.5.2017.), onde se debateu a constitucionalidade do art. 46, I, da CE/RS.

134 Evita-se considerar uma regra, vez que os julgamentos de controle concentrado pode, sabidamente, se prolongar por anos, o que comprometeria toda a finalidade dos incidentes.

135 Nessa linha, a decisão do TJ/MG, no IRDR 1.0024.14.084326-9/002, suspenso até o julgamento da ADI1.0000.14.071251-4/000.

indeferimento da inicial, onde, inegavelmente, já há processo) e se trata de dever (sem sanção, é certo).

Essa provocação guarda, em novo paralelo com a petição inicial, requisitos formais específicos, que com os desta não se confundem[136]. Há, então, o pressuposto de instauração consistente na regularidade formal, com duas exigências.

A primeira é o respeito ao instrumento, à forma estatuída em lei: os juízes, os relatores (bem como os órgãos colegiados) e os presidentes e vice-presidentes de tribunais inferiores instauram o incidente por via de ofício, ao passo que as partes, o Ministério Público e a Defensoria Pública o fazem por meio de petição. Sempre, porém, dirigido diretamente ao presidente do tribunal competente para fixar a tese[137].

A segunda exigência é a presença de documentos, o máximo possível e necessário para que se demonstre a existência dos requisitos de cabimento[138]

---

136 "Daí porque o IRDR deve obedecer ao regime jurídico dos incidentes processuais, de modo que: (...) (c) o requerimento de instauração do incidente não precisa obedecer aos requisitos próprios de uma petição inicial (valor da causa, por exemplo). Deve apenas ser endereçado ao Presidente do tribunal competente e demonstrar o preenchimento dos pressupostos para sua instauração, como, por exemplo, a comprovação da efetiva repetição de processos sobre a mesma questão de direito" (CAVALCANTI, Marcos de Araújo. *Incidente de Resolução de Demandas Repetitivas [IRDR]*. São Paulo: Revista dos Tribunais, 2016. Acesso eletrônico.).

137 MENDES, Aluisio Gonçalves de Castro. *Ações coletivas e meios de resolução coletiva de conflitos no direito comparado e nacional*. São Paulo: Revista dos Tribunais, 2014, p. 300.

138 "O processamento adequado do IRDR exige verificação de sua regularidade formal. Assim, identificam-se requisitos formais como o instrumento por meio do qual se veicula o pedido de instauração e os documentos necessários à demonstração do preenchimento dos pressupostos legais.
Em primeiro lugar, quanto ao instrumento processual que deve ser manejado para apresentar o pedido de instauração do incidente ao Tribunal, deve-se distinguir duas situações:
i) quando a iniciativa for do Juiz ou Relator, será *por meio de ofício*; ou
ii) quando o pedido advir de iniciativa de uma das partes, do Ministério Público ou da Defensoria Pública, será feito por *petição*.
Está previsto, ainda, que o instrumento processual adotado (ofício ou petição) deve ser instruído com documentos necessários para o preenchimento dos pressupostos para a instauração do incidente.
Nessa linha, o ofício ou petição que postula a instauração do incidente deve ser instruído com o máximo de documentos necessários à demonstração do preenchimento dos pressupostos de admissibilidade.
Portanto, deve-se provar, simultaneamente, que há postulações múltiplas, o que se demonstra com cópias de peças processuais relevantes dos diversos processos idênticos ou certidões de inteiro teor, e que há respostas discrepantes oferecidas pelo Judiciário, mediante juntada de cópias de decisões conflitantes, sejam elas decisões interlocutórias, sentenças ou acórdãos." (DANTAS, Bruno. Comentário ao artigo 976. In: WAMBIER, Teresa Arruda Alvim *et al.* [coords.]. *Breves comentários ao novo Código de Processo Civil*. São Paulo: Revista dos Tribunais, 2015. Acesso eletrônico.)

(artigo 977, parágrafo único), como cópias de petições ou decisões em processos múltiplos, ou até notícias[139], bem como certidões dos tribunais superiores atestando a inexistência de recurso afetado.

O presidente da corte[140], então, acolhe o instrumento, em papel meramente administrativo, configurando recepção tão somente formal[141], e distribui o incidente ao órgão fracionário competente. Não há prevenção, nessa distribuição, quanto a recursos anteriormente interpostos no bojo do processo que motivou a instauração, mas apenas em relação a incidentes de julgamento de casos repetitivos anteriores, a atrair a competência[142].

Podem ocorrer instaurações múltiplas, no mesmo tribunal ou em tribunais diversos (no caso do IRDR). Se suceder assim no interior de uma mesma corte, sugere-se a reunião dos dois incidentes[143], no órgão e na relatoria do julgador que primeiro tenha proferido decisão de admissão, especificamente identificando a questão submetida a julgamento (artigo 1.037, §3º).

Quando as instaurações de Incidentes de Resolução de Demandas Repetitivas sobre mesma questão jurídica se derem em tribunais diversos, não há medida impositiva, no primeiro momento[144]. Afigura-se até benéfico que assim se dê, esclarecendo o posicionamento de cada corte sobre a matéria, de modo a facilitar, inclusive, a insurreição especial com base na existência de dissídio jurisprudencial (artigo 105, III, c da CF).

Nesse caso, o microssistema já previu saída satisfatória, com a possibilidade de se requerer a suspensão nacional dos processos (artigo 982, §3º), sendo certo que a questão poderá ser pacificada em definitivo por meio de recursos especial ou extraordinário contra o mérito do incidente (artigo 987).

---

139 MEDINA, José Miguel Garcia. *Novo Código de Processo Civil comentado*. São Paulo: Revista dos tribunais, 2015, p. 1.325.

140 Admitindo a delegação, pelo regimento interno, dessa tarefa: CABRAL, Antonio do Passo. Comentário ao artigo 978. In: CABRAL, Antonio do Passo; CRAMER, Ronaldo (coords.). *Comentários ao novo Código de Processo Civil*. 2 ed. Rio de Janeiro: Forense, 2016, p. 1.445.

141 MANCUSO, Rodolfo de Camargo. *Incidente de Resolução de Demandas Repetitivas*: a luta contra a dispersão jurisprudencial excessiva. São Paulo: Revista dos Tribunais, 2016, p. 241.

142 MENDES, Aluisio Gonçalves de Castro. *Incidente de Resolução de Demandas Repetitivas*: sistematização, análise e interpretação do novo instituto processual. Rio de Janeiro: Forense, 2017, p. 176.

143 Enunciado 89 do FPPC.

144 Correrão os incidentes autonomamente (inteligência do enunciado 90 do FPPC). Em sentido contrário, condenando a hipótese, por violar a *ratio* do incidente de evitar divergências: CAMARGO, Luiz Henrique Volpe. O incidente de resolução de demandas repetitivas no projeto de novo CPC: a comparação entre a versão do Senado Federal e a da Câmara dos Deputados. In: FREIRE, Alexandre *et al.* (orgs.). *Novas tendências do processo civil*, v. 3. Salvador: Juspodivm, 2014, p. 279-311.

4.5.1.1. Registro nos sistemas eletrônicos

A exemplo do que ocorre na *Group Litigation Order* inglesa[145], assegura a lei que a instauração dos incidentes será acompanhada da mais ampla divulgação e publicidade (artigo 979). Trata-se de incumbência perfeitamente cabível ao presidente do tribunal, por possuir natureza administrativa.

Com a mera provocação por parte de um dos legitimados, já é instaurado o incidente, que ganha numeração e é distribuído. A precisa definição da questão discutida, no entanto, só é dada pelo órgão colegiado, na decisão de admissão, de sorte que o presidente do tribunal, no primeiro momento, deve adicionar ao banco de dados eletrônico o incidente na forma como apresentado pelo legitimado.

No momento seguinte, com a decisão colegiada, em havendo diversa compreensão sobre a questão jurídica deveras controvertida, se ajustará o sistema eletrônico, tornando-o definitivo. Forma-se, assim, o banco de dados eletrônico com questões submetidas aos incidentes nos próprios tribunais, comunicado ao CNJ (artigo 979, §1º).

O conteúdo do sistema eletrônico, regulamentado pela Resolução 235/2016 do CNJ, deve abranger as teses jurídicas, se já fixadas, ou a questão em debate, se antes do término do julgamento objetivo, bem como fundamentos determinantes e dispositivos normativos relacionados ao tema (artigo 979, §2º).

Curiosamente, o legislador quis assentar de maneira especial a existência do microssistema de julgamento de casos repetitivos no artigo 979, §3º, ao esclarecer a aplicabilidade da publicidade e da divulgação, delineada no tratamento do IRDR, aos recursos repetitivos.

145 "Interessante observar que as determinações, no regramento do nosso IRDR, para a 'mais ampla e específica divulgação e publicidade, por meio de registro eletrônico no Conselho Nacional Justiça' e para que os tribunais mantenham 'banco eletrônico de dados atualizados com informações específicas sobre questões de direito submetidas ao incidente, comunicando-o imediatamente ao Conselho Nacional de Justiça para inclusão no cadastro' (CPC/2015, art. 979, caput e § 1º), evocam o contido na Rule 19:11 da CPR inglesa, que, basicamente, atribui análogas incumbências à management court – tribunal encarregado do trâmite da GLO – notadamente quanto à criação e manutenção do group registrer (cadastro de processos coletivos, em tradução aproximada), o que denota o interesse público e social que permeia o manejo judicial da litigância massiva." (MANCUSO, Rodolfo de Camargo. *Incidente de Resolução de Demandas Repetitivas*: a luta contra a dispersão jurisprudencial excessiva. São Paulo: Revista dos Tribunais, 2016, p. 171)

4.5.1.2. Dispensa de custas

Os incidentes fixadores de tese guardam peculiaridade quanto às custas processuais. Não há, por força do artigo 976, §5º, pagamento de qualquer natureza, por parte dos sujeitos envolvidos no incidente de caráter objetivo.

Trata-se de solução atenta à própria natureza do incidente, de interesse difuso, por revelar posicionamento do tribunal aplicável a todos os que se subordinam ao ordenamento nacional, bem como às consequências da imposição dos gastos, capaz de desestimular os legitimados, notadamente as partes.

Evidentemente, os incidentes não são gratuitos, sendo bem possível que custem bastante para as cortes. No entanto, o legislador dispensou os interessados e legitimados de seu pagamento, oxalá tendo previsto o impacto que daí adviria para os tribunais, pretensamente sendo compensável com a receita advinda de todos os demais processos.

Na experiência alemã, existe repartição de custas no procedimento modelo e sistemática de sucumbência para os recursos decorrentes da solução adotada[146]. O Código de Processo Civil optou por outra lógica, o que se justificada pela prioridade na formação concentrada de "precedente", sendo a gestão coletiva de processos efeito acessório, por mais desejado que seja.

Outras questões surgem, como o pagamento de honorários, sobretudo os recursais, previstos na regra geral do artigo 85, §§ 1º e 11. Em havendo recurso contra o mérito do incidente, de uma das partes, inegável que sucederá "trabalho adicional" do patrono.

No entanto, a saída parece ser compreender que houve divisão de gastos: no procedimento objetivo não há gasto para os participantes; nos seus processos subjetivos, em que a tese fixada gerará efeitos, existe regular pagamento das despesas processuais, genericamente compreendidas (custas, honorários e afins).

4.5.2. Decisão de admissão

Uma vez distribuído o incidente ao órgão colegiado competente e a um relator, passa-se ao seu exame de admissibilidade.

O microssistema exige que essa decisão seja sempre tomada por uma pluralidade de julgadores[147], ao assinalar que o órgão colegiado competente procederá ao juízo de admissibilidade (artigo 981), por decisão da maioria

---

146 Para exposição detalhada, ver: MENDES, Aluisio Gonçalves de Castro. *Incidente de Resolução de Demandas Repetitivas*: sistematização, análise e interpretação do novo instituto processual. Rio de Janeiro: Forense, 2017, p. 135.

147 Enunciado 91 do FPPC, no mesmo sentido.

simples de seus membros (artigo 896-C da CLT[148]). Trata-se de importante manifestação do princípio da ampla participação, analisado anteriormente.

No código anterior, o tratamento dos recursos repetitivos indicava que o relator poderia proceder, individualmente, a esse juízo[149]. Na nova sistemática, a solução é claramente diversa, especialmente expressa para o IRDR. Também no incidente de julgamento de recursos repetitivos, porém, deve-se obedecer à mesma lógica, em função da interpretação conjunta imposta pelo microssistema. Até porque o valor maior que fundamenta essa opção legislativa – a ampla participação como remédio para qualquer déficit de contraditório – se aplica irrestritamente às duas espécies da técnica.

A propósito, é o que ocorre no Superior Tribunal de Justiça, cujo regimento interno prevê a decisão de admissão e afetação colegiada, pela ferramenta eletrônica (artigo 257 e 257-A).

O objeto da decisão de admissibilidade é a verificação dos pressupostos de cabimento, como esclarece o artigo 981, *in fine*. A avaliação, porém, não fica restrita aos documentos acostados na peça inaugural do incidente, sendo plenamente possível que o órgão julgador adote postura proativa, expedindo ofícios ou requisitando informações de juízos pares ou inferiores, em exercício de cooperação judiciária nacional[150].

Em havendo recurso repetitivo sobre a mesma questão, com mera proposta de afetação (incidente instaurado, mas não admitido), nada impede a admissibilidade do ulterior incidente, sendo certo, no entanto, que a posterior admissão e afetação gerarão efeitos sobre este, cabendo sua suspensão, como já visto.

Bruno Dantas sustenta, ainda, que, no exercício da função de averiguação da admissibilidade, o tribunal pode optar por deixar de admitir o incidente, por razões de conveniência, em autêntico juízo político[151]. Nessa esteira,

---

148 Em igual sentido, o parágrafo único do artigo 257-C do Regimento Interno do STJ.

149 "A decisão de admissibilidade do IRDR, que deflagra os primeiros efeitos dessa técnica – tais como a suspensão dos processos que versem idêntica questão e suspensão do prazo prescricional –, *sempre será colegiada*. Isso representa importante distinção quanto ao regime do CPC de 1973 para os recursos especiais repetitivos, pois nestes incumbe ao relator, individualmente, decidir a afetação do julgamento do caso repetitivo à Seção ou Corte Especial. A opção do legislador é acertada e evita perplexidades como a afetação de dois casos que versam idêntica questão jurídica ou, até mesmo, a instauração do incidente em casos que não preencham os requisitos legais." (DANTAS, Bruno. Comentário ao artigo 976. In: WAMBIER, Teresa Arruda Alvim *et al.* [coords.]. *Breves comentários ao novo Código de Processo Civil*. São Paulo: Revista dos Tribunais, 2015. Acesso eletrônico.).

150 Tema que recebeu inédito tratamento no CPC/15, artigos 67 a 69.

151 "O incidente possui duas fases bem delineadas – admissibilidade e mérito –, e o seu processamento e julgamento é da competência originária do tribunal estadual ou federal a que o juízo da causa seja vinculado.

pode ocorrer, por exemplo, que a matéria ainda careça de amadurecimento e debate[152].

Embora a normativa não traga, diretamente, a necessidade de contraditório prévio à decisão de admissibilidade, o mesmo revela-se crucial, seguindo, com maior razão pela amplitude de seus efeitos, a lógica do ordenamento para os processos em geral (artigo 10), evitando-se qualquer surpresa. Nessa linha, mesmo que se pretenda imprimir celeridade e brevidade ao procedimento[153], cabe ouvir o Ministério Público a atuar no órgão[154].

Caso o colegiado, por qualquer uma dessas fundamentações, entenda pela inadmissão do incidente, é possível reapresentá-lo, quando os pressupostos puderem ser satisfeitos (artigo 976, §3º). Por essa razão, tal decisão negativa não constitui coisa julgada nem preclui[155].

Tampouco cabe recurso especial ou extraordinário, ante a falta de interesse e a impossibilidade de se atribuir a esse juízo o caráter de "causa decidida" exigido pela Constituição Federal[156]. Os incidentes, ademais, refletem

---

Na admissibilidade, além do exame técnico sobre a existência da questão de direito repetitiva, o tribunal realiza juízo político consistente em avaliar a conveniência de se adotar naquele momento cronológico a decisão paradigmática. Em caso de admissão, logo após a sessão de julgamento, o relator determina a suspensão de todos os casos idênticos em tramitação no primeiro e no segundo grau até o julgamento final do incidente, nos limites de sua competência territorial." (DANTAS, Bruno. Comentário ao artigo 976. In: WAMBIER, Teresa Arruda Alvim *et al.* [coords.]. *Breves comentários ao novo Código de Processo Civil*. São Paulo: Revista dos Tribunais, 2015. Acesso eletrônico.).

---

152 "O julgamento do IRDR deve acarretar estabilidade, isonomia e segurança jurídica. Evidentemente, essas qualidades são incompatíveis com mudanças bruscas de entendimento, em especial porque, diferentemente das causas comuns, onde prevalece o *non liquet*, no IRDR o tribunal pode perfeitamente se escusar da instauração sob o argumento de que o tema ainda não foi suficientemente debatido pelos juízos e órgãos colegiados inferiores, não estando apto, portanto, a receber decisão paradigmática e vinculante." (DANTAS, Bruno. Comentário ao artigo 986. In: WAMBIER, Teresa Arruda Alvim *et al.* [coords.]. *Breves comentários ao novo Código de Processo Civil*. São Paulo: Revista dos Tribunais, 2015. Acesso eletrônico.).

153 Reconhecendo a opção legislativa pela falta de contraditório prévio à admissibilidade: MENDES, Aluisio Gonçalves de Castro. *Incidente de Resolução de Demandas Repetitivas*: sistematização, análise e interpretação do novo instituto processual. Rio de Janeiro: Forense, 2017, p. 176.

154 É o que tem sido praxe no julgamento de IRDRs no TJ/RJ.

155 "Não há que se falar em preclusão ou coisa julgada do acórdão que inadmitiu a instauração do incidente." (DANTAS, Bruno. Comentário ao artigo 976. In: WAMBIER, Teresa Arruda Alvim *et al.* [coords.]. *Breves comentários ao novo Código de Processo Civil*. São Paulo: Revista dos Tribunais, 2015. Acesso eletrônico.).

156 "Quanto à possibilidade de RE ao STF ou REsp ao STJ no âmbito do art. 981, em comento, é bem de ver que, tirante a hipótese de sua interposição contra o acórdão

interesse público, não sendo viável cogitar de qualquer direito subjetivo apto a justificar a insurgência.

4.5.3. Decisão de afetação

Ainda na fase de admissibilidade do incidente[157], é possível traçar distinção entre a decisão de admissão, que analisa os pressupostos de cabimento, e a decisão de afetação, de conteúdo plural.

O microssistema dá sustentação a essa divisão teórica, que não necessariamente se operará, na prática, em momentos distintos (nada impede que o mesmo *decisum* veicule todos os objetos descritos). No artigo 982, sobre o IRDR, o código fala em "admitido o incidente", passando a expor os objetos da decisão de afetação, esclarecendo se tratar de duas etapas. Posteriormente, quando trata do incidente de julgamento de recursos repetitivos, o artigo 1.037 anuncia que o relator "proferirá decisão de afetação", após ter selecionado os recursos – o que indica que o conteúdo desse ato decisório não é (somente) a escolha de casos paradigmas.

A leitura conjunta dos dois tratamentos permite, então, concluir que: (i) a decisão de admissão é anterior à de afetação e que (ii) a decisão de afetação transborda a mera escolha de processos.

Antes de averiguar os conteúdos todos dessa central manifestação jurisdicional, cabe avaliar a competência para sua prolação. A literalidade dos artigos 982 e 1.037, que tratam do tema, indica que o relator seria o

---

no IRDR (art. 987, caput), estamos em que seu manejo em face da decisão quanto à admissibilidade do IRDR se afigura remoto, senão já inviável: a uma, porque se poderia objetar falta de interesse recursal, já que o IRDR, trancado ab initio, pode ser reapresentado uma vez sanada a falha (§ 3.º do art. 976); a duas, porque, como antes dito, já vem prevista a possibilidade de RE ou REsp contra a decisão que fixa a tese jurídica no IRDR, propriamente dita, e esse ulterior acórdão do STF ou do STJ é que projetará, nacionalmente, efeito obrigatório em face das demais instâncias judiciais (art. 927, III); a três, porque tanto o RE como o REsp devem ser tirados de causa decidida (CF, art. 102, III e 105, III), quesito desatendido em se tratando do juízo de admissibilidade do IRDR. Ao propósito, nos pronunciamos em outra sede: 'Tanto para efeito do recurso extraordinário como do recurso especial, o que se quer, com a expressão causa decidida, é que a decisão atacada seja... final, configurada no esgotamento dos recursos ordinários, seja porque foram interpostos (preclusão consumativa), seja porque não o foram (preclusão temporal)'." (MANCUSO, Rodolfo de Camargo. *Incidente de Resolução de Demandas Repetitivas*: a luta contra a dispersão jurisprudencial excessiva. São Paulo: Revista dos Tribunais, 2016, p. 240).

157 Realizando a dicotomia entre a fase de admissibilidade e a fase de mérito: DANTAS, Bruno. Comentário ao artigo 976. In: WAMBIER, Teresa Arruda Alvim *et al.* (coords.). *Breves comentários ao novo Código de Processo Civil*. São Paulo: Revista dos Tribunais, 2015. Acesso eletrônico.

responsável. No entanto, estando inserta na fase de admissibilidade e, não raro, confundindo-se, formalmente, com a própria decisão de admissão[158], soa razoável que haja debate qualificado, no colegiado[159]. Afinal, se a definição menos impactante (a admissão ou inadmissão) não o negocia, também a decisão de maior eficácia imprescinde da ampla participação interna e de fundamentação idônea.

O texto, então, deve ser interpretado no sentido de que o relator externará o entendimento do colegiado, que é o juízo natural do procedimento.

A exemplo da decisão de admissibilidade, a de afetação também não desafiará recurso, à exceção dos embargos declaratórios[160].

Passar-se-á, agora, ao estudo de todos os objetos da decisão de afetação – terminologia que se adota em homenagem à nomenclatura esculpida pelo legislador no artigo 1.037.

4.5.3.1. Escolha de casos paradigmas

O primeiro elemento da decisão de afetação decorre de seu próprio *nomen iuris*: é a escolha de casos a serem levados, como parâmetro, para o colegiado.

Já se teve a oportunidade de sustentar a natureza essencial de procedimento objetivo dos incidentes de julgamento de casos repetitivos, cuja finalidade precípua e justificadora de sua existência é a definição da tese jurídica sobre a questão controvertida. Desse modo, os processos afetados possuirão importante papel de ajudar a construir a premissa fática sobre a qual se fixará o entendimento jurídico, bem como de colaborar com o debate, trazendo argumentos variados e posições contrapostas.

---

158 Parcela da doutrina não enxerga a distinção ora proposta (DANTAS, Bruno. Comentário ao artigo 976. In: WAMBIER, Teresa Arruda Alvim *et al.* [coords.]. *Breves comentários ao novo Código de Processo Civil*. São Paulo: Revista dos Tribunais, 2015. Acesso eletrônico.) e outra sustenta que parte do conteúdo da decisão de afetação seria, na verdade, da decisão de admissão (TEMER, Sofia. *Incidente de Resolução de Demandas Repetitivas*. Salvador: Juspodivm, 2016). Por razões metodológicas, adota-se, neste trabalho, a divisão e a classificação externadas.

159 No mesmo sentido, voto vencido do Min. Marco Aurélio no RE 966177 QO RG/RS, reconhecendo a desproporcionalidade entre a suspensão nacional por um relator, enquanto a liminar em controle concentrado de constitucionalidade exige o voto de seis ministros.

160 "A decisão proferida no juízo de admissibilidade do IRDR é irrecorrível, seja ela positiva ou negativa. Essa irrecorribilidade, evidentemente, não se estende à oposição dos embargos declaratórios, que visam a aperfeiçoar a decisão, tornando-a mais clara e inteligível." (DANTAS, Bruno. Comentário ao artigo 976. In: WAMBIER, Teresa Arruda Alvim *et al.* [coords.]. *Breves comentários ao novo Código de Processo Civil*. São Paulo: Revista dos Tribunais, 2015. Acesso eletrônico.).

Quando for possível – e, em regra, o será –, o órgão que julga o incidente também decidirá esses casos concretos, em exercício pedagógico de aplicação da tese. Excepcionalmente, porém, pode ser caso de essa segunda etapa restar prejudicada, seja por problemas de competência (caso ainda em primeiro grau, no IRDR), seja pela superveniente perda do objeto (desistência ou abandono dos processos ou recursos). E, nem por isso, será atingida a eficácia do incidente.

Guardando, pois, relevância, essa escolha deve obedecer a critérios rigorosos, deixados a cargo da doutrina e da jurisprudência[161] pela legislação[162]. A experiência inglesa da *Group Litigation Order* ensina que a correta escolha das ações-piloto é elemento crucial para justificar as mitigações ao contraditório e ao acesso individual à justiça, no cenário das demandas de massa[163].

---

161 Sobre o papel do CNJ, que determinou, pela Resolução 160/2012, que todos os tribunais devessem criar um Núcleo de Repercussão Geral e Recursos Repetitivos (Nurer), ver: DANTAS, Bruno. *Teoria dos Recursos Repetitivos:* tutela pluri-individual nos recursos dirigidos ao STF e ao STJ (arts. 543-B e 543-C do CPC). São Paulo: Revista dos Tribunais, 2015.

162 "O legislador brasileiro não ignorou a relevância desse aspecto, e demonstrou preocupação com o tema da escolha dos casos representativos da controvérsia, conforme se verifica da primeira versão do projeto de lei que acabou se transformando na Lei 11.418/2006, que introduziu no CPC o art. 543-B. Vejamos:
'Art. 5.º Quando houver multiplicidade de recursos extraordinários com fundamento em idêntica controvérsia, a análise da repercussão geral observará o seguinte: I – caberá ao Tribunal de origem, na forma de seu regimento interno, e obedecidos critérios objetivos previamente estabelecidos pelo Supremo Tribunal Federal, selecionar um ou mais recursos representativos da controvérsia e encaminhá-los ao Supremo Tribunal Federal, sobrestando os demais até que haja pronunciamento definitivo, não podendo esse sobrestamento exceder o período de um ano'.
Essa previsão, porém, lamentavelmente foi suprimida ao longo da tramitação no Senado Federal, quando prevaleceu o substitutivo elaborado pelos ministros Gilmar Mendes e Cezar Peluso, do STF. Não obstante, a Resolução 8/2008 do STJ, ao regulamentar no âmbito da Corte o procedimento do art. 543-C, enfatizou a importância de se eleger como representativos casos que reúnam "maior diversidade de fundamentos no acórdão e de argumentos no recurso especial" (DANTAS, Bruno. *Teoria dos Recursos Repetitivos:* tutela pluri-individual nos recursos dirigidos ao STF e ao STJ [arts. 543-B e 543-C do CPC]. São Paulo: Revista dos Tribunais, 2015, p. 113).

163 "Thus, the legitimacy of the test claim device fundamentally depends upon whether the selected test claims properly and adequately reflect (or 'represent') all relevant material issues, interests, legal and factual permutations, concerns and so forth that exist within the total universe of claims in the group. If not, then any non-represented group members will have good reason to contend either that their cases, too, should proceed as test claims, or that they should not be bound by the test claim outcomes" (GIBBONS, Susan M. C. Group litigation, class actions and Lord Woolf's three objectives: a critical analysis. *Civil Justice Quarterly*, v. 27, 2008, p. 231-232 *apud* DANTAS, Bruno. *Teoria dos Recursos Repetitivos:* tutela pluri-individual nos recursos dirigidos ao STF e ao STJ [arts. 543-B e 543-C do CPC]. São Paulo: Revista dos Tribunais, 2015).

Bruno Dantas considera que, além da definição da questão jurídica levada à [a] julgamento, a escolha dos casos paradigmas configura elemento de critério da aferição da representatividade adequada na tutela pluri-individual, que se dá objetivamente, diversamente do que ocorre nas ações coletivas do cenário anglo-saxão[164].

O tema sempre se mostrou central na dinâmica de julgamento de recursos repetitivos, inaugurada pelo artigo 543-C do código revogado. O próprio Superior Tribunal de Justiça buscou definir critérios objetivos mínimos de escolha, concentrados na Resolução 8/2008[165], que trazia a exigência de escolha de ao menos um recurso por ministro, buscando a maior diversidade de fundamentação do acórdão guerreado e de argumentos do recurso interposto[166].

A normativa, porém, foi revogada pela Emenda Regimental 24/2016, que adequou o regimento interno da corte ao Código de Processo Civil de

---

164 "No primeiro, é necessário definir com precisão quais as questões de direito determinantes para o deslinde da causa, sobre as quais o STJ ou o STF terá que se pronunciar.
O rigor nessa etapa é fundamental para que não sejam ignoradas questões de direito importantes referentes a causas de pedir postas em juízo.
Na técnica inglesa da GLO, a definição das questões que serão objeto de apreciação conjunta é crucial. O juiz deve, desde o início, decidir quais questões têm maior importância, de modo que a sua definição conduza à efetiva resolução de todas as ações que tramitam conjuntamente. A esse respeito, cabe destacar que nessa técnica é dado ao juiz o poder de decidir até mesmo quais questões serão decididas em conjunto e quais serão relegadas para receber tratamento individual.
A precisão na escolha das questões de direito determinantes para a resolução do caso é a pedra de toque do segundo momento, consistente na seleção dos casos representativos da controvérsia. Se o tribunal falhar na primeira etapa, inexoravelmente falhará também na escolha do recurso-piloto, por razões óbvias.
No segundo momento, a escolha do recurso-piloto deve observar parâmetros que levem em consideração toda a quantidade e variedade de perspectivas argumentativas utilizadas nos casos individuais, de modo que a seleção recaia sobre aquele recurso que venha a reunir as melhores condições de influir efetivamente no convencimento da Corte." (DANTAS, Bruno. *Teoria dos Recursos Repetitivos:* tutela pluri-individual nos recursos dirigidos ao STF e ao STJ [arts. 543-B e 543-C do CPC]. São Paulo: Revista dos Tribunais, 2015. Acesso eletrônico.).

165 Cuja constitucionalidade foi questionada pela doutrina, por supostamente extrapolar os limites legais do artigo 543-C do CPC/73. A respeito, veja-se: MELLO, Ricardo Licastro Torres de. Recursos especiais repetitivos: problemas de constitucionalidade da Resolução 8/2008, do STJ. *Revista de Processo*, v. 163, set. 2008, p. 190.

166 "Do cotejo do NCPC e da Resolução n 8/2008, tem-se em síntese o seguinte: (i) tratando-se de reconhecimento de repetitivo pelo Tribunal de origem, devem ser escolhidos diversos recursos, de vários relatores; (ii) se o repetitivo for afetado pelo próprio relator, no STJ, devem ser afetados, no mínimo, dois recursos." (DELLORE, Luiz; MARTINS, Ricardo Maffeis. Recurso especial repetitivo: escolha do recurso e (in)efetividade dos julgamentos. In: DIDIER JR., Fredie [coord.]. *Processo nos tribunais e meios de impugnação às decisões judiciais*. Salvador: Juspodivm, 2016, p. 1111-1112).

2015, de modo que, mais uma vez, se deve buscar elencar parâmetros para a seleção, sob o aspecto quantitativo e sob o aspecto qualitativo.

Quanto ao critério de quantidade, isto é, de quantos casos devem ser destacados, o microssistema traz a exigência de afetação de pelo menos dois processos (artigo 1.036. §1°), buscando contemplar o órgão julgador com uma visão minimamente global. O regramento anterior não mencionava esse parâmetro, de sorte que a inovação foi bastante aplaudida[167].

Trata-se, de todo modo, de apenas um mínimo, sendo positivo que mais ações ou recursos a versar sobre o tema sejam levados aos julgadores, não necessariamente como processos afetados, já que se aumentaria a carga de trabalho do tribunal na segunda etapa de julgamento, mas a título de enriquecimento do contraditório, pela apresentação de argumentos variados. Essa demonstração de cooperação judiciária é outro objeto específico da decisão de afetação, pela requisição de informações, mas os tribunais devem colaborar mesmo antes, propondo processos para afetação (artigo 896-C, §2°[168]).

Mais importante do que a ótica quantitativa, no entanto, é a qualitativa[169]. Inicialmente, cabe reconhecer que certas causas serão, decididamente, inadequadas. Luiz Dellore e Ricardo Martins apontam como tal os processos em que há vícios processuais relevantes[170], excesso de especificidades (fáticas ou jurídicas) e falta de debate[171].

---

167 RODRIGUES, Marco Antonio dos Santos. *Manual dos recursos, ação rescisória e reclamação*. São Paulo: Atlas, 2017, p. 271; HILL, Flávia Pereira. Breves comentários às principais inovações quanto aos meios de impugnação das decisões judiciais no novo CPC. In: DIDIER JR., Fredie (coord.). *Processo nos tribunais e meios de impugnação às decisões judiciais*. Salvador: Juspodivm, 2016, p. 506.

168 No regramento trabalhista, há previsão de expedição de comunicação aos outros órgãos do tribunal, que podem afetar outros processos, visando à construção da visão global da questão.

169 BOTELHO DE MESQUITA, José Ignacio; AMADEO, Rodolfo da Costa Manso; DELLORE, Luiz; MORETO, Mariana Capela Lombardi; TEIXEIRA, Guilherme Silveira e ZVEIBEL, Daniel Guimarães. A repercussão geral e os recursos repetitivos: Economia, Direito e Política. *Revista de Processo*, v. 220, jun. 2013, p. 27.

170 "(...) parece-nos não haver dúvida de que a análise da presença de motivos para impedimento ou suspeição de algum ministro deve ser levada em consideração quando da afetação do recurso." (DELLORE, Luiz; MARTINS, Ricardo Maffeis. Recurso especial repetitivo: escolha do recurso e (in)efetividade dos julgamentos. In: DIDIER JR., Fredie [coord.]. *Processo nos tribunais e meios de impugnação às decisões judiciais*. Salvador: Juspodivm, 2016, p. 1120). No entanto, com a abstrativização que ocorre, tende a não haver importância, ao menos em tese, o referido vício, voltando a ser relevante na etapa de julgamento *in concretu* do processo afetado.

171 "A escolha de um recurso inadequado prejudicará sensivelmente a qualidade do debate e, consequentemente, da decisão. E o recurso inadequado poderia ser aquele em que, entre outros aspectos, (i) há vícios processuais que impedem seu conhecimento (no

Parece, contudo, que, na compreensão adotada, segundo a qual os incidentes são objetivos e a aplicação da tese fixada aos casos afetados é etapa ulterior, de ocorrência não essencial, a falta de debate realmente maculará de inutilidade esses processos, enquanto os casos com especificidades podem, até mesmo, contribuir para a orientação aos juízos subordinados ao tribunal, que virão a aplicar o entendimento em casos dos mais variados.

Mostra-se, então, até mesmo recomendável que o tribunal afete (i) processos em que a questão objeto é meritória, (ii) outros, em que é prejudicial ou que repercuta de outra maneira, (iii) e demandas com peculiaridades. Desse modo, ao aplicar a tese a um seleto grupo de causas (caso contrário, a corte se tornaria juízo universal da questão, algo impensável), o órgão colegiado deve sair da zona de conforto, exercendo função deveras didática.

Nessa linha, encontra-se o artigo 1.037, §7°, assumindo, com naturalidade, que os processos afetados guardem outras questões além daquela objeto do incidente, a serem decididas oportunamente pela corte.

A lei processual impede, ainda, a afetação de recursos inadmissíveis (artigo 1.036, §6°) e, por analogia, de causas que possuam vícios processuais impeditivos da análise da questão e da aplicação da tese (como petições iniciais que acarretarão indeferimento liminar).

Parte da doutrina considera se tratar de barreira que não permitiria a formação do precedente vinculante[172]. No entanto, o caráter objetivo do incidente garante que a tese seria fixada de qualquer maneira. O real problema desses processos inadmissíveis, por assim dizer, é a impossibilidade de concretização do entendimento, na segunda etapa da tutela pluri-individual, de sorte que o comando poderia chegar a ser um contrassenso, acaso justamente essas demandas possuíssem os melhores argumentos[173].

---

todo ou em parte), (ii) há especificidades (fáticas ou jurídicas) que impossibilitam a análise da questão de uma maneira ampla, (iii) o tema central não foi objeto de debate com a necessária profundidade, não enfrentando, quantitativa e qualitativamente, todos os possíveis argumentos." (DELLORE, Luiz; MARTINS, Ricardo Maffeis. Recurso especial repetitivo: escolha do recurso e (in)efetividade dos julgamentos. In: DIDIER JR., Fredie (coord.). *Processo nos tribunais e meios de impugnação às decisões judiciais*. Salvador: Juspodivm, 2016, p. 1110)

172 CÂMARA, Alexandre Freitas. *O novo processo civil brasileiro*. 2ª ed. São Paulo: Atlas, 2016. p. 553.

173 "Trata-se de uma opção legislativa que acaba por privilegiar a possibilidade de julgamento do recurso escolhido em detrimento do interesse mais amplo de que razões recursais bem construídas sirvam para a melhor compreensão da matéria e a formação do convencimento do tribunal.
Poderia – e talvez fosse recomendável – o legislador ter adotado entendimento diverso, permitindo fossem escolhidos os recursos que ostentassem as razões recursais mais bem estruturadas, ainda que despidos dos requisitos de admissibilidade. Neste caso, as razões

O outro critério expressamente previsto, no mesmo artigo, e que deve estar presente nos processos a serem afetados é a abrangência da argumentação e da discussão, na linha de tudo o que já foi dito.

Como densificação desse requisito[174], pode-se apontar como recomendáveis os processos em que haja (i) contraditório ampliado, com maior número de argumentos, sendo esses claros e concisos, sem limitação de cognição e mesmo probatória, na origem, (ii) pluralidade de sujeitos, como causas a envolver litisconsórcio, intervenção de terceiros e de sujeitos externos (*amici curiae* e audiências públicas), e (iii) maior número de sujeitos representados, a exemplo de demandas coletivas[175], onde se poderá verificar uma dupla suspensão de processos[176] e cuja fase probatória tende a ser muito mais desenvolvida[177], em que participam órgãos constitucionais independentes (Defensoria Pública e Ministério Público), ou ações movidas por associações[178].

recursais se prestariam exclusivamente para o fim de formar o convencimento do tribunal acerca da matéria (mérito recursal), embora aquele recurso escolhido não pudesse ter a tese firmada aplicada ao caso concreto, diante de sua manifesta inadmissibilidade. De todo modo, Não foi esta a opção adotada pelo legislador." (HILL, Flávia Pereira. Breves comentários às principais inovações quanto aos meios de impugnação das decisões judiciais no novo CPC. In: DIDIER JR., Fredie [coord.]. *Processo nos tribunais e meios de impugnação às decisões judiciais*. Salvador: Juspodivm, 2016, p. 506.)

174 Alguns dos parâmetros foram inspirados em CABRAL, Antonio do Passo. A escolha da causa-piloto nos incidentes de resolução de processos repetitivos. *Revista de Processo*, v. 221, jul. 2013.

175 Na mesma linha, o enunciado 615 do FPPC.

176 "Finalmente, uma derradeira situação que pode se verificar na prática. Imagine-se que, dentre as ações que tratam da mesma questão de direito, haja uma ação civil pública. Teríamos, aqui, que combinar a regra da suspensão imposta pelo CPC com a parte final do art. 104 do Código de Defesa do Consumidor. Nesse caso, teríamos que ver qual o status dessa ACP. Se ela é o processo piloto, ou se é mais uma das demandas suspensas. Se for o processo piloto, de nada adianta aplicar o art. 104, pois o mesmo efeito já é garantido pelo CPC.
Caso a ACP seja uma das demandas suspensas, além da suspensão pelo julgamento repetitivo, seria ainda possível uma segunda suspensão, requerida pelo autor individual, a fim de aguardar o julgamento na ACP após a definição da questão de direito objeto do processo piloto.
Assim, numa interpretação sistemática, cremos que o art. 104 do CDC pode ser compatibilizado com a sistemática dos julgamentos repetitivos." (PINHO, Humberto Dalla Bernardina de. *Jurisdição e pacificação:* limites e possibilidades do uso dos meios consensuais de resolução de conflitos na tutela dos direitos transindividuais e pluri-individuais. Curitiba: CRV, 2017, p. 240)

177 RODRIGUES, Marco Antonio dos Santos. *Manual dos recursos, ação rescisória e reclamação*. São Paulo: Atlas, 2017, p. 271.

178 Quanto maior a abrangência da associação, melhor servirá como causa afetada. Uma associação nacional, portanto, prefere à estadual, em tese.

A má escolha por parte do colegiado, em havendo uma pluralidade de propostas de afetação, acaba por violar o dever de comprometimento que decorre do princípio da cooperação, como percebeu Marcelo Mazzola[179].

Por fim, há que se ter em mente que o processo que motivou o legitimado a instaurar o incidente não necessariamente será aquele afetado para a aplicação da tese[180], o que depende do juízo do órgão colegiado, seja no IRDR deflagrado por uma parte processual, seja no julgamento de recursos repetitivos, em que a decisão de pinçamento do tribunal inferior não vincula o tribunal superior competente, que terá a palavra final exposta na decisão de afetação[181].

4.5.3.2. Identificar a questão controvertida

É a decisão de afetação que esclarece o objeto do incidente. Esse conteúdo, crucial, se extrai do artigo 1.037, I, tendo silenciado o legislador ao tratar do IRDR.

A lei exige que o órgão julgador aponte a questão controvertida "com precisão", isto é, claramente, de forma direta e compreensível, até porque assim será consignado nos cadastros eletrônicos do tribunal e do CNJ.

Trata-se de espécie de saneamento objetivo do incidente, que se estabiliza. Se, desde a instauração, deve ser divulgada a sua existência, inclusive

---

179 "Nada obstante, ignora o dever de comprometimento o relator que, no caso de instauração de IRDR ou na escolha de recursos sob a sistemática dos repetitivos, escolhe entre os processos análogos aquele menos representativo da controvérsia, evidenciando pouca responsabilidade na análise da matéria e ignorando os desdobramentos de um julgamento dessa natureza." (MAZZOLA, Marcelo. *Tutela jurisdicional colaborativa*: a cooperação como fundamento autônomo de impugnação. Curitiba: CRV, 2017, p. 169).

180 Em sentido contrário, criticando o instituto, equivocadamente: "De acordo com o NCPC, qualquer causa repetitiva, desde que pendente no tribunal, poderá dar ensejo à instauração do IRDR. Não se exige uma análise cuidadosa acerca da existência de homogeneidade entre as questões envolvidas no processo pendente no tribunal e nos demais processos repetitivos. Logo, chegando ao tribunal a primeira causa repetitiva, qualquer legitimado pode, de imediato, requerer a instauração do incidente processual, mesmo que essa demanda não seja a que melhor representa a controvérsia. Pior: a ideia de julgamento abstrato do IRDR permite aplicar a tese jurídica às causas futuras, referentes a litigantes que não tiveram qualquer possibilidade de participação e influência no julgamento coletivo" (ABBOUD, Georges. *Discricionariedade administrativa e judicial*: o ato administrativo e a decisão judicial. São Paulo: Revista dos Tribunais, 2014, p. 395-396).

181 NUNES, Dierle. Comentário ao artigo 1.036. In: WAMBIER, Teresa Arruda Alvim *et al.* (coords.). *Breves comentários ao novo Código de Processo Civil*. São Paulo: Revista dos Tribunais, 2015. Acesso eletrônico.

com seu mérito, somente com a decisão de afetação é possível ter, em caráter pretensamente definitivo, o mérito do julgamento vindouro. A delimitação pelo presidente do tribunal, em despacho administrativo, e pelo próprio colegiado, na anterior decisão de admissibilidade, é, portanto, provisória[182].

De todo modo, não causa espécie que, por ocasião da afetação, se diminua o objeto anteriormente destacado, pois não haverá prejuízo considerável, vez que a suspensão dos processos somente se efetua nessa mesma ocasião.

A redação originária do código trazia comando voltado ao microssistema que impedia que o órgão colegiado julgasse, para fins dos efeitos da tese (artigos 985 e 1.040), questão não apontada na decisão de afetação (artigo 1.036, §2º), o que prestigiava a adstrição do julgamento final com essa avaliação preliminar[183][184]. Mesmo com a extinção do comando, há entendimento no sentido da rígida delimitação, sob pena de ofensa à segurança jurídica, à

182 Sustentando ser provisória a delimitação da questão na decisão de admissão: TEMER, Sofia. *Incidente de Resolução de Demandas Repetitivas*. Salvador: Juspodivm, 2016.

183 HILL, Flávia Pereira. Breves comentários às principais inovações quanto aos meios de impugnação das decisões judiciais no novo CPC. In: DIDIER JR., Fredie (coord.). *Processo nos tribunais e meios de impugnação às decisões judiciais*. Salvador: Juspodivm, 2016, p. 506.

184 "Ademais, tal fixação limita os efeitos da decisão proferida pelo colegiado nos moldes do art. 1.040, eis que o § 2.º, do art. 1.037 impõe uma vedação de julgamento da questão não delimitada na decisão de afetação. Caso o Tribunal Superior amplie o debate, os argumentos não poderão ser interpretados como fundamento determinante (*ratio decidendi*), mas como mera opinião, sem caráter obrigatório (*obter dicta*)." (NUNES, Dierle. Comentário ao artigo 1.036. In: WAMBIER, Teresa Arruda Alvim *et al.* [coords.]. *Breves comentários ao novo Código de Processo Civil*. São Paulo: Revista dos Tribunais, 2015. Acesso eletrônico.).

representatividade adequada, à publicidade e ao contraditório[185], mormente em sua feição de proibição de surpresa[186].

Outra solução, buscando dar eficácia à modificação apontada, é compreender que o tribunal não está mais engessado, sendo viável a readequação da questão jurídica, a requerimento de um dos intervenientes ou de ofício[187]. A efetividade a ser extraída da técnica pode recomendar que, após a robusta instrução que a compõe, seja imperativo e ponderado que se amplie o objeto da tese. Evidentemente, essa maleabilidade deverá ter caráter excepcional, evitando verdadeiro sepultamento da segurança jurídica, pilar do microssistema.

185 "Dessa forma, em não havendo identificação e estabilização do objeto do incidente, nos parece clara a violação ao contraditório, seja por ofensa expressa ao art. 10 do CPC – que se aplica igualmente às questões de direito – seja pelo recrudescimento da ofensa decorrente da ausência de participação com influência e paridade de armas de todos aqueles que serão atingidos pela resolução da controvérsia, de forma vinculante. (...) Permitir a modificação do objeto do processo após o juízo de admissibilidade faz ruir de forma categórica os mecanismos de salvaguarda do contraditório – já fragilizados por opção do legislador e pela própria natureza do instituto. O ideal seria o controle judicial de adequação da representatividade dos interesses de todos aqueles possivelmente atingidos pela resolução da questão jurídica. Não havendo previsão legal e sendo mesmo de complexa análise fática tal averiguação em questões amplas, abstratas e, principalmente, processuais, a estabilização do objeto do processo já no juízo de admissibilidade confere um mínimo de segurança jurídica, previsibilidade e possibilidade de intervenção. A possibilidade de modificação do objeto do incidente desnatura, igualmente, a previsão do art. 979 do CPC da ampla divulgação e publicidade da instauração, medida também adotada com a finalidade de mitigar a ofensa ao contraditório." (VARGAS, Daniel. Estabilidade objetiva no IRDR: escritos sobre congruência e eficácia vinculante. O julgamento liminar de improcedência no CPC de 2015. In: MELLO PORTO, José Roberto Sotero de; RODRIGUES, Roberto de Aragão Ribeiro. *Direito processual contemporâneo*: estudos em homenagem a Humberto Dalla Bernardina de Pinho. Rio de Janeiro, GZ: 2018, p. 141).

186 Mencionando especificamente o princípio da não surpresa, veja-se o IRDR – Cv Nº 1.0079.13.005785-8/002, do TJ/MG: "IRDR – AMPLIAÇÃO DO OBJETO POSTERIORMENTE À INSTAURAÇÃO – PRINCÍPIO DA NÃO SURPRESA – DESCABIMENTO. Sem embargo da possibilidade de aplicação da tese firmada em sede de IRDR em situações fático-jurídicas semelhantes, como precedente jurisprudencial, não se mostra possível a ampliação do objeto do incidente após a sua instauração, em obediência à segurança jurídica e ao princípio da não surpresa, positivado em nosso ordenamento processual no artigo 10, do novo CPC. A tese jurídica a ser firmada por este eg. Órgão Julgador circunscreve-se a responder ao questionamento com base no qual foi instaurado o presente incidente, sob pena de desvirtuamento de sua precípua função de pacificação de controvérsia de direito, mediante temerária abrangência de múltiplas situações fáticas que transcendem ao objeto de definição.".

187 MENDES, Aluisio Gonçalves de Castro. *Incidente de Resolução de Demandas Repetitivas*: sistematização, análise e interpretação do novo instituto processual. Rio de Janeiro: Forense, 2017, p. 181.

A problemática não se confunde com a restrição do juízo aos argumentos ofertados pelos processos afetados e pelos demais sujeitos a integrar o incidente. Traçando um paralelo com as dimensões do efeito devolutivo, por mais que haja, como regra, limitação ao aspecto horizontal, devendo a corte se pronunciar sobre tema previamente destacado, não estará jamais limitada aos fundamentos apresentados[188], podendo verticalizar a questão.

4.5.3.3. Prevenção do relator/órgão colegiado

O órgão julgador que primeiro profere a decisão de afetação estará prevento para o julgamento objetivo da questão (artigo 1.037, §3º). Essa previsão normativa tem caráter prático e se volta àquelas hipóteses de instaurações múltiplas ou plúrimas.

Pode-se interpretar o dispositivo, ainda, no sentido de que, em existindo vários órgãos colegiados destacados pelo regimento interno do tribunal, aquele que primeiro identificar a questão submetida a julgamento será o responsável pela fixação da tese.

4.5.3.4. Suspensão das ações em curso

Aspecto prático de maior importância, não só da decisão de afetação[189], mas de todo o microssistema de tutela pluri-individual, é a suspensão de todos[190] os processos em trâmite que tratem da questão delimitada, no âmbito do tribunal julgador do incidente. Essa medida revela-se como fundamental, também, para o microssistema de gestão dos casos repetitivos, assegurando a isonômica aplicação da tese a ser fixada[191].

188 Nessa linha, o TJ/RJ (IRDR 0018608-85.2016.8.19.0000, Des. Rel. Sérgio Ricardo de Arruda Fernandes).

189 Concordando que a suspensão advém da decisão de afetação, e não da de admissão: RODRIGUES, Marco Antonio dos Santos. *Manual dos recursos, ação rescisória e reclamação*. São Paulo: Atlas, 2017, p. 272; PINHO, Humberto Dalla Bernardina de. *Direito Processual Civil Contemporâneo*. v. 2. São Paulo, Saraiva, 2017, p. 971. Por outro lado, imputando o efeito à decisão de admissão: TEMER, Sofia. *Incidente de Resolução de Demandas Repetitivas*. Salvador: Juspodivm, 2016. Por fim, considerando poder do relator, sem realizar a dicotomia discutida: DANTAS, Bruno. Comentário ao artigo 982. In: WAMBIER, Teresa Arruda Alvim *et al.* (coords.). *Breves comentários ao novo Código de Processo Civil*. São Paulo: Revista dos Tribunais, 2015. Acesso eletrônico. Na jurisprudência, condicionando a suspensão à admissão: TJ/RJ, Ap 351247-51201408190001, Rel. Renata Cotta.

190 Embora haja polêmica, sustenta-se que também os processos em trâmite nos juizados especiais se submetem à suspensão, como defendido *supra*.

191 CÂMARA, Alexandre Freitas. *O novo processo civil brasileiro*. 2ª ed. São Paulo: Atlas, 2016. p. 554.

A suspensão se restringe, de todo modo, ao âmbito do tribunal, o que significa o estado da federação, se julgado pelo Tribunal de Justiça respectivo, ou a região subordinada ao Tribunal Regional Federal (artigo 982, I), ou, ainda, todos os processos do país, quando se tratar de incidente de julgamento de recursos repetitivos (artigo 1.037, II).

Curiosamente, a lei prevê que, quando o presidente ou vice-presidente de tribunal local for o sujeito a provocar a instauração desta última espécie de incidente, poderá determinar, em aparente medida cautelar típica, a suspensão dos processos pendentes em sua área de competência (artigo 1.036, §1º). Em não sendo admitido o incidente, a decisão será revogada (artigo 1.037, §1º).

A solução dada pelo legislador é um passo firme e decisivo a favor da efetividade dos institutos fixadores de tese jurídica, superando o tratamento conferido pelo CPC/73, que restringia a suspensão aos recursos especiais ou extraordinários, embora a jurisprudência, *de lege ferenda*, tivesse avançado, determinando a paralisação também das apelações sobre o tema objeto de análise[192].

192 Entendimento do Superior Tribunal de Justiça, ao julgar o Resp 1111743/DF.

Discute-se se a suspensão é um ato vinculado[193], ou se seria passível de ponderação com o interesse público[194], constituindo ato discricionário[195]. Parece que, como regra, a suspensão deverá se impor, valorizando a racionalização do Judiciário e sendo condição intrínseca ao funcionamento da técnica de gestão de precedentes[196], mas, pontualmente e de forma excepcional, se mostrará desnecessária, como quando as decisões, em geral, no tribunal e nos órgãos que lhe são subordinados caminhem em um mesmo sentido[197], ou não recomendada[198].

---

193 "Essas condutas podem ser caracterizadas por sua obrigatoriedade de realização, como a suspensão dos processos pendentes que mantenham identidade com a questão de direito objeto do IRDR, ou pela possibilidade de realizada, como nos casos em envolvam tutela de urgência.

(...) Admitido o IRDR, o relator determinará a suspensão de todos os processos ou recursos que tratem da idêntica questão de direito controvertida. Esse ato *vinculado* é da própria essência do incidente e não está sujeito a qualquer condição adicional ou mesmo à convicção do relator. Por ser vinculado, esse pronunciamento é *irrecorrível.*" (DANTAS, Bruno. Comentário ao artigo 976. In: WAMBIER, Teresa Arruda Alvim *et al.* [coords.]. *Breves comentários ao novo Código de Processo Civil*. São Paulo: Revista dos Tribunais, 2015. Acesso eletrônico.).

194 "Nessa instigante questão a virtude do meio-termo implica em que se dê o devido peso à prevalência do interesse público e social que permeia o IRDR, a saber: a emissão de tese jurídica idônea a prevenir ou superar a divergência instalada acerca de certa questão de direito replicada em muitos processos, capaz de pôr em risco a isonomia e a segurança jurídica (art. 976 e incisos); tais sobrevalores, por certo, transcendem o interesse individual das partes envolvidas nos processos seriais, tanto assim que a tese jurídica alcançada ao final do IRDR a eles se estenderá impositivamente (art. 985 e incisos, c/c art. 927, III). Desse modo, pensamos que cabe ao relator, no desempenho de sua missão de "dirigir e ordenar o processo no tribunal" (art. 932, I), ponderar, cumpridamente, sobre os valores incidentes na espécie, por modo que, em constatando que o prosseguimento das demandas individuais, em paralelo ao trâmite do IRDR, poderia pôr em risco a boa ordem judiciária, gerando situações de insegurança e perplexidade, deverá, fundamentadamente (CF, art. 93, IX; CPC/2015, § 1.º do art. 489), determinar a suspensão das ações individuais concernentes ao thema decidendum. "(MANCUSO, Rodolfo de Camargo. *Incidente de Resolução de Demandas Repetitivas*: a luta contra a dispersão jurisprudencial excessiva. São Paulo: Revista dos Tribunais, 2016, p. 242-243).

195 Entendimento externado pelo Min. Luiz Fux, o maior idealizador do código, no julgamento do RE 966177 QO RG/RS, rel. Min. Luiz Fux, julgamento em 7.6.2017, Informativo 868, Plenário, Repercussão Geral.

196 WAMBIER, Teresa Arruda Alvim; CONCEIÇÃO, Maria Lúcia Lins; RIBEIRO, Leonardo Ferres da Silva; MELLO, Rogério Licastro Torres de. *Primeiros comentários ao novo Código de Processo Civil – artigo por artigo*. São Paulo: Revista dos Tribunais, 2015, p. 1.404.

197 MENDES, Aluisio Gonçalves de Castro. *Incidente de Resolução de Demandas Repetitivas*: sistematização, análise e interpretação do novo instituto processual. Rio de Janeiro: Forense, 2017, p. 185.

198 Bom exemplo é o dos REsp 1.704.520 e REsp 1.696.396, nos quais o STJ decidirá se o rol do art. 1.015 admite interpretação extensiva. Na prática, suspender todos os processos

Cogita-se, ainda, outras espécies de suspensão, como a parcial (a abranger apenas parte do objeto do processo subjetivo, permitindo sua continuidade quanto ao restante – hipótese reforçada pelo art. 356, que inaugurou o julgamento parcial de mérito) e a setorial (a abranger apenas os processos em trâmite em certos órgãos julgadores, que, sabidamente, aplicam entendimento diverso àquele provavelmente prevalente no colegiado que julga o incidente[199-200]).

Sob o ponto de vista dos processos subjetivos, é razoável ponderar se a suspensão não deve se operar, idealmente, somente após a fase instrutória, isto é, imediatamente antes da fase decisória. Afinal, se o julgador terá que aplicar a tese a ser fixada, revela-se medida de eficiência processual o prosseguimento da ação, preparando-a para o julgamento nos moldes definidos ao cabo do incidente.

A única[201] hipótese de não submissão à suspensão imposta pela lei é a demonstração de distinção entre o caso cujo trâmite ordinário se pretende manter e a questão objeto do incidente[202]. A apreciação de eventual *distinguishing* cabe, em primeiro lugar, ao órgão julgador do processo subjetivo, que possui autêntico dever de checar o enquadramento[203] e que é o responsável por efetivamente suspender os processos sob sua apreciação[204], após receber

que versem sobre a questão significaria suspender o funcionamento do Judiciário, de sorte que a Corte Especial do tribunal decidiu pelo não sobrestamento.

199 A posição foi externada por Aluisio Gonçalves de Castro Mendes, em aulas do PPGD/UERJ.

200 Poder-se-ia cogitar, em se tratando de incidente instaurado nos tribunais superiores, suspensão apenas dos processos em fase recursal ou de juízo de admissibilidade na vice-presidência do tribunal local. Contudo, afigura-se, como regra, medida antiprodutiva, desprezando a função das instâncias ordinárias de uniformizar a aplicação do direito.

201 Rechaçando o pedido de prosseguimento do processo por razões de conveniência: RODRIGUES, Marco Antonio dos Santos. *Manual dos recursos, ação rescisória e reclamação*. São Paulo: Atlas, 2017, p. 271.

202 Cuja viabilidade já era enunciada desde 2014 pelo Artigo 896-C §16 da CLT, sem, contudo, trazer procedimento específico.

203 "Também desprestigia o dever em tela o juiz que suspende automaticamente o processo afetado pelo IRDR ou pela sistemática dos recursos repetitivos, sem examinar a distinção entre a questão a ser decidida no caso concreto e aquela objeto do microssistema de formação de precedentes obrigatórios. A mesma crítica pode ser feita ao juiz que transforma o *obiter dictum* em precedente para fundamentar sua decisão, ignorando a *ratio decidendi* do paradigma invocado." (MAZZOLA, Marcelo. *Tutela jurisdicional colaborativa*: a cooperação como fundamento autônomo de impugnação. Curitiba: CRV, 2017, p. 169-170).

204 "A resposta para essa indagação pressupõe a compreensão da dinâmica do IRDR. Em primeiro lugar, é necessário esclarecer que, embora a ordem de suspensão seja do relator do incidente, caberá a cada juiz dos casos repetitivos – ou ao relator do respectivo recurso, caso a discussão esteja em grau recursal – identificar a massa de processos idênticos que se sujeitará à suspensão e, posteriormente, à decisão paradigmática.

a comunicação da suspensão (artigo 982, §1º), que, anteriormente, pode ter sido passada pelo presidente do tribunal superior ao presidente dos tribunais locais (artigo 896-C, §3º, da CLT).

Essa divisão de competências, evidenciada pelo artigo 1.037, §8º, decorre de razões práticas atinentes, inclusive, à estrutura dos tribunais a exercer a função nomofilática. Correta, nesse particular, a redação do artigo 1.037, II, que enuncia que o órgão julgador do incidente "determinará a suspensão", em vez de "suspenderá", como consta no artigo 982, I.

A comunicação da suspensão aos órgãos jurisdicionais competentes[205], em qualquer fase processual, deve ser racionalizada pela secretaria do tribunal, que distribuirá o ofício, a conter o inteiro teor do incidente[206], para os juízos com competência para a matéria[207].

Para a apreciação do pedido de reconhecimento da distinção, o microssistema traz detalhado procedimento (artigo 1.037, §§ 8º a 13), aplicável não

---

Assim, se equívoco houver na suspensão dos processos idênticos, jamais será do relator do IRDR que emitiu a ordem, mas dos juízes ou relatores dos processos ou recursos repetitivos, que terão falhado no cotejo entre a *quaestio iuris* debatida no incidente e a *causa petendi* do caso sob sua jurisdição, de modo que é a estes, e não àquele, que deve ser dirigida simples petição demonstrando analiticamente a diferenciação." (DANTAS, Bruno. Comentário ao artigo 976. In: WAMBIER, Teresa Arruda Alvim *et al.* [coords.]. *Breves comentários ao novo Código de Processo Civil*. São Paulo: Revista dos Tribunais, 2015. Acesso eletrônico.).

---

205 Antes da versão final, a título de emenda redacional, foi dado o texto definitivo, quando antes se falava nos diretores dos fóruns, o que, para parcela da doutrina, macula de inconstitucionalidade formal o comando, pois antes possuiria natureza administrativa (THEODORO JÚNIOR, Humberto; NUNES, Dierle; BAHIA, Alexandre Melo Franco; PEDRON, Flávio Quinaud. *Novo CPC – Fundamentos e sistematização*. 3ª ed. Rio de Janeiro: Forense, 2016, p. 453, n. 172.).

206 Possível traçar o paralelo com o que ocorre no incidente de arguição de inconstitucionalidade: "Art. 950. Remetida cópia do acórdão a todos os juízes, o presidente do tribunal designará a sessão de julgamento."

207 "Esses órgãos são os juízes de primeiro grau e os relatores das ações originárias e dos recursos que versem a matéria discutida no IRDR e que, por força de sua instauração, deverão ser sobrestados.
A secretaria do tribunal, portanto, deverá verificar no Estado ou região quais são as varas judiciais e os órgãos fracionários do próprio tribunal que possuem competência material para apreciar o tema objeto do IRDR.
Assim, não faz sentido comunicar às varas de família a instauração de incidente sobre matéria administrativa ou ambiental. Decerto, alguns temas – como direito processual, por exemplo – perpassam a divisão material de competências e devem ensejar comunicação mais ampla." (DANTAS, Bruno. Comentário ao artigo 976. In: WAMBIER, Teresa Arruda Alvim *et al.* [coords.]. *Breves comentários ao novo Código de Processo Civil*. São Paulo: Revista dos Tribunais, 2015. Acesso eletrônico.).

apenas aos recursos repetitivos, mas também ao IRDR, conquanto a previsão específica tenha sido suprimida pelo Senado Federal[208]. Afinal, os dois mecanismos são, guardadas pontuais distinções, espécies de mesma técnica, justificadas pelos mesmos fundamentos.

O ônus argumentativo, no entanto, é da parte do processo pretensamente sobrestado, que tem o direito de requerer seu prosseguimento, inclusive mediante instrução probatória, acaso se faça necessária[209].

Uma vez intimada a parte do processo para que tome ciência da suspensão (artigo 1.037, §8º), pode demonstrar a distinção e pedir que seja desfeito o ato, seguindo a marcha processual regular (artigo 1.037, §9º). O requerimento é dirigido ao juiz responsável pelo processo na fase em que estiver: se, em primeiro grau, ao juiz; se, em segundo grau, ao relator; se já julgado em segundo grau e interposto recurso contra o acórdão, dependerá se o processo foi sobrestado no tribunal de origem (o endereçamento será ao relator do acórdão recorrido) ou se foi suspenso já após tramitar no tribunal superior (caso em que o relator do recurso extraordinário *lato sensu* deverá decidir a questão).

De todo modo, o contraditório é garantido para a parte contrária, que é ouvida sobre o pedido de distinção, em 5 dias (artigo 1.037, §11). Caso o julgador verifique a procedência do pleito, esse prosseguirá, voltando a correr, o que, se for caso de sobrestamento de recurso dirigido ao tribunal de cúpula por força de decisão do presidente ou vice-presidente de corte de segunda instância, implicará o envio do recurso para o competente tribunal superior (artigo 1.037, §12).

---

208 "Embora o dispositivo em comento não preveja, entendemos ser aplicável analogicamente o § 8.º do art. 1.037, que estabelece que as partes serão intimadas da suspensão de seu processo." (DANTAS, Bruno. Comentário ao artigo 976. In: WAMBIER, Teresa Arruda Alvim *et al.* [coords.]. *Breves comentários ao novo Código de Processo Civil*. São Paulo: Revista dos Tribunais, 2015. Acesso eletrônico.). Contrariamente, reconhecendo que o parecer final do Senado Federal esclareceu que caberia mandado de segurança, como sucedâneo recursal, e que o agravo de instrumento necessita de expressa previsão legal específica: NEVES, Daniel Amorim Assumpção. *Novo Código de Processo Civil – Lei 13.105/2015*. 2ª ed. Rio de Janeiro: Forense, 2015.

209 "Veja-se que caberá à parte se desincumbir de pesado ônus argumentativo em seu requerimento, com a demonstração, a partir do teor da decisão de afetação, que seu caso se diferencia do submetido à análise do tribunal superior. (...) Caso a suspensão inviabilize a distinção de casos pela ausência de provas para sua verificação, a parte poderá requerer a continuidade de seu processo até a fase de instrução. Este é o entendimento do enunciado 364 do Fórum Permanente de Processualistas Civis: '(Art. 1.036, § 1.º). O sobrestamento da causa em primeira instância não ocorrerá caso se mostre necessária a produção de provas para efeito de distinção de precedentes. (Grupo: Precedentes)'". (NUNES, Dierle. Comentário ao artigo 1.037. In: WAMBIER, Teresa Arruda Alvim *et al.* [coords.]. *Breves comentários ao novo Código de Processo Civil*. São Paulo: Revista dos Tribunais, 2015. Acesso eletrônico.)

Dessa decisão, que decide o pedido de reconhecimento de *distinguishing*, caberá agravo[210]: de instrumento, se prolatada por juiz, ou interno, se por relator (artigo 1.038, §13). Crucial perceber que o código, indicando mecanismos jurisdicionais para revê-la, sepulta a consolidada jurisprudência segundo a qual a decisão de sobrestamento possuía natureza administrativa, impassível de impugnação recursal[211].

A outra hipótese de requerimento de afastamento do sobrestamento vem trazida no artigo 1.036, §2º, tendo por fundamento a intempestividade do recurso extraordinário suspenso. Em uma visão do microssistema, pode-se aplicar, por analogia, o pedido também diante de IRDR, demonstrando aspectos que fulminem a pretensão da parte contrária, sem necessidade de maiores aprofundamentos, como na hipótese de estar comprometida pela prescrição ou pela decadência, objetivamente aferíveis.

Também aqui a parte contrária deverá ser previamente ouvida, sucedendo decisão impugnável tão somente por agravo interno (artigo 1.036, §3º), após a reforma operada pela lei 13.256/16.

A suspensão durará um ano, prazo coincidente com o de julgament[212] do incidente (artigo 980, parágrafo único), o que é consentâneo com a lógica da técnica[213].

---

210 "Analogicamente, portanto, é de se aplicar ao IRDR, *mutatis mutandis*, o regramento previsto no art. 1.037, § 9.º ao § 13, de modo que ao pedido de prosseguimento do processo com fundamento em *distinguishing* deve suceder a intimação da parte contrária e decisão do juiz ou relator. Essa decisão se sujeita a agravo de instrumento ou agravo interno, respectivamente." (DANTAS, Bruno. Comentário ao artigo 976. In: WAMBIER, Teresa Arruda Alvim *et al.* [coords.]. *Breves comentários ao novo Código de Processo Civil*. São Paulo: Revista dos Tribunais, 2015. Acesso eletrônico.).

211 No STJ, veja-se, exemplificativamente, o AgRg no AResp 214152/SP.

212 Reputando impróprio o prazo para julgamento: RODRIGUES, Marco Antonio dos Santos. *Manual dos recursos, ação rescisória e reclamação*. São Paulo: Atlas, 2017, p. 274; ASSIS, Araken de. *Manual dos recursos*. 8 ed. São Paulo: Revista dos Tribunais, 2016, p. 894. No entanto, o prazo é estabelecido *ope legis*, portanto inegociável: MENDES, Aluisio Gonçalves de Castro. *Incidente de Resolução de Demandas Repetitivas*: sistematização, análise e interpretação do novo instituto processual. Rio de Janeiro: Forense, 2017, p. 191.

213 "A preferência estatuída pela lei é de todo consentânea com a lógica do procedimento, uma vez que não seria razoável agravar ainda mais a situação das partes que tiveram seus processos suspensos na segunda instância, as quais já se encontram destituídas do controle e da direção de seu processo individual, e que seriam forçadas a permanecer nesta incômoda situação por prazo demasiadamente longo, caso não existisse tal regra. Além disso, tendo-se em vista que um dos escopos deste procedimento é, justamente, a promoção da celeridade processual, mediante a resolução de centenas ou até milhares

O termo inicial para a contagem é a publicação do acórdão[214] de admissão e, com o advento do termo final, o juiz natural da demanda pode prosseguir em sua análise, independente de manifestação específica do tribunal[215], inclusive para os recursos repetitivos, apesar da revogação do artigo 1.037, §5º, ante o microssistema que se opera[216].

O prazo, no entanto, pode ser dilatado, por decisão fundamentada em contrário, não podendo essa extensão representar afronta ao acesso à justiça, exame que variará de caso a caso. Embora a lei não especifique, o que permite a leitura de que a duração dessa segunda suspensão possa ser ainda maior que a da primeira, é razoável que se obedeça ao mesmo prazo máximo[217]. Essa autorização, prevista apenas no regramento do IRDR, se aplica a todo o microssistema.

Outra hipótese de ampliação do prazo consiste na interposição de recursos especial ou extraordinário contra a decisão do IRDR, em interpretação *a contrario sensu* do artigo 982, §5º, também aqui se aplicando a lógica acima quanto à nova duração.

Enquanto os processos ficam suspensos, contudo, pode haver necessidade de se requerer o pronunciamento judicial sobre uma questão urgente. Por

de casos semelhantes por intermédio de um julgamento por amostragem, seria mesmo incompatível com sua própria natureza não instituir regra nesse sentido." (PINHO, Humberto Dalla Bernardina de. *Direito Processual Civil Contemporâneo*. v. 2. São Paulo, Saraiva, 2017, p. 972).

214 Em que pese a literalidade do artigo 982, *caput*, a doutrina reconhece que a decisão pode ser colegiada, seguindo a linha ora defendida (MENDES, Aluisio Gonçalves de Castro. *Incidente de Resolução de Demandas Repetitivas*: sistematização, análise e interpretação do novo instituto processual. Rio de Janeiro: Forense, 2017, p. 184).

215 "O prazo começará a fluir a partir da publicação do acórdão de admissão do IRDR. Findo, cessa automaticamente a suspensão dos processos repetitivos, devendo o juiz de cada caso promover o impulso independentemente de nova ordem do tribunal, ressalvada a prorrogação pelo relator do IRDR mediante decisão fundamentada." (DANTAS, Bruno. Comentário ao artigo 976. In: WAMBIER, Teresa Arruda Alvim *et al.* [coords.]. *Breves comentários ao novo Código de Processo Civil*. São Paulo: Revista dos Tribunais, 2015. Acesso eletrônico.). Na mesma linha, MENDES, Aluisio Gonçalves de Castro. *Incidente de Resolução de Demandas Repetitivas*: sistematização, análise e interpretação do novo instituto processual. Rio de Janeiro: Forense, 2017, p. 194.

216 Nessa linha, enunciado 345 do FPPC e CÂMARA, Alexandre Freitas. *O novo processo civil brasileiro*. 2ª ed. São Paulo: Atlas, 2016. Em sentido contrário: RODRIGUES, Marco Antonio dos Santos. *Manual dos recursos, ação rescisória e reclamação*. São Paulo: Atlas, 2017, p. 274.

217 MENDES, Aluisio Gonçalves de Castro. *Incidente de Resolução de Demandas Repetitivas*: sistematização, análise e interpretação do novo instituto processual. Rio de Janeiro: Forense, 2017, p. 191.

isso, a lei deixou aberta a via do pedido de tutela provisória de urgência[218], dirigido ao juiz natural do processo (analogamente ao qual se dirige o requerimento de reconhecimento de distinção), como evidencia o artigo 982, §2º, regra geral do microssistema.

Quanto à extensão da suspensão de processos, cabem duas análises. Primeiro, interna a cada demanda: é viável que a suspensão seja parcial, voltando-se apenas à parte que será afetada pela aplicação da tese. Assim, em havendo cumulação simples de pedidos, sem que a decisão sobre aquele que se relaciona com o objeto do incidente implique reflexos na outra parcela do processo, nada justificaria que todo ele restasse sobrestado[219]. O próprio sistema processual pátrio, ao admitir o julgamento antecipado parcial de mérito, robustece a argumentação.

Por outro lado, em aspecto externo a cada processo, isto é, quanto à visão global do Judiciário, existe a possibilidade de se estender a suspensão para além do limite colocado originalmente (que é o âmbito territorial do tribunal). Esse assunto, por óbvio, é de interesse apenas do IRDR, já que, nos recursos repetitivos, a suspensão já opera nacionalmente.

No incidente das vias ordinárias, porém, pode ser foco de insegurança jurídica a paralisação das demandas em trâmite apenas em um estado da federação, enquanto o mesmo assunto, de repercussão nacional, continua a ser decidido corriqueiramente no estado vizinho (artigo 982, §3º). Também pode acontecer de o tema guardar excepcional interesse social (artigo 1.029, §4º).

Em existindo um desses dois pressupostos, o microssistema permite que os legitimados externos ao Judiciário (isto é, partes processuais, Ministério Público e Defensoria Pública) requeiram, ao tribunal superior competente para a matéria, a suspensão nacional dos processos que sobre ela versem. Quanto às partes, cabe assinalar que não se trata, necessariamente, de partes de processos já suspensos[220], mas de litigantes em situação análoga cujas demandas continuam a correr (artigo 982, §4º).

---

218 "É de se observar que a medida de urgência não se presta para fazer retomar a marcha processual, mas exclusivamente fazer cessar situação de risco ao direito litigioso." (DANTAS, Bruno. Comentário ao artigo 976. In: WAMBIER, Teresa Arruda Alvim *et al.* [coords.]. *Breves comentários ao novo Código de Processo Civil*. São Paulo: Revista dos Tribunais, 2015. Acesso eletrônico.).

219 MENDES, Aluisio Gonçalves de Castro. *Incidente de Resolução de Demandas Repetitivas*: sistematização, análise e interpretação do novo instituto processual. Rio de Janeiro: Forense, 2017, p. 186. Idem: enunciado 205 do FPPC.

220 "Deve-se esclarecer que, não obstante a redação do § 3.º do art. 982 sugerir que as próprias partes do processo no qual foi instaurado o IRDR pudessem ter legitimidade para postular a extensão do sobrestamento a todo território nacional, nota-se um flagrante erro de remissão que deve ser corrigido pela via interpretativa.

Para que se realize o pedido em tela (SIRDR), porém, o incidente já deve ter sido admitido, como entendeu o Ministro Paulo de Tarso Sanseverino, presidente da Comissão Gestora de Precedentes do Superior Tribunal de Justiça[221]. Por mais que tenha natureza preventiva, servindo de remédio contra a lentidão por vezes verificada nos tribunais superiores para a fixação da tese[222], não pode se revelar medida precoce[223].

O STJ também construiu, por meio de seu regimento interno (art. 271-A, §1º), outra condição para o requerimento de suspensão nacional: deve ter havido inadmissão de IRDR no tribunal local. A ideia parece ser filtrar pedidos que carecem de interesse processual, priorizando a solução da questão

Na realidade, a legitimação prevista no § 3.º do art. 982 deve se limitar ao Ministério Público e à Defensoria Pública, pois o dispositivo que trata da possibilidade de partes processuais requererem a mesma medida é justamente o parágrafo subsequente.
Com efeito, não cabe às partes do processo original em que se instaurou o IRDR funcionar como fiscais da segurança jurídica e receber legitimação para praticar atos processuais flagrantemente desprovidos de interesse." (DANTAS, Bruno. Comentário ao artigo 976. In: WAMBIER, Teresa Arruda Alvim *et al.* [coords.]. *Breves comentários ao novo Código de Processo Civil*. São Paulo: Revista dos Tribunais, 2015. Acesso eletrônico.).

221 "Nesse contexto, é imprescindível que o incidente de resolução de demandas repetitivas instaurado no tribunal de justiça ou tribunal regional federal seja admissível para viabilizar o seu efetivo julgamento, permitindo, assim, a interposição de eventual recurso especial." (Suspensão em Incidente de Resolução de Demandas Repetitivas número 2 - SE - 2016/0326409-9).

222 "Nós sabemos que um dos grandes obstáculos à celeridade e ao acúmulo de processos na justiça é a repetição de demandas. Há centenas ou milhares de processos nos quais se discute exatamente a mesma questão de direito e muitas vezes com decisões totalmente diversas. Exemplificando, nas discussões a respeito da tarifa básica de telefonia tínhamos decisões contraditórias no âmbito dos Tribunais estaduais e até mesmo dentro de um mesmo Tribunal. Esses processos, além de atravancarem o Judiciário, geravam um problema muito sério quanto à isonomia, porque alguns litigantes obtinham sucesso em suas pretensões, enquanto outros não.
No sistema vigente, a solução é a edição de uma súmula pelo Supremo Tribunal Federal ou uma decisão por parte do Superior Tribunal de Justiça por meio do julgamento dos processos pelo rito dos recursos repetitivos (art. 543-C, CPC). Ocorre que esses mecanismos existentes são muito lentos. Demora-se anos a fio até se chegar a uma posição, quer do STF, quer do STJ, que possa vincular os outros julgadores. Um exemplo típico, e atual, desse fato é o problema dos índices de correção das cadernetas de poupança. Há mais de vinte anos essas discussões estão no Judiciário e, até agora, o STF não as resolveu." (CARNEIRO, Paulo Cezar Pinheiro. Breves notas sobre o Incidente de Resolução de Demandas Repetitivas. *Revista Eletrônica de Direito Processual*. v. XIV, p. 385. Disponível em: http://www.e-publicacoes.uerj.br/index.php/redp/article/download/14551/15871).

223 MENDES, Aluisio Gonçalves de Castro. *Incidente de Resolução de Demandas Repetitivas*: sistematização, análise e interpretação do novo instituto processual. Rio de Janeiro: Forense, 2017, p. 189-190.

jurídica no órgão mais próximo ao conflito. Com efeito, por vezes, a discussão fará extremo sentido em determinada localidade, mas se afigurará folclórica para o restante do país, podendo bastar o incidente de resolução de demandas repetitivas.

Outra interrogação que se coloca diz respeito à suspensão da prescrição, para as ações ainda não ajuizadas. No processo legislativo, a Câmara dos Deputados chegou a adicionar a previsão legal a respeito, a qual, no entanto, foi retirada pelo Senado Federal, em razão de se tratar de direito civil[224].

Ocorre, porém, que o sepultamento da regra gera implicações práticas de relevo, quase que obrigando o ajuizamento das ações sobre matéria afetada para julgamento, que, tão logo recebidas, serão sobrestadas, gerando assoberbamento de causas suspensas. Como forma de otimizar o sistema, existe entendimento doutrinário a sustentar a suspensão do prazo prescricional até o trânsito em julgado do incidente em curso[225], o que está longe de ser pacífico[226], já que a temática da prescrição é das que mais necessitam de tratamento legal expresso.

A jurisprudência começa a dar passos nesse sentido. Recentemente, o Supremo Tribunal Federal decidiu, *de lege ferenda*, pela suspensão da prescrição da pretensão criminal (punitiva ou executória) quando houver afetação para julgamento de recursos extraordinários com repercussão geral[227]. O en

224 Motivação externada no parecer final 956, no item 2.3.2.231

225 Enunciado 206 do FPPC; NEVES, Daniel Amorim Assumpção. *Novo Código de Processo Civil – Lei 13.105/2015*. 2ª ed. Rio de Janeiro: Forense, 2015.

226 "Daí porque o IRDR deve obedecer ao regime jurídico dos incidentes processuais, de modo que: (...) (b) A comunicação da instauração do IRDR não interrompe a prescrição das pretensões individuais" (CAVALCANTI, Marcos de Araújo. *Incidente de Resolução de Demandas Repetitivas [IRDR]*. São Paulo: Revista dos Tribunais, 2016. Acesso eletrônico.).

227 Assim noticiou o informativo do STF: "A Corte, por maioria, acompanhou o voto, ora reajustado, do ministro Luiz Fux (relator).
A questão de ordem foi resolvida da seguinte forma:
a) a suspensão de processamento prevista no § 5º do art. 1.035 do CPC não consiste em consequência automática e necessária do reconhecimento da repercussão geral realizada com fulcro no caput do mesmo dispositivo, sendo da discricionariedade do relator do recurso extraordinário paradigma determiná-la ou modulá-la;
b) a possibilidade de sobrestamento se aplica aos processos de natureza penal;
c) neste contexto, em sendo determinado o sobrestamento de processos de natureza penal, opera-se, automaticamente, a suspensão da prescrição da pretensão punitiva relativa aos crimes que forem objeto das ações penais sobrestadas, a partir de interpretação conforme a Constituição do art. 116, I (2), do Código Penal (CP);
d) em nenhuma hipótese, o sobrestamento de processos penais determinado com fundamento no art. 1.035, § 5º, do CPC abrangerá inquéritos policiais ou procedimentos investigatórios conduzidos pelo Ministério Público; e) em nenhuma hipótese, o sobrestamento de processos penais determinado com fundamento no art. 1.035, § 5º, do CPC abrangerá ações penais em que haja réu preso provisoriamente;

tendimento, também baseado em razões práticas e principiológicas, pode ser aplicado para as demais matérias.

4.5.3.5. Requisição de informações e de processos

Medida de caráter instrutório, também a fazer parte da decisão de afetação, é a requisição de informações aos órgãos onde tramitam processos sobre a matéria (artigos 982, II e 1.038, III) ou de outros processos representativos da controvérsia (artigo 1.037, III).

As duas opções devem ser lidas como integrantes do microssistema, de modo que em ambas as espécies de incidente o órgão colegiado pode optar por qualquer uma das requisições, ou mesmo por ambas. Existe divergência considerável sobre a obrigatoriedade[228] em assim se proceder ou não[229].

De todo modo, há que se compreender como um componente instrutório do julgamento, capaz de ampliar objetivamente o debate, com novos argumentos e fundamentos. Essa natureza se aplica, também, à requisição de outros processos e recursos sobre a matéria, que, além de possivelmente serem afetados para posterior aplicação da tese (como esclarece o artigo 1.038, §7º), têm função precípua de alargar o debate e a instrução de direito.

4.5.3.6. Intimação do Ministério Público e da Defensoria Pública

Último elemento da decisão de afetação é a intimação do Ministério Público, para que se manifeste em 15 dias (artigos 982, III e 1.038, III). Como visto oportunamente, o importante é a provocação para que o MP se manifeste, cabendo ao seu membro, lançando mão da independência

---

f) em qualquer caso de sobrestamento de ação penal determinado com fundamento no art. 1.035, § 5º, do CPC, poderá o juízo de piso, no curso da suspensão, proceder, conforme a necessidade, à produção de provas de natureza urgente" (RE 966177 QO RG/RS, rel. Min. Luiz Fux, julgamento em 7.6.2017, Informativo 868, Plenário, Repercussão Geral).

---

228 Considerando obrigatória a requisição de informações: CÂMARA, Alexandre Freitas. *O novo processo civil brasileiro*. 2ª ed. São Paulo: Atlas, 2016. p. 556; MANCUSO, Rodolfo de Camargo. *Incidente de Resolução de Demandas Repetitivas*: a luta contra a dispersão jurisprudencial excessiva. São Paulo: Revista dos Tribunais, 2016. Na mesma linha, falando em "poder-dever": MENDES, Aluisio Gonçalves de Castro. *Incidente de Resolução de Demandas Repetitivas*: sistematização, análise e interpretação do novo instituto processual. Rio de Janeiro: Forense, 2017, p. 199. Em sentido contrário, seguindo o texto da lei, que fala em "poderá": DANTAS, Bruno. Comentário ao artigo 982. In: WAMBIER, Teresa Arruda Alvim *et al.* (coords.). *Breves comentários ao novo Código de Processo Civil*. São Paulo: Revista dos Tribunais, 2015. Acesso eletrônico.

229 Contrariamente, quanto à requisição de outros processos, considerada facultativa: CÂMARA, Alexandre Freitas. *O novo processo civil brasileiro*. 2ª ed. São Paulo: Atlas, 2016. p. 555.

funcional, decidir sobre a efetiva participação, importante elemento de contraditório institucional, a representar a própria sociedade[230].

Sustenta-se, ainda, que também a Defensoria Pública deveria ser intimada a se manifestar, por poder contribuir decisivamente para o enriquecimento democrático e jurídico do procedimento de debate qualificado. A presença efetiva da referida instituição no amadurecimento da questão se revela, de resto, oportuna saída para a racionalização da participação das partes dos processos suspensos.

4.5.3.7. Fixação de tese provisória

Não se pode ignorar, contudo, uma possibilidade velada: a concessão de tutela provisória de urgência no incidente, de natureza antecipada, com a fixação de tese provisória, a vincular, nos moldes da decisão final, os órgãos julgadores subordinados ao tribunal[231]. Note-se que, no regramento codificado, há previsão de decisão cautelar, consistente na suspensão dos processos em trâmite[232]. O que ora se advoga é coisa outra.

Com efeito, parece inexistir impedimento para a *definição provisória* de uma tese jurídica, se as circunstâncias assim recomendarem. Cabe ao colegiado inferir se os princípios fundamentadores da técnica são mais prestigiados com a mera suspensão de ações ou se uma tese provisória melhor os homenageará. A relevância desse passo é desautorizar, pela via reflexa, decisões dos juízos naturais dos processos sobrestados contrárias ao entendimento estatuído, brevemente e em cognição sumária.

A hipótese é completamente diversa da *suspensão*, pelo órgão competente para julgar o incidente, das *decisões provisórias* proferidas pelos julgadores dos casos subjetivos. Na pretendida definição provisória de tese, (i) se

---

230 WAMBIER, Teresa Arruda Alvim; CONCEIÇÃO, Maria Lúcia Lins; RIBEIRO, Leonardo Ferres da Silva; MELLO, Rogério Licastro Torres de. *Primeiros comentários ao novo Código de Processo Civil – artigo por artigo*. São Paulo: Revista dos Tribunais, 2015, p. 1405.

231 A título de exemplo, cite-se a decisão do TJ/MG, na decisão de admissão do IRDR – Cv Nº 1.0000.16.058664-0/006 : "Logo, dentre as providências já enunciadas pela Relatora e que devem ser adotadas pelo colegiado após a admissão, entendo que deve ser acolhido o pedido de tutela de urgência formulado pelo recorrente e o faço para dizer que fica obstado, no âmbito deste Tribunal, o não conhecimento de agravo de instrumento interposto em face de decisões proferidas no processo de recuperação judicial ou falimentar quando fundado no cabimento do referido recurso em face da possível taxatividade do art. 1.015, CPC até que o Tribunal aprecie o mérito do incidente.".

232 Outra cogitada saída de aparente natureza cautelar seria a suspensão somente dos processos em curso nos órgãos jurisdicionais que notoriamente possuem entendimento contrário ao que o colegiado qualificado para julgamento do incidente, evitando-se ofensas à isonomia. A posição foi externada por Aluisio Gonçalves de Castro Mendes, em aulas do PPGD/UERJ.

desenha orientação provisória, de efeitos gerais e similares aos da tese fixada ao final, (ii) o que se reveste de caráter objetivo, dessubjetivado, enquanto a suspensão automática de decisões dos juízes dos processos suspensos (i) usurpa-se a competência do juízo natural, na medida em que (ii) se profere decisão subjetiva, imiscuída, teoricamente, em cada ação suspensa.

4.5.4. Instrução

Encerrada a fase de admissibilidade, passará o colegiado à instrução, não probatória, mas jurídica, incidente.

A primeira medida a colaborar nessa etapa é a requisição de informações e de processos (a título de informação), analisada dentro da decisão de afetação. Trata-se de mecanismo de ampliação objetiva do debate, a permitir o diálogo institucional entre tribunais superiores e inferiores, bem como entre juízos das instâncias ordinárias, inerente ao modelo constitucional de processo democrático[233].

Comentando essa atribuição, Aluisio Mendes enxerga papel de controle do devido processo legal ao próprio Poder Judiciário, responsável pela escolha dos melhores fundamentos e pela correta delimitação da questão jurídica debatida, algo fundamental no novel modelo de sistemas paralelos[234].

Pelo viés subjetivo, no entanto, a ampliação se dará em duas frentes (artigos 983 e §1º e 1.038, I): com a participação processual de sujeitos e por meio de audiências públicas, cuja convocação é dever do órgão colegiado, por meio do relator[235].

A participação dos sujeitos, a título processual, passa, em primeiro lugar, pela oitiva das partes dos processos afetados. Já a participação de terceiros[236]

---

233 FREIRE, Alexandre. Comentário ao artigo 1.038. In: CABRAL, Antonio do Passo; CRAMER, Ronaldo (coords.). *Comentários ao novo Código de Processo Civil*. 2 ed. Rio de Janeiro: Forense, 2016, p. 1558.

234 MENDES, Aluisio Gonçalves de Castro. *Incidente de Resolução de Demandas Repetitivas*: sistematização, análise e interpretação do novo instituto processual. Rio de Janeiro: Forense, 2017, p. 198-200.

235 Nessa linha, enunciado 659 do FPPC: "O relator do julgamento de casos repetitivos e do incidente de assunção de competência tem o dever de zelar pelo equilíbrio do contraditório, por exemplo solicitando a participação, na condição de amicus curiae, de pessoas, órgãos ou entidades capazes de sustentar diferentes pontos de vista.".

236 O pedido, segundo a jurisprudência do STJ, deve se dar até o início do julgamento colegiado (QO no REsp 1.152.218-RS, rel. Min. Luis Felipe Salomão, julgado em 7-5-2014).

pode pressupor interesse ou não[237], presumindo-se a relevância da matéria[238], a justificar a ampliação discursiva[239].

O *amicus curiae*[240] é espécie de terceiro que atua desprovido de qualquer intenção própria quanto ao deslinde do julgamento, buscando colaborar apenas com o esclarecimento da corte sobre um assunto – não raro, inclusive, de complexidade interdisciplinar[241]. Esses amigos da corte prestigiam o princípio da cooperação, atuando de maneira colaborativa[242]. Não à toa, portanto, lhes é outorgada legitimidade recursal para discutir a decisão final

237 Considerando todos os sujeitos elencados nos artigos citados como *amicus*, indistintamente: CÂMARA, Alexandre Freitas. *O novo processo civil brasileiro*. 2ª ed. São Paulo: Atlas, 2016. p. 556.

238 "A admissão tão somente de *amici curiae* restaria condicionada à relevância da matéria, a qual deve se entender presumida, pois, tal como ocorre no incidente de resolução de demandas repetitivas, o julgamento dos recursos excepcionais representativos de uma controvérsia jurídica repercutirão na vida de centenas, milhares ou até milhões de jurisdicionados. Além disso, a definição da tese jurídica realizada no julgamento do recurso paradigma reveste-se claramente da natureza de processo objetivo, que transcende o interesse das partes originariamente envolvidas (recorrente e recorrido), vindo a alcançar todos aqueles que recorreram ao Poder Judiciário em virtude daquela mesma questão jurídica controvertida." (PINHO, Humberto Dalla Bernardina de. *Direito Processual Civil Contemporâneo*. v. 2. São Paulo, Saraiva, 2017, p. 973, n. 79).

239 NUNES, Dierle. Comentário ao artigo 1.038. In: WAMBIER, Teresa Arruda Alvim *et al.* (coords.). *Breves comentários ao novo Código de Processo Civil*. São Paulo: Revista dos Tribunais, 2015. Acesso eletrônico.

240 Advogando a leitura do artigo 1.038, I à luz do artigo 138: RODRIGUES, Marco Antonio dos Santos. *Manual dos recursos, ação rescisória e reclamação*. São Paulo: Atlas, 2017, p. 274.

241 "A justificativa para intervenção do *amicus curiae*: o interesse social advindo do julgamento da tese repetitiva, que se projetará para uma infinidade de casos idênticos presentes e futuros, em vez de ter sua eficácia circunscrita às partes processuais, como ocorre na processualística clássica.
Assim, quanto mais esclarecido estiver o juiz a respeito da matéria sobre a qual decidirá, maiores são as chances de um julgamento que atenda aos anseios de uma decisão justa e imparcial." (DANTAS, Bruno. Comentário ao artigo 976. In: WAMBIER, Teresa Arruda Alvim *et al.* [coords.]. *Breves comentários ao novo Código de Processo Civil*. São Paulo: Revista dos Tribunais, 2015. Acesso eletrônico.).

242 "Sob a ótica do terceiro, este igualmente deve agir com boa-fé (art. 5º); contribuir para a qualificação do contraditório (por exemplo, *amicus curiae* – art. 138 –, especialmente no IRDR, no Incidente de Assunção de Competência, na análise da repercussão geral e nos recursos repetitivos) (...)."(MAZZOLA, Marcelo. *Tutela jurisdicional colaborativa*: a cooperação como fundamento autônomo de impugnação. Curitiba: CRV, 2017, p. 126.).

do mérito do incidente (artigo 138, §3°, estendido também para os recursos repetitivos[243]).

Por outro lado, há possibilidade de intervenção no incidente de sujeitos interessados no resultado do procedimento. Esse interesse pode ser de várias formas, para além do tradicional interesse jurídico[244]. Aponta-se a viabilidade de interesse institucional[245], econômico, ou do interesse objetivo relativamente à questão jurídico-constitucional em discussão[246], um interesse na formação do precedente.

Dessa forma, fica superada qualquer interpretação de outrora[247], impedindo a intervenção, por exemplo, da Defensoria Pública e, sobretudo, das partes dos processos sobrestados[248-249].

---

243 DIDIER JR., Fredie; CUNHA, Leonardo Carneiro da. *Curso de direito processual civil*. v. 3. 14 ed. Salvador: Juspodivm, 2017, p. 699-700.

244 Distinguindo a intervenção de sujeitos a título de interessados ou de *amicus curiae* e o pedido de intervenção como assistente, aplaudindo o entendimento do STJ de afastar este último pleito, mas admitir aquele, por inexistir interesse jurídico, e sim institucional: DELLORE, Luiz. Comentário ao art. 121. In: ______; GAJARDONI, Fernando da Fonseca; ROQUE, André; DUARTE, Zulmar. *Teoria Geral do Processo* – comentários ao CPC de 2015: parte geral. São Paulo, Método, 2015, p. 405.

245 NEVES, Daniel Amorim Assumpção. *Novo Código de Processo Civil – Lei 13.105/2015*. 2ª ed. Rio de Janeiro: Forense, 2015, p. 531. Para o autor, o *amicus curiae* atuaria revestido desse interesse, que não se relaciona com nenhuma intenção subjetiva.

246 CUNHA JR., Dirley da. A intervenção de terceiros no processo de controle abstrato de constitucionalidade – a intervenção do particular, do colegitimado e do *amicus curiae* na ADIN, ADC e ADPF. In: WAMBIER, Teresa Arruda Alvim *et al.* (coords.). *Aspectos polêmicos e atuais sobre os terceiros no processo civil e assuntos afins*. São Paulo: Revista dos Tribunais, 2004.

247 Entendimento reiterado no STJ, como se verifica nos informativos de jurisprudência de número 540 e 547.

248 "Por outro lado, o *assistente simples* deve possuir interesse jurídico na questão. Isto é, a eventual decisão favorável a uma das partes deve impactar indiretamente a relação jurídica da qual faz parte, tal como prevê o *caput* do art. 119.
Deve-se realçar que a parte que se depara com a suspensão de seu processo por força da instauração do IRDR detém, *tout court*, interesse jurídico suficiente para viabilizar sua intervenção na qualidade de assistente simples daquela parte processual do processo-piloto que sustenta tese jurídica idêntica à sua." (DANTAS, Bruno. Comentário ao artigo 976. In: WAMBIER, Teresa Arruda Alvim *et al.* [coords.]. *Breves comentários ao novo Código de Processo Civil*. São Paulo: Revista dos Tribunais, 2015. Acesso eletrônico.). Na mesma linha: NEVES, Daniel Amorim Assumpção. *Novo Código de Processo Civil – Lei 13.105/2015*. 2ª ed. Rio de Janeiro: Forense, 2015, p. 530-531.

249 Há quem identifique a participação das partes dos processos suspensos como litisconsortes facultativos das partes dos processos afetados e, ainda, como *amicus curiae*, como apontado por TEMER, Sofia. *Incidente de Resolução de Demandas Repetitivas*. Salvador: Juspodivm, 2016, p. 166 e ss. A autora, no entanto, qualifica seu interesse como uma assistência para formação do precedente.

A outra forma de ampliação subjetiva do debate é a convocação de audiência pública (artigos 983, §1º, e 1.038, II), para ouvir pessoas com experiência e conhecimento na matéria.

Integrados todos os sujeitos mencionados, e recebidas as informações dos tribunais e juízos inferiores à corte que fixará a tese, bem como a manifestação do Ministério Público (e da Defensoria Pública), no prazo comum de 15 dias (artigo 1.038, §1º), haverá distribuição do relatório do caso para os demais julgadores do órgão colegiado, e se marcará o dia para julgamento (artigos 983, §2º, e 1.038, §2º) – a ocorrer com prioridade sobre todos os demais processos, salvo os *habeas corpus* e os que envolvam réus presos (artigos 980 e 1.038, §2º).

Na sessão de julgamento – tema que o microssistema só tratou uma vez, no regramento do IRDR, devendo ser estendido ao incidente de julgamento de recursos repetitivos[250]-, prosseguirá a instrução, por meio da oitiva dos sujeitos, que, após a exposição do objeto do incidente pelo relator (artigo 984, I) sustentarão suas razões[251] (artigo 984, II).

Essa sustentação oral é dividia em etapas. Na primeira, terão voz os autores e os réus dos processos afetados, seguidos pelo Ministério Público, pelo prazo de trinta minutos para cada um[252].

No segundo momento, serão ouvidos os demais interessados, desde que requeiram a inscrição com dois dias de antecedência. O prazo será de trinta minutos, dividido por todos, podendo ser ampliado, ante o elevado número de inscrições (conceito jurídico indeterminado a ser avaliado pela conveniência da corte).

A ampla participação, portanto, se dá tanto antes, pela juntada de documentos, declarações e realização de audiências públicas, como na própria sessão de julgamento, existindo, na lição de Paulo Cezar Pinheiro Carneiro, fase probatória[253].

---

250 Enunciado 345 do FPPC e posicionamento, entre outros, de: CÂMARA, Alexandre Freitas. *O novo processo civil brasileiro*. 2ª ed. São Paulo: Atlas, 2016. p. 557.

251 Entendendo que o mesmo não é possível na decisão de admissão: TJDFT (0013347-7520168070000).

252 DANTAS, Bruno. Comentário ao artigo 976. In: WAMBIER, Teresa Arruda Alvim *et al.* [coords.]. *Breves comentários ao novo Código de Processo Civil*. São Paulo: Revista dos Tribunais, 2015. Acesso eletrônico; CÂMARA, Alexandre Freitas. *O novo processo civil brasileiro*. 2ª ed. São Paulo: Atlas, 2016, p. 447. Contrariamente, dividindo 10 minutos para cada categoria: WAMBIER, Teresa Arruda Alvim; CONCEIÇÃO, Maria Lúcia Lins; RIBEIRO, Leonardo Ferres da Silva; MELLO, Rogério Licastro Torres de. *Primeiros comentários ao novo Código de Processo Civil – artigo por artigo*. São Paulo: Revista dos Tribunais, 2015, p. 1.409.

253 "Na sua tramitação, uma vez admitido o incidente, abre-se a fase de juntada de documentos, uma fase probatória. O relator designado vai ouvir as partes e o Ministério Público, além de terceiros interessados. Há a possibilidade da mais ampla participação da sociedade, inclusive por meio da designação de audiências públicas, como previsto no art. 995.

4.5.5. Julgamento

Encerrada a instrução, passa-se ao julgamento do incidente. Como visto ao descrever a dinâmica de funcionamento da tutela pluri-individual, há o fracionamento em dois momentos: o primeiro, crucial, é voltado à fixação da tese jurídica, em autêntico procedimento objetivado; o segundo, acessório, se presta a aplicar o entendimento a casos concretos.

4.5.5.1. Etapa essencial: fixação da tese

Quanto ao principal objetivo dos incidentes de resolução de questões repetitivas, deve-se destacar a importância da fundamentação adequada. O microssistema, originalmente, trazia o tema em dois momentos, exigindo que o conteúdo do acórdão abrangesse a análise de todos os fundamentos suscitados, sejam favoráveis ou contrários à posição adotada, tanto no IRDR (artigo 984, §2º) como nos recursos repetitivos (artigo 1.038, §3º).

Com a reforma operada pela lei 13.256/16, porém, o último dos comandos foi flexibilizado, impondo aos tribunais superiores apenas a análise dos fundamentos relevantes. No entanto, como sustentado quando se tratou do princípio da motivação, não se pode conceber que tenha havido, na essência, modificação dos critérios de fundamentação, pois, ante a importante eficácia da decisão, é inegociável que se legitime[254] através do contraditório e do de-

No momento do julgamento ainda se assegura a participação com a sustentação oral, com o prazo de trinta minutos para as partes do processo originário e para o Ministério Público. E o novo Código também assegura a sustentação oral para terceiros que participaram do incidente, afinal, e conforme destacado, o que se quer é uma ampla participação, de tal maneira que essa decisão possa realmente retratar aquilo que a Justiça pode dar de melhor." (CARNEIRO, Paulo Cezar Pinheiro. Breves notas sobre o Incidente de Resolução de Demandas Repetitivas. *Revista Eletrônica de Direito Processual*, v. XIV, ano 8, jul.-dez./2014, p. 485-486.).

254 "O acórdão resultado do julgamento do IRDR deverá abranger todos os fundamentos suscitados na tese jurídica discutida. Esse dispositivo é projeção da regra geral que enrijece o dever de fundamentação do juiz, previsto no art. 489, § 1.º. No caso particular do incidente, exige-se a necessidade da fundamentação não só quanto aos argumentos favoráveis à tese vencedora, mas também aos contrários.
A atenção redobrada com a fundamentação da decisão no IRDR se deve justamente ao fato de que o acórdão-paradigma projetará seus efeitos para casos cujas partes processuais muitas vezes sequer terão tido a oportunidade fática de apresentar suas razões ao tribunal. Desse modo, o reforço argumentativo exigido na fundamentação está longe de ser mero preciosismo do legislador; ao contrário, é requisito que acresce legitimidade e autoridade ao julgamento." (DANTAS, Bruno. Comentário ao artigo 976. In: WAMBIER, Teresa Arruda Alvim *et al.* [coords.]. *Breves comentários ao novo Código de Processo Civil*. São Paulo: Revista dos Tribunais, 2015. Acesso eletrônico.).

ver de consideração de argumentos[255], não havendo qualquer preciosismo em se esperar posicionamento sobre todos os fundamentos ventilados, inclusive pelos interessados[256] e pelo próprio tribunal[257].

A correta leitura do artigo 1.038, §3º, então, passa pelo artigo 489, §1º[258], devendo a decisão paradigmática ser clara na verbalização e completa no conteúdo[259], trazendo ementa detalhada, com todos os argumentos, de

---

255 "Pontue-se que a ampliação objetiva do número de recursos auxilia no cumprimento no disposto do art. 489, § 1.º, IV, que determina que, no julgamento, deverá ocorrer o enfrentamento de todos os argumentos deduzidos no processo capazes de, em tese, infirmar a conclusão adotada pelo julgador. Se em julgamentos de litígios individuais esta já é uma obrigação essencial, nos julgamentos repetitivos ela se torna ainda mais relevante. Em assim sendo, se evitará o atual julgamento de macro lides em fatias, que promove a instabilidade decisória e a superficialidade dos julgados.

Apesar desta premissa do CPC/2015 inovar o atual panorama de aplicação, em face do equivocado entendimento de não caber ao juiz a análise de todos os argumentos suscitados pelas partes, sua função contrafática é aprimorar o sistema e a leitura do contraditório dinâmico impondo o dever de se levar em consideração os argumentos das partes (*Rechtauf Berücksichtigung von* Äußerungen), atribuindo-se ao magistrado não apenas o dever de tomar conhecimento das razões apresentadas (*Kenntnisnahmepflicht*), como também o de considerá-las séria e detidamente (*Erwägungspflicht*).

Para o funcionamento adequado da sistemática dos recursos representativos é fundamental a correção do processo de formação do precedente, o que se dá com a ampla análise dos argumentos apresentados pelas partes e terceiros e com uma escolha adequada dos recursos representativos que permitirão, na sequência, uma aplicação mais correta dos precedentes que reduza a situação de que novos argumentos induzam uma flutuação de entendimentos com a nefasta instabilidade decisória." (NUNES, Dierle. Comentário ao artigo 1.036. In: WAMBIER, Teresa Arruda Alvim *et al.* [coords.]. *Breves comentários ao novo Código de Processo Civil.* São Paulo: Revista dos Tribunais, 2015. Acesso eletrônico.).

256 Nessa linha, enunciado 305 do FPPC e FREIRE, Alexandre. Comentário ao artigo 1.038. In: CABRAL, Antonio do Passo; CRAMER, Ronaldo (coords.). *Comentários ao novo Código de Processo Civil.* 2 ed. Rio de Janeiro: Forense, 2016, p. 1558.

257 Não há que se falar em qualquer violação ao princípio da adstrição, como visto *supra*, em paralelo com a dimensão vertical do efeito devolutivo.

258 "Importante registrar que tal regra deve ser interpretada sistematicamente com o art. 489, §1o, do CPC. Isso porque não basta o enfrentamento de fundamentos relevantes. Na forma do art. 489, §1o, IV, bem como do direito fundamental à motivação das decisões, é imperativo que o tribunal superior se manifeste sobre todos os fundamentos que, em tese, podem infirmar a conclusão adotada, sob pena de o acórdão proferido não ser considerado fundamentado." (RODRIGUES, Marco Antonio dos Santos. *Manual dos recursos, ação rescisória e reclamação.* São Paulo: Atlas, 2017, p. 275).

259 "Desse modo, para que a tese jurídica firmada ao final do IRDR (art. 985, caput) possa cumprir a função paradigmática que dela se espera, é absolutamente necessário que o acórdão no qual ela se corporifica seja suficientemente claro em sua verbalização, e completo em seu conteúdo, por modo a bem apreender a extensão-compreensão da questão de direito que aparece replicada em muitos processos, e que motivou a instauração do incidente. Do contrário, a tese jurídica não terá como responder às expecta-

modo a se facilitar a pesquisa[260] e a imediata publicação e divulgação nos bancos eletrônicos, atualizados após o julgamento (artigo 979). Afinal, elemento essencial para a validade do incidente é sua publicidade, desde a instauração até seu término, sob pena de nulidade[261].

Deve se ter em mente, no entanto, que os argumentos que não foram acolhidos por maioria e que não constituíram a razão de decidir, mas apenas *obter dicta*, não constituem fundamentação da tese fixada[262].

Por fim, importa retomar que a desistência, formal ou tácita (abandono), do processo ou do recurso paradigma não impede o julgamento do mérito do incidente (artigo 976, §1º), o que evidencia a real natureza dos institutos e a dispensabilidade de concretização do entendimento em casos concretos por parte do próprio órgão que o sedimentou[263]. Tampouco o recurso prejudicado, de acordo com o Supremo Tribunal Federal[264], impede a apreciação da questão jurídica. O Código de Processo Civil avança para além da jurisprudência do STJ[265], segundo a qual o interesse coletivo na resolução do caso afetado impedia que a parte dele desistisse.

---

tivas que envolvem tal procedimento, a saber: preservação da isonomia e da segurança jurídica – art. 976 e incisos – a par da otimização da resposta jurisdicional nas demandas seriais." (MANCUSO, Rodolfo de Camargo. *Incidente de Resolução de Demandas Repetitivas*: a luta contra a dispersão jurisprudencial excessiva. São Paulo: Revista dos Tribunais, 2016, p. 265-266)

260 CÂMARA, Alexandre Freitas. *O novo processo civil brasileiro*. 2ª ed. São Paulo: Atlas, 2016. p. 557.

261 "Por esta razão faz-se obrigatória a publicidade do incidente, bem como os fundamentos determinantes de tal decisão e os dispositivos normativos a ela relacionados, sendo que o não atendimento ao requisito da publicidade poderá acarretar em nulidade do acórdão que julgue o incidente." (DANTAS, Bruno. Comentário ao artigo 976. In: WAMBIER, Teresa Arruda Alvim *et al.* [coords.]. *Breves comentários ao novo Código de Processo Civil*. São Paulo: Revista dos Tribunais, 2015. Acesso eletrônico.).

262 Enunciados 318 e 319 do FPPC.

263 Nesse sentido, o TJ/RJ, quando julga procedente o IRDR, é porque fixou a tese: "Por conseguinte, julga-se procedente o presente Incidente de Resolução de Demandas Repetitivas para fixar entendimento pela impossibilidade de incorporação do adicional de produtividade de trânsito aos vencimentos dos guardas municipais de São Gonçalo." (IRDR 0023484-83.2016.8.19.0000).

264 ARE 1.054.490, Rel. Min. Roberto Barroso, julgado em 16/10/2017.

265 O entendimento positivado no CPC/15 foi adotado, por ocasião do julgamento da QO no Resp 1063343/RS, julgado em 17/12/2008, pelos ministros Aldir Passarinho, Eliana Calmon, Francisco Falcão e Laurita Vaz, restando, porém vencidos.

4.5.5.2. Etapa acessória: aplicação da tese

Na segunda etapa, há obrigação de se desenhar autêntico modelo decisório[266], delineando pedagógico acórdão, de modo a evitar a incorreta aplicação da tese pelos juízos subordinados. Ao apreciar os processos afetados, o tribunal primeiro deve resolver a questão comum, objeto do incidente, e, depois, as peculiaridades de cada demanda (artigo 1.037, §7º).

Como já analisado ao estudar a natureza jurídica dos incidentes, existe enorme divergência[267] quanto à função de julgamento dessas causas destacadas. Isso porque a letra da lei indica que o órgão colegiado julgará os processos afetados, algo que sempre sucedeu nos recursos repetitivos e que restou consignado para o IRDR no parágrafo único do artigo 978.

Esse último comando, que nasceu maculado de inconstitucionalidade formal[268], sustenta o entendimento da parcela doutrinária que exige a presença de processo em segunda instância para que se instaure o incidente em questão, sob pena de se criar competência do tribunal sem respaldo constitucional[269]. Outros entendem pela necessidade de causa em trâmite na corte porque, em caso contrário, careceria a instauração de interesse processual, já que restaria impossível reformar ou confirmar a decisão de primeiro grau[270].

Maneira diversa de ler o comando é concluir que o mesmo apenas traz regra de prevenção, atribuindo ao órgão julgador a competência para resolver o processo afetado[271]. Em se reconhecendo a inconstitucionalidade do co-

---

266 MENDES, Aluisio Gonçalves de Castro; SILVA, Larissa Clare Pochmann da. Ações coletivas e Incidente de Resolução de Demandas Repetitivas: algumas considerações sobre a solução coletiva de conflitos. In: ZANETI JR, Hermes (coord.). *Processo coletivo.* Coleção Repercussões do Novo CPC, v. 8. Salvador: JusPodivm, 2016, p. 547.

267 Mesmo no interior do mesmo tribunal há divergência. A esse respeito, o TJ/RJ já optou por julgar o caso concreto (IRDR 0018608-85.2016.8.19.0000) e por apenas fixar tese (IRDR 0032321-30.2016.8.19.0000).

268 MENDES, Aluisio Gonçalves de Castro. *Incidente de Resolução de Demandas Repetitivas*: sistematização, análise e interpretação do novo instituto processual. Rio de Janeiro: Forense, 2017, p. 204.

269 CAVALCANTI, Marcos de Araújo. *Incidente de Resolução de Demandas Repetitivas [IRDR]*. São Paulo: Revista dos Tribunais, 2016. Acesso eletrônico. Em sentido contrário, enxergando competência implícita dos tribunais, a exemplo do que sucede na suspensão de segurança, na reclamação e nos incidentes de suspensão ou impedimento: TEMER, Sofia. *Incidente de Resolução de Demandas Repetitivas*. Salvador: Juspodivm, 2016, p. 107.

270 JEREISSATI, Régis Gurgel do Amaral. Incidentes nos Tribunais. In: SILVA, Franklyn Roger Alves (org.). *CPC/15: Perspectiva da Defensoria Pública*. Salvador: Juspodivm, 2016, p. 452-454; DIDIER JR., Fredie; CUNHA, Leonardo Carneiro da. *Curso de direito processual civil*. v. 3. 14 ed. Salvador: Juspodivm, 2017, p. 678-679.

271 MANCUSO, Rodolfo de Camargo. *Incidente de Resolução de Demandas Repetitivas*: a luta contra a dispersão jurisprudencial excessiva. São Paulo: Revista dos Tribunais, 2016, p. 269- 270; MARINONI, Luiz Guilherme; ARENHART, Sergio Cruz; MITIDIERO, Daniel. *Novo curso de processo civil*, v. 2. São Paulo: Revista dos Tribunais, 2015, p. 580.

mando, e sua consequente inexistência, a aplicação da tese, mesmo aos casos afetados, ficaria a cargo dos juízos naturais, diversos do destacado colegiado específico para fixação do entendimento[272].

Parece razoável, em um entendimento conciliador[273], em consequência da dinâmica da tutela pluri-individual e do regramento existente no microssistema (subsiste, ao menos, o tratamento dos recursos repetitivos), que se prestigie a avocação de competência[274] quando os processos afetados estiverem em trâmite na instância de julgamento (na verdade, o problema só se coloca para o IRDR, já que, nos tribunais superiores, apenas recursos podem ser pinçados).

Por conseguinte, se conclui que o ideal seja escolher como processo-moldura[275] um que esteja em segunda instância, embora não seja um requisito essencial – revelando-se perfeitamente possível a ocorrência de cisão de competência entre instâncias[276] (órgão colegiado julga a tese, juiz natural a aplique) [277].

---

272 MENDES, Aluisio Gonçalves de Castro. *Incidente de Resolução de Demandas Repetitivas*: sistematização, análise e interpretação do novo instituto processual. Rio de Janeiro: Forense, 2017, p. 204.

273 Já adotado pelo Des. Nildson Araújo da Cruz, no julgamento do IRDR 00232059720168190000 (TJ/RJ).

274 "O parágrafo único do art. 978 atribui ao órgão que decidiu o IRDR a competência para também julgar o recurso, remessa necessária ou processo de competência originária a partir do qual o incidente foi suscitado.
Essa regra é indicativa de que o legislador pretendeu que o mesmo órgão jurisdicional que definiu a tese jurídica em abstrato seja responsável também pela sua aplicação ao caso concreto para fins de fixação do padrão decisório a ser obedecido em todos os casos idênticos presentes e futuros." (DANTAS, Bruno. Comentário ao artigo 976. In: WAMBIER, Teresa Arruda Alvim *et al.* [coords.]. *Breves comentários ao novo Código de Processo Civil*. São Paulo: Revista dos Tribunais, 2015. Acesso eletrônico.)

275 Outras denominações são possíveis, como "ação-rainha" (BARBOSA, Andrea Carla; CANTOARIO, Diego Martinez Fervenza. O incidente de resolução de demandas repetitivas no projeto de Código de Processo Civil: apontamentos iniciais. In: FUX, Luiz (coord.) *O Novo Processo Civil Brasileiro – direito em perspectiva*, Rio de Janeiro: Forense, 2011, p. 504.

276 MANCUSO, Rodolfo de Camargo. *Incidente de Resolução de Demandas Repetitivas*: a luta contra a dispersão jurisprudencial excessiva. São Paulo: Revista dos Tribunais, 2016.

277 Em hipótese símile, sobre o incidente de arguição de constitucionalidade, afirmou Barbosa Moreira: "Ambos os pronunciamentos, oriundos de órgãos julgadores diversos, integrarão uma decisão final única com 'caráter subjetivamente complexo'" (BARBOSA MOREIRA, José Carlos. *Comentários ao Código de Processo Civil*, v. 5. 16ª ed. Rio de Janeiro: Forense, 2012, p. 35).

4.6. Eficácia da tese

Uma vez fixada a tese, na primeira etapa do julgamento, o entendimento nela veiculado passará a gerar efeitos, de diversas espécies. Tem-se, aqui, o ponto crucial do microssistema de casos repetitivos, cujo estudo possibilita compreender como se concretizam as finalidades que procura atingir. Destacam-se quatro espécies de eficácia da tese fixada.

4.6.1. Eficácia atual, contemporânea ou panprocessual[278] (eficácia do caso[279])

A primeira forma de geração de efeitos diz respeito ao mais imediato impacto: a aplicação da tese a todos os processos, individuais ou coletivos, que versem sobre a questão de direito resolvida (limitadamente à área do tribunal julgador[280]). Tem-se, aqui, elemento apto a justificar o uso da tutela pluri-individual, seja pela ótica da gestão processual[281], seja pela isonomia e segurança jurídica que gera, tratando homogeneamente número elevado de demandas[282].

Importa perceber que não há necessidade, para que a tese seja aplicada (leia-se: respeitada pelo órgão submetido à corte) em um processo, que o mesmo tenha ficado suspenso[283]. Soaria paradoxal que, encerrado julgamento que se volta a prestigiar a isonomia e a segurança jurídica, um deslize processual de algum magistrado, deixando de suspender ação sobre o tema, preponderasse sobre tais valores, autorizando decisões díspares, por parte, até mesmo, de juízos inferiores. A culpa também pode ser imputada à atividade

278 As denominações "panprocessual", "atemporal" e "larga amplitude espacial" são de MANCUSO, Rodolfo de Camargo. *Incidente de Resolução de Demandas Repetitivas*: a luta contra a dispersão jurisprudencial excessiva. São Paulo: Revista dos Tribunais, 2016.

279 A expressão "eficácia do caso" ou "discurso do caso" e "eficácia do precedente" ou "discurso do precedente" é de ZANETI JR., Hermes. Comentário ao artigo 928. In: CABRAL, Antonio do Passo; CRAMER, Ronaldo (coords.). *Comentários ao novo Código de Processo Civil*. 2 ed. Rio de Janeiro: Forense, 2016.

280 Como se verá na eficácia espacial.

281 Falando sobre essa eficácia sobre os casos pendentes, como elemento do microssistema de gestão e julgamento de casos repetitivos: DIDIER JR., Fredie; CUNHA, Leonardo Carneiro da. *Curso de direito processual civil*. v. 3. 14 ed. Salvador: Juspodivm, 2017, p. 674.

282 CÂMARA, Alexandre Freitas. *O novo processo civil brasileiro*. 2ª ed. São Paulo: Atlas, 2016. p. 558.

283 CABRAL, Antonio do Passo. Comentário ao artigo 977. In: CABRAL, Antonio do Passo; CRAMER, Ronaldo (coords.). *Comentários ao novo Código de Processo Civil*. 2 ed. Rio de Janeiro: Forense, 2016, p. 1464. Contrariamente, colocando a prévia suspensão como condição para a eficácia atual: ROCHA, Felippe Borring. *Manual dos juizados especiais cíveis estaduais*: teoria e prática. 9ª ed. São Paulo: Atlas, 2017, p. 353.

administrativa da corte, eventualmente tendo pecado ao (não) dar escorreita publicidade interna ao incidente.

No modelo de tutela dos casos repetitivos traçado pelo legislador de 2015, a vinculação à tese é automática e inegociável, a partir do momento em que se ajuíza uma ação que verse sobre o tema (sistema de *opt in*), ao contrário do sistema inglês[284].

A vinculatividade dos processos em curso à tese se dá nos moldes dos artigos 985, I, 1.039 e 1.040, I a III. O regramento dos recursos repetitivos acaba por ser mais minucioso, especificamente quanto à aplicação do entendimento em cada etapa processual, notadamente em sede recursal extraordinária.

Principiando pela aplicação mais simples: nos processos em curso, em primeiro ou segundo grau, o juiz natural tomará por premissa a tese jurídica, quando for analisar a questão outrora controvertida (artigos 985, I e 1.040, III).

Deve ser recordado que a tese fixada repercutirá de maneira diversa em cada uma dessas ações, a depender da natureza jurídica endoprocessual que possuam, isto é, se o tema é meritório, prejudicial ou de análise posterior ao mérito. Nessa última hipótese, pode ser cogitado o adiamento da suspensão: primeiro, resolvem-se todas as questões processuais e, quando carecer de decisão sobre a matéria objeto dos incidentes, sobresta-se o processo, até que esta reste solucionada pelo órgão competente[285].

---

284 "Forçoso reconhecer, portanto, três notas garantísticas do procedimento-modelo inglês: a) a faculdade de aderir ou não ao grupo, resguardando-se a possibilidade de não se submeter à eficácia vinculante da decisão nele proferida, caso o autor da demanda individual opte pela segunda alternativa (filiação à sistemática *opt-in*, conforme já analisado); b) a possibilidade de, mesmo tendo manifestado interesse em integrar o grupo, escapar da incidência de efeitos desfavoráveis aos seus interesses, mediante a formulação de requerimento para interposição de recurso contra a decisão proferida no incidente; e c) mesmo nos casos em que a parte passa a integrar o grupo após o julgamento de questões que lhe produzem efeitos vinculantes desfavoráveis, existe a possibilidade de requerer à corte que tais determinações não lhe sejam vinculantes.
Cumpre consignar que, a nosso ver de forma acertada, nenhuma previsão semelhante foi adotada pelo Projeto de novo Código de Processo Civil brasileiro.
De fato, como já afirmado, não se nega o caráter garantístico destas normas do direito inglês. Todavia, a "importação" de tais disposições para a disciplina do nosso incidente de resolução de demandas repetitivas comprometeria sobremaneira o seu escopo de promoção da celeridade processual tão almejado pela sociedade contemporânea e defendido com tanta veemência pela comissão de juristas que o idealizou." (RODRIGUES, Roberto de Aragão Ribeiro. As ações-teste na Alemanha, Inglaterra e legislação brasileira projetada. *Revista Eletrônica de Direito Processual*, v. VIII, jul./dez. 2011, p. 932-933).

285 Basta imaginar uma questão a envolver a fixação de honorários afetada para julgamento, mostrando-se irrazoável que o processo fique suspenso desde a inicial.

Quanto aos recursos a versar sobre o tema pacificado que estiverem suspensos no âmbito do próprio tribunal superior, em se tratando de incidente de julgamento de recursos repetitivos, a solução é a seguinte (artigo 1.039): se a insurgência contrariar o entendimento fixado, estando correto o acórdão impugnado, o órgão colegiado no qual tramita o recurso o declarará prejudicado; se, no entanto, a tese fixada for a ventilada no recurso, este será decidido favoravelmente, aplicando-a.

O restante do tratamento legal se volta para os recursos especiais e extraordinários sobrestados nos tribunais de origem. A resposta também depende da coincidência entre os argumentos recursais e os adotados como *ratio decidendi* no julgamento objetivo incidental: se o acórdão guerreado estiver amparado no entendimento recém-fixado, o presidente ou vice-presidente negará seguimento[286] ao recurso (artigo 1.040, I).

Quando, porém, for o recurso que prestigiar a tese, caberá ao órgão que proferiu o acórdão reexaminá-lo (artigo 1.040, II). Ao realizar o juízo de retratação esperado, alterando a decisão acordada, o tribunal pode ter que resolver outras questões, em decorrência da modificação do entendimento (possivelmente, tendo de ingressar no mérito, ou apreciar pedido sucessivo, dependente do anterior, agora acolhido com fulcro na tese), como esclarece o artigo 1.041, §1º.

Logicamente, diante do sistema vinculativo traçado pela ampla eficácia da tese fixada, explicitado, entre outros comandos, pelo artigo 927, III, a única interpretação a ser extraída da previsão é que o juízo de segunda instân-

286 Discute-se se seria caso de juízo de admissibilidade ou de julgamento de mérito: "Perceba que a publicação gera a supressão do cabimento (requisito de admissibilidade intrínseco) de recursos extraordinários sobrestados que ataquem acórdãos do TJ ou TRF que estejam em conformidade com a decisão proferida nos representativos da controvérsia. Pontue-se que esta hipótese de análise de admissibilidade na origem coloca em xeque a assertiva peremptória de que o CPC/2015 transferiu integralmente a competência de análise de admissibilidade para o tribunal superior. Se a regra é que tal admissibilidade seja desempenhada pelo STJ ou STF, nesta hipótese em comento caberá ao TJ ou TRF tal juízo.
Outra possível interpretação seria de se tratar a presente hipótese de delegação de competência para o julgamento do mérito pelo TJ ou TRF que induziria a leitura do 'negará seguimento' do dispositivo, como 'negará provimento'. No entanto, em face de uma potencial inconstitucionalidade desta leitura por usurpação de competência constitucional, reputamos que se trate a presente hipótese de regra procedimental de admissibilidade." (NUNES, Dierle. Comentário ao artigo 1.040. In: WAMBIER, Teresa Arruda Alvim *et al.* [coords.]. *Breves comentários ao novo Código de Processo Civil*. São Paulo: Revista dos Tribunais, 2015. Acesso eletrônico.). Na sistemática do CPC/73, havia entendimento no sentido de que, com o julgamento dos casos paradigma, os acórdãos que o contrariassem deixariam de existir (DANTAS, Bruno. *Teoria dos Recursos Repetitivos:* tutela pluri-individual nos recursos dirigidos ao STF e ao STJ [arts. 543-B e 543-C do CPC]. São Paulo: Revista dos Tribunais, 2015, p. 132).

cia ou superior (nos casos de recurso extraordinário com repercussão geral, contra acórdão do TST ou, como sustentado, do STJ) deverá readequar a decisão, conformando-a com o entendimento oriundo do incidente julgador de recursos repetitivos.

O alerta é importante porque o artigo 1.041 aborda a hipótese de, após o reexame, o acórdão ser mantido, caso em que o recurso extraordinário ou especial será remetido ao tribunal superior competente. Aparentemente, o tribunal de origem poderia ignorar o entendimento, prestigiando sua própria decisão. Essa postura, no entanto, revela-se inconcebível[287], ante a enormidade de princípios que fundamentam e efetivam a tutela pluri-individual, racionalizando a prestação jurisdicional a partir da unidade do Judiciário. Existe, pois, real imposição de revisão da decisão, em excepcional previsão de efeito regressivo dos recursos especial ou extraordinário[288].

O referido comando apenas reconhece que, ao se debruçar sobre o caso suspenso, poderá o órgão colegiado que o julgou verificar elemento de distinção[289], não apontado pelas partes nem percebido pelos julgadores em momento anterior. Nada impede, porém, o uso da técnica de ressalva de entendimento[290].

---

287 Analisando a questão ainda sob a égide do CPC/73: "Nessa perspectiva, minha interpretação do § 8.º do art. 543-C é de que, longe de permitir que o tribunal inferior simplesmente 'opte' por descumprir a orientação paradigmática do STJ, o reexame imposto pelo inc. II do § 7.º abre espaço para uma dentre duas possibilidades que se apresentam: (i) ou bem o tribunal inferior se retrata e, semelhantemente ao que ocorre no juízo de reenvio, aplica ao caso concreto, sem maiores digressões, a tese sufragada pelo STJ; (ii) ou o tribunal realiza o distinguishing, demonstrando analiticamente por que a orientação do STJ é inaplicável aos recursos individuais sobrestados, sob pena de aplicação analógica do § 4.º do art. 543-B." (DANTAS, Bruno. *Teoria dos Recursos Repetitivos:* tutela pluri-individual nos recursos dirigidos ao STF e ao STJ [arts. 543-B e 543-C do CPC]. São Paulo: Revista dos Tribunais, 2015, p. 130).

288 RODRIGUES, Marco Antonio dos Santos. *Manual dos recursos, ação rescisória e reclamação.* São Paulo: Atlas, 2017, p. 276.

289 Falando em distinção ou superação: RODRIGUES, Marco Antonio dos Santos. *Manual dos recursos, ação rescisória e reclamação.* São Paulo: Atlas, 2017, p. 276; e CÂMARA, Alexandre Freitas. *O novo processo civil brasileiro.* 2ª ed. São Paulo: Atlas, 2016. p. 558. No entanto, é difícil imaginar como, em tão breve espaço de tempo, haverá elemento modificador do contexto, permitindo o *overruling*.

290 "Como se percebe, a adoção do contraditório dinâmico como premissa interpretativa de todo o sistema comparticipativo/cooperativo do Novo CPC acarreta que seus institutos (todos) permitam a indução normativa de um perfil dialógico entre todos os sujeitos processuais. O que não se percebe é que, na medida em que se busca delinear uma adoção adequada dos precedentes no Brasil (vide capítulos 6 e 7), e que esta busca a estabilidade decisória legítima e o respeito aos enunciados de súmula, jurisprudência e precedentes dos Tribunais (prioritariamente Superiores), faz-se mister pensar na possibilidade de os juízes de primeiro e segundo graus tornarem-se interlocutores importantes

Diante da retratação, haveria inversão do interesse processual, já que

para os Tribunais Superiores no sentido de permitir um constante aprimoramento do direito. Isso porque o Novo CPC estabelecerá a necessidade de os juízes seguirem alguns dos entendimentos dos Tribunais Superiores (ver capítulo 7), mas tal aplicação não pode se dar de modo mecânico nem impedir que o juízo prolator da decisão promova a possibilidade de melhoria do sistema, sob pena de reduzi-lo a um autômato. Sendo o juiz um dos sujeitos do contraditório, ele também deve poder auxiliar na formação dos precedentes, seja concordando com sua aplicação, seja apresentando contrapontos para que o Tribunal leve em consideração novos argumentos, mesmo que seja instado a aplicar o padrão decisório das Cortes Superiores. Por exemplo, caso o órgão jurisdicional constate a existência de fundamento novo, não levado em consideração na formação do enunciado de súmula, jurisprudência ou precedente, aplicará o atual entendimento e explicitará as razões que determinariam novo entendimento. Nesses termos, seria possível, mediante essa modalidade de contraditório judicial, viabilizar a *superação* e promover a mantença do debate e da independência interna na magistratura. Os juízes, apesar de serem compelidos a seguir obrigatoriamente alguns dos entendimentos dos tribunais, poderão continuar a exercer a reflexão sobre o acerto ou erro da jurisprudência, promovendo até a provocação de um debate de aprimoramento (constante) do ordenamento jurídico. Como informa Bustamante ao comentar o sistema inglês, a necessidade de respeito ao precedente não induz o juiz ou tribunal à impossibilidade de dialogar com a corte que formou o precedente: 'Fora da House of Lords, aliás, a prática de rever os próprios precedentes é ainda considerada expressamente proibida, de sorte que, se uma corte inglesa de apelação tiver posicionamento contrário ao seu próprio precedente, deve, ao invés de revê-lo, conceder *leaveto appeal* e remeter o processo para a corte superior. Esse é, com efeito, o entendimento reiterado por Lord Bingham em um caso de discrepância entre os tribunais ingleses acerca da aplicação da Convenção Europeia de Direitos Humanos: Como Lord Hailsham observou, 'em questões jurídicas, um certo grau de certeza é ao menos tão valioso quanto uma parte de justiça ou perfeição'". Esse grau de certeza é mais bem alcançado ao se aderir, mesmo no contexto convencional, a nossas regras sobre precedentes judiciais. Será com certeza ônus dos juízes revisar os argumentos convencionais dirigidos a eles, e se eles considerarem um precedente vinculante inconsistente, ou possivelmente inconsistente, com as *authorities* de Strasbourg, eles podem expressar suas opiniões e dar trânsito à apelação [*leaveto appeal*], como a Court of Appeal fez aqui. *Leap-frog appeals* podem ser apropriados. Nesse sentido, na minha opinião, eles se desincumbem de seu dever estabelecido pelo Act de 1998. Mas eles devem seguir o precedente vinculante, como também fez a Court of Appeal nesse caso.' Ou seja, na opinião do Lord Bingham, que talvez seja um dos mais influentes juízes ingleses nos últimos 50 anos, nos casos em que a Corte de Apelação divergir da Suprema Corte (principalmente em questões que se refiram à aplicação da lei ou da Convenção Europeia de Direitos Humanos), ela tem a obrigação de revisar e considerar os argumentos das partes, mas deve se ater à regra do precedente. Deve, também, se estiver convencida da pertinência do argumento, ela própria conceder o *leaveto appeal* (que normalmente é dado pela Suprema Corte). Essa possibilidade de diálogo entre juízes é uma das grandes virtudes dos países que usam precedentes com força gravitacional há bem mais tempo que nós. Diante disso, no III Fórum de Processualistas Civis do Rio de Janeiro, de 25 a 27 de abril de 2014, se editou o Enunciado 172, de seguinte teor: "A decisão que aplica precedentes, com a ressalva de entendimento do julgador, não é contraditória *(Grupo: Precedentes)*". Desse modo, o magistrado não se portará de modo

o antes vencedor da demanda, agora vencido, passaria a poder interpor o recurso para um dos tribunais de cúpula. No entanto, essa insurgência terá seguimento negado, por aplicação do artigo 1.030, I, b[291].

Mesmo exercendo a retratação, pode ser caso de o recurso seguir para os tribunais superiores, se existirem outras questões atacadas. Em casos tais, sustenta-se a possibilidade de complementação recursal, se o objeto levado a conhecimento da corte *ad quem* for impactado pela aplicação da tese[292].

Essa dinâmica, delineada para os recursos repetitivos, é estendida para o IRDR por Bruno Dantas, que sustenta o efeito regressivo para os juízes prolatores de decisões que contrariem a tese fixada, já atacadas por recurso, suspenso em segunda instância[293]. Haveria a devolução ao juiz, para que readequasse seu entendimento.

No entanto, se já devolvida a cognição da matéria ao tribunal, parece que o julgamento por parte de um de seus órgãos, acelerado pela autorização de provimento monocrático (artigo 932, V, c), se mostra a medida mais consentânea com a duração razoável do processo.

Por fim, deve ser destacado o comando do artigo 1.039, parágrafo único, que atribui eficácia expansiva à decisão de não reconhecimento da repercus-

---

decisionista e com subjetivismo, mas poderá ressalvar seu entendimento dissonante acerca do modo como o Tribunal Superior vem tratando a matéria." (THEODORO JR., Humberto; NUNES, Dierle; BAHIA, Alexandre; PEDRON, Flávio. *Novo Código de Processo Civil: Fundamentos e sistematização.* Rio de Janeiro: Forense, 2015). O uso da técnica é, inclusive, apontado como critério para merecimento dos magistrados, na forma da Res. 106/2010, em seu art. 10, § único.

291 RODRIGUES, Marco Antonio dos Santos. *Manual dos recursos, ação rescisória e reclamação.* São Paulo: Atlas, 2017, p. 275-276.

292 "Pondere-se que se a questão abordada no extraordinário for dependente da que foi objeto de retratação deverá ser facultada a parte a complementação (retificação) como corolário do princípio do contraditório como influência (art. 10) e da complementaridade (previsto no art. 1.024, § 4.º)." (NUNES, Dierle. Comentário ao artigo 1.040. In: WAMBIER, Teresa Arruda Alvim *et al.* [coords.]. *Breves comentários ao novo Código de Processo Civil.* São Paulo: Revista dos Tribunais, 2015. Acesso eletrônico.)

293 "Nos processos sobrestados mas que ainda não foi proferida sentença, o juiz deverá julgar aplicando a tese fixada. Já nos processos já sentenciados, com decisão impugnada, o tribunal julga o recurso como prejudicado, se a decisão impugnada estiver de acordo com a tese firmada, ou devolverá os autos ao juiz, para adequar sua decisão ao entendimento fixado, nos casos em que a decisão encontrar-se em desacordo." (DANTAS, Bruno. Comentário ao artigo 976. In: WAMBIER, Teresa Arruda Alvim *et al.* [coords.]. *Breves comentários ao novo Código de Processo Civil.* São Paulo: Revista dos Tribunais, 2015. Acesso eletrônico.)

são geral, quando sobrestados recursos sobre o mesmo assunto[294]. A consequência será a inadmissão de todas as impugnações suspensas.

Toda a descrição, minuciosa, do procedimento de imediata aplicação da tese jurídica é um reforço do entendimento segundo o qual a terminologia "julgamento por amostragem" não se mostra a mais adequada. Não há qualquer amostragem, dando a entender que alguns casos seriam apreciados e muitos outros receberiam a mesma solução, em claro déficit de contraditório. Na realidade, o que sucede é a fixação de uma tese, sepultando discussões a respeito de uma questão, e, em seguida, sua aplicação, individualizada e, dentro do razoável, artesanal a todos os processos em que o tema era controvertido.

4.6.2. Eficácia prospectiva, futura ou (a)temporal (eficácia do precedente)

O elemento especialmente diferenciado da tutela pluri-individual pátria de um mero mecanismo de solução conjunta e coordenada de casos repetitivos[295] é a eficácia da tese fixada para frente, obrigando os julgadores de casos futuros. Trata-se de autêntico pilar do microssistema de julgamento de questões repetitivas, mas também do de precedentes judiciais vinculativos[296], atribuindo-lhes pleno sentido[297].

O objeto dessa geração de efeitos são todos os processos que tramitarão tratando, em algum momento, da questão jurídica solucionada pelos incidentes, até que se opere eventual revisão da tese.

Embora o regramento específico dos recursos repetitivos não mencione a eficácia em análise, a visão global do microssistema (artigo 985, II) afasta

294 FREIRE, Alexandre. Comentário ao artigo 1.038. In: CABRAL, Antonio do Passo; CRAMER, Ronaldo (coords.). *Comentários ao novo Código de Processo Civil.* 2 ed. Rio de Janeiro: Forense, 2016, p. 1559.

295 O que seria permitido mesmo pela cooperação judiciária interna ou transjudicial (artigo 60 c/c artigos 67-69), independentemente de normativa específica.

296 Para parcela da doutrina, os efeitos futuros estariam relacionados apenas ao microssistema de formação concentrada de precedentes obrigatórios: DIDIER JR., Fredie; CUNHA, Leonardo Carneiro da. *Curso de direito processual civil.* v. 3. 14 ed. Salvador: Juspodivm, 2017.

297 "Não faria muito sentido que a decisão do incidente valesse apenas para os processos já instaurados. Do contrário, seria possível se instar o tribunal, todo o tempo, a se manifestar sobre uma questão que já se manifestou. Haveria grande desperdício de tempo e energia por parte dos litigantes e dos órgãos jurisdicionais. A cada vez que uma nova ação contendo aquela discussão fosse ajuizada, um novo incidente poderia ser instaurado." (MADEIRA, Daniela Pereira. A força da jurisprudência. In: FUX, Luiz (coord.). *O Novo Processo Civil Brasileiro – direito em perspectiva*, Rio de Janeiro: Forense, 2011, p. 480.

qualquer dúvida a respeito[298], sobretudo quando combinada com a vinculatividade expressa pelo artigo 927, III, c/c artigo 489, §1°, V e VI[299].

Os efeitos da tese, então, incidem de imediato (eficácia atual) e para o futuro (eficácia prospectiva). Cumpre indagar, no entanto, seus reflexos nos casos que versaram sobre o tema pacificado, mas já se encerraram.

Semelhantemente ao que ocorre com os processos decididos com fulcro em norma considerada inconstitucional no controle concentrado, a mera fixação da tese não deverá implicar sua rescisão[300]. Sobrevindo a decisão abstrata sobre o entendimento acerca da norma na qual se baseou o julgador do processo transitado, haverá necessidade do ajuizamento de ação rescisória.

Nesse meio impugnativo, cabe indagar se deve ser respeitada a súmula 343 do STF[301], afastando a rescisão das decisões proferidas quando, à época, existia divergência. Entender positivamente, contudo, é extirpar o cabimento da rescisória, pois é da essência dos incidentes que houvesse disparidade de entendimentos antes de sua instauração.

Com efeito, o Supremo Tribunal Federal, abandonando orientação no sentido da inaplicabilidade da referida súmula quando a divergência dissesse respeito à questão constitucional, passou a garantir-lhe vigência também nes-

---

298 CÂMARA, Alexandre Freitas. *O novo processo civil brasileiro*. 2ª ed. São Paulo: Atlas, 2016. p. 559.

299 No entanto, no bojo do CPC/73, havia respeitável entendimento em sentido contrário: "Essa opinião que apresento é tão somente desdobramento do modelo de cassação e reenvio adotado parcialmente na técnica de tutela recursal pluri-individual, e não significa anuência com a tese de que haveria ampla vinculatividade de todos os órgãos inferiores do Poder Judiciário ao comando normativo do julgamento do recurso-piloto. Não! A questão de direito decidida no recurso-piloto vincula diretamente apenas os tribunais de apelação, pois são eles os destinatários imediatos do comando normativo emitido pelo STJ. É aos tribunais inferiores que compete, por lei (CPC, art. 543-C, § 7.º, II), o juízo de reenvio, consistente em aplicar aos casos concretos a orientação fixada na etapa de cassação. A mesma teleologia que informa o procedimento previsto no art. 543-C para os recursos especiais repetitivos permeia também o art. 543-B em relação aos extraordinários. Vale dizer, a sistemática de cassação e reenvio é comum à técnica de tutela recursal pluri-individual no STF e no STJ." (DANTAS, Bruno. *Teoria dos Recursos Repetitivos:* tutela pluri-individual nos recursos dirigidos ao STF e ao STJ [arts. 543-B e 543-C do CPC]. São Paulo: Revista dos Tribunais, 2015, p. 131-132)

300 STF. Plenário. RE 730462, Rel. Min. Teori Zavascki, julgado em 28/05/2015 (repercussão geral).

301 "Cabe destacar que a tese jurídica paradigmática será aplicada aos processos presentes e futuros, salvo revisão posterior de tese. Ficam fora dessa regra os processos que, à época da instauração do IRDR, já haviam transitado em julgado. Quantos a estes, resta a possibilidade de propositura de ação rescisória, sem prejuízo do disposto no enunciado 343 da Súmula do STF." (DANTAS, Bruno. Comentário aos artigos 976-987. In: WAMBIER, Teresa Arruda Alvim *et al.* [coords.]. *Breves comentários ao novo Código de Processo Civil*. São Paulo: Revista dos Tribunais, 2015. Acesso eletrônico.)

sas hipóteses[302], prestigiando a segurança advinda da coisa julgada ao invés daquela que surge a partir da uniforme aplicação do ordenamento.

Parece, porém, que a melhor orientação é priorizar esta última espécie de segurança jurídica, não permitindo que duas situações, próximas no tempo (o prazo decadencial de dois anos se mantém), recebam respostas jurisdicionais díspares, quase que por obra do acaso[303].

Encerrando a questão da ação rescisória, cabe sublinhar seu cabimento expresso contra decisão transitada em julgado que aplica tese fixada em incidente de julgamento de casos repetitivos, ignorando a existência de distinção (artigo 966, §5º).

A eficácia futura da tese tem contornos difusos, impactando em inúmeras relações jurídicas[304].

Esmiuçando a eficácia futura da tese, o legislador enumerou amplo leque de consequências endoprocessuais, autorizando a dispensa da observância da ordem de julgamento (artigo 12, §2º), o julgamento liminar de improcedência (artigo 332, II e III), a dispensa da remessa necessária da sentença neles lastreada (artigo 496, §4º), o julgamento monocrático de recursos pelo relator, negatório ou concessório[305] (artigo 932, IV, *b* e *c* e V, *b* e *c*), bem como nos conflitos de competência (artigo 955, parágrafo único, II).

Outrossim, foi previsto o manejo de reclamação (artigo 988, IV) quando inobservada a tese fixada nos incidentes (artigo 985, §1º, norma geral do

---

302 STF. Plenário. RE 590809/RS, Rel. Min. Marco Aurélio, julgado em 22/10/2014.

303 Nessa linha, decisões do Superior Tribunal de Justiça, admitindo a rescisória por ofensa a precedente com eficácia vinculante (recurso repetitivo), mas não quando faltar-lhe esse caráter: STJ, Resp 1655722/SC, 3a turma, Rel. Min. Nancy Andrighi, julgado em 14/03/2017.

304 Assim leciona Luiz Fux, comentando o incidente de questão relevante no CPC/73: "Inúmeras vezes, a questão jurídica posta no recurso revela da sua magnitude não só quanto ao acertamento de determinada tese jurídica aplicável a uma infinidade de casos, como, também, no que pertine à repercussão do julgado no âmbito público. Assim, v.g., a questão acerca da progressividade de determinado tributo que carreia receita para o Estado; ou a tese sobre se é ou não possível o desligamento da energia elétrica na hipótese de descumprimento do plano de racionamento.
Nessas hipóteses, como é fácil perceber, a decisão assume um espectro reflexo que se espraia da causa para influir em inúmeras outras relações jurídicas. Ressalta evidente a importância difusa que a decisão encerrará.
Em face dessa repercussão da decisão quanto ao objeto litigioso mediato, conveniente admitir-se que o julgado provenha do órgão do tribunal encarregado, *ratione materiae*, de uniformizar o entendimento jurisprudencial, evitando que se proliferem demandas submetidas às mais diversas soluções, não obstante gravitem sobre a mesma questão jurídica." (FUX, Luiz. *Curso de direito processual civil*. v. 1. 4 ed. Rio de Janeiro: Forense, 2008. Acesso eletrônico.).

305 O provimento recursal monocrático demanda, porém, contraditório prévio (artigo 932, V).

microssistema), ou, ainda, quando suceder aplicação indevida ou sua não aplicação (artigo 966, §4º)[306].

Com o advento da lei 13.256/16, passou a existir diferença no cabimento da reclamação quanto à tese determinada em IRDR e àquela advinda do incidente de julgamento de recursos repetitivos. Antes, seria cabível para garantir a observância de acórdão proferido em julgamento de casos repetitivos. Com a modificação, contudo, quando se tratar de decisão em recurso repetitivo, só será manejável quando esgotadas as instâncias ordinárias (artigo 988, §5º, II).

Em todas as hipóteses, porém, a reclamação não possui efeito suspensivo e independe de recurso contra a decisão, como também não impede sua interposição[307].

O microssistema prevê, a título de eficácia da tese, benefícios para o litigante que desiste da ação que tenha por objeto questão já pacificada em julgamento de casos repetitivos. Nesse caso, a desistência terá como peculiaridades: (i) a isenção do pagamento de custas e honorários de sucumbência, se operada antes de apresentada a contestação (artigo 1.040, §2º) e (ii) desnecessidade do consentimento do réu, se ocorrer até a sentença (artigo 1.040, §§ 1º e 3º).

Esse último comando excepciona a regra geral do artigo 485, §4º, estimulando a criação de uma "cultura de precedentes"[308]. Por mais que previsto topologicamente no regime dos recursos repetitivos, o desestímulo à litigância infrutífera é valor de todo o microssistema, o que torna as normas aplicáveis ao IRDR[309].

---

306 O que permite que seja utilizada como instrumento para o *distinguishing* (RODRIGUES, Marco Antonio dos Santos. *Manual dos recursos, ação rescisória e reclamação*. São Paulo: Atlas, 2017, p. 376-377). O tema da reclamação merece tratamento verticalizado específico, de modo que se recomenda a leitura do capítulo da mencionada obra.

307 "Para o ajuizamento da reclamação não será necessário que a decisão tenha sido recorrida e nem exclui o direito de a parte recorrer, contudo é importante ressaltar que a interposição da reclamação não possui efeito suspensivo." (DANTAS, Bruno. Comentário ao artigo 976. In: WAMBIER, Teresa Arruda Alvim *et al.* [coords.]. *Breves comentários ao novo Código de Processo Civil*. São Paulo: Revista dos Tribunais, 2015. Acesso eletrônico.).

308 RODRIGUES, Marco Antonio dos Santos. *Manual dos recursos, ação rescisória e reclamação*. São Paulo: Atlas, 2017, p. 277.

309 "Este regime especial se aplica às ações repetitivas atingidas pelo efeito de suspensão (art. 1.038, *II*), mas, em decorrência das técnicas ora comentadas servirem a todo *microssistema de litigiosidade repetitiva* não seria incabível sua aplicação para todas as demandas repetitivas." (NUNES, Dierle. Comentário ao artigo 1.040. In: WAMBIER, Teresa Arruda Alvim *et al.* [coords.]. *Breves comentários ao novo Código de Processo Civil*. São Paulo: Revista dos Tribunais, 2015. Acesso eletrônico.).

Outro reflexo da fixação da tese é a presunção de omissão da decisão que ignora julgado de casos respetivos (artigo 1.022, parágrafo único, I), manifestação do dever de autorreferência dos tribunais[310].

Além desses, há inegável efeito exoprocessual das questões jurídicas[311] pacificadas com a fixação da tese, inclusive como remédio dissuasivo contra demandas frívolas[312].

A lista de efeitos, assim extensa, acarreta um novo papel para o juiz[313], inserto no dever de cooperação: o de estar atento ao enquadramento das hipóteses à tese fixada, realizando a distinção ou a superação[314].

4.6.3. Eficácia espacial ou territorial

As duas espécies de eficácia anteriores estão condicionadas por uma terceira: a eficácia espacial ou territorial. Da leitura do artigo 985, I e II, se extrai que os efeitos se restringem aos órgãos jurisdicionais subordinados, territorialmente, ao tribunal que fixa a tese em IRDR, inclusive os juizados especiais[315].

---

310 Trata-se de explicitação do dever de autorreferência atribuído ao Judiciário pelo novo Código de Processo Civil (CABRAL, Antonio do Passo. Comentário ao artigo 975. In: CABRAL, Antonio do Passo; CRAMER, Ronaldo. *Comentários ao Novo Código de Processo Civil*. 2ª ed. Rio de Janeiro: Forense, 2016, p. 1434.).

311 MENDES, Aluisio Gonçalves de Castro. *Incidente de resolução de demandas repetitivas*: sistematização, análise e interpretação do novo instituto processual. Rio de Janeiro, Forense, 2017, p. 105-107.

312 OSNA, Gustavo. *Direitos individuais homogêneos. Pressupostos, fundamentos e aplicação no processo civil.* São Paulo: Revista dos Tribunais, 2014, p. 115.

313 "Ao juiz de primeiro grau, caberá exercer com acuidade valiosa distinção da demanda sub judice em relação à questão de direito firmada em súmula ou precedente vinculante. Ao juiz singular caberá a tarefa de solucionar as controvérsias de direito não submetidas à previa fixação pelos Tribunais, exercendo sua capacidade, em maior ou menor grau, de renunciar sua convicções pessoais em obediência à qualquer das hipóteses elencadas no art. 927, sob pena reclamação (art. 988). Trata-se de sensível mudança na cultura judiciária, no plano objetivo e subjetivo." (TEIXEIRA, Guilherme Puchalski. Incidente de resolução de demandas repetitivas: projeções em torno de sua eficiência. *Revista Eletrônica de Direito Processual*. v. 16. jul/dez. 2015, p. 234)

314 Aluisio Mendes admite que também os juízos subordinados ao órgão que fixou a tese promovam sua superação (MENDES, Aluisio Gonçalves de Castro. *Incidente de Resolução de Demandas Repetitivas*: sistematização, análise e interpretação do novo instituto processual. Rio de Janeiro: Forense, 2017, p. 248-249).

315 Ver tópico específico sobre o IRDR e os juizados especiais, no tópico atinente à competência.

A previsão legal é consentânea com a divisão federativa do país[316]. Por mais que a jurisdição seja una, andou bem o código ao conjugar a autonomia dos tribunais com os efeitos dos entendimentos que venham a sedimentar.

Cumpre perceber que, dentro desse espectro espacial, tanto os órgãos inferiores (irradiação vertical do entendimento) como os de igual instância (irradiação horizontal da tese), compostos por membros do tribunal, se subordinam à pacificação da questão.

Quanto aos recursos repetitivos, a amplitude espacial é nacional, de modo que a questão não se afigura problemática.

4.6.4. Eficácia normativa ou exojudiciária

No entanto, o legislador foi além, e delineou, de forma expressa, um efeito exojudiciário da fixação da tese: a obrigação de fiscalização de sua aplicação por parte dos órgãos e entes públicos e das agências reguladoras, quando se tratar de prestação de serviço concedido, permitido ou autorizado (artigos 985, §2º e 1.040, IV). O efeito, dos mais importantes[317], provoca uma reanálise da própria separação dos poderes[318].

---

316 "A regra do *caput* do art. 985 satisfaz à promessa constitucional de igualdade perante a lei, sem vulnerar nosso modelo federativo, pois limita os efeitos da decisão em IRDR à área territorial de jurisdição de cada tribunal. Evidentemente, quando o incidente for julgado pelo STF ou pelo STJ, atingirá todo o território nacional." (DANTAS, Bruno. Comentário ao artigo 985. In: WAMBIER, Teresa Arruda Alvim *et al.* (coords). *Breves comentários ao novo código de processo civil.* São Paulo: Revista dos Tribunais, 2015, p. 2194.).

317 "Este é, certamente, o mais importante efeito da decisão paradigma quando se pensa neste sistema como um método de gerenciamento de causas repetitivas. É que o ente regulador deverá, a partir da fixação do precedente vinculante, produzir ato normativo de natureza administrativa, cuja observância pelos entes sujeitos a regulação é obrigatória, impondo a adaptação do serviço ao que tenha sido decidido pelo Superior Tribunal de Justiça ou pelo Supremo Tribunal Federal. Diz-se que este efeito é tão importante porque, como sabido, as sanções que os entes reguladores podem impor aos que prestem serviços sujeitos a regulação são muito pesadas, com previsão de multas elevadas e até mesmo, em casos extremos, de perda da concessão, permissão ou autorização. Pois isto deverá, em termos práticos, produzir o resultado de promover a adaptação das condutas dos prestadores de serviços aos entendimentos firmados nos precedentes vinculantes, de modo que haverá, como consequência inevitável, uma diminuição da litigiosidade em relação a tais condutas." (CÂMARA, Alexandre Freitas. *O novo processo civil brasileiro.* 2ª ed. São Paulo: Atlas, 2016. p. 559)

318 "E, em se tratando de prestação de serviço público por concessão, permissão ou autorização, o resultado do julgamento será comunicado ao órgão, ente ou agência reguladora competente para fiscalização da efetiva aplicação da tese adotada. Com isso, o Código expressamente contempla a produção de efeitos vinculantes do julgamento por amostragem dos recursos excepcionais também em relação ao Poder Executivo, não só ao próprio Poder Judiciário." (PINHO, Humberto Dalla Bernardina de. *Direito Processual Civil Contemporâneo.* v. 2. São Paulo, Saraiva, 2017, p. 970)

Note-se que, aqui, a relação com o Judiciário é bem menos nítida do que nos efeitos exoprocessuais, em que há, quase que diretamente, a certeza de judicialização do conflito, embora, em ambos, a observância do padrão decisório, por agente público diverso do magistrado, é imperativa.

Por essa razão, parece absolutamente sustentável que a atual normativa busca a maior responsabilidade de todos os atores estatais, participantes da dinâmica processual, diretamente (efeitos endoprocessuais da tese) ou indiretamente (efeitos exoprocessuais), ou fora dela (efeitos exojudiciários da pacificação de entendimentos). Longe de uma inovação que rompe completamente com a lógica até então existente, trata-se de positivação meramente exemplar da visão jurídica unitária que deve existir no ordenamento de um país.

O quadro, no entanto, merece detida análise por parte da doutrina, sobretudo acerca da maneira pela qual os referidos entendimentos devem ser formados para que produzam legitimamente efeitos para fora do Judiciário, a natureza jurídica de tais implicações e a sindicabilidade, pela via judicial, do desatendimento das teses na via administrativa.

Conquanto se trate de substancial inovação legal (ao menos quanto à sua positivação expressa e específica), o tema vem recebendo tímida exploração na literatura. Na realidade, embora tenha sucedido o advento de diversas obras acerca dos recursos repetitivos, desde sua inserção no Código de 1973, e, mais recentemente, do Incidente de Resolução de Demandas Repetitivas, não se dedicou proporcional atenção aos artigos 985, §2°, e 1.040, inciso IV, do corrente Código de Processo Civil.

A rigor, parecem existir três espécies de abordagem. Um primeiro grupo de autores apenas mencionou os comandos em questão, sem tecer maiores comentários[319], o que, evidentemente, apenas se pode explicar pela pretensa amplitude dos estudos realizados[320], vez que a única postura que não se aceita

---

319 Veja-se, a título de exemplo: BENETI, Ana Carolina. Relação entre demandas no processo coletivo – uma análise evolutiva até o novo Código de Processo Civil. *Revista de Processo*, v. 268, p. 437 – 471, jun. 2017; BAHIA, Alexandre Melo Franco de Moraes; HENRIQUES, Paula Valério. Recursos extraordinário e especial repetitivos no CPC/2015: uso e interpretação de acordo com o modelo constitucional de processo. *Revista de Processo*, v. 258, ago. 2016; TEIXEIRA, Guilherme Puchalski. Incidente de Resolução de Demandas Repetitivas: projeções em torno de sua eficiência. *Revista de Processo*, v. 251, jan. 2016; FREIRE, Alexandre. Comentário ao artigo 1.040. In: CABRAL, Antonio do Passo; CRAMER, Ronaldo. *Comentários ao Novo Código de Processo Civil*. 2ª ed. Rio de Janeiro: Forense, 2016, p. 1560; DANTAS, Bruno. Comentário ao artigo 985. In: WAMBIER, Teresa Arruda Alvim *et al.* (coords). *Breves comentários ao novo código de processo civil*. São Paulo: Revista dos Tribunais, 2015, p. 2194-2195.

320 MENDES, Aluisio Gonçalves de Castro; TEMER, Sofia. O incidente de resolução de demandas repetitivas do novo Código de Processo Civil. *Revista de Processo*, v. 243, mai. 2015.

quando diante de dispositivos com tamanho potencial de impacto social é a indiferença técnica.

Por outro lado, surgiram vozes alegando o caráter meramente vinculativo da tese fixada em relação aos atores da Administração Pública elencados nos referidos artigos, já que a obrigação por obediência apenas se imporia ao Judiciário, apesar de a estabilidade e a coerência do sistema jurídico recomendarem o respeito global às decisões elencadas no artigo 927[321]. Aluisio Gonçalves de Castro Mendes, em estudo sobre o IRDR, assentou que se trata de "mera comunicação de decisão relevante tomada pelo Poder Judiciário, tendo assim mero efeito persuasivo"[322].

O derradeiro conjunto de entendimentos doutrinários vai no sentido de elogiar o comando legal, de "importância expressiva"[323], inserida no viés cooperativo prestigiado pelo novo Código de Processo Civil, garantindo maior efetividade[324] às teses fixadas, evitando-se novas judicializações[325] motivadas pela falta de "diálogos institucionais entre os poderes"[326]. Ainda assim, existe uma carência de verticalização do tema, verificando, tecnicamente, a que título se daria a influência aplaudida.

---

321 TEMER, Sofia. *Incidente de Resolução de Demandas Repetitivas*. Salvador: Juspodivm, 2016, p. 220-222.

322 MENDES, Aluisio Gonçalves de Castro. *Incidente de resolução de demandas repetitivas*: sistematização, análise e interpretação do novo instituto processual. Rio de Janeiro, Forense, 2017, p. 239.

323 "(...) apresenta importância expressa, visto que compete ao Poder Público zelar pelo cumprimento do quanto determinado pelo Poder Judiciário, sendo de grande valia para a proteção dos interesses e direitos dos consumidores usuários de serviços públicos remunerados por meio de preço público, tarifa ou taxa. A regularidade, a adequação e a efetividade de tais serviços de relevância pública somente poderão ser atendidas se observadas as obrigatórias diretrizes determinadas no bojo do incidente de resolução de demanda repetitiva." (SILVA, Joseane Suzart Lopes da. O incidente de resolução de demandas repetitivas e a proteção da coletividade consumerista: uma análise crítica do novel instituto. *Revista de Direito do Consumidor*, v.109, jan./fev. 2017. Acesso eletrônico.).

324 MENDES, Aluisio Gonçalves de Castro; NETO, Odilon Romano. Análise da relação entre o novo incidente de resolução de demandas repetitivas e o microssistema dos Juizados Especiais. *Revista de Processo*, v. 245, jul.2015.

325 BUENO, Cássio Scarpinella. *Manual de Direito Processual Civil*. São Paulo: Saraiva, 2015, p. 590.

326 NUNES, Dierle. Comentário ao artigo 1.040. In: WAMBIER, Teresa Arruda Alvim *et al.* (coords). *Breves comentários ao novo código de processo civil*. São Paulo: Revista dos Tribunais, 2015, p. 2340.

Complementando o cenário, já se ventilou se passaria a existir, no sistema pátrio, regulação econômica através do Judiciário, que, ao se imiscuir em questões regulatórias, demandaria capacitação técnica específica[327].

O fundamental é compreender que a passagem da norma legislada para a norma judicada[328] (ou do texto à norma[329]), através da atividade judiciária de selecionar seu correto sentido, não apenas para o caso concreto, mas para todos os cidadãos, tem forte efeito exojudiciário, revelando-se como última etapa do processo de criação do ordenamento jurídico. Como ensinava Barbosa Moreira, "não se promove uma sociedade mais justa, ao menos primariamente, por obra do aparelho judicial. (...) Pelo prisma jurídico, a tarefa básica inscreve-se no plano do direito material"[330], ao qual o Judiciário atribui sentido em caráter pretensamente definitivo.

Parece, a bem da verdade, que a jurisprudência regularmente está envolvida com a aplicação da norma jurídica à relação posta para solução. Para tanto, desenvolve-se análise do aspecto jurídico e dos fatos. O que o legislador quis, de forma expressa, foi que o debate em torno da compreensão da norma (legal ou principiológica) restasse abreviado para o magistrado que decidirá a lide, vez que previamente definido o sentido correto do texto por meio dos procedimentos julgadores de "casos repetitivos". O correto sentido do texto passa a ser, do ponto de vista do sistema jurídico como um todo (e não apenas dentro do Judiciário), aquele atribuído pelo tribunal competente, ainda que, ontologicamente, não o seja[331].

No panorama contemporâneo, notou Nicola Picardi que o próprio Legislativo parece reconhecer a necessidade de se garantir margem de abertura interpretativa legítima para o aplicador do direito, através de técnicas elásticas, "com a finalidade de tornar a disposição adaptável às situações con-

---

327 SILVA, Marcos Rolim da. Regulação econômica pelo Judiciário? Riscos e potencialidades da análise judicial de questões regulatórias no contexto do novo CPC. *Revista de Processo Comparado*, v. 5, p. 107-140, jan./jun. 2017.

328 MANCUSO, Rodolfo de Camargo. *Incidente de Resolução de Demandas Repetitivas*: a luta contra a dispersão jurisprudencial excessiva. São Paulo: Revista dos Tribunais, 2016, p. 13-14.

329 "Norma seria a interpretação conferida a um texto (enunciado), parte de um texto ou combinação de um texto. Não existe norma antes da interpretação ou independentemente dela. Interpretar é produzir uma norma. A norma é produto do intérprete." (NERY JUNIOR, Nelson. *Princípios do processo na Constituição Federal*. 12ª ed. São Paulo: Revista dos Tribunais, 2016. Acesso eletrônico.).

330 BARBOSA MOREIRA, José Carlos. Por um processo socialmente efetivo. *Revista de Processo*, São Paulo, v. 27, n. 105, p. 193-190, jan/.mar. 2002, p. 181.

331 WAMBIER, Teresa Arruda Alvim; DANTAS, Bruno. *Recurso especial, recurso extraordinário e a nova função dos tribunais superiores no direito brasileiro*. 3ª ed. São Paulo: Revista dos Tribunais, 2016, p. 175.

cretas ou para mantê-la atual, nada obstante o passar do tempo e as mudanças sociais"[332].

É sempre ínsito à atividade judicante, portanto, algum grau de criatividade. Como observa Mauro Cappelletti, a verdadeira discussão "verte não sobre a alternativa criatividade-não criatividade, mas sobre o grau de criatividade e os modos, limites e legitimidade da criatividade judicial"[333]. A dificuldade é sistematizar limites para essa atividade, estabelecendo espécies nas quais[334] o Judiciário legitimamente define o sentido da norma e quando invade território alheio[335].

Com efeito, parece ser possível delinear três maneiras de atuar: (i) a eleição de um dos possíveis significados, a partir da lei em sentido material, cujo texto é ambíguo; (ii) a construção de um regramento a partir de um princípio ou de uma garantia constitucional ampla; e (iii) a definição de entendimento contrário ao texto emanado do Legislativo. Na primeira, a atividade será prioritariamente declaratória, na segunda, criativa, na terceira, ilegítima.

Em qualquer uma das hipóteses, no entanto, a conclusão será pretensamente definitiva, podendo-se afirmar que a lei, no Estado Constitucional, está em sentido periférico[336]. Isso porque a garantia da inafastabilidade da jurisdição, estampada no artigo 5°, XXXV, da Constituição Federal[337] reserva ao Judiciário a última palavra acerca dos conflitos surgidos na sociedade, de particulares entre si ou para com o Poder Público ou, ainda, entre instituições. Assim, ainda que a intenção do legislador tenha sido outra, destoando o sentido da tese da interpretação autêntica da lei, prevalecerá a conclusão

---

332 PICARDI, Nicola. *Jurisdição e Processo*. Rio de Janeiro: Forense, 2008, p. 7.

333 CAPPELLETTI, Mauro. *Juízes legisladores?*. Trad. Carlos Alberto Alvaro de Oliveira. Porto Alegre: Sergio Antonio Frabris Editor, 1993, p. 25.

334 "Isso faz parte da tarefa quotidiana do Juiz: interpretar textos legais e definir conceitos jurídicos indeterminados (...)." (BARBOSA MOREIRA, José Carlos. Ações coletivas na Constituição Federal de 1988. *Revista de Processo*, v. 61, jan-mar.1991, p. 195).

335 Posicionando as súmulas dos tribunais na órbita da inovação no ordenamento, sob o título de jurisdinormação, ver: TESHEINER, José Maria. *Precedentes, jurisdinormação e fundamentação da sentença*. Disponível em: https://www.academia.edu/28266388/Precedentes_jurisdinormação_e_fundamentação.

336 CASTRO, Carlos Roberto Siqueira. Função Normativa Regulatória e o Novo Princípio da Legalidade. In: ARAGÃO, Alexandre Santos de (coord.). *O Poder Normativo das Agências Reguladoras*. 2ª ed. Rio de Janeiro: Forense, 2011, p. 50.

337 Sobre a ressignificação do acesso à justiça à luz do artigo 3o do CPC/15, ver: PINHO, Humberto Dalla Bernardina de; STANCATI, Maria Maria Martins Silva. *A ressignificação do princípio do acesso à justiça à luz do art. 3° do código de processo civil de 2015*. Disponível em: https://www.academia.edu/32200932/a_ressignificação_do_princípio_do_acesso_à_justiça_à_luz_do_art._3_do_código_de_processo_civil_de_2015. Acesso em 30/06/2017.

fixada no procedimento de "caso repetitivo". A exceção será a reação legislativa, contrariando entendimento jurisprudencial[338].

Diante dessa função outorgada ao Judiciário, é de se sustentar que não apenas os sujeitos apontados nos artigos 985, §2° e 1.040, IV, se subordinam à tese, mas todos os agentes estatais, bem como os cidadãos subordinados ao ordenamento. O tema, no entanto, demanda estudo acurado e específico, a transbordar os limites da presente obra.

4.7. Consensualidade

Como visto quando, brevemente, descrito o princípio da cooperação e sua influência no julgamento de casos repetitivos, o atual modelo de processo convoca seus atores a uma atuação de produção em conjunto. Essa noção dialoga intimamente com a busca pela resolução consensual dos litígios – outro vetor prestigiado pela codificação atual.

Um instrumento que transpassa os dois valores, da cooperação/colaboração e da solução harmônica do conflito, é o negócio jurídico processual[339], tema que despertou interesse de grande parte da comunidade jurídica, recentemente, e cujas implicações no julgamento de questões repetitivas merecem ser vistas, ainda que de maneira concisa.

---

338 Trata-se de fenômeno no qual, embora a jurisprudência tenha entendido de certa forma determinada norma, o Legislativo reafirma o entendimento rechaçado pelo Judiciário por meio de novo diploma legal, contrariando o posicionamento pretoriano de forma expressa. A dinâmica foi observada no voto do eminente Ministro Luiz Fux na ADI 5105/DF: "Em outras palavras, a novel legislação que *frontalmente* colida com a jurisprudência (leis *in your face*) se submete, a meu juízo, a um escrutínio de constitucionalidade mais rigoroso, pelo simples fato de já existir um pronunciamento da Suprema Corte". Disponível em: http://www.stf.jus.br/arquivo/cms/noticiaNoticiaStf/anexo/Voto__Relator__ADI_5105.pdf.

339 "Em linhas gerais, os atos processuais negociais são aqueles nos quais as partes (negócios bilaterais), ou apenas uma delas (negócios unilaterais), lançando mão da sua autonomia da vontade, decidem externar determinada manifestação de vontade, cujas consequências são de sua escolha, dentro dos limites colocados pela lei.
Percebe-se, pois, que existe uma margem de decisão para os celebrantes do acordo, não só ao celebrá-lo como quanto à maneira de fazê-lo, isto é, os efeitos do ato. É justamente neste último aspecto que reside a diferença entre um ato jurídico (processual) stricto sensu e o negócio jurídico: no ato, a parte pode decidir ou não praticá-lo, porém, ao decidir agir, submete-se necessariamente ao efeito previamente trazido pela norma; no negócio (onde 'nega-se o ócio'), a liberdade está não só na opção da celebração, mas também nas consequências que daí advirão." (PINHO, Humberto Dalla Bernardina de; MELLO PORTO, José Roberto Sotero de. Colaboração Premiada: um Negócio Jurídico Processual?. *Revista Magister de Direito Penal e Processual Penal*, v. 79, ago./set. 2016, p. 30).

Embora poucos tenham atentado para a problemática envolvendo a consensualidade estimulada e a tutela pluri-individual (tanto o processo afetado como os suspensos), deve-se questionar sobre a possibilidade de negócios processuais bem como da resolução acordada do mérito dos processos.

Aluisio Gonçalves de Castro Mendes conclui que não há, a princípio, qualquer impedimento para os acordos, respeitados as condições genericamente impostas pelo ordenamento (quanto aos negócios processuais, os limites do artigo 190 e seu parágrafo único) e padrões razoáveis de legitimidade[340].

Prestigiadas essas linhas gerais, é possível avançar, distinguindo os acordos nos processos suspensos e no processo afetado.

4.7.1. Acordo nos processos sobrestados

Como regra, os processos suspensos são alvo de uma restrição cognitiva, restando, ao juiz natural, somente a possibilidade de conceder tutela provisória de urgência (artigo 982, §2º). De resto, inclusive para homenagear os princípios que fundamentam o microssistema, ficam a aguardar a decisão do órgão colegiado.

Diante desse quadro, debate-se sobre a possibilidade de suceder acordo nessas demandas, especialmente quanto ao seu mérito. Para Daniel Vargas, a hipótese é inviável, representando ilegítimo mecanismo de *opt out*[341].

---

340 "Note-se que, no Direito Processual Civil brasileiro, poderá haver acordo coletivo mesmo em relação às questões processuais, desde que restrito às partes plenamente capazes, pois, em princípio, não parece existir objeção, em razão do caráter plúrimo, para que se admita a autocomposição, salvo alguma peculiaridade no caso concreto que incida na vedação contida na parte final do art. 190 do estatuto processual.
Em qualquer hipótese e ainda que não exista previsão normativa expressa, isso não representa caráter proibitivo para a formulação de acordos que resguardem os princípios pertinentes às soluções consensuais, dentre os quais o esclarecimento das partes e a autonomia da vontade, e confiram legitimidade ao pacto firmado, a partir de um percentual mínimo de aprovação ou máximo de rejeição para que possa ser chancelado, bem como a proteção dos interessados, com a estipulação de um sistema de comunicação e de expressão, seja para a manifestação expressa de adesão (*opt-in*), seja para a autoexclusão (*opt-out*)." (MENDES, Aluisio Gonçalves de Castro. *Incidente de Resolução de Demandas Repetitivas*: sistematização, análise e interpretação do novo instituto processual. Rio de Janeiro: Forense, 2017, p. 252).

341 "Defendemos, portanto, a impossibilidade de qualquer espécie de dinamização do mérito, seja de ofício, seja pela vontade das partes, no próprio incidente. Quanto às modificações nos processos individuais, embora se possa admitir tais manifestações, entendemos que as mesmas violam as determinações quanto à suspensão dos feitos com previsão no art. 982, I e § 2º do CPC.
Note-se que a questão de direito a ser solucionada no IRDR normalmente representará uma questão prejudicial nos processos individuais, não cabendo ao juiz competente para a causa originária desviar-se da tese fixada. Todavia, eventual renúncia à pretensão,

Parece, porém, que a proibição taxativa da solução homologatória vai de encontro à lógica da prestação jurisdicional moderna.

Não se ignorando o debate entre as concepções publicistas e privatistas do processo, há de se reconhecer que, por mais inflexível que se enxergue as regras da jurisdição, uma vez que se a eleja como a via apta a resolver o conflito, o legislador deu prioridade para a solução consensual, sempre mais próxima da finalidade de pacificação social. Basta, a respeito, pensar na ampla estruturação da conciliação e da mediação no bojo do processo judicial, e no advento da audiência respectiva (artigo 334), na qual a normativa deposita grande esperança, exigindo dupla negativa para que se a afaste.

É precisamente esse o limite razoável da objetivação da prestação jurisdicional: a abertura da via da transação. Afinal, além da crucial missão de definir o pretenso sentido da norma, a tutela pluri-individual possui função de gerenciamento dos casos a envolver a matéria repetitiva – o que, antes de se contornar, se prestigia com o acordo no processo suspenso.

Por mais leviano que possa ser, a prática leva a crer, inclusive, que a suspensão pelo prazo de um ano possa acabar por se revelar um último estímulo às partes, para que resolvam, definitivamente, seu litígio.

Tecnicamente, a hipótese é possível, já que, por mais que a doutrina realize essa interpretação, a lei (artigo 982, §2º) não é clara ao afirmar que apenas se pode conceder tutela de urgência nos processos suspensos, mas em apontar o órgão competente para sua apreciação. Por óbvio, não restam muitas medidas a serem adotadas, diante do sobrestamento. Entretanto, não há proibição em dispositivo algum do acordo nessas demandas.

Além disso, é viável realizar uma interpretação ampliativa da noção de tutela de urgência. Se a finalidade dessa espécie é satisfazer ou garantir que se possa satisfazer, oportunamente, o bem da vida que deu causa ao processo, assegurando a instrumentalidade processual, prestigiando o princípio da primazia do mérito, guarda paralelismo com a homologação de transação.

---

reconhecimento do pedido ou composição entre as partes podem pôr fim ao processo individual e, nesse caso, não haveria possibilidade de aplicação da questão prejudicial por não haver julgamento do mérito, mas sim resolução pela manifestação de vontade das partes.

Nos parece a hipótese revela uma espécie de autoexclusão (opt-out), sem previsão legal. Concluindo, ainda que se admita a resolução do mérito pela vontade das partes nos processos individuais sobrestados, o fato é que tal negócio processual (em sentido amplo) não traz consequências para o IRDR, cuja estabilização objetiva já ocorreu com o juízo positivo de admissibilidade." (VARGAS, Daniel. Estabilidade objetiva no IRDR: escritos sobre congruência e eficácia vinculante. In: MELLO PORTO, José Roberto Sotero de; RODRIGUES, Roberto de Aragão Ribeiro. *Direito processual contemporâneo:* estudos em homenagem a Humberto Dalla Bernardina de Pinho. Rio de Janeiro, GZ: 2018, p. 142-143).

Em outras palavras: se, em uma tutela dotada de provisoriedade proferida com cognição sumária, o código autoriza a atuação, com maior razão se deve admitir a solução ora defendida, que se calca em atividade meramente fiscalizatória por parte do magistrado.

Seria um paternalismo excessivo por parte do Estado-juiz impedir o exercício da liberdade dos particulares para dispor de seus próprios direitos. A ponderação entre duração razoável do processo e a economia processual é legítima para permitir o sistema de julgamento de casos repetitivos, mas se torna abusiva quando não há prejuízo algum no deslinde do processo, abreviado pela transação. Não há medida de maior economia processual, aliás: o juiz dará sentença concisa.

Nessa linha, Humberto Dalla traz, ainda, o argumento acerca da possibilidade de desistência[342]. Se esta é aceita, amplamente, como regra geral, até a sentença (artigo 485, VIII, e §5°), não pode haver problema em admiti-la só em razão de o processo estar suspenso. Além disso, o próprio microssistema de julgamento de questões repetitivas estimula o litigante a desistir, isentando-o de custas e honorários e da necessidade de concordância da parte contrária (artigo 1.040, §§1° a 3°), esclarecendo que aplaude a extinção de demandas sobre o tema tratado. E, se assim é para extinções terminativas (como a desistência), muito mais será para sentenças de mérito homologatórias.

A posição sustentada já foi, ademais, objeto de enunciado na I Jornada de Prevenção e Solução Extrajudicial de Litígios do CJF[343]. Admitiu-se a conciliação judicial até mesmo por adesão, tanto em razão como no bojo do próprio IRDR (lógica aplicável ao incidente de julgamento de recursos repetitivos).

O direito estrangeiro, por fim, serve como interessante parâmetro. No *Musterverfahren* alemão, como ensina Aluisio Gonçalves de Castro Mendes[344],

---

342 PINHO, Humberto Dalla Bernardina de. *Jurisdição e pacificação:* limites e possibilidades do uso dos meios consensuais de resolução de conflitos na tutela dos direitos transindividuais e pluri-individuais. Curitiba: CRV, 2017, p. 241.

343 Enunciado n° 63: "A perspectiva da conciliação judicial, inclusive por adesão, em razão ou no bojo de Incidente de Resolução de Demandas Repetitivas, é compatível com o Código de Processo Civil (Lei n. 13.105, de 16 de março de 2015) e com a Lei da Mediação (Lei n. 13.140, de 26 de junho de 2015)". A Jornada foi realizada em Brasília, nos dias 22 e 23 de agosto de 2016.

344 "Na versão anterior da KapMuG, lei germânica proibia que o procedimento-padrão fosse encerrado mediante composição das partes, salvo se estiverem acordes todos os sujeitos do processo, ou seja, autor, réu e intervenientes, conforme previsto na parte final da alínea 3 do § 14 da KapMuG anteriormente vigente.
No texto atual, o legislador alemão adotou uma importante inovação, ao inserir um sistema de comunicação da proposta de acordo, com a possibilidade de auto-exclusão (opt out – Austritt em alemão) por parte dos interessados. O § 17 estabelece que autor e

passou-se a aceitar a possibilidade de composição, havendo proposta de acordo a ser comunicada aos interessados, funcionando o sistema de *opt out*: para que seja homologada, menos de 30% dos interessados deve ter exercido seu direito de exclusão.

Essa experiência, em instituto que assumidamente inspirou o IRDR e, indiretamente, o microssistema dos casos repetitivos, serve como parâmetro para averiguação da legitimidade de eventuais acordos coletivos a suceder dos processos suspensos.

Eventualmente, pode-se discutir se a adesão em massa ao acordo proposto, por ocasião da instauração do incidente, comprometeria seu prosseguimento, esvaziando o interesse processual. Para uma resposta mais satisfatória a essa indagação, cumpre distinguir duas espécies de objeto do incidente.

Normalmente, a questão jurídica na qual se centra o incidente e cuja interpretação se busca uniformizar ostentará caráter difuso. A tese fixada vinculará a todos os subordinados ao ordenamento jurídico pátrio, no plano teórico. Assim, mesmo que partindo de situações específicas, a orientação será, comumente, estendida a outros casos similares, ante a identidade existente entre eles e a *ratio decidendi* do tribunal ao julgar o incidente.

Nessa linha, mesmo um acordo a envolver todos os processos suspensos não seria apto a afastar o dever do tribunal de formar tese jurídica, por se tratar de interesse público e indisponível, inclusive de sujeitos que, futuramente, poderiam demandar proteção jurídica com base no entendimento eleito. A eficácia propectiva, então, exige a continuidade do procedimento.

Pontualmente, porém, o debate que o incidente circunda mais se aproxima de direito coletivo em sentido estrito ou de direitos individuais homogêneos[345]. Por vezes, especialmente no IRDR, a questão jurídica comum decorre

---

réu do procedimento-padrão poderão formular uma proposta de acordo ou aceitar uma proposição do tribunal, com o objetivo de encerrar o procedimento-padrão e o processo originário. No entanto, a proposição deve ser levada ao conhecimento dos interessados, que terão a oportunidade de se manifestar, no prazo de um mês após a comunicação da proposta de acordo, requerendo a sua exclusão, se não concordarem com a oferta, nos termos do § 19 da KapMuG. Para que o acordo seja homologado, estabeleceu-se, no § 17, como limite que menos de 30 % (trinta por cento) dos interessados exerçam o direito de auto-exclusão. Portanto, se este percentual for atingido, a proposta de conciliação não será acolhida. Não havendo pedidos de exclusão ou se estes não alcançarem o percentual indicado, apenas os que manifestarem a exclusão ficarão desvinculados do acordo firmado e que será homologado, incidindo sobre todos os interessados que não manifestaram, tempestivamente, a sua contrariedade em relação à composição" (MENDES, Aluisio Gonçalves de Castro. *Ações coletivas e meios de resolução coletiva de conflitos no direito comparado e nacional*. São Paulo: Revista dos Tribunais, 2014, p. 129).

---

345 Certos danos ambientais, decorrentes de origem comum, já foram resolvidos em sede de recurso repetitivo, pelo STJ. Para imaginar o cenário, veja-se a tese fixada no REsp

de um mesmo evento, de uma origem comum. Opta-se por pacificar o tema, para que os juízos naturais possam julgar, de forma idêntica, o entrave jurídico, esgotando sua resolução.

Em casos tais, seria possível, em raciocínio puramente abstrato, que um acordo a abarcar todos as partes de processos suspensos comprometesse a utilidade do incidente instaurado e pendente de finalização. Indenizadas todas as vítimas de um evento concreto, desnecessária se tornaria a discussão sobre a existência ou não de abalo moral decorrente do determinado ilícito.

Segunda questão que se coloca diz respeito aos negócios jurídicos processuais. Certamente, não será comum que as partes convencionem, depois da suspensão, aspectos formais da relação, mas, abstratamente, não há razão para qualquer vedação, se seguirem os ditames gerais.

Em um caso, no entanto, parece ser possível rechaçar, aprioristicamente, o acordo: caso se convencione que no processo judicial, já existente e suspenso (ou não suspenso, por algum erro), ou que eventualmente venha a existir (negócio pré-processual), não será aplicada a tese firmada. Em hipóteses tais, existe clara ofensa ao sistema de precedentes pátrio e à unidade do Judiciário, à liberdade de decidir do magistrado e a valores como a isonomia e a segurança jurídica, em relação a demais litigantes em idêntica posição.

A normativa vigente deixa vários caminhos à escolha dos jurisdicionados, aceitando até mesmo se submeter a acordos já em fase processual avançada. Existe, porém, um limite: caso se opte pela resposta jurisdicional, são inafastáveis os pronunciamentos vinculativos – dentre os quais, as teses fixadas nos incidentes estudados.

4.7.2. Acordo no processo afetado

O outro campo para a consensualidade a envolver o microssistema são os processos afetados.

Importa retomar, aqui, a solução dada pelo legislador quanto à desistência dessas ações ou recursos, a qual não impede o exame do mérito do incidente (artigo 976 [.] §1º), esclarecendo a duplicidade de julgamentos envolvida nos incidentes[346].

1596081 (Rel. Min. Ricardo Villas Bôas Cueva, 2ª Seção, DJe 22.11.2017): "As empresas adquirentes da carga transportada pelo navio Vicuña no momento de sua explosão, no Porto de Paranaguá/PR, em 15/11/2004, não respondem pela reparação dos danos alegadamente suportados por pescadores da região atingida, haja vista a ausência de nexo causal a ligar tais prejuízos (decorrentes da proibição temporária da pesca) à conduta por elas perpetrada (mera aquisição pretérita do metanol transportado).".

346 "A afetação do recurso à metodologia dos repetitivos leva, então, a um duplo julgamento: o do recurso, propriamente, e o da tese a ser aplicada a todos os casos que versem

Em um juízo de proporcionalidade e razoabilidade, se a desistência, que acarreta a extinção do processo sem resolução de mérito (artigo 485, VIII), é permitida, com maior razão deve ser admitida a extinção definitiva decorrente não da imposição da tese (artigo 487, I), mas da homologação de acordo (artigo 487, III, b).

Ademais, como visto acima, a experiência alemã permite o acordo como meio de resolução dos casos repetitivos, olhando para a finalidade de gestão da multiplicidade de processos. Traçando um paralelo, próximo ao direito pátrio, seria possível a utilização da audiência pública como instrumento para as tratativas, e, eventualmente, mesmo a marcação de audiência especial, inspirada naquela do artigo 334 – um quadro que se facilita quando há vários autores que litigam contra o mesmo réu[347].

Por outro lado, no aspecto dos negócios processuais, também não há razão para proibições genéricas. Na verdade, o instituto pode beneficiar o procedimento, como no caso da convenção do calendário processual[348], negócio típico capaz de, ao receber a publicidade devida, facilitar o planejamento de todos os sujeitos chamados a intervir e acelerar a definição da tese, evitando a prática de atos de comunicação.

4.8. Recorribilidade

A decisão[349] do mérito dos incidentes será recorrível, em qualquer uma das espécies, por embargos de declaração. Nessa insurreição de fundamentação vinculada, o objetivo é melhorar a resposta jurisdicional[350], quando diante de erro material, omissão, obscuridades e contradições.

---

sobre aquela mesma matéria. Este tem natureza objetiva, ligando-se a interesses difusos de administração da Justiça, tais como a segurança jurídica e a isonomia. Exatamente por sair da esfera de disponibilidade da parte, há essa restrição dos efeitos da desistência ao recurso." (PINHO, Humberto Dalla Bernardina de. *Jurisdição e pacificação*: limites e possibilidades do uso dos meios consensuais de resolução de conflitos na tutela dos direitos transindividuais e pluri-individuais. Curitiba: CRV, 2017, p. 161.).

---

347 PINHO, Humberto Dalla Bernardina de. *Jurisdição e pacificação:* limites e possibilidades do uso dos meios consensuais de resolução de conflitos na tutela dos direitos transindividuais e pluri-individuais. Curitiba: CRV, 2017, p. 237-240.

348 DIDIER JR., Fredie; CUNHA, Leonardo Carneiro da. *Curso de direito processual civil*. v. 3. 14 ed. Salvador: Juspodivm, 2017, p. 699.

349 Trata-se de autêntico acórdão, enquanto julgamento colegiado proferido por tribunal (artigo 204), e não de decisão interlocutória, como quer parte da doutrina (CAVALCANTI, Marcos de Araújo. *Incidente de Resolução de Demandas Repetitivas (IRDR)*. São Paulo: Revista dos Tribunais, 2016.).

350 Outra indagação a merecer oportuno debate é a possibilidade de os intervenientes no procedimento se manifestarem, após os votos, para esclarecer alguma questão específica.

Fica patente a relevância que ganha esse instrumento no julgamento dos casos repetitivos, em que a motivação deve obedecer a parâmetros rígidos, devendo ser apresentada de maneira particularmente clara e isenta de dúvidas. Desse modo, inquestionável o cabimento dos aclaratórios.

Ultrapassados ou inexistentes os referidos vícios, permanece em relação à decisão de mérito do incidente[351] (isto é, a atinente à primeira fase de julgamento, que fixa a tese), a possibilidade de recursos extraordinários (artigo 987 do CPC e artigo 896-C , §13, da CLT).

Quando diante de uma decisão que fixa a tese no IRDR, é clara a previsão de cabimento de recurso especial e/ou extraordinário, a depender da matéria decidida. A hipótese gerou críticas[352], por supostamente ampliar o rol constitucional do cabimento dessas impugnações, especificamente a noção de "causa decidida".

Sucede, no entanto, que a referida expressão, essencialmente vaga[353], tem seu significado enriquecido com o advento de novas técnicas, decor-

351 A decisão de inadmissibilidade é irrecorrível, como visto.

352 Considerando ilegítima a ampliação, quando o IRDR funcionar como procedimento modelo, ante a desistência do processo: CABRAL, Antonio do Passo. Comentário ao artigo 987. In: CABRAL, Antonio do Passo; CRAMER, Ronaldo (coords.). *Comentários ao novo Código de Processo Civil*. 2 ed. Rio de Janeiro: Forense, 2016.

353 "Por fim, quanto à exigência de que exista uma 'decisão final', na qual se 'resolve o mérito do processo', para viabilizar o manejo do recurso extraordinário ou do recurso especial, não há porque se considerar isto um óbice para a utilização desses recursos para impugnar a decisão que julga o mérito do IRDR.
Os dispositivos constitucionais que se ocupam da competência recursal do STF e STJ, para julgamento do recurso extraordinário e recurso especial, mencionam 'causas decididas', uma expressão vaga que exige uma interpretação sensível ao contexto na qual é utilizada.
Ao analisar o IRDR, com a identificação do processo-piloto, seguindo-se a fase de instrução e demais medidas atinentes ao incidente, o que ocorre ao final é tanto o julgamento do mérito do IRDR, como o julgamento da causa, com a respectiva apresentação da interpretação firmada sobre a questão de direito, como resultado. Portanto, o recurso extraordinário ou o recurso especial que impugnarão o julgamento do incidente, também impugnam a causa decidida.
Assim sendo, se a decisão que julga o mérito do IRDR deve ser impugnável, as cortes competentes para analisar esta impugnação devem ser o STF ou STJ, o debate que resta é sobre qual técnica processual seria a mais amoldada para veicular esta impugnação. Conclui-se que não há dúvida sobre a adequação do recurso extraordinário e do recurso especial para este desígnio, tendo em vista a finalidade que estes instrumentos desempenham no sistema recursal brasileiro, assim como as funções que o STF e o STJ realizam no sistema judiciário.
O dispositivo em estudo não faz surgir uma outra hipótese de cabimento dos recursos direcionados ao STF e ao STF, mas somente possibilita que tais cortes analisem o julgamento da questão de direito debatida no IRDR. Por isso a necessidade de que o recorrente demonstre as hipóteses previstas nos arts. 102, III, e 105, III, da CF." (DANTAS, Bruno. Comentário ao artigo 987. In: WAMBIER, Teresa Arruda Alvim *et al.* [coords.]. *Breves comentários ao novo Código de Processo Civil*. São Paulo: Revista dos Tribunais, 2015. Acesso eletrônico.)

rentes de novas funções jurisdicionais[354], capazes de homenagear o devido processo legal, o acesso à justiça e a duração razoável dos processos, valores constitucionais[355]. Como aponta Bruno Dantas, a restrição a esses recursos ensejaria, como consequência previsível, o manejo de uma multiplicidade de impugnações contra a tese fixada, em todos os processos em que for aplicada[356].

Aluisio Gonçalves de Castro Mendes realizou exame exaustivo da questão[357], concluindo que a previsão de "causa decidida em única ou última instância" é constitucional, mas seu preenchimento, sua definição, se dá no patamar infraconstitucional. Com efeito, dessa maneira é possível que o legislador atenda às garantias constitucionais, dinamizando o ordenamento com soluções contemporâneas[358].

Ademais, a preocupação principiológica da nova codificação antes prestigia a possibilidade de recurso em procedimento objetivo do que a contraria. A previsão dos recursos extraordinários serve de estímulo à pacificação definitiva e nacional da questão, como leciona Paulo Cezar Pinheiro Carneiro[359],

---

354 Para a compreensão da nova feição jurisdicional, veja-se: PINHO, Humberto Dalla Bernardina de. *Jurisdição e pacificação*: limites e possibilidades do uso dos meios consensuais de resolução de conflitos na tutela dos direitos transindividuais e pluri-individuais. Curitiba: CRV, 2017; e MENDES, Aluisio Gonçalves de Castro. *Incidente de Resolução de Demandas Repetitivas*: sistematização, análise e interpretação do novo instituto processual. Rio de Janeiro: Forense, 2017, p. 226-227.

355 MENDES, Aluisio Gonçalves de Castro. *Incidente de Resolução de Demandas Repetitivas*: sistematização, análise e interpretação do novo instituto processual. Rio de Janeiro: Forense, 2017, p. 210.

356 "Suscitar a impossibilidade do manejo do recurso extraordinário ou do recurso especial da decisão que julga o IRDR acarretaria, consequentemente, abrir a via para diversos recursos extraordinários e recursos especiais da decisão que aplicar a tese fixada a todos os demais casos idênticos.
Desta forma, a escolha em conferir ao STF e ao STJ a possibilidade de análise do julgamento em sede de IRDR, além de evidenciar um caráter evidente paradigmático ao resultado final do incidente, resolve tanto as demandas veiculadas nos processos idênticos, como desestimula o manejo do recurso extraordinário e recurso especial para discutir algo sobre o qual aquelas cortes de cúpula já fixaram interpretação."

357 MENDES, Aluisio Gonçalves de Castro. *Incidente de Resolução de Demandas Repetitivas*: sistematização, análise e interpretação do novo instituto processual. Rio de Janeiro: Forense, 2017, p. 209-231.

358 Na mesma linha, reconhecendo a implicação das novas funções jurisdicionais na concepção de "causa em última instância": DIDIER JR., Fredie; CUNHA, Leonardo Carneiro da. *Curso de direito processual civil*. v. 3. 14 ed. Salvador: Juspodivm, 2017, p. 682-683.

359 "O Código procurou, aqui, incentivar a interposição dos recursos especial e extraordinário, inclusive dotando-os de efeito suspensivo e presumindo a sua repercussão geral (art. 991, §1º). O motivo para tanto é simples: o que se objetiva é que o incidente resolva não só aquela questão de direito no âmbito estadual, mas em todo o território nacional,

gerando isonomia e segurança jurídica, por meio da abreviação do caminho até os tribunais de cúpula. Isso porque, quando julgado, o referido recurso, seja ele especial ou extraordinário, acarretará a aplicação da tese definitiva e todos os processos nacionais que versem sobre a questão (artigo 987, §2°).

Os desejáveis recursos especial e/ou extraordinário seguirão processamento definido nos regimentos internos das cortes de cúpula[360], ostentando efeito suspensivo automático (artigo 987, §1°), excepcionando a regra geral do artigo 1029, §5°.

Outra peculiaridade é a presunção de repercussão geral da questão para fins da admissibilidade do recurso extraordinário interposto contra o acórdão (artigo 987, §1°). A lei 13.256/16 revogou o inciso II do artigo 1.035, §3°, que assegurava a presença inevitável da repercussão geral no caso analisado. No

---

mesmo porque, normalmente, esses tipos de questões que serão objetos do incidente interessam a todo o país, como nos casos apontados acima, da taxa de telefonia e das cadernetas de poupança.
Espera-se, portanto, a interposição de recurso para os Tribunais Superiores: porque antes do cumprimento da decisão proferida nos Tribunais estaduais, quer-se o pronunciamento do STJ ou STF para que a decisão possa a todos vincular. Com a tomada de posição pelos órgãos máximos do Judiciário nacional, a questão de direito enfrentada no incidente passa a ficar uniformizada para todo o país, atendendo, assim, os princípios estabelecidos nos primeiros artigos do Projeto do novo CPC, notadamente a segurança jurídica e a isonomia, e, ao mesmo tempo, reduzindo o número de processos individuais a espera de solução." (CARNEIRO, Paulo Cezar Pinheiro. Breves notas sobre o Incidente de Resolução de Demandas Repetitivas. *Revista Eletrônica de Direito Processual*, v. XIV, ano 8, jul.-dez./2014, p. 486.).

---

360 "Recentemente, o STJ também promoveu alterações em seu Regimento Interno e inseriu dispositivo específico, disciplinando que os recursos especiais interpostos em julgamento de mérito do IRDR 'serão processados nos termos desta Seção' (Recurso Especial Repetitivo). Porém, não se sabe ao certo se, com a referida alteração (ou seria uma mutação?), o STJ está tentando equalizar o processamento do REsp oriundo de IRDR com a sistemática dos recursos especiais repetitivos (identificação própria no sistema informatizado, ofícios aos tribunais locais, indicação do caso na página da internet da corte especial, prazo máximo de conclusão, entre outros) ou se, na realidade, a ideia é filtrar ainda mais o cabimento direto da reclamação. Não se pode olvidar que, de acordo com o CPC/15, o Regimento Interno dos tribunais deve ser observado no processamento dos recursos repetitivos e do IRDR (arts. 978 e 1.036). Considerando que as alterações do Regimento Interno do STJ foram promovidas meses após a vigência da Lei nº 13.256/16, quer nos parecer que a intenção foi, na prática, 'transformar' o REsp do IRDR em REsp repetitivo, a fim de que o respectivo acórdão não possa ser atacado diretamente por reclamação (art. 988, § 5º, II, do CPC), obrigando, com isso, o jurisdicionado a esgotar as instâncias ordinárias antes de manejá-la." (MAZZOLA, Marcelo. STJ: Processamento do IRDR pela sistemática do repetitivo. *Jota*. 5 ago. 2017. Disponível em: https://jota.info/artigos/stj-processamento-do-irdr-por-sistematica-do-repetitivo-05082017. Acesso em: 10 out. 2017).

entanto, o artigo 987, §1º continua incólume, assegurando a presunção do referido requisito de admissibilidade.

Para conciliar a interpretação dos dois comandos, capaz de indicar uma incongruência sistêmica, pode-se considerar que a presunção, antes absoluta, tornou-se relativa. É dizer: presume-se a repercussão geral, que, para ser afastada, demandará labor argumentativo robustecido por parte da Suprema Corte.

Na realidade, é questionável que um acórdão proferido com tamanho potencial de eficácia possa deixar de ostentar repercussão geral, ante a sua vocação coletiva, a prestigiar a isonomia e a segurança jurídica[361].

Toda essa sistemática vem delineada no regramento do IRDR. Pareceria que, quando julgado o incidente de recursos repetitivos, apenas os embargos de declaração poderiam ser opostos. O microssistema, porém, abre margem para outra interpretação (artigo 896-C, §§13 e 14 da CLT).

Imagine-se o caso em que há julgamento em incidente de recursos especiais repetitivos, ao cabo do qual o Superior Tribunal de Justiça fixará a tese. Pode ser hipótese de o tema tratado dizer respeito, igualmente, à matéria constitucional, mas não ter sido afetado pelo Supremo Tribunal Federal, pela falta de qualquer dos pressupostos ou por juízo de conveniência.

Quando sucede hipótese similar diante do julgamento do incidente no âmbito da Justiça do Trabalho, no TST, a legislação autoriza que se conheçam eventuais recursos extraordinários (artigo 896-C, §13), bem como que se interponham recursos extraordinários perante essa corte superior (artigo 896-C, §14). Ao chegarem ao Supremo, esses recursos, essencialmente repetitivos, seguirão o procedimento estudado.

Essa solução é digna de aplausos porque, dinamizando os critérios constitucionais de cabimento do recurso extraordinário, permite a concepção da decisão que firma tese em tribunais de cúpula, como o TST, mas também, como ora defendido, o STJ, uma decisão de última instância.

Tudo isso porque o sistema jurídico pátrio não pode conter brechas ou rachaduras, cabendo ao microssistema de tutela pluri-individual a uniformi-

---

361 "Observa-se, em ambos os casos, a atenção que o legislador dedica à segurança jurídica e à isonomia, tanto para possibilitar ao STF a análise de decisão recorrida contrária à sua jurisprudência estável, como para possibilitar este tribunal de fixar intepretação paradigmática sobre a questão de direito objeto do IRDR.
Trata-se de opção política que retira do STF o poder de eventualmente desconsiderar recursos extraordinários que impugnem a decisão que julgou o mérito do IRDR, mesmo que a questão constitucional neles debatida for desprovida de impacto jurídicos, políticos, sociais e econômico, considerando valores como a segurança jurídica e isonomia em evidência nos fundamentos do IRDR." (DANTAS, Bruno. Comentário ao artigo 976. In: WAMBIER, Teresa Arruda Alvim *et al.* [coords.]. *Breves comentários ao novo Código de Processo Civil*. São Paulo: Revista dos Tribunais, 2015. Acesso eletrônico.).

zação da jurisprudência e a racionalização do Judiciário com a maior brevidade possível, mantidos os padrões esperados das garantias processuais – e, na opção pretendida, inexiste violação de direitos, até por se tratar de processo objetivo.

A legitimidade para a interposição dos recursos é extraída da combinação da regra geral do sistema recursal (artigo 996) com a legitimidade específica para a instauração dos incidentes no microssistema (artigo 977) [362]. Dessa equação, conclui-se que podem recorrer: o Ministério Público, a Defensoria Pública, as partes dos processos afetados e, a título de intervenientes ou de terceiros prejudicados, as partes dos processos (suspensos) em que a tese há de se aplicar[363][364] e os *amici curiae* (únicos a receber dispositivo específico outorgando a legitimidade – artigo 138, §3º).

Por fim, cabe reconhecer que, com a aplicação da tese aos processos sobrestados (eficácia atual ou panprocessual) ou futuros (eficácia prospectiva ou atemporal), as partes poderão, pelos caminhos ordinários, impugnar a decisão. Quanto à resolução da matéria pacificada, contudo, só lograrão êxito em afastar o entendimento caso haja demonstração de distinção da questão ou sua superação.

4.9. Rescindibilidade

Aspecto pouco discutido é a possibilidade de manejo de ação rescisória contra o acórdão fixador da tese sobre casos repetitivos, em seu aspecto objetivo (contra o acórdão que eventualmente julga casos paradigmas, ante sua natureza de manifestação jurisdicional típica, não há qualquer empecilho para se manejar a ação autônoma de impugnação).

---

362 MENDES, Aluisio Gonçalves de Castro. *Incidente de Resolução de Demandas Repetitivas*: sistematização, análise e interpretação do novo instituto processual. Rio de Janeiro: Forense, 2017, p. 231-232.

363 Enunciado 91 do FPPC. Falando em "todos os titulares de direitos, deveres ou obrigações que possam depender da resolução da questão posta a ser elucidada no incidente": MENDES, Aluisio Gonçalves de Castro. *Incidente de Resolução de Demandas Repetitivas*: sistematização, análise e interpretação do novo instituto processual. Rio de Janeiro: Forense, 2017, p. 232.

364 "Ora, se a tese fixada por decisão do STF ou STJ será aplicada em todo o território, é inegável que as partes de qualquer processo suspenso por ocasião do incidente, ainda que fora da área de competência do tribunal estadual, terão interesse e legitimidade recursal. Tal entendimento é corroborado pelo fato de que às partes de demandas repetidas com igual controvérsia é reconhecida legitimidade para requerer a suspensão em nível nacional ao STF ou STJ, conforme o caso, independente dos limites regionais do IRDR (art. 982, §4o). Reitera-se, todos os caminhos conduzem para que a palavra final sobre a controvérsia repetitiva seja dada pelas Cortes Superiores." (TEIXEIRA, Guilherme Puchalski. Incidente de resolução de demandas repetitivas: projeções em torno de sua eficiência. *Revista Eletrônica de Direito Processual*. v. 16. jul/dez. 2015, p. 231)

A clássica concepção da ação rescisória, voltada à relativização típica da coisa julgada, em juízo de ponderação de valores (segurança jurídica *versus* justiça da decisão), não parece se compatibilizar com os julgamentos de casos repetitivos. E isso por um motivo crucial: não há formação de coisa julgada, ao menos na etapa universal da decisão.

O artigo 966, morada legal do instrumento, coloca como seu objeto a (i) decisão de mérito, (ii) transitada em julgado. Quanto ao primeiro ponto, pode-se sustentar, sem complicações, que os incidentes de julgamento de questões repetitivas possuem decisão de mérito, sendo esse mérito a resolução da questão abstrata, até porque o mesmo diploma legal assim o assume no artigo 987[365].

Por outro lado, o elemento do trânsito em julgado está associado à formação da coisa julgada, elemento de imutabilidade que não está presente na tese jurídica fixada[366], revisável a qualquer tempo (artigo 986). Por se tratar de um juízo objetivo, também a teoria da tríplice identidade seria de difícil aplicação, no cotejo entre demandas, vez que os legitimados cumprem papel diverso do das partes nos processos subjetivos.

Nas ações de controle de constitucionalidade, outro instrumento de tutela do direito objetivo, a ação rescisória é de tema sem relevância, quanto ao

365 Bruno Dantas distingue a decisão de mérito da decisão que fixa a tese, assentando que, em vez de coisa julgada, há apenas efeito vinculante: "A decisão que o tribunal profere em IRDR, como visto, não resolve a lide, mas meramente fixa a interpretação da *quaestio iuris* que compõe a *causa petendi*. Dessa forma, não há que se falar em *coisa julgada* da questão de direito, mas sim em *efeito vinculante*." (DANTAS, Bruno. Comentário ao artigo 976. In: WAMBIER, Teresa Arruda Alvim *et al.* [coords.]. *Breves comentários ao novo Código de Processo Civil*. São Paulo: Revista dos Tribunais, 2015. Acesso eletrônico.).

366 Advogando a falta de eficácia preclusiva da decisão: "Embora haja eficácia vinculante, não existe definitividade da decisão paradigma, sendo possível sua alteração mediante procedimento próprio, levando-se em conta para delimitação da eficácia e necessidade de revisão, os fundamentos suscitados e a construção da tese jurídica. Noutro prisma – eis o argumento teórico –, a ausência de previsão do direito de o litigante requerer sua autoexclusão (opt-out) do julgamento do IRDR, bem como a ausência de previsão sistematizada quanto ao opt-in (a redação do art. 983, *caput*, do CPC é demasiadamente vaga), violam o direito de ação, eis que a vinculação é absoluta. O CPC não adotou o sistema de participação presumida (previsto nas *class action for damages* e no *Musterverfahen)*, tampouco o sistema de participação expressa (como ocorre nas GLO do direito inglês). A ausência de controle de representatividade compõe o conjunto de circunstâncias que impede a presunção de eficácia preclusiva quanto às questões que poderiam ter sido deduzidas e não o foram." (VARGAS, Daniel. Estabilidade objetiva no IRDR: escritos sobre congruência e eficácia vinculante. In: MELLO PORTO, José Roberto Sotero de; RODRIGUES, Roberto de Aragão Ribeiro. *Direito processual contemporâneo:* estudos em homenagem a Humberto Dalla Bernardina de Pinho. Rio de Janeiro, GZ: 2018, p. 145).

seu julgamento (que pode ser revisto), guardando, porém, importância para os processos relacionados à norma objeto de controle[367].

No entanto, quando diante do julgamento de casos repetitivos, qualquer vício (análogo a) rescisório ensejará multiplicidade de impugnações por meio da ação autônoma em análise. Imagine-se um acórdão, decidido por maioria e com diferença de um voto, que fixe tese, fruto de julgamento no qual participou um magistrado corrompido (artigo 966, I), ou proferido por colegiado diverso do apontado pelo regimento interno (artigo 966, II).

Constatado esses vícios, ou outros (como a fixação de uma tese por tribunal local quando já havia entendimento sobre mesmo tema em tese de tribunal superior – artigo 966, V), sucederia uma enxurrada de ações rescisórias, impugnando ação por ação. O cenário contrariaria, por completo, a principiologia da técnica, ferindo de morte a economia processual macroscópica, a eficiência, a segurança jurídica e a duração razoável dos processos, os quais, não se pode ignorar, já haviam ficado suspensos por, pelo menos, um ano.

Essa interpretação teleológica dos incidentes que definem teses, instigada por Bruno Dantas[368], recomenda visão ampliativa dos requisitos para o cabimento da ação rescisória, autorizando que tenha por objeto o julgamento do incidente de casos repetitivos, objetivamente considerado.

4.10. Revisibilidade

Um dos perigos do fortalecimento dos precedentes judiciais é a petrificação dos entendimentos, acaso não se deixe instrumento apto a ensejar a revisão dos entendimentos[369]. Vivemos tempos de modernidade líquida, em

---

367 A respeito, veja-se: ZAVASCKI, Teori Albino. *Eficácia das sentenças na jurisdição constitucional*. 4ª ed. São Paulo: Revista dos Tribunais, 2017, p. 153-170.

368 A proposta foi ventilada em palestra proferida nas XI Jornadas Brasileiras de Direito Processual/XXV Jornadas Ibero-americanas de Direito Processual, evento ocorrido em Porto de Galinhas-PE, em 2016.

369 "Em voto vencido no julgamento da Questão de Ordem no Agravo de Instrumento n. 1.154.599/SP, o então Ministro do STJ Teori Albino Zavascki apontou os perigos da imutabilidade das decisões se as portas para rediscussão na Corte Superior estiverem invariavelmente fechadas, destacando que tal solução não seria compatível com nosso sistema, nem com qualquer outro sistema de direito, uma vez que mesmo aqueles que cultuam rigorosamente a força vinculante dos precedentes obrigatórios admitem iniciativas dos jurisdicionados tendentes a modificar aquele entendimento anterior. Como solução, o Min. Teori sustenta que o entendimento anterior do STJ era mais adequado, ou seja, não vedar a admissão do recurso, mas sim preservar a autoridade do precedente por intermédio da utilização rigorosa das sanções de natureza pecuniária a que está sujeito o recorrente que insiste em formular pretensões meramente protelatórias." (PINHO, Humberto Dalla Bernardina de. *Direito Processual Civil Contemporâneo*. v. 2. São Paulo, Saraiva, 2017, p. 975, n. 85).

que o sistema jurídico é chamado a conciliar a uniformização e a estabilidade com a mutabilidade oportuna[370].

Atento a esse desafio, o legislador previu, no microssistema, a viabilidade da revisão da tese fixada no IRDR (artigo 986), no próprio tribunal que a fixou. O procedimento, simétrico àquele em que o entendimento foi definido[371], pode ocorrer a qualquer prazo – espera-se, inclusive, que demore a suceder, o que seria indicativo da estabilidade da jurisprudência.

Para que seja deflagrado esse procedimento, deve haver provocação por parte do próprio tribunal ou dos legitimados elencados no artigo 977, III, quais sejam, o Ministério Público e a Defensoria Pública[372].

Acrescenta-se ao rol as partes dos processos que versem sobre a questão, já que, ao que tudo indica, sucedeu erro material na indicação apenas ao inciso III, justificável pela modificação, no final do processo legislativo, da lista do artigo 977, garantindo inciso destacado para as instituições constitucionais. Essa interpretação integrativa garante que se salve o comando de uma inconstitucionalidade formal, além de prestigiar o acesso à justiça e a inafastabilidade da jurisdição[373].

Além da legitimidade, deverá estar presente, para que se admita o procedimento revisional, algum elemento novo, apto a justificá-lo. Poderá ser um elemento normativo (modificação ou revogação da lei em que se baseou a fixação da tese, o advento de conjunto normativo novo, mudança do en-

---

370 MENDES, Aluisio Gonçalves de Castro. *Incidente de Resolução de Demandas Repetitivas*: sistematização, análise e interpretação do novo instituto processual. Rio de Janeiro: Forense, 2017, p. 248.

371 DIDIER JR., Fredie; CUNHA, Leonardo Carneiro da. *Curso de direito processual civil*. v. 3. 14 ed. Salvador: Juspodivm, 2017, p. 701.

372 "Como se trata de atuação diretamente no tribunal, a atribuição, em princípio, é do Procurador-Geral e do Defensor Público-Geral.
Pode, ademais, o procedimento ser instaurado *ex officio* pelo tribunal que emitiu o entendimento paradigmático, cabendo ao regimento interno de cada corte estabelecer o detalhamento dessa atividade. A lei afasta, assim, a possibilidade de juízes de primeiro grau e as partes processuais deflagrarem esse procedimento, distintamente do que ocorre na instauração do IRDR." (DANTAS, Bruno. Comentário ao artigo 986. In: WAMBIER, Teresa Arruda Alvim *et al.* [coords.]. *Breves comentários ao novo Código de Processo Civil*. São Paulo: Revista dos Tribunais, 2015. Acesso eletrônico.). É questionável a menção do autor ao Defensor Público-Geral e ao Procurador-Geral, cabendo às instituições autônomas disciplinar, internamente, a atribuição.

373 MENDES, Aluisio Gonçalves de Castro. *Incidente de Resolução de Demandas Repetitivas*: sistematização, análise e interpretação do novo instituto processual. Rio de Janeiro: Forense, 2017, p. 249.

tendimento da própria corte ou superação da tese por tribunal superior), ou circunstâncias econômicas, culturais, sociais[374] e políticas[375].

No seu bojo, o procedimento deverá se abrir para audiências públicas e a intervenção de sujeitos, como o *amicus curiae*, garantindo ampla participação (artigo 927, §2º)[376].

O tribunal, atento à segurança jurídica na qual se baseia todo o sistema, deve cogitar de regras de transição (artigo 927, §2º[377]), minimizando os efeitos da modificação, não apenas por critérios temporais, como também subjetivos, afetando certos grupos de maneira diferenciada. Igualmente, se recomenda a sinalização da possível alteração, inclusive via a técnica do julgamento alerta[378].

O regramento, mais uma vez, deve ser estendido aos tribunais superiores[379], que devem, estando atentos à mutabilidade de diversas espécies, permitir a instauração do procedimento revisional, seja por meio da proposta de presidentes e vice-presidentes de tribunais locais, seja por iniciativa de um de seus membros.

O regimento interno do Superior Tribunal de Justiça (artigos 256-S a 256-V) parece ter inovado nesse particular, atribuindo ao membro do Ministério Público a oficiar na corte a legitimidade para deflagrar a revisão, além de ignorar a possibilidade de provocação por parte dos representantes das cortes ordinárias.

---

374 "Pode ocorrer que, transcorrido o tempo, a decisão paradigmática anterior já não se apresente com aderência aos novos valores da sociedade, ou que tenha havido alguma mudança normativa a acarretar reflexos que tornaram o entendimento solidificado no passado incompatível com a ordem jurídica vigente." (DANTAS, Bruno. Comentário ao artigo 986. In: WAMBIER, Teresa Arruda Alvim *et al.* [coords.]. *Breves comentários ao novo Código de Processo Civil*. São Paulo: Revista dos Tribunais, 2015. Acesso eletrônico.).

375 Enunciado 322 do FPPC.

376 CARNEIRO, Paulo Cezar Pinheiro. Breves notas sobre o Incidente de Resolução de Demandas Repetitivas. *Revista Eletrônica de Direito Processual*. v. XIV, ano 8, jul-dez/2014, p. 485-486.

377 Note-se que, de acordo com o STJ, a modulação de efeitos passou a ser possível apenas com o CPC/15, não sendo os embargos de declaração opostos contra decisão pretérita via dequada para tanto (REsp 1.604.515/RS. 1ª Seção. Red. p/ acordão: Min. Og Fernandes. Julgado em 09/08/2017.

378 Enunciado 320 do FPPC. Para estudo aprofundado sobre a superação da jurisprudência, recomenda-se: PEIXOTO, Ravi. *Superação do precedente e segurança jurídica*. 2ª ed. Salvador: Juspodivm, 2016.

379 MENDES, Aluisio Gonçalves de Castro. *Incidente de Resolução de Demandas Repetitivas*: sistematização, análise e interpretação do novo instituto processual. Rio de Janeiro: Forense, 2017, p. 249.

POSFÁCIO

"Teoria Geral dos Casos Repetitivos", obra fruto da dissertação de mestrado de José Roberto Sotero de Mello Porto é uma daquelas obras que já nasce clássica. E digo isso por dois motivos.

Primeiro, porque o autor já é, sem favor algum, um dos maiores expoentes da nova geração de processualistas brasileiros. Tive o privilégio de acompanhar sua trajetória desde a graduação. Fui seu professor por três anos no bacharelado; depois durante o mestrado e, agora, no doutorado na UERJ. Não tenho a menor dúvida em afirmar que José Roberto será, em muito pouco tempo, uma das grandes referências do direito brasileiro nessa temática.

Em segundo lugar porque, como aprendi com meu Mestre Paulo Cezar Pinheiro Carneiro, é sempre um enorme desafio sistematizar a teoria geral de algum instituto do direito, sobretudo de algo tão relevante e novo em nosso ordenamento. Assim sendo, somente alguém com um dom realmente especial poderia se desincumbir desse mister com tamanha competência.

Nesse aspecto, como sabemos, o artigo 927 do CPC inova em nosso ordenamento jurídico ao ampliar o rol de decisões dotadas de eficácia vinculante já previsto na Constituição, uma vez que, além de reproduzir as previsões de decisões do Supremo Tribunal Federal em sede de controle concentrado de constitucionalidade e os enunciados de súmula vinculante (incisos I e II), estabelece, ainda, que produzirão efeitos vinculantes: os acórdãos proferidos em incidente de assunção de competência ou de resolução de demandas repetitivas e em julgamento de recursos extraordinário e especial repetitivos (inciso III); os enunciados das súmulas do Supremo Tribunal Federal, em matéria constitucional, e do Superior Tribunal de Justiça, estes em matéria infraconstitucional (inciso IV) e a orientação do plenário ou do órgão especial aos quais estiverem vinculados os juízes ou tribunais (inciso V).

Todos os magistrados do país devem observar tais súmulas, decisões e orientações descritas nos incisos acima. Sem embargo, devem manter estrita observância ao princípio do contraditório (arts. 9º e 10 CPC) e ao dever de fundamentação de todas as suas decisões (arts. 11 e 489, §1º CPC).

Coube, ainda, à Lei processual delimitar o que se deve entender por julgamento de casos repetitivos. Consideram englobados no conceito tanto a decisão proferida em sede de incidente de resolução de demandas repetitivas (art. 976), quanto em sede de recursos especial e extraordinário repetitivos (arts. 1.036 do CPC).

Ocorre que há grande dificuldade na delimitação da natureza e dos reais efeitos produzidos pelos precedentes nos demais casos idênticos; ademais, a doutrina discute se as hipóteses de julgamento repetitivo teriam o condão de produzir autênticos precedentes. Por outro lado, não custa lembrar que, algumas dessas hipóteses, embora não previstas no art. 988 do CPC, autorizam providências concretas típicas de precedentes normativos, como a dispensa do duplo grau obrigatório ou mesmo o julgamento liminar de improcedência do pedido, nas hipóteses acima referidas.

Ademais, o art. 966, V combinado com o § 5° do CPC, ao estabelecer que integram o conceito de norma jurídica, para fins de cabimento de ação rescisória, o enunciado de súmula, acórdão ou precedente previsto no art. 927 do CPC, parece sinalizar, de forma clara, que não há diferença entre precedente vinculante e normativo. Ainda assim, teríamos que conviver com uma situação desconfortável, pois teríamos precedentes normativos cuja força é duplamente protegida (por recurso e por ação rescisória) e outros com proteção tripla (recurso, reclamação e rescisória).

Como o leitor poderá perceber, mesmo diante de todas essas dificuldades e obstáculos, o autor conseguiu, com habilidade ímpar e extrema dedicação, sistematizar e organizar todos os complexos institutos que cercam a temática dos casos repetitivos e apresentar uma obra clara, didática e sistemática.

Fico extremamente orgulhoso de ter participado, ainda que timidamente, desse notável projeto.

Desejo a todos uma excelente leitura!

Rio de Janeiro, junho de 2018.

Humberto Dalla Bernardina de Pinho
Professor Titular de Direito Processual Civil na
Faculdade de Direito da UERJ

REFERÊNCIAS BIBLIOGRÁFICAS

ABBOUD, Georges. *Discricionariedade administrativa e judicial*: o ato administrativo e a decisão judicial. São Paulo: Revista dos Tribunais, 2014.

ABBOUD, Georges; CAVALCANTI, Marcos. Inconstitucionalidades do incidente de resolução de demandas repetitivas e riscos ao sistema decisório. *Revista de Processo*, v. 240, fev. 2015.

ABREU, Rafael Sirangelo de. *Igualdade e processo*: posições processuais equilibradas e unidade do direito. São Paulo: Revista dos Tribunais, 2015.

ADONIAS, Antonio. Situações jurídicas homogêneas: um conceito necessário para o processamento das demandas de massa. *Revista de Processo*. v. 186, ago./2010.

ALVES, Francisco Glauber Pessoa. Fundamentação judicial no Novo Código de Processo Civil. *Revista de Processo*. v. 253. mar./2016.

AMARAL, Guilherme Rizzo do. Efetividade, segurança, massificação e a proposta de um "Incidente de Resolução de Demandas Repetitivas". *Revista de Processo*. v. 196, jun./2011.

ARAÚJO FILHO, Luiz Paulo da Silva. *Ações coletivas*: a tutela jurisdicional dos direitos individuais homogêneos. Rio de Janeiro: Forense, 2000.

ARNAUD, André-Jean. O Direito Contemporâneo entre Regulamentação e Regulação: o exemplo do pluralismo jurídico. In: ARAGÃO, Alexandre Santos de [coord]. *O Poder Normativo das Agências Reguladoras*. 2ª ed. Rio de Janeiro: Forense, 2011.

ASSIS, Araken de. *Manual dos recursos*. 8 ed. São Paulo: Revista dos Tribunais, 2016.

ÁVILA, Humberto. *Segurança Jurídica*: entre permanência, mudança e realização no direito tributário. 2ª ed. São Paulo: Malheiros, 2012.

BAHIA, Alexandre Melo Franco de Moraes; HENRIQUES, Paula Valério. Recursos extraordinário e especial repetitivos no CPC/2015: uso e interpretação de acordo com o modelo constitucional de processo. *Revista de Processo*, v. 258, ago. 2016.

BARBOSA MOREIRA, José Carlos. A ação popular do direito brasileiro como instrumento de tutela jurisdicional dos chamados "interesses difusos". *Revista de Processo*, n. 28, out./dez.1982.

______. Ações coletivas na Constituição Federal de 1988. *Revista de* Processo. v. 61, jan./mar. 1991.

______. A emenda constitucional n° 45 e o processo. *Revista do Ministério Público*. v. 21. Rio de Janeiro, jan./jun. 2006.

______. Efetividade do processo e técnica processual. In: *Temas de Direito Processual: sexta série*. São Paulo: Saraiva, 1997.

______. *O novo processo civil brasileiro*. 25ª ed. Rio de Janeiro: Forense, 2007.

______. Por um processo socialmente efetivo. *Revista de Processo*, São Paulo, v. 27, n. 105, jan/. mar. 2002.

BASTOS, Antonio Adonias Aguiar. O devido processo legal nas causas repetitivas. Disponível em: <http://www.publicadireito.com.br/conpedi/manaus/arquivos/anais/salvador/antonio_adonias_aguiar_bastos.pdf>.

BENETI, Ana Carolina. Relação entre demandas no processo coletivo – uma análise evolutiva até o novo Código de Processo Civil. *Revista de Processo*, v. 268, jun. 2017.

BOTELHO DE MESQUITA, José Ignacio; AMADEO, Rodolfo da Costa Manso; DELLORE, Luiz; MORETO, Mariana Capela Lombardi; TEIXEIRA, Guilherme Silveira e ZVEIBEL, Daniel Guimarães. A repercussão geral e os recursos repetitivos: Economia, Direito e Política. *Revista de Processo*, v. 220, jun. 2013.

CABRAL, Antonio do Passo. O novo procedimento-modelo (musterverfahren) alemão: uma alternativa às ações coletivas. *Revista de processo*. v. 147, mai./2007.

______.. A escolha da causa-piloto nos incidentes de resolução de processos repetitivos. *Revista de Processo*, v. 221, jul. 2013.

______.; CRAMER, Ronaldo (coords.). *Comentários ao novo Código de Processo Civil*. 2 ed. Rio de Janeiro: Forense, 2016.

CÂMARA, Alexandre Freitas. *O novo processo civil brasileiro*. 2ª ed. São Paulo: Atlas, 2016.

______.; RODRIGUES, Marco Antonio dos Santos. A reunião de execuções fiscais e o NCPC: por uma filtragem à luz das normas fundamentais. *Revista de Processo*. v. 263, ano 42.

CAMARGO, Luiz Henrique Volpe. O incidente de resolução de demandas repetitivas no projeto de novo CPC: a comparação entre a versão do Senado Federal e a da Câmara dos Deputados. In: FREIRE, Alexandre et al. (orgs.). *Novas tendências do processo civil*, v. 3. Salvador: Juspodivm, 2014.

CAMBI, Eduardo. FOGAÇA, Mateus Varga. Incidente de resolução de demandas repetitivas no novo Código de Processo Civil. Revista de Processo. v. 243, mai./2015.

CAPPELLETTI, Mauro. *Juízes legisladores?*. Trad. Carlos Alberto Alvaro de Oliveira. Porto Alegre: Sergio Antonio Frabris Editor, 1993.

CARNEIRO, Paulo Cezar Pinheiro. *Acesso à justiça: juizados especiais cíveis e ação civil pública: uma nova sistematização da teoria geral do processo*. Rio de Janeiro: Forense, 1999.

CARNEIRO, Paulo Cezar Pinheiro. Breves Notas sobre o Incidente de Resolução de Demandas Repetitivas, in Revista Eletrônica de Direito Processual, v. XIV, ano 8, jul./dez. 2014.

______. Comentário ao artigo 1°. In: WAMBIER, Teresa Arruda Alvim *et al.* (coords). *Breves comentários ao novo código de processo civil*. São Paulo: Revista dos Tribunais, 2015.

CASTRO, Carlos Roberto Siqueira. Função Normativa Regulatória e o Novo Princípio da Legalidade. In: ARAGÃO, Alexandre Santos de (coord.). *O Poder Normativo das Agências Reguladoras*. 2ª ed. Rio de Janeiro: Forense, 2011.

CAVACO, Bruno de Sá Barcelos. *Desjudicialização de Conflitos e Democracia Processual*: um convite à participação procedimental e ao protagonismo do cidadão na pós-modernidade. Curitiba: Juruá, 2017.

CAVALCANTI, Marcos de Araújo. *Incidente de Resolução de Demandas Repetitivas (IRDR)*. São Paulo: Revista dos Tribunais, 2016.

______. Mecanismos de resolução de demandas repetitivas no direito estrangeiro: um estudo sobre o procedimento-modelo alemão e as ordens de litígios em grupo inglesas. *Revista de Processo*. v. 238, dez/2014.

CHIARLONI, Sergio, efficacia del precedente giudiziario e tipologia dei contrasti di giurisprudenza. *Revista de Processo*, v. 229, mar. 2014.

CINTRA, Antonio Carlos de Araújo; GRINOVER, Ada Pellegrini; DINAMARCO, Cândido Rangel. *Teoria geral do processo*. 25ª ed. São Paulo: Malheiros, 2009.

CÔRTES, Osmar Mendes Paixão. A consolidação da "objetivação" no novo Código de Processo Civil. *Revista de Processo*, v. 265, mar. 2017.

______. A Reclamação para os Tribunais Superiores no novo CPC, com as alterações da Lei 13.256/2016. *Revista de Processo*, v. 257, jul. 2016.

COSTA, Domingos Barroso; GODOY, Arion Escorsin de. *Educação em Direitos e Defensoria Pública*. Curitiba: Juruá, 2014.

CUEVA, Ricardo Villas Bôas Cueva. Técnica de julgamento dos recursos repetitivos e a constitucionalidade das decisões vinculativas e outras novidades do NCPC. *Revista de Processo*, vol. 257, jul./2016.

______. A previsão do princípio da eficiência no projeto do novo código de processo civil brasileiro. *Revista de Processo*, v. 233, jul. 2014.

______. Anotações sobre o incidente de resolução de demandas repetitivas previsto no projeto do novo Código de Processo Civil. *Revista de Processo*, v. 193, mar. 2011.

______. O regime processual das causas repetitivas. *Revista de processo*, v. 179, jan. 2010.

DANTAS, Bruno. Comentário aos artigos 976 a 987. In: WAMBIER, Teresa Arruda Alvim et al. (coords.). Breves comentários ao novo Código de Processo Civil. São Paulo: Revista dos Tribunais, 2015.

DANTAS, Bruno. *Teoria dos Recursos Repetitivos:* tutela pluri-individual nos recursos dirigidos ao STF e ao STJ (arts. 543-B e 543-C do CPC). São Paulo: Revista dos Tribunais, 2015.

DELLORE, Luiz. Comentário ao art. 121. In: ______; GAJARDONI, Fernando da Fonseca; ROQUE, André; DUARTE, Zulmar. *Teoria Geral do Processo* – comentários ao CPC de 2015: parte geral. São Paulo, Método, 2015, p. 405.

______.; MARTINS, Ricardo Maffeis. Recurso especial repetitivo: escolha do recurso e (in) efetividade dos julgamentos. In: In: DIDIER JR., Fredie [coord.]. Processo nos tribunais e meios de impugnação às decisões judiciais. Salvador: Juspodivm, 2016.

DIDIER JR., Fredie. Os três modelos de direito processual civil: inquisitivo, dispositivo e cooperativo. *Revista de Processo*, v. 196, ago. 2011.

______.; BRAGA, Paulo Sarno; OLIVEIRA, Rafael de. *Curso de direito processual civil*, v.2. 11ª ed. Salvador: Juspodivm, 2016.

______.; PEIXOTO, Ravi. O art. 489, §1º, do CPC e a sua incidência na postulação dos sujeitos processuais – um precedente do STJ. In: ALVIM, Teresa Arruda et al. (coords.). *Novo CPC aplicado visto por processualistas*. São Paulo: Revista dos Tribunais, 2017.

______.; ZANETI JR., Hermes. Ações coletivas e o incidente de julgamento de casos repetitivos – espécies de processo coletivo no direito brasileiro: aproximações e distinções. *Revista de Processo*, v. 256, jun./2016.

______.; ZANETI JR., Hermes. *Conceito de processo jurisdicional coletivo*. Revista de Processo, v. 229, mar. 2014.

______.; ZANETI JR., Hermes. *Curso de direito processual civil*: processo coletivo. 10ª ed. Salvador: JusPodivm, 2016. v. 4.

______.; CUNHA, Leonardo Carneiro da. *Curso de direito processual civil*. v. 3. 14ª ed. Salvador: Juspodivm, 2017.

DINAMARCO, Cândido Rangel. *A instrumentalidade do processo*. 10ª ed. São Paulo: Malheiros, 2002.

______. *Fundamentos do Processo Civil Moderno*. t. 1. 6ª ed. São Paulo: Malheiros, 2010.

______; LOPES, Bruno Vasconcelos Carrilho. *Teoria geral do novo processo civil*. 2ª ed. São Paulo: Malheiros, 2017.

ESTEVES, Diogo; SILVA, Franklyn Roger Alves. *Princípios institucionais da Defensoria Pública*. 2ª ed. Rio de Janeiro: Forense, 2017.

FARIA, Marcela Kohlbach de. O dever de garantir a publicidade dos precedentes: os cadastros do CNJ e dos tribunais. In: CARNEIRO, Paulo Cezar Pinheiro; GRECO, Leonardo; PINHO, Humberto Dalla Bernardina de (coords.). *Direito intertemporal e o novo Código de Processo Civil*. Rio de Janeiro: GZ, 2017.

FILHO, Costódio Ubirajara. A emenda constitucional 19/98 e o princípio da eficiência na administração pública. *Revista de Direito Constitucional e Internacional*, v. 27, abr./jun. 1999.

FREIRE, Alexandre. Comentário ao artigo 1.038. In: CABRAL, Antonio do Passo; CRAMER, Ronaldo (coords.). *Comentários ao novo Código de Processo Civil*. 2 ed. Rio de Janeiro: Forense, 2016.

FUX, Luiz (coord.). *O Novo Processo Civil Brasileiro – direito em expectativa*. Rio de Janeiro: Forense, 2011.

______. *Teoria geral do processo civil*. 2ª ed. Rio de Janeiro: Forense, 2016.

______. *Curso de direito processual civil*. v. 1. 4 ed. Rio de Janeiro: Forense, 2008.

______; BODART, Bruno. Notas sobre o princípio da motivação e a uniformização da jurisprudência no novo Código de Processo Civil à luz da análise econômica do Direito. *Revista de Processo*. v. 269, jul./2017.

GAIO JÚNIOR, Antônio Pereira. Breves notas sobre aplicabilidade de IRDR nos juizados especiais. Consultor Jurídico, 26/02/2017. Disponível em: https://www.conjur.com.br/2017-fev-26/breves-notas-aplicabilidade-irdr-juizados-especiais.

GAJARDONI, Fernando da Fonseca. O processo coletivo refém do individualismo. In: ZANETI JR, Hermes (coord.). *Processo coletivo*. Coleção Repercussões do Novo CPC, v. 8. Salvador: JusPodivm, 2016.

GALANTER, Marc. Why the haves come out ahead? Speculations on the limits of legal change. *Law and Society Review*, v. 9, n. 1.

GONÇALVES, Marcelo Barbi. O incidente de resolução de demandas repetitivas e a magistratura deitada. *Revista de Processo*, v. 222, ago. 2013.

GRECO, Leonardo. Publicismo e Privatismo no Processo Civil. *Revista de Processo*. v. 164, out. 2008.

GRINOVER, Ada Pellegrini. A coletivização de ações individuais após o veto. In: CIANCI, Mirna; DELFINO, Lúcio; DANTAS, Bruno; DIDIER JUNIOR, Fredie; CUNHA, Leonardo Carneiro da; CAMARGO, Luiz Henrique Volpe; REDONDO, Bruno Garcia (coords.) *Novo* Código de Processo Civil – Impactos na Legislação Extravagante e Interdisciplinar, v. 1. São Paulo: Saraiva, 2016.

______.; BENJAMIN, Antonio Herman; WAMBIER, Teresa Arruda Alvim; VIGORITI, Vicenzo [orgs.]. *Processo Coletivo Do surgimento à atualidade*. São Paulo: Ed. Revista dos Tribunais. 2014.

HILL, Flávia Pereira. Breves comentários às principais inovações quanto aos meios de impugnação das decisões judiciais no novo CPC. In: DIDIER JR., Fredie (coord.). *Processo nos tribunais e meios de impugnação às decisões judiciais*. Salvador: Juspodivm, 2016.

JOBIM, Marco Félix. O direito fundamental à duração razoável do processo e a responsabilidade civil do Estado em decorrência da intempestividade processual. 2ª ed. rev. e ampl. Porto Alegre: Livraria do Advogado Editora, 2012.

KNIJNIK, Danilo. *O recurso especial e a revisão da questão de fato pelo Superior Tribunal de Justiça*. Rio de Janeiro: Forense, 2005.

LEAL, Márcio Flávio Mafra. *Ações coletivas*. São Paulo: Revista dos Tribunais, 2014.

LEONEL, Ricardo de Barros. Intervenção do Ministério Público no Incidente de Resolução de Demandas Repetitivas. *Revista Jurídica da Escola Superior do Ministério Público de São Paulo*, v. 1, 2012.

LEVY, Daniel. O incidente de resolução de demandas repetitivas no anteprojeto do novo Código de Processo Civil. *Revista de Processo*, v. 196, jun. 2011.

LIEBMAN, Enrico Tullio. *Eficácia e autoridade da sentença e outros escritos sobre a coisa julgada*. Tradução de Alfredo Buzaid e Benvindo Aires, tradução dos textos posteriores à edição de 1945 com notas relativas ao direito brasileiro vigente de Ada Pellegrini Grinover. 4ª ed. Rio de Janeiro: Forense, 2007.

______. *Manual de direito processual civil*. 3ª ed. v. 1. Trad. Cândido Rangel Dinamarco. São Paulo: Malheiros, 2005.

MADEIRA, Daniela Pereira. A força da jurisprudência. In: FUX, Luiz (coord.). *O novo processo civil brasileiro (direito em expectativa): reflexões acerca do projeto do novo Código de Processo Civil*. Rio de Janeiro: Forense, 2011.

MANCUSO, Rodolfo de Camargo. Da jurisdição coletiva à tutela judicial plurindividual. Evolução da experiência brasileira com as demandas seriais. *Revista de Processo*, v. 237, nov/2014.

______. *Incidente de Resolução de Demandas Repetitivas*: a luta contra a dispersão jurisprudencial excessiva. São Paulo: Revista dos Tribunais, 2016.

______. Recurso extraordinário e recurso especial. 8 ed. São Paulo: Revista dos tribunais, 2003.

MARINONI, Luiz Guilherme. *A Ética dos Precedentes: justificativa do novo CPC*. 2ª ed. rev., atual e ampl. São Paulo: Editora Revista dos Tribunais, 2016.

______. Comentário ao artigo 928. In: WAMBIER, Teresa Arruda Alvim et al. (coords.). Breves comentários ao novo Código de Processo Civil. São Paulo: Revista dos Tribunais, 2015.

______. *Incidente de Resolução de Demandas Repetitivas:* decisão de questão idêntica x precedente. São Paulo: Revista dos Tribunais, 2016.

______. *Precedentes obrigatórios*. 4ª ed. São Paulo: Revista dos Tribunais, 2016.

______; ARENHART, Sérgio Cruz; MITIDIERO, Daniel. Novo Curso de Processo Civil. v. 2. São Paulo: Revista dos Tribunais, 2015.

MAZZILI, Hugo Nigri. O processo coletivo e o CPC de 2015. In: DANTAS, Bruno et al. (coords.). *Novo Código de Processo Civil – Impactos na Legislação Extravagante Interdisciplinar*, v. 2. São Paulo: Saraiva, 2016.

MAZZOLA, Marcelo. Qual a relação entre mediação extrajudicial, precedentes e negócios jurídicos processuais?. *Migalhas*, 24/05/2016. Disponível em: <http://www.migalhas.com.br/dePeso/16,MI239654,31047-Qual+a+relacao+entre+mediacao+extrajudicial+precedentes+e+negocios>.

MAZZOLA, Marcelo. STJ: Processamento do IRDR pela sistemática do repetitivo. Jota. 5 ago. 2017. Disponível em: https://jota.info/artigos/stj-processamento-do-irdr-por-sistematica-do-repetitivo-05082017.

______. *Tutela jurisdicional colaborativa*: a cooperação como fundamento autônomo de impugnação. Curitiba: CRV, 2017.

MEDINA, José Miguel Garcia. Integridade, estabilidade e coerência da jurisprudência no Estado Constitucional e Democrático de Direito: o papel do precedente, da jurisprudência e da súmula, à luz do CPC/2015. *Revista dos Tribunais*. v. 974. dez./2016.

______. Novo Código de Processo Civil comentado. São Paulo: Revista dos tribunais, 2015.

______. Prequestionamento e repercussão geral e outras questões relativas aos recursos especial e extraordinário. 6 ed. São Paulo: Revista dos Tribunais, 2012.

MELLO, Celso Antônio Bandeira de. *O conteúdo jurídico do princípio da igualdade*. 3ª ed. São Paulo: Malheiros, 2014.

MELLO PORTO, José Roberto Sotero de. Mediação prevista no novo CPC não pode se tornar mecanismo de procrastinação. *Consultor Jurídico*, 27/09/2016. Disponível em:< http://www.conjur.com.br/2016-set-27/tribuna-defensoria-mediacao-prevista-cpc-nao-tornar-mecanismo-procrastinacao>.

______. A ordem dos processos nos tribunais. In: SILVA, Franklyn Roger Alves (ord.). *CPC/2015: Perspectiva da Defensoria Pública*. Salvador: JusPodivm, 2016.

______.; SCHENK, Leonardo Faria. Competência. In: GAIO JÚNIOR, Antônio Pereira; PINHO, Humberto Dalla Bernardina de. *Teoria geral do processo civil*: novos paradigmas frente ao CPC/2015. Rio de Janeiro: GZ, 2018, p. 121-148.

______. Conversão da ação individual em coletiva no novo CPC: um veto que não se sustenta. Consultor Jurídico, 19 de abril de 2016. Disponível em: <http://www.conjur.com.br/2016-abr-19/tribuna-defensoria-conversao-acao-individual-coletiva-cpc>.

MENDES, Aluisio Gonçalves de Castro. *Ações coletivas e meios de resolução coletiva de conflitos no direito comparado e nacional*. 4ª ed. São Paulo: Revista dos Tribunais, 2014.

______. *Incidente de Resolução de Demandas Repetitivas*: sistematização, análise e interpretação do novo instituto processual. Rio de Janeiro: Forense, 2017.

______; SILVA, Larissa Clare Pochmann da. Ações coletivas e Incidente de Resolução de Demandas Repetitivas: algumas considerações sobre a solução coletiva de conflitos. In: ZANETI JR, Hermes (coord.). *Processo coletivo*. Coleção Repercussões do Novo CPC, v. 8. Salvador: JusPodivm, 2016.

______; TEMER, Sofia Orberg. Comentário ao artigo 976. In: STRECK, Lenio Luiz *et al*. (orgs.). *Comentários ao Código de Processo Civil*. São Paulo: Saraiva, 2016.

______; NETO, Odilon Romano. Análise da relação entre o novo incidente de resolução de demandas repetitivas e o microssistema dos Juizados Especiais. Revista de Processo, v. 245, jul.2015.

______; SILVA, Larissa Clare Pochmann da. O julgamento liminar de improcedência do pedido: a previsão do CPC/2015 comparada à do CPC/1973. Revista de Processo, v. 261, nov. 2016.

______; TEMER, Sofia. O incidente de resolução de demandas repetitivas do novo Código de Processo Civil. Revista de Processo, v. 243, mai. 2015.

MITIDIERO, Daniel. *Cortes superiores e cortes supremas: do controle à interpretação, da jurisprudência ao precedente*. 2ª ed. São Paulo: Revista dos Tribunais, 2015.

MOTTA, Otávio. Aspectos da justificação das decisões judiciais em perspectiva comparada. *Revista de Processo Comparado*. v. 2, jul./dez. 2015

NERY JUNIOR, Nelson. *Princípios do processo na Constituição Federal*. 12ª ed. São Paulo: Revista dos Tribunais, 2016.

NETO, José Wellington Bezerra da Costa. O novo Código de Processo Civil e o fortalecimento dos poderes judiciais. *Revista de Processo*. v. 249. nov./2015.

NEVES, Daniel Amorim Assumpção. *Manual de direito processual civil*. 8ª ed. Salvador: JusPodivm, 2016.

______. *Novo Código de Processo Civil – Lei 13.105/2015*. 2ª ed. Rio de Janeiro: Forense, 2015.

NUNES, Dierle. Comentário aos artigos 1.036 a 1.041. In: WAMBIER, Teresa Arruda Alvim et al. (coords.). Breves comentários ao novo Código de Processo Civil. São Paulo: Revista dos Tribunais, 2015.

______. Comentários acerca da súmula impeditiva de recursos (Lei 11.276/2006) e do julgamento liminar de ações repetitivas (Lei 11.277/2006): duplo grau de jurisdição e do direito constitucional ao recurso (contraditório sucessivo) – aspectos normativos e pragmáticos. *Revista de Processo*, v. 137, jul. 2006.

______; BAHIA, Alexandre. Processo constitucional: uma abordagem a partir dos desafios do Estado Democrático de Direito. *Revista Eletrônica de Direito Processual*, v. 4, jul./dez. 2009.

OSNA, Gustavo. *Direitos individuais homogêneos. Pressupostos, fundamentos e aplicação no processo civil.* São Paulo: Revista dos Tribunais, 2014.

PASTOR, Daniel R. *El plano razonable em el proceso del Estado de Derecho*: una investigación acerca del problema de la excesiva duración del proceso penal y sus posibles soluciones. Buenos Aires: AD-HOC, 2002.

PEIXOTO, Ravi. *Superação do precedente e segurança jurídica*. 2ª ed. Salvador: Juspodivm, 2016.

PICARDI, Nicola. *Jurisdição e Processo*. Rio de Janeiro: Forense, 2008.

PINHO, Humberto Dalla Bernardina de. Considerações sobre o incidente de conversão da ação individual em ação coletiva no projeto do novo CPC. *Revista Eletrônica de Direito Processual*, v. XIV, ano 8, jul.-dez. 2014.

______. *Direito Processual Civil Contemporâneo*. v. 2. São Paulo, Saraiva, 2017.

______. *Jurisdição e pacificação*: limites e possibilidades do uso dos meios consensuais de resolução de conflitos na tutela dos direitos transindividuais e pluri-individuais. Curitiba: CRV, 2017.

______.; MELLO PORTO, José Roberto Sotero de. Colaboração premiada: um negócio jurídico processual? *Revista Magister de Direito Penal e Processual Penal*, n. 73, ago./set. 2016.

______; STANCATI, Maria Maria Martins Silva. *A ressignificação do princípio do acesso à justiça à luz do art. 3° do código de processo civil de 2015*. Disponível em: < https://www.academia.edu/32200932/A_RESSIGNIFICAÇÃO_DO_PRINCÍPIO_DO_ACESSO_À_JUSTIÇA_À_LUZ_DO_ART._3_DO_CÓDIGO_DE_PROCESSO_CIVIL_DE_2015>.

ROCHA, Felippe Borring. *Manual dos juizados especiais cíveis estaduais*: teoria e prática. 9ª ed. São Paulo: Atlas, 2017.

RODRIGUES, Eduardo Azeredo. *O princípio da eficiência à luz da teoria dos princípios: aspectos dogmáticos de sua interpretação e aplicação*. Rio de Janeiro: Lumen Juris, 2012.

RODRIGUES, Marcelo Abelha. Técnicas individuais de repercussão coletiva X técnicas coletivas de repercussão individual. Por que estão extinguindo a ação civil pública para a defesa de direitos individuais homogêneos?. In: DIDIER JUNIOR, Fredie; ZANETI JUNIOR, Hermes (coords.). Repercussões do Novo CPC – Vol. 8 – *Processo Coletivo*. Salvador: Juspodivm, 2015.

RODRIGUES, Marco Antonio dos Santos. *A modificação do pedido e da causa de pedir no processo civil*. Rio de Janeiro: Mundo Jurídico, 2014.

______. O julgamento liminar de improcedência no CPC de 2015. In: MELLO PORTO, José Roberto Sotero de; RODRIGUES, Roberto de Aragão Ribeiro. *Direito processual contemporâneo:* estudos em homenagem a Humberto Dalla Bernardina de Pinho. Rio de Janeiro, GZ: 2018, p. 385-396.

______. *Manual dos recursos, ação rescisória e reclamação*. São Paulo: Atlas, 2017.

______; MELLO PORTO, José Roberto Sotero de. Princípio da eficiência processual e direito à boa jurisdição. *Revista de Processo*, v. 275, 2018, p. 89-118.

RODRIGUES, Roberto de Aragão Ribeiro. As Ações-Teste na Alemanha, Inglaterra e Legislação Brasileira Projetada. *Revista Eletrônica de Direito Processual*. v. VIII.

______. *Precedente formado em casos repetitivos:* eficácia, *issue preclusion* e as teses jurídicas prejudiciais. Curitiba: Juruá, 2017.

ROQUE, Andre Vasconselos. As ações coletivas após o novo Código de Processo Civil: para onde vamos?. In: ZANETI JR., Hermes (org.). *Processo coletivo*. Salvador: JusPodivm, 2016. Coleção Repercussões no Novo CPC, v. 8.

SARLET, Ingo Wolfgang. A eficácia do direito fundamental à segurança jurídica: dignidade da pessoa humana, direitos fundamentais e proibição de retrocesso social no Direito Constitucional brasileiro. In: ROCHA, Cármen Lúcia Antunes (coord). *Constituição e Segurança jurídica: direito adquirido, ato jurídico perfeito e coisa julgada*. 2ª ed. Belo Horizonte: Fórum, 2009.

SILVA, Bruno Freire e. A Nova Aplicação do Processo Civil ao Processo do Trabalho: Os Principais Institutos, Eficácia, Início de Vigência e Respeito às Situações Jurídicas Consolidadas. In: YARSHELL, Flávio Luiz et al. [coord.]. *Direito Intertemporal*. Salvador: Juspodivm, 2016.

SOUZA, Arthur César de. Conversão da demanda individual em demanda coletiva no novo CPC. *Revista de Processo*. v. 236, out./2014.

STRECK, Lenio Luiz; ABBOUD, Georges. *O que é isto – o precedente judicial e as súmulas vinculantes?*. 3ª ed. Porto Alegre: Livraria do Advogado, 2015.

TALAMINI, Eduardo. Direitos individuais homogêneos e seu substrato coletivo: ação coletiva e os mecanismos previstos no código de processo civil de 2015. *Revista de Processo*. v. 241, mar./2015.

TARUFFO, Michele. Apuntes sobre las funciones de la motivación. *Revista Iberoamericana de Derecho Procesal*. v. 4, jul./dez. 2016.

______. *La corte di cassazione e la legge. Il vertice ambiguo – Saggi sulla cassazione civile*. Bologna: Il Mulino, 1991.

TEIXEIRA, Guilherme Puchalski. Incidente de resolução de demandas repetitivas: projeções em torno de sua eficiência. *Revista Eletrônica de Direito Processual*. v. 16. jul./dez. 2015.

TEMER, Sofia. *Incidente de Resolução de Demandas Repetitivas*. Salvador: Juspodivm, 2016.

TESHEINER, José Maria Rosa. *Precedentes, jurisdinormação e fundamentação da sentença*. Disponível em: <https://www.academia.edu/28266388/Precedentes_jurisdinorma%C3%A7%C3%A3o_e_ fundamenta%C3%A7%C3%A3o_da_senten%C3%A7a>.

______. Sobre o assim chamado incidente de resolução de demandas repetitivas. *Revista Páginas de Direito*, Porto Alegre, ano 16, nº 1327, 10 de agosto de 2016. Disponível em: <http://www.tex.pro.br/index.php/artigos/340-artigos-ago-2016/7699-sobre-o-assim-chamado-incidente-de-resolucao-de-demandas-repetitivas>.

THEODORO JÚNIOR, Humberto. *Curso de direito processual civil*. v. 1. Rio de Janeiro: Forense, 2017.

______.; NUNES, Dierle; BAHIA, Alexandre Melo Franco; PEDRON, Flávio Quinaud. *Novo CPC – Fundamentos e sistematização*. 3ª ed. Rio de Janeiro: Forense, 2016.

TUCCI, José Rogério Cruz e. Garantias constitucionais da publicidade dos atos processuais e da motivação das decisões no Projeto do CPC – análise e proposta. *Revista de Processo*. v. 190. dez. 2010.

______. Garantia da prestação jurisdicional sem dilações indevidas como corolário do devido processo legal. *Revista de Processo*. v. 66, abr./jun. 1992.

VARGAS, Daniel. Estabilidade objetiva no IRDR: escritos sobre congruência e eficácia vinculante. In: MELLO PORTO, José Roberto Sotero de; RODRIGUES, Roberto de Aragão Ribeiro. *Direito processual contemporâneo:* estudos em homenagem a Humberto Dalla Bernardina de Pinho. Rio de Janeiro, GZ: 2018, p. 133-146.

VITORELLI, Edilson. *O devido processo legal coletivo*: dos direitos aos litígios coletivos. São Paulo: Revista dos Tribunais, 2016.

WAMBIER, Luiz Rodrigues; TALAMINI, Eduardo. *Curso avançado de processo civil*. v. 2. 16ª ed. São Paulo: Editora Revista dos Tribunais, 2016.

WAMBIER, Teresa Arruda Alvim; DANTAS, Bruno. *Recurso especial, recurso extraordinário e a nova função dos tribunais superiores no direito brasileiro*. 3ª ed. São Paulo: Revista dos Tribunais, 2016.

______. *et al.* (coords.). *Breves comentários ao novo Código de Processo Civil*. São Paulo: Revista dos Tribunais, 2015.

______.; CONCEIÇÃO, Maria Lúcia Lins; RIBEIRO, Leonardo Ferres da Silva; MELLO, Rogério Licastro Torres de. *Primeiros comentários ao novo Código de Processo Civil – artigo por artigo*. São Paulo: Revista dos Tribunais, 2015.

WATANABE, Kazuo. Relação entre demanda coletiva e demandas individuais. In: GRINOVER, Ada Pellegrini et al [coords.]. *Direito processual coletivo e o anteprojeto de Código Brasileiro de Processos Coletivos*. São Paulo: Revista dos Tribunais, 2007.

YARSHELL, Flávio Luiz. Incidente de resolução de demandas repetitivas nos tribunais superiores?. Carta Forense, 01/06/2017. Disponível em: http://www.cartaforense.com.br/conteudo/colunas/incidente-de-resolucao-de-demandas-repetitivas-nos-tribunais--superiores/17629.

ZANETI JR. Hermes. *O valor vinculante dos precedentes*: teoria dos precedentes normativos formalmente vinculantes. 2ª ed. Salvador: Juspodivm, 2016.

ZAVASCKI, Teoria Albino. *Eficácia das sentenças na jurisdição constitucional*. 4ª ed. São Paulo: Revista dos Tribunais, 2017.

______. *Processo coletivo: tutela de direitos coletivos e tutela coletiva de direitos*. 7ª ed. São Paulo: Revista dos Tribunais, 2017.

Este livro foi impresso nas oficinas gráficas da Editora Vozes Ltda.,
Rua Frei Luís, 100 – Petrópolis, RJ.